YiLiao JiGou

ZhiXing ZhengFu KuaiJi ZhiDu ShiYong ShouCe

医疗机构
执行政府会计制度实用手册

张永征　赛　岳　郝庆美　编著

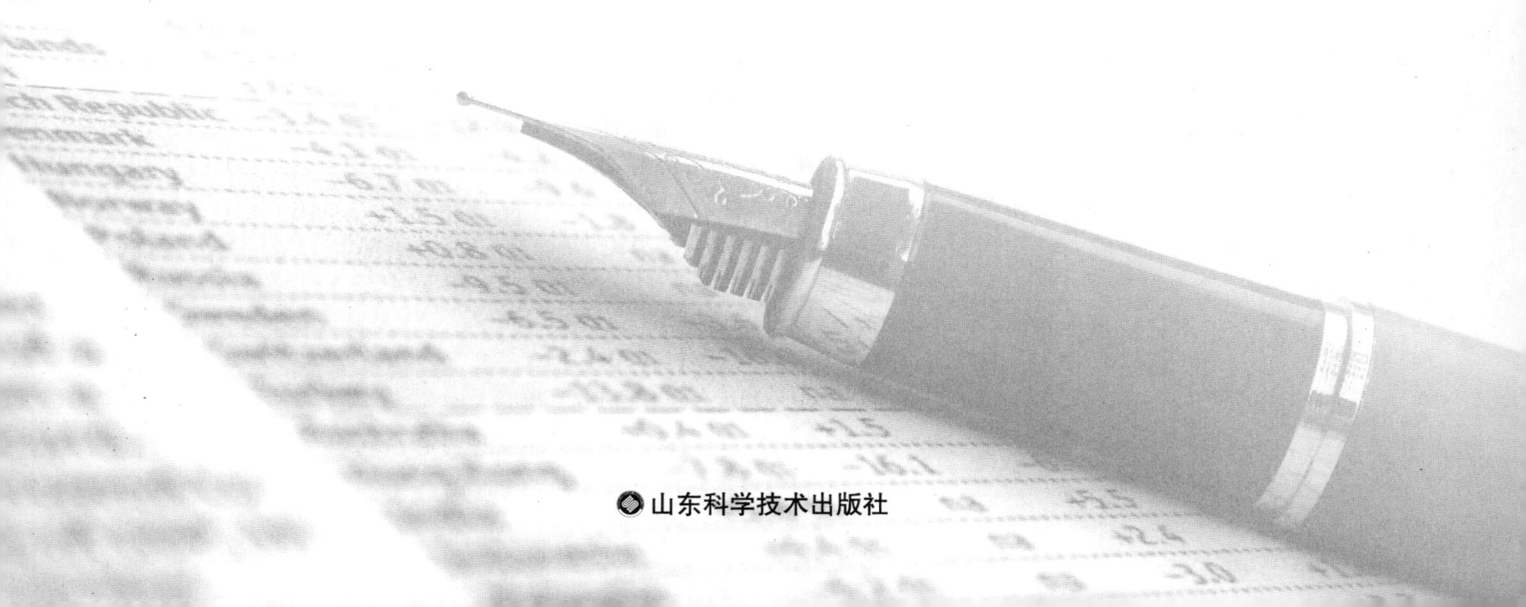

山东科学技术出版社

图书在版编目（CIP）数据

医疗机构执行政府会计制度实用手册 / 张永征等编著 . —济南：山东科学技术出版社，2019.4

ISBN 978-7-5331-9803-9

Ⅰ . ①医… Ⅱ . ①张… Ⅲ . ①医院—单位预算会计—会计制度—中国—手册 Ⅳ . ① R197.322-62 ② F810.6-62

中国版本图书馆 CIP 数据核字（2019）第 057513 号

医疗机构执行政府会计制度实用手册

YILIAO JIGOU ZHIXING ZHENGFU KUAIJI ZHIDU SHIYONG SHOUCE

责任编辑：王兆阳
装帧设计：孙　佳

主管单位：山东出版传媒股份有限公司
出 版 者：山东科学技术出版社
地址：济南市市中区英雄山路 189 号
邮编：250002　电话：（0531）82098088
网址：www.lkj.com.cn
电子邮件：sdkj@sdpress.com.cn
发 行 者：山东科学技术出版社
地址：济南市市中区英雄山路 189 号
邮编：250002　电话：（0531）82098071
印 刷 者：青州市东泰印务有限公司
地址：山东省青州市黄楼街道办事处小陈村
邮编：262517　电话：（0536）3532216

规格：大 16 开（210mm × 285mm）
印张：21.25　**字数：**570 千　**印数：**1~1800
版次：2019 年 4 月第 1 版　2019 年 4 月第 1 次印刷
定价：85.00 元

编委会

前言

2017 年 10 月 24 日财政部印发了《政府会计制度——行政事业单位会计科目和报表》（以下简称《制度》），2018 年 8 月 27 日和 31 日财政部分别印发了《关于医院执行〈政府会计制度——行政事业单位会计科目和报表〉的补充规定和衔接规定的通知》《关于基层医疗卫生机构执行〈政府会计制度——行政事业单位会计科目和报表〉的补充规定和衔接规定的通知》，并于 2019 年 1 月 1 日开始执行。这一新制度的实施是全面贯彻落实党的十八届三中全会精神的重要成果，对于提高政府会计信息质量、提升行政事业单位财务和预算管理水平、全面实施绩效管理、建立现代财政制度具有重要的促进作用，在我国政府会计发展进程中具有划时代的重要意义。《制度》继承了多年来我国行政事业单位会计改革的有益经验，反映了当前政府会计改革发展的需要和发展方向。

随着医药卫生体制改革的不断深入，医疗机构在卫生服务体系中的作用也越来越重要，在新形势下实行科学、规范、系统的新政府会计制度，对提高医疗机构的社会效益、经济效益和促进新医改的深入开展具有重要的现实意义。

为确保新旧会计制度顺利过渡，确保医疗机构财会人员与有关人员准确理解《制度》的制定背景、制定原则、变化与重大创新，全面掌握《制度》的各项具体规定，了解和熟悉新制度的具体内容和操作方法，积极推进《制度》在各医疗机构的贯彻执行，山东省卫生经济协会组织长期从事卫生财会工作、具有较高理论水平和丰富工作经验的专家编写了《医疗机构执行政府会计制度实用手册》。

本手册围绕新制度制定的背景意义、遵循的原则、政府会计基本理论、会计科目的设置及核算要求、主要业务事项的账务处理方法及实务举例、财务报表的编制和分析、新旧会计制度的衔接处理方法等方面，阐述了医疗机构执行政府会计制度的会计核算理论和实际操作方法；通过对日常会计业务处理的难点、重点问题的解读以及列举大量的实务案例，将制度规定细化为对具体的会计业务事项处理的操作指南；为提高财会人员的理论知识水平，增加了一些有关会计核算基本理论知识和会计信息化等有关内容。本书内容与新会计制度相配套，具有较强的操作性。本书内容结构合理、全面翔实、通俗易懂、举例新颖，具有指导性、实用性，是广大财会人员必备的实用工具书。本书既适用于医疗机构会计人员学习和贯彻执行新制度之用，也可作为医疗机构财会人员的继续教育的培训教材，同时也可作为审计人员和其他经济管理人员的参考读物及财经院校卫生财会专业的教学参考用书。

为了及时配合新制度的培训和贯彻执行，本书编写得较为仓促，难免有疏漏之处，敬请广大读者及时批评指正。

编　者

2019 年 4 月 5 日

目 录

第一章　政府会计改革概论

第一节　《制度》制定出台的背景意义、遵循的原则和制定过程

一、《制度》制定出台的背景

为了积极贯彻落实党的十八届三中全会精神和《国务院关于批转财政部权责发生制政府综合财务报告制度改革方案的通知》（国发〔2014〕63号，以下简称《改革方案》）的要求，构建统一、科学、规范的政府会计核算标准体系，夯实政府财务报告的编制基础，2017年10月24日，财政部印发了《制度》，自2019年1月1日起施行，鼓励行政事业单位提前执行。它标志着具有中国特色的政府会计标准体系初步建成。

我国旧的政府会计核算标准体系基本上形成于1998年前后，主要涵盖财政总预算会计、行政单位会计与事业单位会计，包括《财政总预算会计制度》《行政单位会计制度》《事业单位会计准则》《事业单位会计制度》，以及医院、基层医疗卫生机构、高等学校、中小学校、科学事业单位、彩票机构等行业事业单位会计制度和国有建设单位会计制度等。2010年以来，财政部适应公共财政管理的需要，先后对上述部分会计标准进行了修订，基本满足了现行部门预算管理的需要。

党的十八届三中全会提出了"建立权责发生制政府综合财务报告制度"的重大改革举措，2014年新修订的《中华人民共和国预算法》（以下简称《预算法》）对各级政府提出按年度编制以权责发生制为基础的政府综合财务报告的新要求。由于旧的政府会计标准体系一般采用收付实现制，主要以提供反映预算收支执行情况的决算报告为目的，无法准确、完整反映政府资产负债"家底"，以及政府的运行成本等情况，难以满足编制权责发生制政府综合财务报告的信息需求。另外，因旧的政府会计领域多项制度并存，体系繁杂、内容交叉、核算口径不一，造成不同部门、单位的会计信息可比性不高，通过汇总、调整编制的政府财务报告信息质量较低。因此，在新的形势下，必须对旧的政府会计标准体系进行改革。《改革方案》提出，权责发生制政府综合财务报告制度改革是基于政府会计规则的重大改革，其前提和基础任务就是要建立健全政府会计核算标准体系，包括制定政府会计基本准则、具体准则及应用指南，健全完善政府会计制度。在政府会计核算标准体系中，基本准则属于"概念框架"，统驭政府会计具体准则和政府会计制度的制定；具体准则主要规定政府发生的经济业务或事项的会计处理原则，应用指南主要对具体准则的实际应用作出操作性规定；会计制度主要规定政府会计科目及其使用说明、报表格式及其编制说明等。会计准则和会计制度相互补充，共同规范政府会计主体的会计核算，保证会计信息质量。按照《改革方案》确定的目标，我们应当在2020年之前

建立起具有中国特色的政府会计标准体系。

2015年以来，财政部按照《改革方案》要求，相继出台了《政府会计准则——基本准则》（以下简称《基本准则》）和存货、投资、固定资产、无形资产、公共基础设施、政府储备物资等6项政府会计具体准则，以及固定资产准则应用指南，政府会计准则体系建设取得积极进展。为了加快建立健全政府会计核算标准体系，经反复研究和论证，财政部决定以统一旧的各类行政事业单位会计标准、夯实部门和单位编制权责发生制财务报告和全面反映运行成本并同时反映预算执行情况的核算基础为目标，制定适用于各级各类行政事业单位的统一的会计制度。

二、《制度》制定出台的意义

党的十九大报告明确提出，要加快建立现代财政制度，建立权责清晰、财力协调、区域均衡的中央和地方财政关系。建立全面规范透明、标准科学、约束有力的预算制度，全面实施绩效管理。这对政府会计改革工作提出了新的、更高的要求。政府会计改革是财政改革的重点内容之一，财政部高度重视，始终作为一件大事来抓。2015年以来，财政部按照《改革方案》要求，积极推进政府会计标准体系建设工作。制定发布《制度》，是财政部全面贯彻落实党的十九大精神和《改革方案》的重要举措，是服务全面深化财税体制改革的重要基础，是建立统一、科学、规范的政府会计标准体系的重要内容，在我国政府会计发展进程中具有划时代的里程碑意义。

（一）制定发布《制度》，是规范政府单位会计核算、提高政府会计信息质量的迫切需要

长期以来，我国政府部门实行的是以收付实现制为核算基础的预算会计体系，主要反映部门预算执行情况，对准确反映预算收支情况、加强预算管理和监督发挥了重要作用。随着现代财政制度的逐步建立，仅仅实行预算会计，难以满足新形势下全面加强政府资产负债管理、防范财政风险、促进政府财务管理水平提高和财政经济可持续发展的需要。另一方面，旧的预算会计体系基本形成于20世纪90年代末，内容相对滞后，在所反映的经济业务、确立的核算方法等方面不能完全适应当前改革的需要。此外，旧的规范政府单位会计核算的制度达十几项之多，各项制度在会计科目、报表结构和政策标准等方面存在一定差异，导致不同政府单位所提供的会计信息可比性不高。因此，迫切需要对旧的预算会计制度进行改革。《制度》在完善传统预算会计功能基础上强化了政府财务会计功能，有机统一了旧的政府单位各项会计制度，有利于系统、完整规范各部门、各单位的会计核算，提高政府会计信息的准确性、全面性、相关性、可比性和及时性，从而全面提升政府会计信息质量。

（二）制定发布《制度》，是推进政府会计改革、建立现代财政制度的内在要求

党的十八大以来，党中央、国务院对于建立现代财政制度做出了一系列重要部署和安排，对于完善政府预算体系、推进预算公开、加强预算执行以及规范地方政府债务管理等提出了一系列要求。党的十九大报告从全局和战略高度，再次强调要加快建立现代财政制度。政府会计准则制度是财政管理的重要基础，是现代财政制度的重要组成内容。因此，建立现代财政制度，必须加快推进政府会计改革，构建统一、科学、规范的政府会计标准体系，适度分离政府财务会计与预算会计、政府财务报告与决算报告功能，全面、清晰反映政府财务信息和预算执行信息，为开展政府信用评级、加强资产负债管理、改进政府绩效监督考核、防范财政风险等提供支持，更好地发挥财政在国家治理中的基础和重要支柱作用。

（三）制定发布《制度》，是准确反映政府运行成本、全面实施绩效管理的重要基础

构建科学的政府绩效评价体系是加快转变政府职能，推进服务型政府建设的有效途径，也是我国推进国家治理体系和治理能力现代化的必然要求。准确核算政府运行成本，是科学评价政府绩效和实施绩效管理的重要基础工作。中共中央、国务院印发的《党政机关厉行节约反对浪费条例》明确提出，要“推进政府会计改革，进一步健全会计制度，准确核算机关运行经费，全面反映行政成本”。党的十九大报告更是明确提出要全面实施绩效管理。为此，需要在政府会计核算中引入成本、费用、绩效等理念和方法，合理归集、反映政府的运行费用和履职成本，以科学评价政府、部门和单位耗费公共资源的情况以及提供公共服务的行政效率。《制度》在财务会计核算中引入权责发生制基础，全面反映政府资产负债、收入费用、运行成本、现金流量等信息，并通过建立预算执行与财务结果的对应关系，客观反映支出结果和政策目标的实现程度，为构建科学的政府绩效评价体系、全面实施绩效管理奠定了基础，有利于进一步规范政府行为、提高政府决策能力，促进国家治理体系和治理能力的现代化。

三、《制度》制定出台的过程

为提高《制度》起草工作的科学性、民主性，严格按照会计司《会计标准制定与实施内部控制操作规程》，遵循科学严密的起草流程。《制度》的制定历时两年多，主要经历了以下阶段：

（一）研究起草阶段

2015 年 5 月份，成立了由会计司相关人员、理论界和实务界专家组成的起草小组，正式启动《制度》起草工作。在系统分析和梳理现行行政单位、事业单位和行业事业单位会计制度基础上，结合前期课题研究成果，通过深入研讨，于 7 月份形成《制度》草稿。随后，草稿在会计司内部各单位、部分地方财政厅（局）和部分中央级行政事业单位征求意见，并通过召开专家座谈会等形式对草稿进行全面修改完善，于 2015 年年底形成《制度》讨论稿。

2016 年上半年，组织专家对讨论稿中有关重大问题进行深入研究和讨论，并结合政府会计准则制定情况对讨论稿的结构和内容进行了调整和修改完善，于 2016 年 7 月经会计司司务会讨论通过后形成《制度》征求意见稿。

（二）征求意见和模拟测试阶段

2016 年 8 月，印发了《关于征求〈政府会计制度——行政事业单位会计科目和会计报表（征求意见稿）〉意见的函》（财办会〔2016〕30 号），面向中央和国家机关、地方财政厅（局）和社会公众征求意见，同时一并征求财政部部内相关司局、财政部驻各地专员办和政府会计准则委员会咨询专家的意见。《制度》征求意见稿印发后，社会各方反映积极，通过多种方式向会计司反馈意见。为了提高《制度》的可操作性，2016 年 11 月至 2017 年 3 月，会计司组织 14 家中央级单位和 26 家地方单位开展了《制度》征求意见稿模拟测试工作。在公开征求意见和模拟测试的同时，会计司赴多个中央部门、单位和地方财政部门、行政事业单位进行实地调研，当面听取有关各方对《制度》的意见和建议，并会同部内相关司局就《制度》修改过程中的重点问题进行座谈和讨论。在对各方反馈意见进行汇总、分析和反复讨论的基础上，充分吸收了合理的意见和建议，对《制度》征求意见稿进行了较大幅度的修改和完善，于 2017 年 7 月份形成《制度》草案。

（三） 发布阶段

2017 年 8 月，《制度》草案提交会计司会计技术小组讨论，根据技术小组意见对草案进行修改完善后提交会计司司务会审议，司务会原则通过。9 月份根据司务会意见对草案进行审核校对的同时，再次就草案征求了部分政府会计咨询专家的意见，并与部内相关司局就《制度》中有关重大问题进行了讨论，在此基础上修改完善形成《制度》送审稿。10 月份，《制度》经部内相关司局会签后由财政部领导签发。

四、制定《制度》遵循的原则

《制度》的制定主要遵循了以下原则：

（一） 归并统一原则

从行政事业单位通用或共性业务会计处理，以及单位财务报告信息和决算报告信息的可比性出发，归并统一旧的行政单位、事业单位和各项行业事业单位会计制度。

（二） 继承创新原则

立足行政事业单位核算现状，充分继承旧的制度中合理的、共性的内容。同时，为满足政府财务会计和预算会计适度分离并相互衔接的核算需要，在会计科目设置和报表体系设计上力求创新。另外，在相关资产科目的核算内容和账务处理说明中，充分吸收 2016 年以来财政部印发的 6 项政府会计具体准则的创新与变化。

（三） 充分协调原则

《制度》依据会计法、预算法和《基本准则》等法律法规、规章制定，在严格贯彻《改革方案》要求、着力实现改革目标的前提下，力求与旧的行政事业单位财务规则、财务制度、部门预决算制度、行政事业单位国有资产管理规定、基本建设财务规则等要求保持协调。

（四） 提升质量原则

从财务报告和决算报告的目标以及信息使用者的需要出发，全面提升会计信息质量。在会计核算内容和范围上着力提高会计信息的可靠性、全面性，在财务会计中全面引入权责发生制，着力提高会计信息的相关性，在会计科目设置、账务处理说明上力求内在一致，着力提高会计信息的可比性，在报表设计及填表说明、附注披露中着力提高会计信息的可理解性。

（五） 务实简化原则

考虑行政事业单位会计工作基础、会计人员接受程度和我国改革所处的阶段，以及核算系统中引入财务会计内容带来的复杂性，在会计科目设置、核算口径和方法、计量标准、账务处理设计、报表设计和填制等方面，力求做到贴近实务、方便操作、简便易行。

（六） 适当借鉴原则

在充分考虑我国政府财政财务管理特点的基础上，适当吸收我国企业会计准则改革的成功经验，适当借鉴国际公共部门会计准则的最新成果以及国外有关国家政府会计改革的先进经验和做法。

第二节 《制度》的体例结构主要内容、重大变化与创新

一、《制度》的体例结构主要内容

《制度》由正文和附录组成。正文包括五部分内容：

第一部分为总说明，主要规范《制度》的制定依据、适用范围、会计核算模式和会计要素、会计科目设置要求、报表编制要求、会计信息化工作要求和施行日期等内容。

第二部分为会计科目名称和编号，主要列出了财务会计和预算会计两类科目表，共计 103 个一级会计科目，其中，财务会计下资产、负债、净资产、收入和费用五个要素共 77 个一级科目，预算会计下预算收入、预算支出和预算结余三个要素共 26 个一级科目。

第三部分为会计科目使用说明，主要对 103 个一级会计科目的核算内容、明细核算要求、主要账务处理等进行详细规定。本部分内容是《制度》的核心内容。

第四部分为报表格式，主要规定财务报表和预算会计报表的格式，其中，财务报表包括资产负债表、收入费用表、净资产变动表、现金流量表及报表附注，预算会计报表包括预算收入支出表、预算结转结余变动表和财政拨款预算收入支出表。

第五部分为报表编制说明，主要规定了第四部分列出的 7 张报表的编制说明，以及报表附注应披露的内容。

附录为主要业务和事项账务处理举例。本部分采用列表方式，以《制度》第三部分规定的会计科目使用说明为依据，按照会计科目顺序对单位通用业务或共性业务和事项的账务处理进行举例说明。

二、《制度》与旧的制度相比的重大变化与创新

《制度》继承了多年来我国行政事业单位会计改革的有益经验，反映了当前政府会计改革发展的内在需要和发展方向，相对于旧的制度有以下重大变化与创新：

（一） 重构了政府会计核算模式

在系统总结分析传统单系统预算会计体系的利弊基础上，《制度》按照《改革方案》和《基本准则》的要求，构建了“财务会计和预算会计适度分离并相互衔接”的会计核算模式。所谓“适度分离”，是指适度分离政府预算会计和财务会计功能，决算报告和财务报告功能，全面反映政府会计主体的预算执行信息和财务信息。

主要体现在以下几个方面：一是“双功能”，在同一会计核算系统中实现财务会计和预算会计双重功能，通过资产、负债、净资产、收入、费用五个要素进行财务会计核算，通过预算收入、预算支出和预算结余三个要素进行预算会计核算；二是“双基础”，财务会计采用权责发生制，预算会计采用收付实现制，国务院另有规定的依照其规定；三是“双报告”，通过财务会计核算形成财务报告，通过预算会计核算形成决算报告。

所谓“相互衔接”，是指在同一会计核算系统中政府预算会计要素和相关财务会计要素相互协

调，决算报告和财务报告相互补充，共同反映政府会计主体的预算执行信息和财务信息。主要体现在：一是对纳入部门预算管理的现金收支进行“平行记账”。对于纳入部门预算管理的现金收支业务，在进行财务会计核算的同时也应当进行预算会计核算。对于其他业务，仅需要进行财务会计核算。二是财务报表与预算会计报表之间存在勾稽关系。通过编制“本期预算结余与本期盈余差异调节表”并在附注中进行披露，反映单位财务会计和预算会计因核算基础和核算范围不同所产生的本年盈余数（即本期收入与费用之间的差额）与本年预算结余数（本年预算收入与预算支出的差额）之间的差异，从而揭示财务会计和预算会计的内在联系。这种会计核算模式兼顾了现行部门决算报告制度的需要，又能满足部门编制权责发生制财务报告的要求，对于规范政府会计行为，夯实政府会计主体预算和财务管理基础，强化政府绩效管理具有深远的影响。

（二） 统一了旧的各项单位会计制度

《制度》有机整合了《行政单位会计制度》《事业单位会计制度》，以及医院、基层医疗卫生机构、高等学校、中小学校、科学事业单位、彩票机构、地勘单位、测绘单位、林业（苗圃）等行业事业单位会计制度的内容。在科目设置、科目和报表项目说明中，一般情况下，不再区分行政和事业单位，也不再区分行业事业单位；在核算内容方面，基本保留了旧的各项制度中的通用业务和事项，同时根据改革需要增加各级各类行政事业单位的共性业务和事项；在会计政策方面，对同类业务尽可能作出同样的处理规定。会计制度的统一，大大提高了政府各部门、各单位会计信息的可比性，为合并单位、部门财务报表和逐级汇总编制部门决算奠定了坚实的制度基础。

（三） 强化了财务会计功能

《制度》在财务会计核算中全面引入了权责发生制，在会计科目设置和账务处理说明中着力强化财务会计功能，如增加了收入和费用两个财务会计要素的核算内容，并原则上要求按照权责发生制进行核算；增加了应收款项和应付款项的核算内容，对长期股权投资采用权益法核算，确认自行开发形成的无形资产的成本，要求对固定资产、公共基础设施、保障性住房和无形资产计提折旧或摊销，引入坏账准备等减值概念，确认预计负债、待摊费用和预提费用等。在政府会计核算中强化财务会计功能，对于科学编制权责发生制政府财务报告、准确反映单位财务状况和运行成本等情况具有重要的意义。

（四） 扩大了政府资产负债核算范围

《制度》在旧的制度基础上，扩大了资产负债的核算范围。除按照权责发生制核算原则增加有关往来账款的核算内容，在资产方面，增加了公共基础设施、政府储备物资、文物文化资产、保障性住房和受托代理资产的核算内容，以全面核算单位控制的各类资产；增加了“研发支出”科目，以准确反映单位自行开发无形资产的成本。在负债方面，增加了预计负债、受托代理负债等核算内容，以全面反映单位所承担的现时义务。此外，为了准确反映单位资产扣除负债之后的净资产状况，《制度》立足单位会计核算需要、借鉴国际公共部门会计准则相关规定，将净资产按照主要来源分类为累计盈余和专用基金，并根据净资产其他来源设置了权益法调整、无偿调拨净资产等会计科目。资产负债核算范围的扩大，有利于全面规范政府单位各项经济业务和事项的会计处理，准确反映政府“家底”信息，为相关决策提供更加有用的信息。

（五） 改进了预算会计功能

根据《改革方案》要求，《制度》对预算会计科目及其核算内容进行了调整和优化，以进一步完善预算会计功能。在核算内容上，预算会计仅需核算预算收入、预算支出和预算结余。在核算基础上，预算会计除按《预算法》要求的权责发生制事项外，均采用收付实现制核算，有利于避免旧制度存在的虚列预算收支的问题。在核算范围上，为了体现新《预算法》的精神和部门综合预算的要求，《制度》将依法纳入部门预算管理的现金收支均纳入预算会计核算范围，如增设了债务预算收入、债务还本支出、投资支出等。调整完善后的预算会计，能够更好贯彻落实《预算法》的相关规定，更加准确反映部门和单位预算收支情况，更加满足部门、单位预算和决算管理的需要。

（六） 整合了基建会计核算

按照旧的制度规定，单位对于基本建设投资的会计核算除遵循相关会计制度规定外，还应当按照国家有关基本建设会计核算的规定单独建账、单独核算，但同时应将基建账相关数据按期并入单位“大账”。《制度》依据《基本建设财务规则》和相关预算管理规定，在充分吸收《国有建设单位会计制度》合理内容的基础上对单位建设项目会计核算进行了规定。单位对基本建设投资按照本制度规定统一进行会计核算，不再单独建账，大大简化了单位基本建设业务的会计核算，有利于提高单位会计信息的完整性。

（七） 完善了报表体系和结构

《制度》将报表分为预算会计报表和财务报表两大类。预算会计报表由预算收入表、预算结转结余变动表和财政拨款预算收入支出表组成，是编制部门决算报表的基础。财务报表由会计报表和附注构成，会计报表由资产负债表、收入费用表、净资产变动表和现金流量表组成，其中，单位可自行选择编制现金流量表。此外，《制度》针对新的核算内容和要求对报表结构进行了调整和优化，对报表附注应当披露的内容进行了细化，对会计报表重要项目说明提供了可参考的披露格式、要求按经济分类披露费用信息、要求披露本年预算结余和本年盈余的差异调节过程等。调整完善后的报表体系，对于全面反映单位财务信息和预算执行信息，提高部门、单位会计信息的透明度和决策有用性具有重要的意义。

（八） 增强了制度的可操作性

《制度》在附录中采用列表方式，以《制度》中规定的会计科目使用说明为依据，按照会计科目顺序对单位通用业务或共性业务和事项的账务处理进行了举例说明。在举例说明时，对同一项业务或事项，在表格中列出财务会计分录的同时，平行列出相对应的预算会计分录（如果有）。对经济业务和事项举例说明，能够充分反映《制度》所要求的财务会计和预算会计“平行记账”的核算要求，便于会计人员学习和理解政府会计 8 要素的记账规则，也有利于单位会计核算信息系统的开发或升级改造。

第三节　认真贯彻实施《制度》，创新医疗机构的财务管理

一、做好《制度》的贯彻实施工作

综合考虑各方面因素，将《制度》的正式施行日期确定为2019年1月1日。财政部已制定并下发《制度》与旧的各项行政事业单位会计制度的衔接规定和相关特殊行业执行《制度》的补充规定，确保《制度》在各类行政事业单位有效实施。各单位一定要未雨绸缪，抓紧行动，积极做好贯彻实施《制度》的相关准备工作。

（一）要加强组织领导

加快推进政府会计改革，是贯彻落实党的十九大精神、建立现代财政制度的重要任务。各单位必须提高政治站位，进一步增强使命感、责任感，把《制度》的贯彻实施作为一件大事来抓，列入重要议事日程，精心组织、扎实准备、周密部署。各级财政部门要高度重视《制度》的贯彻实施工作，加强统筹规划、协调指导和督促检查。各部门、各单位要强化单位负责人的责任意识，制定详细的实施方案，明确目标，落实责任，确保工作到位。有关专家学者要充分发挥作用，在做好准则制度解读宣传工作的同时，积极关注《制度》的贯彻实施工作，及时提出建设性的意见和建议。

（二）要加强学习宣传

加强宣传培训，是确保《制度》有效贯彻实施的重要工作。各级财政部门和有关部门，要善于利用多种宣传手段，广泛开展新制度的宣传工作，使社会各界高度重视、准确理解新制度，为新制度的贯彻实施营造良好的社会氛围。各部门、各单位要结合实际情况制定培训方案，切实加强对新制度的培训工作；要把新制度培训工作与会计人员继续教育结合起来，使广大财会人员丰富知识体系、提高职业判断能力。各级各类行政事业单位的会计人员要认真学习、准确理解《制度》制定背景、原则以及变化与创新，全面掌握《制度》各项规定；要通过《制度》的学习，尽快树立权责发生制理念，熟悉和掌握固定资产折旧、无形资产摊销、收入确认、费用归集和分摊等会计处理方法；还要不断提高对财务会计信息的分析利用水平，逐步实现从“核算型”会计到“参与管理型”会计的转变。

（三）要加强会计信息化建设

《制度》所确定的新的核算模式离不开会计信息系统的支撑，这一点大家都有共识，在制度征求意见稿模拟测试阶段已经充分显现。各单位要尽早做好预案，客观分析和研判新制度实施可能对本单位带来的挑战，结合《制度》内容和本单位实际，及时调整和更新会计信息系统，探索利用现代信息技术手段开展会计核算。各级财政部门和有关部门要加强对单位开展会计信息化工作的指导，确保单位会计信息系统所生成的信息能够满足政府会计改革的需要。

（四）要加强单位内部控制建设

加强单位内部控制建设是政府会计准则制度有效实施的重要保证。党的十八大以来，中央十分重视建立健全单位内部控制，将内控建设作为推进全面从严治党、规范权力运行的一项重要抓手。

党的十九大报告也再次强调“加强对权力运行的制约和监督，让人民监督权力，让权力在阳光下运行”，并鲜明地提出“强化不敢腐的震慑，扎牢不能腐的笼子，增强不想腐的自觉”。因此，希望各部门、各单位要在现有工作基础上，进一步重视和加强单位内部控制建设，使之成为规范权力运行、管控系统性风险、保证会计信息质量、保全资金资产安全的“防火墙”，并促进政府会计准则制度及各项财税政策顺利实施。近几年，财政部围绕单位内部控制建设制定了一系列的制度，包括《行政事业单位内部控制规范》《关于全面推进单位内部控制建设的指导意见》和《行政事业单位内部控制报告管理制度（试行）》等，有关要求都是十分明确的。

（五）要加强政策协调

政府会计改革涉及面广、技术难度大、政策性强、敏感度高，各级财政部门一定要把思想和行动统一到党中央、国务院相关决策部署上，积极推动修订相关法律法规，加快修订完善相关财务制度，进一步完善决算报告制度，优化政府财政管理信息系统，认真做好各项政策统筹协调，努力通过贯彻实施《制度》的新成效推动财政改革各项工作。各单位要以贯彻实施《制度》为契机，加强会计核算与部门预决算管理、绩效管理、资产管理、政府财务报告编制等工作的协调，不断提升单位的财务管理水平。

在2020年之前建立起具有中国特色的政府会计标准体系和权责发生制的政府综合财务报告制度，是党中央、国务院交给财政部门的一项重要任务，也是赋予各位会计同仁的共同使命。站在新的历史起点上，我们要以习近平新时代中国特色社会主义思想为指引，积极推动政府会计改革工作实现新发展、新突破。

二、以实行新制度为契机，创新医疗机构的财务管理体系

对于医疗机构的财务管理来说，财务管理的优劣直接影响到医疗机构的生存和发展。创新医疗机构财务管理模式是指确立规范、完善、科学、有效的财务管理创新理念、管理目标、战略筹划和执行体系。财务管理应以促进医疗机构整体战略实现、提升效益与效率、支持医疗机构各部门的业务和管理发展、保证财务信息合法合规及保证财务信息真实可靠为目标。医疗机构财务管理战略筹划包括财务管理战略的组织、设计、决策、实施后管理等内容。医疗机构财务管理的目标、战略、执行及创新理念应始终贯穿于医疗机构财务活动的各个环节、各个岗位和各个事项。

（一）医疗机构财务管理创新的目标

财务创新是一项系统工程，其最终目标是要提高财务管理水平，促进医疗机构发展。具体包括以下几个方面：

（1）充实医疗机构财务管理职能。充实财务职能就是要充分发挥财务管理的全部职能，配置好医疗机构现有的各项资源。

（2）增强医疗机构的抗风险能力。随着医疗机构规模的不断扩大，医疗机构财务风险增大。医疗机构通过财务创新，建立有效的风险防范机制，可以加强资金管理和使用监督，提高资金使用效益，增强抵御风险的能力。

（3）提高财会人员素质。医疗机构财务创新要求财务人员要不断学习新知识及新政策，不断充实和提高自己的综合素质。因此，从某种程度上说，没有业务精通、勤勉敬业的财会人员，就没有财务创新的成功。

（二）改变传统理财观念，树立现代医疗机构理财新观念

医疗机构财务管理新体制的建立要求管理者必须在理财主观意识上破除旧的传统观念的束缚，树立符合卫生体制改革要求的市场竞争、成本效益、风险价值、货币时间价值、负债经营等现代理财观念。医疗机构财务管理理念创新是财务管理创新模式的基础和关键因素。对我国医疗机构财务管理人员而言，因其受医疗机构特殊的组织形式、传统财务管理观念所限，相当部分的财务管理人员对“财务”的认识尚停留在“核算、反映、监督”层面，对“管理”的认识仅停留在“计划、组织、指挥、协调、控制”层面。正如前面所述，受医疗制度的改革、医疗技术的进步、信息技术的发展、医疗机构内外环境复杂化、医疗机构风险的复杂等复合因素影响，医疗机构财务管理必须从传统财务管理思维层面上升到财务管理体系构建、财务管理战略导向管理、财务风险导向管理、财务管理目标导向管理、财务信息化等创新思维的层面。

实现管理目标需要完善、配套、规范的管理体系构建，财务管理也不例外。财务管理应立足于构建成熟、有效的财务管理组织体系、财务风险控制与监督体系、会计核算体系、资产及财务资源管理体系、成本管理体系、财务信息管理体系、预算与财务决策管理体系、财务管理战略体系、财务报告体系等。

要树立“以人为本”的理财观念。现代财务管理是以行为科学为依托的“人本主义”管理。医疗机构的每一项经济活动均由人发起操作和控制，其成效如何也主要取决于人的知识和智慧以及人的努力程度。因此，将各项理财活动人格化，建立和健全责、权、利相结合的财务运行机制的关键是树立财务风险意识。医疗机构财务风险包括两个方面，一方面是收入来源风险，市场经济中充满了风险，由于不可预见性因素以及一些突发性环境因素的影响，医疗机构实际的财务收益往往与预期财务收益有较大差异，从而导致医疗机构有经济损失的可能；另一方面是融资风险，医疗机构为谋求自身发展负债运行，如果到期不能偿还债务，将会产生财务风险。

要树立职业道德和法制观念。在经济活动中，财务人员会涉及各种经济业务和形形色色的人，这就要求财务人员要树立正确的人生观和价值观，不断提高政治思想水平，切实做到诚实守信、廉洁自律。在恪守职业道德的同时，财务人员还要认真学习和领会上级的各项法律、规章制度，牢固树立财经法制意识。

财务管理理念创新需要一个漫长的过程，它需要管理层、相关部门和人员的支持。同时，它还需要对全体财务管理人员进行培训、引导、约束、控制、考核及其他配套改革措施加以支撑。财务管理创新是医疗机构文化的特殊组成内容之一。

（三）创新财务管理组织架构

借鉴现代企业组织财务管理经验，探索构建医疗机构财务管理创新模式的功能体系、管理要素、具体应用及执行体系，并在实践中逐步完善和运用。医疗机构财务管理架构及财务机构设置需要根据医疗机构规模、性质、管理层次、管理水平、历史、文化、组织形式等综合确定，不同的医疗机构其财务管理架构一般是不同的。

一是要全面贯彻实行各级经济责任制，强化财务工作的领导体制。院长对医疗机构的财务工作负有法律责任，医疗机构各级领导要从落实科学发展观的高度，充分认识加强医疗机构财务工作的重要性，贯彻依法理财、勤俭办院的指导思想，按照事权和财权相统一的原则，建立健全各级经济责任。

二是建立健全内部控制和监督机制。要加大对领导经济行为的约束力度，强化重大财务决策集

体审批制。对重大经费开支和经济决策，领导要集体研究，集体从源头严格控制资金的集中投向和投量，防止片面性。对重大经费开支要发扬民主、公开透明，采取集体把关、定期报告、逐级公开等措施。

三是建立和完善财务评价制度，提高财务分析处理能力。医疗机构通过建立财务分析制度，能够正确地掌握医疗机构财务运行状况，比如预算资金使用的有效与无效、损失与浪费，资金配置是否合理，设备的利用是否充分等问题。医疗机构财务管理要注重发挥财务分析和财务报告的作用，通过客观地总结医疗机构财务管理的经验和揭示存在的问题，逐步认识和掌握财务活动的规律，从而更好地参与决策过程，提高财务决策的水平，真正发挥财务部门的参谋作用，使财务管理向“决策型、控制型”拓展。

（四）实行全面预算管理

确立全面预算管理的理念，要在医疗机构管理层中更新观念，使全面预算管理成为全局性财务管理行为，坚持勤俭办事业的原则，开源节流，努力提高资金使用效益。医疗机构管理者可通过多种形式将这一管理理念往下辐射和渗透，由上及下，由点到面，不断强化业务部门和职能科室的预算管理理念，从而使全员达成共识，使其成为一项日常工作。

建立高效的预算工作组织。为了保障预算的有效性，医疗机构应成立预算管理委员会，下设预算管理办公室，具体负责全面预算管理工作。医疗机构内部各职能科室负责人应当参与预算管理工作，并对各业务部门的预算执行情况进行管理。

规范预算管理制度。制度是实施全面预算管理的软件和环境。预算管理是基于未来预测基础上的管理，从预测本身开始，直到下达目标、过程控制、分析、考核等全过程，自始至终都需要通过制度来规范和约束。因此，没有一套行之有效的管理制度，就不可能实施全面预算管理。

制定预算工作业务流程。医疗机构应当明确预算编制、执行、调整、分析与考核等环节的工作流程和要求，确保预算工作全过程得到有效的控制。首先，要围绕医疗机构发展目标编制全面预算。在科学地预测各种因素对医疗机构收支影响的基础上，采用零级预算的方法编制预算。其次，在预算执行过程中必须突出责任制度，围绕全面预算的实施层层分解落实预算指标，促进和保证全面预算的顺利实施。

加强预算执行监督。医疗机构要制定必要的内部监督管理制度和相关的内部制约监督机制，让财务、监察、内部审计、业务部门等参与到资金使用监督和对项目资金使用效益考评的活动中来，实现对资金使用全过程的跟踪问效管理。

（五）树立全成本经营管理理念

合理的耗费已逐渐成为衡量医疗机构质量的重要因素，医疗机构提高效益的重点只能是降低各项耗费和提高工作效率。因此，要建立健全各项全成本管理的各项规章制度，使成本核算逐级扩大和深入，实现从不全面成本核算到全成本核算的过渡。

建立全成本核算体系。医疗机构全成本核算的工作应实行三级成本核算模式：一级核算是以医疗机构为核算对象，核算医疗机构的总成本，反映医疗机构总的业务收支情况和经济管理水平；二级核算是以科室为核算对象，用以得出科室总成本，它是医疗项目成本核算和病种核算的基础；三级核算是以医疗项目或病种为核算对象，科学地归集和分配项目成本和病种成本。通过全成本核算，可以科学合理地划分成本核算单元，规范医疗机构各项基础管理工作，正确归集和分配各种费用等。改变过去粗放型管理模式，进一步降低医疗成本，有效地控制费用。

加强医疗机构成本控制。为了使医疗机构的财务预算、财务控制目标更加准确，医疗机构的各类消耗物品必须在科室定额范围内使用。医疗机构通过预算制度严格控制各科室业务费用和办公费用的增长，对科室的部分费用实行经费包干，降低可控费用的消耗。

（六）适应现代医疗机构管理发展的客观要求，完善财务内部控制制度

实践证明，建立和完善医疗机构财务内部控制制度并将其落实到实处，对促进医疗机构加强财务管理具有关键性的重要作用。当前，可以从以下几方面开展工作：建立、健全合理的组织结构与岗位、职责、划分，明确财务及相关人员的职责和责任；健全财会职权机构，理顺财务管理体制，大力提高财会人员素质；按收支统管的要求进一步加强财务收支的管理，实行内部稽核控制；开展成本控制评价分析。

（七）创造条件积极开展医疗机构经营业绩分析与评价工作，实现公立医疗机构财务目标的新进展

业绩评价是医疗机构在持续运营过程中，对医疗机构运营情况进行管理控制的核心。当前医疗机构使用的业绩评价指标主要有：经济效益指标，包括净资产增长率、业务收支比率、净资产节余率、管理费用率等；资金运营指标，包括流动资金周转率等；偿债能力指标，包括资产负债率、流动比率、速动比率；发展能力指标，包括业务收入增长率、净资产增长率、收支结余增长率。

（八）做好财务信息网络化建设，实现财务管理手段现代化

构建统一、安全、高效的财务信息系统已成为医疗机构财务管理的重要内容，开发资源共享的财务网络信息平台是现代医疗机构财务管理手段的新飞跃，通过网络技术处理各种信息可以实现资源共享，同时也为财务管理提供先进的技术支持，提高财务信息的准确性和使用价值。因此，医疗机构要大力推广发展财务信息化，实现财务管理手段现代化、科学化和系统化，以推动医疗机构财务管理水平的全面提高。

总之，医疗机构财务管理的创新是一个系统工程，我们应当抓住当前政府会计改革的契机，创新和发展医疗机构的财务管理体系和方法，充分发挥财务管理在医疗机构改革和发展中的重要作用，以促使医疗机构经济沿着可持续发展的轨道不断前进。

第二章 政府会计概论

第一节 政府会计的概念和作用

一、政府会计的概念和构成

（一）会计的概念

会计是以提高经济效益为目的的一种经济管理活动，是以货币为计量单位、以经济活动过程中产生的会计资料为依据、借助于专门的技术方法，对会计主体的经济活动进行确认、计量和报告的经济管理活动，它为经济决策提供信息。实践证明，经济越发展，会计的重要性越突出。加强会计核算是适应经济发展的要求，并对促进社会发展有着重要的意义。

会计确认是指将发生的经济业务事项作为资产、负债等会计要素加以记录和列入报表的过程，即判断单位发生的经济业务事项哪些应进行会计核算，哪些不应进行会计核算。

会计计量是用货币计算各项经济业务事项和结果的过程，即判断应采用何种会计计量基础对经济业务事项进行记录。

财务报告是指在会计确认和计量的基础上，对某一特定日期的财务状况和某一会计期间的经营成果和收支情况等以书面文件形式向有关方面进行报告的过程。财务报告的目标是向财务报告使用者提供与财务状况、经营成果和收支情况等有关的会计信息，反映管理层受托责任履行情况，有助于财务报告使用者作出经济决策。财务报告使用者包括投资者、债权人、政府及其有关部门和社会公众等。

（二）政府会计的概念

政府会计是指运用会计专门方法对政府及其组成主体（包括政府所属的行政事业单位等）的财务状况运行情况、现金流量、预算执行等情况进行全面核算、监督和报告，是会计体系的重要分支。政府会计是政府预算管理制度的重要组成部分。

政府会计主体指与本级政府财政部门直接或者间接发生预算拨款关系的国家机关、军队、政党组织、社会团体、事业单位和其他单位。

政府会计是会计的组成部分，它通过记录、核算、反映和监督经济活动，达到促进政府业务工作开展，控制政府服务成本，合理分配结余的目的。政府会计的核算水平直接关系到政府的经济运行，并对政府会计主体工作产生至关重要的影响。

（三）政府会计的构成

政府会计由预算会计和财务会计构成。

预算会计，是指以收付实现制为基础对政府会计主体预算执行过程中发生的全部收入和全部支出进行会计核算，主要反映和监督预算收支执行情况的会计。

财务会计，是指以权责发生制为基础对政府会计主体发生的各项经济业务或者事项进行会计核算，主要反映和监督政府会计主体财务状况、运行情况和现金流量等的会计。

二、会计的职能

会计职能是指会计在经济管理中所具有的功能。随着会计的发展，会计的职能也在不断变化，但其基本职能只有两项，即会计核算和会计监督。

（一） 会计的核算职能

会计的核算职能是指会计能以货币计量单位综合反映单位的经济活动，为经营管理提供会计信息。通常所说的记账、算账、报账等会计工作，就是会计核算职能的具体体现。记账就是把一个单位所发生的全部经济业务，运用一定的记账方法在账簿上记载。算账是在记账的基础上，计算单位在生产经营过程中的资产、负债、所有者权益、成本和经营成果，以及单位预算资金的收入、支出和结余情况。报账就是在记账、算账的基础上，把单位的财务状况、经营成果和收支情况等，通过编制会计报表的方式向单位内部和外部的有关各方报告。

（二） 会计的监督职能

会计的监督职能是指对本单位所发生的经济业务是否合法进行审查。对于不合理、不合法的业务，会计有权事前提出意见，不予办理。随着经济的发展，会计监督工作将越来越重要。

会计的上述职能是相辅相成、密切联系的。会计核算是会计监督的前提，没有会计核算提供的会计信息，就不可能进行会计监督；会计核算必须以会计监督为保证，才能为经济管理提供真实可靠的会计信息，如果会计信息不真实，就不能发挥其应有的作用。可以说，会计监督是会计核算的继续和发展。

三、政府会计的作用

政府会计的作用是指会计在政府经济管理中所具有的功能，主要包括以下几方面：

（一） 促进现代财政制度的建立

政府会计是预算制度的基础。加快推进政府会计改革，建立健全政府会计核算标准，是夯实预算管理基础、确保预算管理相关制度落地生根的基础性保障。逐步建立以权责发生制政府会计核算为基础，以编制和报告政府资产负债表、收入费用表等报表为核心的政府综合财务报告制度，为开展政府信用评级、加强资产负债管理、防范财政风险等提供支持，促进政府财务管理水平提高和财政经济可持续发展。

（二） 规范政府会计核算， 提高政府会计信息质量

会计工作是政府财政财务管理的重要基础。提供信息准确完整的政府财务报告，为构建统一、科学、规范的政府会计体系奠定了基础，有利于规范各级政府、各部门、各单位的会计核算，提高政府会计信息的可靠性、全面性、相关性、可比性、及时性和可理解性。

（三） 准确反映政府运行成本，科学评价政府绩效

构建科学的政府绩效评价体系是加快转变政府职能，推进服务型政府建设的有效途径，也是我国推动国家治理体系和治理能力现代化的必然要求。准确核算政府运行成本，是科学评价政府绩效的重要基础工作。2013 年，中共中央、国务院印发的《党政机关厉行节约反对浪费条例》明确提出，要“推进政府会计改革，进一步健全会计制度，准确核算机关运行经费，全面反映行政成本”，准确反映政府运行成本为构建科学的政府绩效评价体系奠定了基础，有利于进一步规范政府行为、提高政府决策能力，促进国家治理体系和治理能力的现代化。

上述政府会计的作用，是通过政府会计的反映和监督职能来实现的。反映和监督归根结底是为了更好地贯彻和执行好财经法规和制度，把国家财产保护好，促使政府会计主体取得更大的社会效益和经济效益。

四、正确开展政府会计核算工作的意义

正确开展政府会计核算工作，对建立高效、规范的政府经济运行机制，进一步降低政府经济运行成本具有重要意义。

（一） 有利于提高政府会计工作质量

政府各项工作环节以及各项数字之间有着密切联系，要求会计人员通过一定的手续制度和处理程序，使其相互配合，协调一致，提高会计工作效率和经济管理水平。

（二） 有利于加强财政预算管理

政府会计对各项计划、预算进行有效的控制，这是规范政府微观经济行为的需要，也是加强宏观卫生经济调控的要求。

（三） 有利于政府会计机构、人员适应改革发展的要求

改革和发展要求政府财会工作开拓视野，转变观念，提高效率，加强内部经济核算，这就需要有相适应的会计工作机构和人员，确定一定的会计管理制度，根据实际情况来组织开展会计工作，从而发挥会计工作应有的作用。

第二节 政府会计决算、财务报告和会计信息质量要求

一、政府决算报告和财务报告

政府会计主体应当编制决算报告和财务报告。

（一） 决算报告

政府决算报告是综合反映政府会计主体年度预算收支执行结果的文件。政府决算报告应当包括决算报表和其他应当在决算报告中反映的相关信息和资料，政府决算报告的具体内容及编制要求等，由财政部另行规定。

决算报告的目标是向决算报告使用者提供与政府预算执行情况有关的信息，综合反映政府会计主体预算收支的年度执行结果，有助于决算报告使用者进行监督和管理，并为编制后续年度预算提供参考和依据。政府决算报告使用者包括各级人民代表大会及其常务委员会、各级政府及其有关部门、政府会计主体自身、社会公众和其他利益相关者。

政府决算报告的编制主要以收付实现制为基础，以预算会计核算生成的数据为准。

（二） 财务报告

政府财务报告是反映政府会计主体某一特定日期的财务状况和某一会计期间的运行情况和现金流量等信息的文件。政府财务报告应当包括财务报表和其他应当在财务报告中披露的相关信息和资料。政府财务报告包括政府综合财务报告和政府部门财务报告。政府综合财务报告是指由政府财政部门编制的，反映各级政府整体财务状况、运行情况和财政中长期可持续性的报告。政府部门财务报告是指政府各部门、各单位按规定编制的财务报告。

财务报表是对政府会计主体财务状况、运行情况和现金流量等信息的结构性表述。财务报表包括会计报表和附注。会计报表至少应当包括资产负债表、收入费用表和现金流量表。

政府会计主体应当根据相关规定编制合并财务报表。资产负债表是反映政府会计主体在某一特定日期的财务状况的报表。收入费用表是反映政府会计主体在一定会计期间运行情况的报表。现金流量表是反映政府会计主体在一定会计期间现金及现金等价物流入和流出情况的报表。附注是对在资产负债表、收入费用表、现金流量表等报表中列示项目所作的进一步说明，以及对未能在这些报表中列示项目的说明。

政府财务报告的编制主要以权责发生制为基础，以财务会计核算生成的数据为准。

二、政府会计信息质量要求

政府会计主体应当以实际发生的经济业务或者事项为依据进行会计核算，如实反映各项会计要素的情况和结果，保证会计信息真实可靠。

政府会计主体应当将发生的各项经济业务或者事项统一纳入会计核算，确保会计信息能够全面反映政府会计主体预算执行情况和财务状况、运行情况、现金流量等。

政府会计主体提供的会计信息，应当与反映政府会计主体公共受托责任履行情况以及报告使用者决策或者监督、管理的需要相关，有助于报告使用者对政府会计主体过去、现在或者未来的情况作出评价或者预测。

政府会计主体对已经发生的经济业务或者事项，应当及时进行会计核算，不得提前或者延后。

政府会计主体提供的会计信息应当具有可比性。同一政府会计主体不同时期发生的相同或者相似的经济业务或者事项，应当采用一致的会计政策，不得随意变更。确需变更的，应当将变更的内容、理由及其影响在附注中予以说明。不同政府会计主体发生的相同或者相似的经济业务或者事项，应当采用一致的会计政策，确保政府会计信息口径一致，相互可比。

政府会计主体提供的会计信息应当清晰明了，便于报告使用者理解和使用。

政府会计主体应当按照经济业务或者事项的经济实质进行会计核算，不限于以经济业务或者事项的法律形式为依据。

第三节　政府会计要素和平衡公式

一、政府会计要素

会计要素是会计核算的基本单位，是明确会计处理方法、会计核算程序的基础。对各项经济资源的占用、来源进行分类，形成基本的会计要素。

（一）政府财务会计要素包括资产、负债、净资产、收入和费用

资产是指政府会计主体过去的经济业务或者事项形成的，由政府会计主体控制的，预期能够产生服务潜力或者带来经济利益流入的经济资源。

服务潜力是指政府会计主体利用资产提供公共产品和服务以履行政府职能的潜在能力。

经济利益流入表现为现金及现金等价物的流入，或者现金及现金等价物流出的减少。

政府会计主体的资产按照流动性，分为流动资产和非流动资产。流动资产是指预计在 1 年内（含 1 年）耗用或者可以变现的资产，包括货币资金、短期投资、应收及预付款项、存货等。非流动资产是指流动资产以外的资产，包括固定资产、在建工程、无形资产、长期投资、公共基础设施、政府储备资产、文物文化资产、保障性住房和自然资源资产等。

负债是指政府会计主体过去的经济业务或者事项形成的，预期会导致经济资源流出政府会计主体的现时义务。现时义务是指政府会计主体在现行条件下已承担的义务。未来发生的经济业务或者事项形成的义务不属于现时义务，不应当确认为负债。

政府会计主体的负债按照流动性，分为流动负债和非流动负债。流动负债是指预计在 1 年内（含 1 年）偿还的负债，包括应付及预收款项、应付职工薪酬、应缴款项等。非流动负债是指流动负债以外的负债，包括长期应付款、应付政府债券和政府依法担保形成的债务等。

净资产是指政府会计主体资产扣除负债后的净额。净资产金额取决于资产和负债的计量。

收入是指报告期内导致政府会计主体净资产增加的、含有服务潜力或者经济利益的经济资源的流入。

费用是指报告期内导致政府会计主体净资产减少的、含有服务潜力或者经济利益的经济资源的流出。

（二）政府预算会计要素包括预算收入、预算支出与预算结余

预算收入是指政府会计主体在预算年度内依法取得的并纳入预算管理的现金流入。预算收入一般在实际收到时予以确认，以实际收到的金额计量。

预算支出是指政府会计主体在预算年度内依法发生并纳入预算管理的现金流出。预算支出一般在实际支付时予以确认，以实际支付的金额计量。

预算结余是指政府会计主体预算年度内预算收入扣除预算支出后的资金余额，以及历年滚存的资金余额。预算结余包括结余资金和结转资金。结余资金是指年度预算执行终了，预算收入实际完成数扣除预算支出和结转资金后剩余的资金。结转资金是指预算安排项目的支出年终尚未执行完毕或者因故未执行，且下年需要按原用途继续使用的资金。

二、政府会计平衡公式

政府会计要素更加明确了政府资金活动的内容和内在关系，会计平衡关系也更加明显。会计平衡公式是会计要素之间内在经济联系的数字表达式，也称会计方程式。会计平衡公式可表示为

资产＝负债＋净资产

它揭示了会计的基本要素之间本质的内在联系，是会计上设置账户、复式记账和编制会计报表的理论依据。

政府会计按财务会计和预算会计要素分别平衡。

财务会计平衡公式为

资产＝负债＋净资产

预算会计平衡公式为

预算结余＝预算收入－预算支出

三、经济业务的发生对会计恒等式的影响

会计的基本要素之间存在着数额相等的关系，其中，资产等于负债加净资产，反映了在某一时点上单位会计要素之间的平衡关系。单位在正常的经营服务过程中会发生许多具体的经济业务，这些经济业务的发生都会引起会计平衡公式中各个会计要素的具体项目发生增减变动。有的经济业务会引起负债和净资产内部有关项目增减变动，有的经济业务则会引起等式两方有关项目同时发生增减变动，但是这些增减变动都不会破坏会计恒等式的恒等性。

第四节　政府会计核算与账务处理

一、会计核算的概念

会计核算是以货币为计量单位，对再生产过程中的经济业务进行计量、记录、计算、分类、汇总，提供适合经济管理需要的并具有完整性、连续性和综合性的会计数据资料。

二、政府会计核算的内容

根据《中华人民共和国会计法》规定，下列事项应当办理会计手续，进行会计核算：

（1）款项和有价证券的收付；

（2）财物的收发、增减和使用；

（3）债权债务的发生和结算；

（4）资本、基金的增减和经费的收支；

（5）收入、费用、成本的计算；

（6）财务成果的计算和处理；

（7）其他需要办理会计手续，进行会计核算的事项。

三、政府会计核算的方法

会计核算的方法是对会计对象进行连续、系统、全面的监督所用的方法，主要包括以下专门方法：

（一）设置账户

设置账户是对会计的具体内容进行分类核算和监督的一种专门方法。由于会计对象的内容是复杂多样的，要对其进行系统的核算和经常的监督，就必须按照经济业务的内容和管理要求，分别设置账户，进行分类登记，以便为经营管理提供所需要的各种信息和指标。

（二）复式记账

复式记账是通过两个或两个以上相互对应的账户，平衡地记录每一项经济业务的一种专门方法。采用复式记账法，要对资金的增减变动，分别在有关的两个或两个以上账户中进行登记，以全面、相互联系地反映资金的增减变动情况。

（三）填制和审核凭证

会计凭证是记录经济业务，明确经济责任，作为记账依据的书面证明。填制和审核会计凭证，能够为会计记录提供完整、真实的原始资料，还可以监督国家财政制度和预算的执行情况。

（四）登记账簿

登记账簿是将审核无误的记账凭证资料，在账簿上进行连续、完整的记录和核算的一种专门方法。登记账簿时，既要按照账户的内容对经济业务进行分别的反映，又要按时间先后，对经济业务进行序时的反映，以便为经济管理提供系统、完整的数据和情况。

（五）成本计算

成本计算，是按一定对象归集各个经营过程所发生的费用，借以确定各个对象的总成本和单位成本的一种专门方法。成本是考核生产经营、管理水平的一项重要经济指标。成本计算可以全面而又具体地反映和监督各个经营过程中的费用支出情况，从而促使政府加强经济核算，改善经营管理。

（六）财产清查

财产清查，是通过实物盘点、核对账目、查明财产物资和资金实有数额的一种专门方法。通过财产清查，一方面可以查明财产物资和资金实有数，另一方面可以检查各种物资的储存保管情况及各种结算款项的执行情况。在清查中如发现账实不符等现象，应查明原因，加以处理，同时应当调整账面记录，做到账实相符。

（七）编制会计报表

编制会计报表，是定期以书面报告的形式总括地反映经济活动情况和结果的一种专门方法。会计报表主要以账面记录为依据，经过加工整理而产生一套完整的指标体系，用来系统地总结政府的财务状况和经营成果，作为进行会计分析、检查、编制下期计划和预算的依据。

政府填制会计凭证、登记会计账簿、内部会计监督与控制、会计档案管理等相关会计基础工作，应按照会计基础工作规范和会计档案管理办法等规定执行。

四、政府会计核算的基础和要求

政府会计核算中的预算会计实行收付实现制，国务院另有规定的，依照其规定。财务会计实行权责发生制。

收付实现制，是指以现金的实际收付为标志来确定本期收入和支出的会计核算基础。凡在当期实际收到的现金收入和支出，均应作为当期的收入和支出；凡是不属于当期的现金收入和支出，均不应当作为当期的收入和支出。

权责发生制，是指以取得收取款项的权利或支付款项的义务为标志来确定本期收入和费用的会计核算基础。凡是当期已经实现的收入和已经发生的或应当负担的费用，不论款项是否收付，都应当作为当期的收入和费用；凡是不属于当期的收入和费用，即使款项已在当期收付，也不应当作为当期的收入和费用。

单位应当根据政府会计准则（包括基本准则和具体准则）规定的原则和制度的要求，对其发生的各项经济业务或事项进行会计核算。

单位会计核算应当具备财务会计与预算会计双重功能，实现财务会计与预算会计适度分离并相互衔接，全面、清晰反映单位财务信息和预算执行信息。单位对于纳入部门预算管理的现金收支业务，在采用财务会计核算的同时应当进行预算会计核算；对于其他业务，仅需进行财务会计核算。

单位对基本建设投资应当按照本制度规定统一进行会计核算，不再单独建账，但是应当按项目单独核算，并保证项目资料完整。

五、政府会计科目和会计科目的设置

（一）会计科目的概念和分类

会计科目是会计在核算中，为了反映、分析和监督各种经济业务活动，而对会计核算对象依其经济内容所进行的科学分类。设置会计科目对于正确运用填制和审核凭证、登记账薄和编制报表等核算方法具有重要意义。

《制度》规定设置了103个会计总账科目和相应的明细科目。会计科目按其反映的经济业务内容和按设置账户的需要，可分为一级科目（又称总账科目）、二级科目和三级科目。设置会计科目要从政府会计核算的实际情况出发，要以《制度》及有关规定为准绳，既全面、系统考虑，又要经济适用。

（二）会计科目运用的规定

单位应当按照下列规定运用会计科目：

单位应当按照制度的规定设置和使用会计科目。在不影响会计处理和编制报表的前提下，单位可以根据实际情况自行增设或减少某些会计科目。

单位应当执行制度统一规定的会计科目编号，以便于填制会计凭证、登记账簿、查阅账目，实行会计信息化管理。

单位在填制会计凭证、登记会计账簿时，应当填列会计科目的名称，或者同时填列会计科目的名称和编号，不得只填列会计科目编号、不填列会计科目名称。

单位设置明细科目或进行明细核算，除遵循本制度规定外，还应当满足权责发生制政府部门财务报告和政府综合财务报告编制的其他需要。

六、会计分录编制要求、记账方法和规则

（一）会计分录编制要求

会计分录是指在记账凭证中标明经济业务应该记入的会计科目的名称、登记方向和登记金额的记录。会计分录有简单会计分录和复合会计分录两种，一个会计分录只涉及两个对应账户的叫作简单会计分录，一个会计分录涉及两个以上对应账户的叫作复合会计分录。根据经济业务实际情况，在编制会计分录时，可以多借多贷，但不得将不同内容和类别的经济业务汇总编制多借多贷的会计分录，混淆经济业务的性质。

（二）会计核算的记账方法和规则

根据《制度》规定，政府会计核算采用借贷记账法。所谓借贷记账，是以“借”和“贷”作为记账符号，以“有借必有贷、借贷必相等”作为记账规则，反映经济活动引起会计要素变动情况及其结果的一种复式记账方法。

第五节　政府会计信息化简介

一、会计信息化的概念

会计信息化是以电子计算机为主的当代电子技术和信息技术应用到会计实务中的简称，是一个用电子计算机来替代人工记账、算账、报账，以及对会计信息的分析和利用过程。

会计信息化是会计发展史上的又一次重大革命，它不仅是会计发展的需要，也是经济和科技发展对会计工作的要求。目前，会计信息化已成为一门融电子计算机科学、管理科学、信息科学和会计科学为一体的边缘学科。其主要任务是研究如何在会计实务中应用电子计算机，以提高会计核算和管理水平。

二、会计信息化的重要意义

会计信息化是传统会计信息处理技术的重大变革，对会计工作的各方面将产生深远的影响。其主要意义如下：

（一）减轻会计人员的劳动强度，提高工作效率

实现会计信息化后，只要将原始会计数据输入计算机，大量的数据计算、分类、归集、汇总、分析等工作，全部由计算机完成。这就将会计人员从繁杂的记账、算账、报账中解脱出来，减轻了劳动强度。同时，电子计算机处理速度快，是手工处理速度的几百倍、几千倍，从而使大量的会计信息得到及时、迅速的处理，提高了工作效率。如手工操作需要几天才能完成的会计报表，利用计算机不到半小时就可全部完成。

（二）促进会计工作的规范化，提高会计工作的质量

手工会计工作中，由于工作量大、业务繁杂等原因，容易出现错记、漏记等现象。同时，会计业务繁多，容易造成账表不规范、不统一等问题。而计算机应用于会计核算工作后，对各种数据处理都有相应的要求。如对一张借贷不平的凭证，计算机拒绝接收，从而促进会计工作规范化程度的进一步提高，保证了会计工作的质量。

（三）促进会计工作职能的转变

会计作为管理经济活动的一个重要组成部分，不但具有反映、监督的基本职能，而且还通过分析，进行预测和参与经济决策。在手工条件下，会计人员整天忙于记账、算账、报账，会计信息难以得到及时、全面、详细、准确的处理，使分析、预测缺少科学的依据。会计实现信息化后，不仅将会计人员从繁杂的事务中解放出来，将主要精力用于经济活动分析、预测，同时也提供了更科学的决策依据，从而更加充分地发挥会计的预测、决策职能。

（四）促进会计队伍素质的提高

会计信息化的实现，对会计人员提出了更高的要求。一方面传统处理方式的改变，要求他们去学习、掌握许多新知识。另一方面会计职能的转变，需要他们更多地参与管理活动，去探索经济活动的规律。

（五）加快信息传递，为整个管理现代化奠定基础

会计信息化后，会计信息可以得到及时处理，加快了信息流速，有助于管理者及时地作出决策。同时，会计信息化后，大量的信息可以得到共享，避免了重复劳动，加速和带动整个管理工作的现代化。

（六）促进会计理论研究和会计实务的发展

会计信息化的实现是传统会计工作的一次重大变革，必将对会计核算方式、方法、程序、内容等方面产生影响，从而提出许多新问题，促进会计理论和会计实务工作者去研究解决这些问题，推动会计理论研究和实务的发展。

三、政府会计信息化的发展趋势

21世纪人类社会进入了信息时代，信息和信息技术对社会生产和生活的影响不断扩大，信息化及其相关问题也得到了社会各界的高度重视和广泛关注。2006年发布的《2006—2020年国家信息化发展战略》，明确了我国信息化建设的指导思想、战略方向、发展重点和保障措施。会计信息化是国家信息化的重要组成部分。财政部于2009年4月发布了《关于全面推进我国会计信息化工作的指导意见》，明确了推进会计信息化的目标任务措施和要求等。2016年7月中共中央办公厅、国务院办公厅制定发布了《国家信息化发展战略纲要》，对《2006—2020年国家信息化发展战略》进行了调整和发展，规范和指导未来十年国家信息化发展。作为国家信息化的重要组成部分，财政部发布的《会计改革与发展“十三五”规划纲要》提出“十三五”时期会计信息化工作的目标任务和措施，推动会计信息化创新，助力会计工作转型升级。这是我国会计信息化工作的纲领性文件，其贯彻实施必将推动我国会计事业进入一个崭新的时代。

国家信息化发展的战略重点包括：推进国民经济和社会信息化，加强信息化的开发利用，推进电子政务完善综合信息基础设施，提高国民经济信息化应用能力。全面推进会计信息化工作是贯彻

国家信息化发展战略的重要举措，对于全面提升我国会计工作水平具有十分重要的意义。

为进一步提高会计信息质量和核算水平，卫生与健康主管部门要实施全面推进政府会计信息化的工作新思路，组织、协调有关计算机软件开发公司在借鉴有关会计核算软件的基础上继续开发适宜的专用软件系统，并尽快在政府会计全面推广和使用计算机核算软件。在首先实现会计记账、算账、报账等核算电算化的基础上，选择试点稳步推进政府会计管理的全面信息化。政府会计信息化的最终发展趋势是全面运用计算机、网络与通讯为主的大数据信息技术对会计信息进行处理，为政府内部和外部会计信息使用者提供及时、全面、准确的会计信息。

第三章　流动资产

第一节　流动资产管理的概述

一、流动资产的概念和特点

流动资产是指可以在一年内（含一年）变现或者耗用的资产。医院的流动资产包括货币资金、应收款项、预付款项、短期投资、存货等。

医院流动资产的特点：

1. 流动资产循环周期与医院医疗服务经营周期具有一致性；
2. 流动资产占用形态具有变动性；
3. 流动资产占用数量具有波动性。

二、流动资产的构成

医院的流动资产包括货币资金、应收款项、预付款项、短期投资、存货等。其中货币资金包括现金、银行存款、零余额账户用款额度等；应收及预付款项是指医院在开展业务活动和其他活动过程中形成的各项债权，包括应收医疗款、预付账款、其他应收款等。存货是指医院为开展医疗服务及其他活动而储存的低值易耗品、卫生材料、药品、其他材料等物资。

三、流动资产的内部控制方法

流动资产具有变现能力强、周转速度快等特点。但也伴随着较大的风险，因此，医院应加强流动资产内部控制的管理，从源头上降低流动资产的风险。当前，可以采取以下内部控制方法来应对流动资产风险：

（一）不相容岗位相互分离

不相容岗位如果得不到分离则可能发生并掩盖错误和舞弊行为，因此不相容岗位必须分离。不相容岗位分离的核心是内部控制，采用不相容岗位相互分离内部控制方法就是要全面梳理业务流程，合理设置内部控制关键岗位，明确划分职责权限，形成相互制约、相互监督的工作机制。做到对一项经济业务授权与执行的岗位要分离，执行与审核的岗位要分离，执行与记录的岗位要分离，记录与保管的岗位要分离。

（二）内部授权审批控制

内部授权审批控制要求工作人员在授权审批范围内办理业务，不得开展未经授权的业务。内部授权审批制度要求医院明确界定各岗位工作人员办理业务应经过的审批程序，被赋予的权限范围和承担的业务责任。医院应加强流动资产的申请和使用审批，以防止流动资产的浪费。

（三） 归口控制

归口控制是为明确权责防止重复和多头管理而将同类业务交由某一特定部门管控，通过对同类经济活动实行统一管理可以促进相关业务专业化、规范化、标准化，提高医院管理效率，降低运营成本，有效控制风险。流动资产具有流动性强、风险大等特点，所以应加强归口管理，明确责任，管控风险。

（四） 预算控制

预算最基本的含义是对单位各项开支所做的详细计划，预算控制就是在有效执行计划的基础上强化单位对经济活动预算约束，可以说医院目标的实现离不开预算控制。医院需实施全面预算管理制度，设置合理的事前、事中、事后预算控制流程，加强预算编制、执行、反馈等方面的控制，有效发挥预算的指导与控制作用。要制定详细的资金使用计划，以最大程度的发挥资金的效能。

（五） 财产保护控制

公立医院财产归国家所有，促进国有资产保值增值是法律义务，《行政事业单位内部控制规范（试行）》明确指出资产安全和使用有效是内部控制一大目标，行之有效的财产保护控制对医院来说十分重要。医院需建立财产日常管理制度和财产清查制度，真实完整地记录各项资产，加强实物资产保护，开展定期盘点和不定期盘点，确保账实相符，确保资产安全完整。

（六） 原始单据控制

原始单据控制本质上来说是对医院所有经济活动的痕迹进行控制，各类单据是经济活动来龙去脉的最佳体现，通过建立对单据的使用、审核、流转、记账和归档管理体系来整体管控流动资产的使用，从而保证经济活动真实、合法、有据、可查。

第二节　货币资金

一、货币资金概述

医院的货币资金是指医院经济活动过程中处于货币形态的那部分资金，是医院资产的重要组成部分，包括库存现金、银行存款、零余额账户用款额度和其他货币资金。

医院货币资金核算的任务是：如实反映医院货币资金的活动情况；执行医院的收支预算，促使医院合理安排货币资金的收支，增加收入，节约不合理支出；认真执行国家有关的方针政策，严格遵守货币资金管理制度，保护资金的安全和完整。

医院需严格遵守国家有关规定，建立健全货币资金的管理制度。提高货币资金的管理意识、建立货币资金监督体系、建立健全的货币资金预算制度。

二、库存现金

（一） 库存现金概述

库存现金是医院货币资金的重要组成部分，是通用的支付手段，使用方便，收付频繁，也容易被挪用或者侵吞。因此，医院需严格遵循《现金管理暂行条例》等有关现金管理的规定，建立健全库存现金内部控制制度，对库存现金进行严密的管理和控制，保证库存现金使用的合法性和合理性，保护库存现金的安全与完整。

1. 库存现金的管理要求

（1）遵循现金库存限额

库存现金的限额，指的是为了保证医院日常零星开支的需要，允许医院保留的库存现金的最高金额。这一限额一般由医院的开户银行根据医院业务的实际需要，按照《现金管理暂行条例》核定。

库存现金限额一经核定，医院需按核定的限额控制库存现金，超过库存限额的部分现金须及时解交开户银行，以保证现金的安全。需要增加或者减少库存现金限额的医院，需向开户银行提出申请，由其重新核定。

（2）控制现金使用范围

根据国家现金结算制度的规定，医院收支的各种款项必须按照国务院颁布的《现金管理暂行条例》的规定办理。医院与其他单位或个人的经济往来，除在规定范围内可以使用现金外，其他收付款项均须通过银行转账结算。

根据《现金管理暂行条例》的规定，现金的使用范围主要有：

①职工工资、津贴。

②个人劳动报酬。

③根据国家制度条例的规定，颁发给个人的科学技术、文化艺术、体育等方面的奖金。

④各种劳保、福利费以及国家规定的对个人的其他支出，如退休金、抚恤金、学生助学金、职工困难生活补助。

⑤收购单位向个人收购农副产品和其他物资的价款，如金银、工艺品、废旧物资的价款。

⑥出差人员必须随身携带的差旅费。

⑦结算起点（1 000 元人民币）以下的零星支出。超过结算起点的应实行银行转账结算，结算起点的调整由中国人民银行确定报国务院备案。

⑧中国人民银行确定需要用现金支付的其他支出。如采购地点不确定，交换不便，抢险救灾以及其他特殊情况，办理转账结算不够方便，必须使用现金的支出，对于这类支出，现金支取单位应向开户银行提出书面申请，由本单位财会部门负责人签字盖章，开户银行审查批准后予以支付现金。

（3）不得“坐支”现金

医院不得“坐支”现金。所谓“坐支”，即以本单位的现金收入直接支付现金支出。按照《现金管理暂行条例》及其实施细则的规定，开户单位支付现金，可以从本单位的现金库存中支付或者从开户银行提取，不得从本单位的现金收入中直接支出（即“坐支”）。这主要是因为单位“坐支”现金会使银行无法准确掌握各单位的现金收入来源和支出用途，干扰开户银行对各单位现金收付的管理。

因特殊需要确实需要“坐支”现金的，须按规定报经有关部门批准并在核定的范围和限额内开支。

（4）完善库存现金内部控制

医院需在严格遵守国家现金管理制度的同时，建立并不断完善现金内部控制制度，强化对关键环节的风险控制。需要做到以下几点：

第一，会计、出纳要分设，不能一人兼任。出纳工作应由专人负责，库存现金由出纳人员保管。

第二，定期或不定期对库存现金进行盘点，确保现金账面余额与实际库存金额相符。若有不符，应及时查明原因，做出相应处理。

第三，不得私立“小金库”，违反国家财经纪律。

（二）库存现金会计科目的设置和核算要求

医院需设置“库存现金”科目，核算医院的库存现金。借方登记库存现金的增加，贷方登记库存现金的减少，期末借方余额反映医院实际持有的库存现金。单位有外币现金的，需分别按照人民币、外币种类设置“库存现金日记账”进行明细核算，本科目需设置“受托代理资产”明细科目，核算单位受托代理、代管的现金。

1. 从银行等金融机构提取现金，按照实际提取的金额，借记本科目，贷记“银行存款”科目；将现金存入银行等金融机构，按照实际存入金额，借记“银行存款”科目，贷记本科目。

2. 根据规定从单位零余额账户提取现金，按照实际提取的金额，借记本科目，贷记“零余额账户用款额度”科目。将现金退回单位零余额账户，按照实际退回的金额，借记“零余额账户用款额度”科目，贷记本科目。

3. 因内部职工出差等原因借出的现金，按照实际借出的现金金额，借记“其他应收款”科目，贷记本科目。出差人员报销差旅费时，按照实际报销的金额，借记“业务活动费用”“单位管理费用”等科目，按照实际借出的现金金额，贷记“其他应收款”科目，按照其差额，借记或贷记本科目。

4. 因提供服务、物品或者其他事项收到现金，按照实际收到的金额，借记本科目，贷记“事业收入”“应收账款”等相关科目。涉及增值税业务的，相关账务处理参见“应缴增值税”科目。因购买服务、物品或者其他事项支付现金，按照实际支付的金额，借记“业务活动费用”“单位管理费用”“库存物品”等相关科目，贷记本科目。以库存现金对外捐赠，按照实际捐出的金额，借记“其他费用”科目，贷记本科目。

5. 收到受托代理、代管的现金，按照实际收到的金额，借记本科目（受托代理资产），贷记“受托代理负债”科目；支付受托代理、代管的现金，按照实际支付的金额，借记“受托代理负债”科目，贷记本科目（受托代理资产）。

6. 单位需设置“库存现金日记账”，由出纳人员根据收付款凭证，按照业务发生顺序逐笔登记。每日终了，需计算当日的现金收入合计数、现金支出合计数和结余数，并将结余数与实际库存数相核对，做到账款相符。每日账款核对中发现现金溢余或短缺的，需及时处理。

每日账款核对中发现有待查明原因的现金短缺或溢余的，需通过“待处理财产损溢”科目核算。属于现金溢余，需按照实际溢余的金额，借记本科目，贷记“待处理财产损溢”科目；属于现金短缺，需按照实际短缺的金额，借记“待处理财产损溢”科目，贷记本科目。待查明原因后及时进行账务处理。

7. 现金收入业务繁多、单独设有收款部门的医院，收款部门需将每天所收现金连同收款凭据一并交财会部门核收记账，或者将每天所收现金直接送存开户银行后，将收款凭据及向银行送存现金的凭证等一并交财会部门核收记账。

（三） 库存现金的账务处理举例

［例 3-1］ 201×年 2 月 3 日，某医院将现金 50 000 元存入开户银行。财会部门根据有关凭证，作会计分录如下：

借：银行存款　　50 000

　　贷：库存现金　　50 000

［例 3-2］ 201×年 2 月 5 日，某医院从零余额账户中支取现金 1 480 元用于支付某项目受试者劳务费。财会部门根据有关凭证，作会计分录如下：

借：库存现金　　1 480

　　贷：零余额账户用款额度　　1 480

［例 3-3］ 201×年 2 月 7 日，某医院院办张某出差预借现金 2 000 元。2 月 10 日，张某报销差旅费 1 800 元，退回现金 200 元。财会部门根据有关凭证，作会计分录如下：

预借现金

借：其他应收款　　2 000

　　贷：库存现金　　2 000

报销差旅费

借：库存现金　　200

　　单位管理费用　　1 800

　　贷：其他应收款　　2 000

借：事业支出　　1 800

　　贷：资金结存——货币资金　　1 800

［例 3-4］ 201×年 2 月 18 日，某医院收到受托代理的另外一家医院货币资金 100 000 元。201×年 4 月 18 日结束受托，支付受托代理的资金 100 000 元，财会部门根据有关凭证，作会计分录如下：

收到受托代理的资金时：

借：库存现金——受托代理资产　　100 000

　　贷：受托代理负债　　100 000

支付受托代理的资金时：

借：受托代理负债　　100 000

　　贷：库存现金——受托代理资产　　100 000

［例 3-5］ 201×年 2 月 20 日，某医院盘点库存现金时发现现金溢余 50 元。经查，原因不明，经批准转入待处理财产损溢。财会部门根据有关凭证，作会计分录如下：

借：库存现金　　50

　　贷：待处理财产损溢　　50

借：资金结存——货币资金　　50

　　贷：其他预算收入　　50

经查，该盘盈现金应该支付给医院职工李某，201×年3月20日支付给职工李某。财会部门根据有关凭证，作会计分录如下：

借：待处理财产损溢　　50
　　贷：其他应付款　　50
借：其他应付款　　50
　　贷：库存现金　　50
借：其他预算收入　　50
　　贷：资金结存——货币资金　　50

[例3-6]　201×年2月21日，某医院盘点库存现金时发现现金短缺80元。经查，原因不明，3月2日经批准由责任人个人承担，收回现金80元。财会部门根据有关凭证，作会计分录如下：

按照短缺金额转入待处理财产损溢

借：待处理财产损溢　　80
　　贷：库存现金　　80
借：其他支出　　80
　　贷：资金结存——货币资金　　80

属于应由责任人赔偿的部分

借：其他应收款　　80
　　贷：待处理财产损溢　　80

收回现金时

借：库存现金　　80
　　贷：其他应收款　　80
借：资金结存——货币资金　　80
　　贷：其他支出　　80

三、银行存款

（一）银行存款概述

银行存款是医院存放在开户银行的货币资金。医院的货币资金，除保留库存限额内的少量现金外，其余必须存入开户银行。

1. 银行账户的管理

医院需按照相关规定，加强银行存款户的管理，遵守银行结算纪律。一家医院只能开立一个基本存款账户，用于办理日常的转账结算和现金收付。为了加强对基本存款账户的管理，单位开立基本存款账户，要实行开户许可制度，必须凭中国人民银行当地分支机构核发的开户许可证办理，单位不得为还贷、还债和套取现金而多头开立基本存款户；不得出租、出借银行存款账户；不得违反规定在异地存款和贷款而开立账户。任何单位和个人不得将单位的资金以个人名义开立账户存储。

2. 银行结算方式

在我国，各单位日常大量的与其他组织或个人的经济业务往来，都是通过银行结算的。银行是社会经济活动中各项资金流转清算的中心，为了保证银行结算业务的正常开展，使社会经济活动中各项资金得以通畅流转，《中华人民共和国票据法》及中国人民银行《票据管理实施办法》《支付结算办法》等相关法律法规对结算票据及相关业务进行了规范。根据《支付结算办法》的规定，单位目前可以使用的票据结算工具主要包括银行汇票、商业汇票、银行本票和支票等票据，可以选择使用的结算方式主要有汇兑、托收承付和委托收款三种结算方式，还包括信用卡。另外还有一种国际贸易采用的结算方式，即信用证结算方式。

医院的银行本票结算方式、银行汇票结算方式、信用证结算方式、商业汇票结算方式等的核算在“其他货币资金”科目核算，不在“银行存款”科目核算。

（二）银行存款的会计科目设置和核算要求

本科目核算单位存入银行或者其他金融机构的各种存款。医院需设置“银行存款”科目，核算医院存入银行的各种存款。该科目属于资产类科目，借方登记银行存款的增加，贷方登记银行存款的减少，期末借方余额反映医院实际存放在银行的款项。

医院需严格按照国家有关支付结算办法的规定办理银行存款收支业务，并按照本制度规定核算银行存款的各项收支业务。本科目需设置“受托代理资产”明细科目，核算单位受托代理、代管的银行存款。

1. 将款项存入银行或者其他金融机构，按照实际存入的金额，借记本科目，贷记“库存现金”“应收账款”“事业收入”“经营收入”等相关科目。收到银行存款利息，按照实际收到的金额，借记本科目，贷记“利息收入”科目。

2. 从银行等金融机构提取现金，按照实际提取的金额，借记“库存现金”科目，贷记本科目。

3. 以银行存款支付相关费用，按照实际支付的金额，借记“业务活动费用”“单位管理费用”“其他费用”等相关科目，贷记本科目。以银行存款对外捐赠，按照实际捐出的金额，借记“其他费用”科目，贷记本科目。

4. 收到受托代理、代管的银行存款，按照实际收到的金额，借记本科目（受托代理资产），贷记“受托代理负债”科目；支付受托代理、代管的银行存款，按照实际支付的金额，借记“受托代理负债”科目，贷记本科目（受托代理资产）。

5. 单位发生外币业务的，需按照业务发生当日的即期汇率，将外币金额折算为人民币金额记账，并登记外币金额和汇率。期末，各种外币账户的期末余额，需按照期末的即期汇率折算为人民币，作为外币账户期末人民币余额。调整后的各种外币账户人民币余额与原账面余额的差额，作为汇兑损益计入当期费用。

（1）以外币购买物资、设备等，按照购入当日的即期汇率将支付的外币或应支付的外币折算为人民币金额，借记“库存物品”等科目，贷记本科目、“应付账款”等科目的外币账户。

（2）销售物品、提供服务以外币收取相关款项等，按照收入确认当日的即期汇率将收取的外币或应收取的外币折算为人民币金额，借记本科目、“应收账款”等科目的外币账户，贷记“事业收入”等相关科目。

（3）期末，根据各外币银行存款账户按照期末汇率调整后的人民币余额与原账面人民币余额的差额，作为汇兑损益，借记或贷记本科目，贷记或借记“业务活动费用”“单位管理费用”等科目。“应收账款”“应付账款”等科目。

6. 医院需按照开户银行或其他金融机构、存款种类及币种等，分别设置“银行存款日记账”，由出纳人员根据收付款凭证，按照业务的发生顺序逐笔登记，每日终了应结出余额。“银行存款日记账”应定期与“银行对账单”核对，至少每月核对一次。月度终了，医院银行存款日记账账面余额与银行对账单余额之间如有差额，需逐笔查明原因并进行处理，按月作“银行存款余额调节表”，调节相符。

（三）银行存款的账务处理举例

［例 3-7］ 201×年 2 月 3 日，某医院收到银行存款利息 10 000 元。财会部门根据有关凭证，作会计分录如下：

借：银行存款　　10 000
　　贷：利息收入　　10 000
借：资金结存——货币资金　　10 000
　　贷：其他预算收入　　10 000

［例 3-8］ 201×年 2 月 5 日，某医院以转账支票购买办公用品 1 500 元。财会部门根据有关凭证，作会计分录如下：

借：单位管理费用　　1 500
　　贷：银行存款　　1 500
借：事业支出　　1 500
　　贷：资金结存——货币资金　　1 500

［例 3-9］ 201×年 2 月 7 日，某医院收到另外一家医院转来的受托代理银行存款 100 000 元。财会部门根据有关凭证，作会计分录如下：

借：银行存款——受托代理资产　　100 000
　　贷：受托代理负债　　100 000

［例 3-10］ 201×年 3 月 12 日，某医院将受托代理的银行存款 100 000 元归还。财会部门根据有关凭证，作会计分录如下：

借：受托代理负债　　100 000
　　贷：银行存款——受托代理资产　　100 000

［例 3-11］ 201×年 2 月 15 日某医院银行存款（美元户）账户余额为 52 000 美元，当日汇率为 1 美元＝6.58 元人民币。201×年 2 月 27 日，从该账户中支出 3 500 美元用于购买外科设备，当日汇率为 1 美元＝6.54 元人民币。2 月 28 日汇率为 1 美元＝6.49 元人民币。财会部门根据有关凭证，作会计分录如下：

2 月 27 日支付设备购置款：

银行存款（美元户）折算金额＝3 500×6.54＝22 890（元）

借：固定资产——专用设备　　22 890
　　贷：银行存款——外币户（3 500 美元）　　22 890
借：事业支出　　22 890
　　贷：资金结存——货币资金　　22 890

2 月 28 日计算汇兑损益：

2 月 15 日，外币账户人民币余额＝52 000×6.58＝342 160（元）

2 月 28 日，银行存款（美元户）账户余额＝52 000－3 500＝48 500（美元）

按当日汇率折算金额＝48 500×6.49＝314 765（元）

汇兑差额＝314 765－（342 160－22 890）＝－4 505（元）（汇兑损失）

借：单位管理费用　4 505
　　贷：银行存款—外币户　4 505
借：事业支出　4 505
　　贷：资金结存——货币资金　4 505

四、零余额账户用款额度

（一） 零余额账户用款额度概述

零余额账户用款额度，是用于核算实行国库集中支付的医院根据财政部门批复的用款计划收到的零余额账户用款额度。该账户每日发生的支付，于当日营业终了前由代理银行在财政部门批准的用款额度内与国库单一账户清算；单笔支付额 5 000 万元人民币以上（含 5 000 万元），应及时与国库单一账户清算。财政授权的转账业务一律通过医院零余额账户办理。

零余额账户用款额度的管理

零余额账户需由同级财政部门批准开立，并出具证明文件，由开户银行报经中国人民银行核准后发开户许可证。

(1) 医院新开立零余额账户的，财政部门在批准开户时，应在相关证明文件中明确账户的性质。零余额账户的变更、合并和撤销，须经同级财政部门批准，并按照财政国库管理制度规定的程序和要求办理。

(2) 医院因特殊管理需要（如存在异址办公并独立核算的非法人机构等情形），需开立一个以上账户的，需通过主管部门向同级财政部门提出申请，经同级财政部门批准后开立。

(3) 医院零余额账户印鉴卡必须按规定的格式和要求填写，印鉴卡内容如有变动，需及时向同级财政部门提出变更申请，办理印鉴卡更换手续。

(4) 零余额账户的用款额度具有与人民币存款相同的支付结算功能，可办理转账、汇兑、委托收款和提取现金等支付结算业务。可以向本单位按账户管理规定保留的相应账户划拨工会经费、住房公积金及提租补贴，以及划拨财政部门批准的特殊款项。

(5) 医院应建立全面的对账制度，在认真处理各项财政资金支付账务的基础上，定期、及时地核对账务。

（二） 零余额账户用款额度的会计科目设置和核算要求

本科目核算实行国库集中支付的单位根据财政部门批复的用款计划收到和支用的零余额账户用款额度。医院需设置“零余额账户用款额度”科目，核算实行国库集中支付的医院根据财政部门批复的用款计划收到的零余额账户用款额度。该科目属于资产类科目，借方登记收到授权支付到账额度，贷方登记支用的零余额用款额度，本科目期末借方余额，反映医院尚未支用的零余额用款额度。本科目年末应无余额。

1. 收到额度

医院收到“财政授权支付到账通知书”时，根据通知书所列金额，借记本科目，贷记“财政拨款收入”科目。

2. 支用额度

(1) 支付日常活动费用时，按照支付的金额，借记“业务活动费用”“单位管理费用”等科目，贷记本科目。

（2）购买库存物品或购建固定资产，按照实际发生的成本，借记“库存物品”“固定资产”“在建工程”等科目，按照实际支付或应付的金额，贷记本科目、“应付账款”等科目。

（3）从零余额账户提取现金时，按照实际提取的金额，借记“库存现金”科目，贷记本科目。

（4）因购货退回等发生财政授权支付额度退回的，按照退回的金额，借记本科目，贷记“库存物品”等科目。

3. 年末，根据代理银行提供的对账单作注销额度的相关账务处理，借记“财政应返还额度——财政授权支付”科目，贷记本科目。年末，医院本年度财政授权支付预算指标数大于零余额账户用款额度下达数的，根据未下达的用款额度，借记“财政应返还额度——财政授权支付”科目，贷记“财政拨款收入”科目。

下年初，医院根据代理银行提供的上年度注销额度恢复到账通知书作恢复额度的相关账务处理，借记本科目，贷记“财政应返还额度——财政授权支付”科目。医院收到财政部门批复的上年末下达零余额账户用款额度，借记本科目，贷记“财政应返还额度——财政授权支付”科目。

（三）零余额账户用款额度的账务处理举例

［例 3-12］　201×年 2 月 1 日，某医院收到财政部门批复的分月用款计划及代理银行“授权支付到账通知书”，收到授权支付额度 50 000 元，用于支付人员工资。财会部门根据有关凭证，作会计分录如下：

借：零余额账户用款额度	50 000	
贷：财政拨款收入——财政基本拨款收入		50 000
借：资金结存——零余额账户用款额度	50 000	
贷：财政拨款预算收入——基本支出		50 000

［例 3-13］　201×年 2 月 2 日，某医院使用零余额账户用款额度支付行政部门费用 1 000 元，财会部门根据有关凭证，作会计分录如下：

借：单位管理费用	1 000	
贷：零余额账户用款额度		1 000
借：事业支出	1 000	
贷：资金结存——零余额账户用款额度		1 000

［例 3-14］　201×年 2 月 5 日，某医院将因存在质量问题，使用零余额账户额度购买的价值 100 000 元的药品退回，供货单位将款项通过银行退回，财会部门根据有关凭证，作会计分录如下：

借：零余额账户用款额度	100 000	
贷：库存物品		100 000
借：资金结存——零余额账户用款额度	100 000	
贷：事业支出		100 000

［例 3-15］　年度终了，医院经与代理银行提供的对账单核对无误后，将 1 000 000 元零余额账户用款额度予以注销，财会部门根据有关凭证，作会计分录如下：

借：财政应返还额度——财政授权支付	1 000 000	
贷：零余额账户用款额度		1 000 000
借：资金结存——财政应返还额度	1 000 000	
贷：资金结存——零余额账户用款额度		1 000 000

［例 3-16］ 年度终了，经核实本年度财政授权支付预算指标数大于零余额账户用款额度下达数 1 000 000 元，按照两者的差额，财会部门根据有关凭证，作会计分录如下：

借：财政应返还额度——财政授权支付　　1 000 000

　贷：财政拨款收入　　1 000 000

借：资金结存——财政应返还额度　　1 000 000

　贷：财政拨款预算收入　　1 000 000

［例 3-17］ 201×年 1 月 5 日，医院通过银行收到财政部门拨给的上年未下达的零余额账户用款额度 1 000 000 元，财会部门根据有关凭证，作会计分录如下：

借：零余额账户用款额度　　1 000 000

　贷：财政应返还额度——财政授权支付　　1 000 000

借：资金结存——零余额账户用款额度　　1 000 000

　贷：资金结存——财政应返还额度　　1 000 000

五、其他货币资金

（一）其他货币资金的概述

医院的其他货币资金是指医院除库存现金、银行存款之外的银行本票存款、银行汇票存款、信用卡存款等货币资金。

其中，银行本票存款，是指医院为取得银行本票按规定存入银行的款项。

银行汇票存款，是指医院为取得银行汇票按规定存入银行的款项。

信用卡存款，是指医院为取得信用卡按照规定存入银行的款项。

医院应加强对其他货币资金的管理，及时办理结算，对于逾期尚未办理结算的银行汇票、银行本票等，应按规定及时转回，按规定进行处理。

（二）其他货币资金的会计科目设置和核算要求

其他货币资金核算医院的外埠存款、银行本票存款、银行汇票存款、信用卡存款等各种其他货币资金。本科目期末借方余额，反映医院实际持有的其他货币资金，本科目需设置“外埠存款”“银行本票存款”“银行汇票存款”“信用卡存款”等明细科目，进行明细核算。

1. 医院按照有关规定需要在异地开立银行账户，将款项委托本地银行汇往异地开立账户时，借记本科目，贷记“银行存款”科目。收到采购员交来供应单位发票账单等报销凭证时，借记“库存物品”等科目，贷记本科目。将多余的外埠存款转回本地银行时，根据银行的收账通知，借记“银行存款”科目，贷记本科目。

2. 将款项缴存银行取得银行本票、银行汇票，按照取得的银行本票、银行汇票金额，借记本科目，贷记“银行存款”科目。使用银行本票、银行汇票购买库存物品等资产时，按照实际支付金额，借记“库存物品”等科目，贷记本科目。如有余款或因本票、汇票超过付款期等原因而退回款项，按照退款金额，借记“银行存款”科目，贷记本科目。

3. 将款项缴存银行取得信用卡，按照缴存金额，借记本科目，贷记“银行存款”科目。用信用卡购物或支付有关费用，按照实际支付金额，借记“单位管理费用”“库存物品”等科目，贷记本科目。

单位信用卡在使用过程中，需向其账户续存资金的，按照续存金额，借记本科目，贷记“银行存款”科目。

4. 单位需加强对其他货币资金的管理，及时办理结算，对于逾期尚未办理结算的银行汇票、银行本票等，需按照规定及时转回，并按照上述规定进行相应账务处理。

（三）其他货币资金的账务处理举例

［例 3-18］　201×年 2 月 1 日，某医院向某银行提交“银行本票申请书”，将 5 000 元银行存款转作银行本票存款，当日取得金额为 5 000 元的银行本票。2 月 3 日，某医院用银行本票购买卫生材料 5 000 元，卫生材料已办理验收入库手续。财会部门根据有关凭证，作会计分录如下：

2 月 1 日，取得银行本票

借：其他货币资金——银行本票存款　　5 000

　　贷：银行存款　　5 000

2 月 3 日，以银行本票购买卫生材料

借：库存物品——卫生材料　　5 000

　　贷：其他货币资金——银行本票存款　　5 000

借：事业支出　　5 000

　　贷：资金结存——货币资金　　5 000

［例 3-19］　201×年 7 月 2 日，某医院开出票面金额为 15 000 元的银行汇票，用于购买医疗耗材。7 月 3 日，医疗耗材验收入库，实际支付的价款为 14 000 元。7 月 5 日，根据银行的收款通知，余款 1 000 元退回开户银行，财会部门根据有关凭证，作会计分录如下：

201×年 7 月 2 日，办理银行汇票：

借：其他货币资金——银行汇票存款　　15 000

　　贷：银行存款　　15 000

201×年 7 月 3 日，结算款价、耗材验收入库

借：库存物品——卫生材料　　14 000

　　贷：其他货币资金——银行汇票存款　　14 000

借：事业支出　　14 000

　　贷：资金结存——货币资金　　14 000

201×年 7 月 5 日，余款退回银行

借：银行存款　　1 000

　　贷：其他货币资金——银行汇票存款　　1 000

［例 3-20］　201×年 2 月 5 日，某医院向银行申领信用卡，以银行存款缴存信用卡存款 50 000 元。2 月 8 日，某医院以信用卡向某饭店支付会议费 25 000 元。财会部门根据有关凭证，作会计分录如下：

201×年 2 月 5 日，申领信用卡

借：其他货币资金——信用卡存款　　50 000

　　贷：银行存款　　50 000

201×年 2 月 8 日，以信用卡支付会议费

借：单位管理费用　　25 000

　　贷：其他货币资金——信用卡存款　　25 000

借：事业支出　　25 000

　　贷：资金结存——货币资金　　25 000

第三节　应收及预付款项

一、应收款项

应收款项主要是指医院在开展业务活动和其他活动中形成的各种债权，包括应收账款、应收票据、应收股利、应收利息及其他应收款等。

（一）应收账款

1. 应收账款概述

应收账款主要是指医院在提供医疗服务等业务活动过程中发生的各种应收未收债权，包括应收在院病人医疗款、应收医疗款、其他应收款等。其中：应收在院病人医疗款，仅指由在医院住院的病人所发生医药费用而引起的应收账款。应收医疗款，指由门诊病人或已经出院的住院病人未能及时缴纳医药费而引起的应收账款，以及应由医疗保险机构承担但尚未支付给医院的款项，具体包括应由医疗保险机构支付但尚未结算的医疗款、门诊病人或出院病人的欠费等。其他应收款是指除财政应返还额度、应收在院病人医疗款、应收医疗款以外的其他各项应收、暂付款项，包括职工预借的差旅费、拨付的备用金、应向职工收取的各种垫付款项、应收长期投资的利息或利润等。

2. 应收账款会计科目设置和核算要求

应收账款核算医院提供服务、销售产品等应收取的款项，以及单位因出租资产、出售物资等应收取的款项。本科目期末借方余额，反映医院尚未收回的应收账款。本科目需按照债务单位（或个人）进行明细核算。

医院需在新制度规定的“1212 应收账款”科目下设置如下明细科目：

科　目	核算内容
121201 应收在院病人医疗款	核算医院因提供医疗服务而应向在院病人收取的医疗款
121202 应收医疗款	核算医院因提供医疗服务而应向医疗保险机构、门急诊病人、出院病人等收取的医疗款，需按照医疗保险机构、门急诊病人、出院病人等进行明细核算
12120201 应收医保款	核算医院因提供医疗服务而应向医疗保险机构收取的医疗款
12120202 门急诊病人欠费	核算门急诊病人应付未付医疗款
12120203 出院病人欠费	核算出院病人应付未付医疗款
121203 其他应收账款	核算医院除应收在院病人医疗款、应收医疗款以外的其他应收账款，如医院因提供科研教学等服务、按合同或协议约定应向接受服务单位收取的款项

（1）应收账款收回后不需上缴财政

医院发生应收账款时，按照应收未收金额，借记本科目，贷记“事业收入”“经营收入”“租金收入”“其他收入”等科目。收回应收账款时，按照实际收到的金额，借记“银行存款”等科目，贷记本科目。

（2）应收账款收回后需上缴财政

①医院出租资产发生应收未收租金款项时，按照应收未收金额，借记本科目，贷记“应缴财政款”科目。收回应收账款时，按照实际收到的金额，借记“银行存款”等科目，贷记本科目。

②医院出售物资发生应收未收款项时，按照应收未收金额，借记本科目，贷记“应缴财政款”科目。收回应收账款时，按照实际收到的金额，借记“银行存款”等科目，贷记本科目。

③医院需于每年年末，对收回后不需上缴财政的应收账款进行全面检查，如发生不能收回的迹象，需计提坏账准备。对于账龄超过规定年限、确认无法收回的应收账款，按照规定报经批准后予以核销。按照核销金额，借记“坏账准备”科目，贷记本科目。核销的应收账款应在备查簿中保留登记。

（3）医院需于每年年末，对收回后需上缴财政的应收账款进行全面检查。

①对于账龄超过规定年限、确认无法收回的应收账款，按照规定报经批准后予以核销。按照核销金额，借记“应缴财政款”科目，贷记本科目。核销的应收账款需在备查簿中保留登记。

②已核销的应收账款在以后期间又收回的，按照实际收回金额，借记“银行存款”等科目，贷记“应缴财政款”科目。

3. 应收账款的账务处理举例

［例 3-21］ 201×年 3 月 1 日，某医院住院部向财务处报来当日住院病人收入报表，应收在院病人医疗收入 268 000 元。201×年 3 月 3 日，办理住院病人出院结算收回在院病人医疗款 260 000 元，财会部门根据有关凭证，作会计分录如下：

201×年 3 月 1 日

	借方	贷方
借：应收账款——应收在院病人医疗款	268 000	
贷：事业收入——医疗收入——住院收入		268 000

201×年 3 月 3 日

	借方	贷方
借：银行存款	260 000	
贷：应收账款——应收在院病人医疗款		260 000
借：资金结存——货币资金	2 600 00	
贷：事业预算收入——医疗预算收入——住院预算收入		2 600 00

［例 3-22］ 201×年 3 月 2 日，经批准某医院向另外一家医院出租闲置医用设备，合同规定租期为 1 年，每年租金为 20 000 元，款项尚未收到，该租金收入需上缴财政。201×年 3 月 4 日收到该租金。财会部门根据有关凭证，作会计分录如下：

201×年 3 月 2 日，出租该设备时：

	借方	贷方
借：应收账款	20 000	
贷：应缴财政款		20 000

201×年 3 月 4 日，收到该租金时：

	借方	贷方
借：银行存款	20 000	
贷：应收账款		20 000

［例 3-23］ 年末某医院对应收医疗款进行了全面核查，确定按应收医疗款余额的1%计提坏账准备。年末该医院应收医疗款余额为600 000元，坏账准备余额为3 000元。财会部门根据有关凭证，作会计分录如下：

该医院应计提坏账准备＝600 000×1%＝6 000（元）

该医院已计提坏账准备3 000元

该医院补提坏账准备＝6 000－3 000＝3 000元

借：业务活动费用　　3 000

　　贷：坏账准备　　3 000

［例 3-24］ 年末某医院对应收医疗款进行了全面核查，发现王某欠住院医疗费4 000元，已逾期三年未能偿还，王某表示因经济困难确实无力偿还，该笔款项为不需上缴财政的应收账款。报经批准后，某医院将这笔欠费确认为坏账，准予转销。财会部门根据有关凭证，作会计分录如下：

借：坏账准备　　4 000

　　贷：应收账款——应收在院病人医疗款　　4 000

在备查簿中保留登记核销的应收账款4 000元

［例 3-25］ 承例3-24，第二年10月9日，王某经济情况好转，通过银行汇款偿还某医院所欠医疗费4 000元。财会部门根据有关凭证，作会计分录如下：

借：应收账款——应收在院病人医疗款　　4 000

　　贷：坏账准备　　4 000

同时：

借：银行存款　　4 000

　　贷：应收账款——应收在院病人医疗款　　4 000

借：资金结存——货币资金　　4 000

　　贷：非财政拨款结余　　4 000

［例 3-26］ 年末某医院对出租设备应收款进行了全面检查，发现有应上缴财政且金额为5 000元的租金，已逾期三年未能偿还，对方单位因经济困难确实无力偿还。报经批准后，某医院将这笔欠费转销。财会部门根据有关凭证，作会计分录如下：

借：应缴财政款　　5 000

　　贷：应收账款　　5 000

并在备查簿中保留登记核销应收账款5 000元。

（二） 应收票据

1. 应收票据概述

应收票据是指医院因开展经营活动销售商品、提供有偿服务等而收到的商业汇票，按其承兑人不同，分为商业承兑汇票和银行承兑汇票；按其是否计息可分为不带息商业汇票和带息商业汇票。不带息商业汇票是指票据到期时，承兑人只按票面金额（即面值）向收款人或被背书人支付款项的汇票，其票据到期值等于面值。带息商业汇票是指票据到期时，承兑人应按票面金额加上票面规定利息率计算的到期利息向收款人或被背书人支付款项的票据。带息票据的到期值等于其面值加上到期应计利息。

2. 应收票据会计科目的设置和核算要求

医院需设置“应收票据”会计科目，核算医院因开展经营活动销售产品、提供有偿服务等而收到的商业汇票，包括银行承兑汇票和商业承兑汇票。该科目借方登记应收票据的票面金额，贷方登记背书转让或到期收回，或因未能收回票款而转做应收账款的应收票据票面金额，期末借方金额反映企业持有的应收票据的票面金额。本科目需按照开出、承兑商业汇票的单位等进行明细核算。

应收票据的账务处理主要包括：收到票据的账务处理、票据贴现和背书转让的账务处理、票据到期的账务处理。

（1）因销售产品、提供服务等收到商业汇票，按照商业汇票的票面金额，借记本科目，按照确认的收入金额，贷记“经营收入”等科目。

（2）持未到期的商业汇票向银行贴现，按照实际收到的金额（即扣除贴现息后的净额），借记“银行存款”科目，按照贴现息金额，借记“经营费用”等科目，按照商业汇票的票面金额，贷记本科目（无追索权）或“短期借款”科目（有追索权）。附追索权的商业汇票到期未发生追索事项的，按照商业汇票的票面金额，借记“短期借款”科目，贷记本科目。

票据贴现是指医院以未到期的票据向银行融通资金，银行按照票据的应收金额扣除一定期间的利息后的余额付给企业的融资行为。

票据贴现额的计算：

贴现息＝票据到期值×贴现率×贴现息

贴现额＝票据到期值－贴现息

公式中，贴现率由银行统一制定，贴现期按银行规定计算，通常是指从贴现日至票据到期日前1日的时期。票据有带息和不带息之分，其到期值的计算及账务处理也有所不同。不带息票据到期值即票面值，而带息票据到期值等于票据面值与票据利息之和，其中票据到期利息应按下列公式计算：

票据到期利息＝应收票据面值×票面利率×时间

以上公式中，票面利率有年、月、日利率之分。如需换算成月利率或日利率，每月统一按照30天计算，全年按照360天计算，三者之间的关系是：

月利率＝年利率÷12

日利率＝月利率÷30或年利率÷360

时间是指从票据生效之日起到票据到期之日止的时间间隔。通常有以下两种表示方法：

第一种以月表示，即按月计息。计算时一律以次月对日为1个月（如从3月15日至4月15日）；月末签发的票据，不论月份大小，以到期月份的月末为到期日（如1月31日签发票据，期限为1个月的票据于2月28日或29日到期，期限为2个月的票据于3月31日到期）。计算利息的利率要换算成月利率。

第二种以日数表示，即按日计息。计算时以实际日历天数计算到期日及利息，到期日那天不计息，称为“算头不算尾”。

（3）将持有的商业汇票背书转让以取得所需物资时，按照取得物资的成本，借记“库存物品”等科目，按照商业汇票的票面金额，贷记本科目，如有差额，借记或贷记“银行存款”等科目。

（4）商业汇票到期时，需分别按照以下情况处理：

①收回票款时，按照实际收到的商业汇票票面金额，借记“银行存款”科目，贷记本科目。

②因付款人无力支付票款，收到银行退回的商业承兑汇票、委托收款凭证、未付票款通知书或拒付款证明等，按照商业汇票的票面金额，借记“应收账款”科目，贷记本科目。

（5）医院需设置“应收票据备查簿”，逐笔登记每一应收票据的种类、号数、出票日期、到期日、票面金额、交易合同号和付款人、承兑人、背书人姓名或单位名称、背书转让日、贴现日期、贴现率和贴现净额、收款日期、收回金额和退票情况等。应收票据到期结清票款或退票后，需在备查簿内逐笔注销。

3. 应收票据的账务处理举例

［例 3-27］ 201×年 4 月 29 日，某医院举办的代销商品服务点取得经营收入 100 000 元（不考虑税费）。购买单位交来一张出票日为 6 月 1 日，面值 100 000 元的，期限为 3 个月的商业承兑无息票据（不附追索权）。该医院 7 月 1 日持票据到银行贴现，贴现率为 12%，每月按 30 天计算。财会部门根据有关凭证，作会计分录如下：

收到票据时：

借：应收票据　　100 000

　　贷：经营收入　　100 000

7 月 1 日到银行贴现时，票据到期日为 9 月 1 日，贴现期为 2 个月（7 月 1 日到 9 月 1 日）：

票据到期值＝票据票面金额＝100 000（元）

贴现息＝100 000×12%×2÷12＝2 000（元）

贴现额＝100 000－2 000＝98 000（元）

借：银行存款　　98 000

　　经营费用　　2 000

　　贷：应收票据　　100 000

借：资金结存——货币资金　　98 000

　　贷：经营预算收入　　98 000

［例 3-28］ 承上例，6 月 1 日，该医院将该应收票据背书转让给本市一家卫生材料厂商，以购买一批卫生材料，该批卫生材料的成本为 110 000 元，该医院另支付银行存款 10 000 元。财会部门根据有关凭证，作会计分录如下：

借：库存物品——卫生材料　　110 000

　　贷：应收票据　　100 000

　　　　银行存款　　10 000

借：经营支出　　110 000

　　贷：资金结存——货币资金　　110 000

［例 3-29］ 201×年 6 月 1 日，某医院收到面值 10 000 元、期限为 2 个月商业承兑汇票无息票据（不附追索权）到期，并将款项存入银行。财会部门根据有关凭证，作会计分录如下：

借：银行存款　　10 000

　　贷：应收票据　　10 000

借：资金结存——货币资金　　10 000

　　贷：经营预算收入　　10 000

（三） 财政应返还额度

1. 财政应返还额度概述

财政应返还额度是指实行国库集中支付的医院，年度终了应收财政下年度返还的资金额度，即反映结转下年使用的用款额度。

2. 财政应返还额度的会计科目设置和核算要求

医院需设置“财政应返还额度”科目，核算实行国库集中支付的单位应收财政返还的资金额度，包括可以使用的以前年度财政直接支付资金额度和财政应返还的财政授权支付资金额度。该科目借方登记财政应返还额度增加数，贷方登记财政应返还额度减少数，期末借方余额，反映单位应收财政返还的资金额度。本科目需设置“财政直接支付”“财政授权支付”两个明细科目进行明细核算。

（1）财政直接支付

年末，单位根据本年度财政直接支付预算指标数大于当年财政直接支付实际发生数的差额，借记本科目（财政直接支付），贷记“财政拨款收入”科目。单位使用以前年度财政直接支付额度支付款项时，借记“业务活动费用”“单位管理费用”等科目，贷记本科目（财政直接支付）。

（2）财政授权支付

年末，根据代理银行提供的对账单作注销额度的相关账务处理，借记本科目（财政授权支付），贷记“零余额账户用款额度”科目。年末，单位本年度财政授权支付预算指标数大于零余额账户用款额度下达数的，根据未下达的用款额度，借记本科目（财政授权支付），贷记“财政拨款收入”科目。下年初，单位根据代理银行提供的上年度注销额度恢复到账通知书作恢复额度的相关账务处理，借记“零余额账户用款额度”科目，贷记本科目（财政授权支付）。单位收到财政部门批复的上年未下达零余额账户用款额度，借记“零余额账户用款额度”科目，贷记本科目（财政授权支付）。

3. 财政应返还额度账务处理举例

［例 3-30］ 年终某医院将用于“病房楼改造”的本年度财政直接支付预算指标数大于当年财政直接支付实际发生数的差额 500 000 元转入财政应返还额度，财会部门根据有关凭证，作会计分录如下：

科目	借方	贷方
借：财政应返还额度——财政直接支付	500 000	
贷：财政拨款收入		500 000
借：资金结存——财政应返还额度	500 000	
贷：财政拨款预算收入		500 000

［例 3-31］ 年终某医院根据代理银行提供的对账单中的注销额度，将某财政授权支付项目“消防工程”的注销额度 1 000 000 元转入财政应返还额度。财会部门根据有关凭证，作会计分录如下：

科目	借方	贷方
借：财政应返还额度——财政授权支付	1 000 000	
贷：零余额账户用款额度		1 000 000
借：资金结存——财政应返还额度	1 000 000	
贷：资金结存——零余额账户用款额度		1 000 000

［例 3-32］ 年终，某单位将本年度财政授权支付预算指标数大于零余额账户用款额度下达数的差额 500 000 万元转入财政拨款收入。财会部门根据有关凭证，作会计分录如下：

借：财政应返还额度——财政授权支付　500 000
　　贷：财政拨款收入　500 000
借：资金结存——财政应返还额度　500 000
　　贷：财政拨款预算收入　500 000

（四） 应收股利

应收股利指医院因持有长期股权投资需收取的现金股利或需分得的利润。

1. 应收股利的会计科目设置和核算要求

医院需设置"应收股利"科目，核算医院持有长期股权投资需收取的现金股利或需分得的利润。本科目期末借方余额，反映事业单位需收取但尚未收到的现金股利或利润。本科目需按照被投资单位等进行明细核算。

（1）取得长期股权投资，按照支付的价款中所包含的已宣告但尚未发放的现金股利，借记本科目，按照确定的长期股权投资成本，借记"长期股权投资"科目，按照实际支付的金额，贷记"银行存款"等科目。收到取得投资时实际支付价款中所包含的已宣告但尚未发放的现金股利时，按照收到的金额，借记"银行存款"科目，贷记本科目。

（2）长期股权投资持有期间，被投资单位宣告发放现金股利或利润的，按照应享有的份额，借记本科目，贷记"投资收益"（成本法下）或"长期股权投资"（权益法下）科目。实际收到现金股利或利润时，按照收到的金额，借记"银行存款"等科目，贷记本科目。

2. 应收股利账务处理举例

［例 3-33］ 201×年 4 月 1 日，经上级主管部门批准，某医院与某公司合资成立一所医院，支付银行存款 5 050 000 元取得 20%的股权，其买价中包含已经宣告尚未发放的现金股利 50 000 元，在此次投资中发生交易费用 30 000 元，以银行存款支付。4 月 5 日，收到已宣告尚未发放的现金股利 50 000 元。财会部门根据有关凭证，作会计分录如下：

4 月 1 日，取得 20%股权

借：长期股权投资——投资成本　5 030 000
　　应收股利　50 000
　　贷：银行存款　5 080 000
借：投资支出　5 080 000
　　贷：资金结存——货币资金　5 080 000

4 月 5 日，收到股利

借：银行存款　50 000
　　贷：应收股利　50 000
借：资金结存——货币资金　50 000
　　贷：投资支出　50 000

［例 3-34］ 201×年年初，经上级主管部门批准，某医院与某公司合资成立一家股份制医院，通过银行支付投资款 1 000 000 元，取得股份制医院表决权股份的 20%，对该医院的经营决策有重大影响，该日股份制医院可辨认净资产公允价值与账面价值，均为 5 000 000 元。第二年 3 月 1 日，

股份制医院经股东大会审议通过宣告分派上年度利润分配方案，分配现金股利 200 000 元。3 月 9 日，某医院收到现金股利。财会部门根据有关凭证，作会计分录如下：

第二年 3 月 1 日，股份制医院宣告上年度利润分配方案，某医院按照持股比例应该享有的股利为 200 000×20% =40 000 元

宣告现金股利时：

借：应收股利　　40 000

　　贷：长期股权投资　　40 000

收到现金股利时：

借：银行存款　　40 000

　　贷：应收股利　　40 000

借：资金结存——货币资金　　40 000

　　贷：投资预算收益　　40 000

（五） 应收利息

1. 应收利息的会计科目设置和核算要求

应收利息核算医院长期债券投资需收取的利息。医院购入的到期一次还本付息的长期债券投资持有期间的利息，需通过“长期债券投资——应计利息”科目核算，不通过本科目核算。本科目期末借方余额，反映事业单位应收未收的长期债券投资利息。本科目需按照被投资单位等进行明细核算。

（1）取得长期债券投资，按照确定的投资成本，借记“长期债券投资”科目，按照支付的价款中包含的已到付息期但尚未领取的利息，借记本科目，按照实际支付的金额，贷记“银行存款”等科目。收到取得投资时实际支付价款中所包含的已到付息期但尚未领取的利息时，按照收到的金额，借记“银行存款”等科目，贷记本科目。

（2）按期计算确认长期债券投资利息收入时，对于分期付息、一次还本的长期债券投资，按照以票面金额和票面利率计算确定的应收未收利息金额，借记本科目，贷记“投资收益”科目。

（3）实际收到应收利息时，按照收到的金额，借记“银行存款”等科目，贷记本科目。

2. 应收利息的账务处理举例

［例 3-35］　201×年 4 月 1 日，某医院购买银行发行的 5 年期、面值 1 000 00C 元国债，票面利率为 4%，利息按季支付，共支付银行存款 1010 000 元，其中包含已经宣告尚未发放的利息 10 000元，4 月 5 日，收到上述利息 10 000 元。财会部门根据有关凭证，作会计分录如下：

201×年 4 月 1 日，购买国债

借：长期债券投资　　1 000 000

　　应收利息　　10 000

　　贷：银行存款　　1 010 000

借：投资支出　　1 010 000

　　贷：资金结存——货币资金　　1 010 000

4 月 5 日，收到利息

借：银行存款　　10 000

　　贷：应收利息　　10 000

借：资金结存——货币资金　　10 000
　　贷：投资支出　　10 000

6 月 30 日，计提第一季度债券利息

借：应计利息　　10 000
　　贷：投资收益　　10 000

实际收到时

借：银行存款　　10 000
　　贷：应收利息　　10 000

借：资金结存——货币资金　　10 000
　　贷：投资预算收益　　10 000

（六）其他应收款

其他应收款，指单位除财政应返还额度、应收票据、应收账款、预付账款、应收股利、应收利息以外的其他各项应收及暂付款项。

1. 其他应收款的会计科目设置和核算要求

医院应设置“其他应收款”科目，核算单位除财政应返还额度、应收票据、应收账款、预付账款、应收股利、应收利息以外的其他各项应收及暂付款项，如职工预借的差旅费、已经偿还银行尚未报销的本单位公务卡欠款、拨付给内部有关部门的备用金、应向职工收取的各种垫付款项、支付的可以收回的订金或押金、应收的上级补助和附属单位上缴款项等。本科目期末借方余额，反映单位尚未收回的其他应收款，本科目需按照其他应收款的类别以及债务单位（或个人）进行明细核算。

（1）发生其他各种应收及暂付款项时，按照实际发生金额，借记本科目，贷记“零余额账户用款额度”“银行存款”“库存现金”“上级补助收入”“附属单位上缴收入”等科目。

（2）收回其他各种应收及暂付款项时，按照收回的金额，借记“库存现金”“银行存款”等科目，贷记本科目。

（3）单位内部实行备用金制度的，有关部门使用备用金以后需及时到财务部门报销并补足备用金。财务部门核定并发放备用金时，按照实际发放金额，借记本科目，贷记“库存现金”等科目。根据报销金额用现金补足备用金定额时，借记“业务活动费用”“单位管理费用”等科目，贷记“库存现金”等科目，报销数和拨补数都不再通过本科目核算。

（4）偿还尚未报销的本单位公务卡欠款时，按照偿还的款项，借记本科目，贷记“零余额账户用款额度”“银行存款”等科目；持卡人报销时，按照报销金额，借记“业务活动费用”“单位管理费用”等科目，贷记本科目。

（5）将预付账款账面余额转入其他应收款时，借记本科目，贷“预付账款”科目。

（6）医院需于每年年末，对其他应收款进行全面检查，如发生不能收回的迹象，需计提坏账准备。

①对于账龄超过规定年限、确认无法收回的其他应收款，按照规定报经批准后予以核销。按照核销金额，借记“坏账准备”科目，贷记本科目。核销的其他应收款需在备查簿中保留登记。

②已核销的其他应收款在以后期间又收回的，按照实际收回金额，借记本科目，贷记“坏账准备”科目；同时，借记“银行存款”等科目，贷记本科目。

2. 其他应收款账务处理举例

［例 3-36］ 201×年 3 月 1 日，某医院开始对其所属部门实行定额备用金制度，财会部门根据核定的备用金定额，付给所属某部门定额准备金 2 000 元，一周后，该所属部门持购买办公用品的发票等单据共计 890 元向财会部门报销，财会部门审核后付给现金，补足其定额。财会部门根据有关凭证，作会计分录如下：

发放备用金时

借：其他应收款 2 000

　　贷：库存现金 2 000

按照报销金额，补足备用金

借：单位管理费用 890

　　贷：库存现金 890

借：事业支出 890

　　贷：资金结存——货币资金 890

［例 3-37］ 201×年 3 月，某医院行政人员刘某使用公务卡共产生费用 1 000 元，4 月 5 日，刘某持票据到财务科办理完报销审批手续，医院使用零余额账户用款额度资金进行偿还。财会部门根据有关凭证，作会计分录如下：

4 月 5 日，刘某报销时

借：单位管理费用 1 000

　　贷：其他应付款——应付公务卡——刘某 1 000

借：事业支出 1 000

　　贷：资金结存——零余额账户用款额度 1 000

使用零余额账户用款额度偿还公务卡

借：其他应付款——应付公务卡——刘某 1 000

　　贷：零余额账户用款额度 1 000

二、预付账款

预付账款，是指医院预付给商品供应单位或者服务提供单位的款项。

（一）预付账款的会计账户设置和核算要求

本科目核算医院按照购货、服务合同或协议规定预付给供应单位（或个人）的款项，以及按照合同规定向承包工程的施工企业预付的备料款和工程款。本科目期末借方余额，反映医院实际预付但尚未结算的款项，本科目需按照供应单位（或个人）及具体项目进行明细核算；对于基本建设项目发生的预付账款，还需在本科目所属基建项目明细科目下设置“预付备料款”“预付工程款”“其他预付款”等明细科目，进行明细核算。

1. 根据购货、服务合同或协议规定预付款项时，按照预付金额，借记本科目，贷记“财政拨款收入”“零余额账户用款额度”“银行存款”等科目。

2. 收到所购资产或服务时，按照购入资产或服务的成本，借“库存物品”“固定资产”“无形资产”“业务活动费用”等相关科目，按照相关预付账款的账面余额，贷记本科目，按照实际补付的金额，贷记“财政拨款收入”“零余额账户用款额度”“银行存款”等科目。

3. 根据工程进度结算工程价款及备料款时，按照结算金额借记“在建工程”科目，按照相关预付账款的账面余额，贷记本科目，按照实际补付的金额，贷记“财政拨款收入”“零余额账户用款额度”“银行存款”等科目。

4. 发生预付账款退回的，按照实际退回金额，借记“财政拨款收入”[本年直接支付]、“财政应返还额度”[以前年度直接支付]、“零余额账户用款额度”“银行存款”等科目，贷记本科目。

5. 单位需于每年年末，对预付账款进行全面检查。如果有确凿证据表明预付账款不再符合预付款项性质，或者因供应单位破产、撤销等原因可能无法收到所购货物、服务的，需先将其转入其他应收款，再按照规定进行处理。将预付账款账面余额转入其他应收款时，借记“其他应收款”科目，贷记本科目。

（二） 预付账款的账务处理举例

[例 3-38] 201×年 4 月 1 日，经上级主管部门批准，某医院与某医疗设备厂签订了购买合同，合同约定，某医院从该厂购买两台医疗设备，每台价款为 100 000 元（不考虑税费）。该厂应在 201×年 4 月 10 日前将设备运抵某医院并负责调试成功，某医院于验收合格当日支付剩余价款。201×年 4 月 5 日，某医院按合同约定支付该厂预付价款 20 000 元。该医院购买医疗设备的资金为财政授权支付资金。财会部门根据有关凭证，作会计分录如下：

201×年 4 月 5 日

借：预付账款——某医疗设备厂	20 000	
贷：零余额账户用款额度		20 000
借：事业支出	20 000	
贷：财政拨款预算收入		20 000

[例 3-39] 承上例，201×年 4 月 10 日，该厂将设备运抵某医院并调试成功，某医院经验收合格后，按约定于次日通过零余额账户用款额度支付该厂 180 000 元，财会部门根据有关凭证，作会计分录如下：

201×年 4 月 10 日，收到设备：

借：固定资产——××医疗设备	200 000	
贷：预付账款——某医疗设备厂		20 000
零余额账户用款额度		180 000
借：事业支出	180 000	
贷：财政拨款预算收入		180 000

[例 3-40] 201×年 4 月 1 日，经公开招标，某医院将一栋新建办公楼工程由某建筑企业承建，按合同约定通过零余额账户用款额度支付给承建单位预付工程价款 5 000 000 元。201×年10 月 8 日，收到承建单位按审计后的竣工总造价开具的工程结算单据，应补付工程款 172 000 元，某医院以零余额账户用款额度支付 172 000 元。财会部门根据有关凭证，作会计分录如下：

201×年 4 月 1 日，预付工程款

借：预付账款——预付工程款	5 000 000	
贷：零余额账户用款额度		5 000 000
借：事业支出	5 000 000	
贷：财政拨款预算收入		5 000 000

201×年 10 月 8 日，结算并补付工程款

借：在建工程——建筑工程　　5 000 000

　　贷：预付账款——预付工程款　　5 000 000

借：在建工程——建筑工程　　172 000

　　贷：零余额账户用款额度　　172 000

借：事业支出　　172 000

　　贷：财政拨款预算收入　　172 000

[例 3-41]　201×年 10 月 8 日，某医院收到审计后的承建企业的门诊装修工程决算书，竣工总造价小于预付工程款 5 000 元，承建企业通过银行退回预付工程款 5 000 元。财会部门根据有关凭证，作会计分录如下：

借：零余额账户用款额度　　5 000

　　贷：预付账款——预付工程款　　5 000

借：财政拨款预算收入　　5 000

　　贷：事业支出　　5 000

第四节　坏账准备

一、坏账准备概述

（一） 坏账的概念

坏账是指医院无法收回或收回的可能性极小的应收款项。由于发生坏账而产生的损失，称为坏账损失。坏账准备是用来核算对收回后不需上缴财政的应收账款和其他应收款提取的坏账准备。

医院在会计期末，需分析应收款项的可收回性，对预计可能产生的坏账损失计提坏账准备，确认坏账损失并计入当期费用。

医院在判断坏账时，需具体分析各应收款项的特性、金额的大小、信用期限、债务人的信誉和当时的财务状况等因素。一般来讲，医院对有确凿证据表明确实无法收回的应收款项，如应收医疗款中因违规管理医保拒付的部分和病人无力支付的部分，其他应收款中因债务人已撤销、破产、资不抵债、现金流量严重不足等而无法收回的部分，按医院管理权限，报经批准后作为坏账损失。

（二） 坏账损失的核算方法

应收款项坏账损失的核算方法主要有两种：一是直接转销法；二是备抵法。直接转销法是指只有在坏账实际发生时，才将坏账损失予以确认，并冲销应收款项。而备抵法是采用一定的方法按期预计坏账损失，计提坏账准备，计入当期费用，当某项应收款项全部或部分被确认已经成为坏账时，按确认的坏账金额冲减已计提的坏账准备，同时转销相应的应收款项的一种核算方法。

医院需采用备抵法核算坏账损失。医院需根据应收款项的实际可收回情况合理计提坏账准备，不得多提或少提。

二、坏账准备会计科目的设置和核算要求

医院需设置“坏账准备”科目来核算对收回后不需上缴财政的应收账款和其他应收款提取的坏账准备。本科目期末贷方余额，反映事业单位提取的坏账准备金额。本科目需分别对应收账款和其他应收款进行明细核算。医院需于每年年末，对收回后不需上缴财政的应收账款和其他应收款进行全面检查，分析其可收回性，对预计可能产生的坏账损失计提坏账准备、确认坏账损失。

医院需在新制度规定的“坏账准备”科目下设置如下明细科目：

科　目	核算内容
121901 应收账款坏账准备	核算医院按规定对“应收账款——应收医疗款”“应收账款——其他应收账款”提取的坏账准备
121902 其他应收款坏账准备	核算医院按规定对其他应收款提取的坏账准备

医院可以采用应收款项余额百分比法、账龄分析法、个别认定法等方法计提坏账准备。坏账准备计提方法一经确定，不得随意变更。如需变更，需按照规定报经批准，并在财务报表附注中予以说明。当期应补提或冲减的坏账准备金额的计算公式如下：

本期需计提的坏账准备＝按照期末应收账款和其他应收款计算应计提的坏账准备金额－本科目期末贷方余额（或＋本科目期末借方余额）

（一）提取坏账准备时，借记“其他费用”科目，贷记本科目；冲减坏账准备时，借记本科目，贷记“其他费用”科目。

（二）对于账龄超过规定年限并确认无法收回的应收账款、其他应收款，需按照有关规定报经批准后，按照无法收回的金额，借记本科目，贷记“应收账款”“其他应收款”科目。已核销的应收账款、其他应收款在以后期间又收回的，按照实际收回金额，借记“应收账款”“其他应收款”科目，贷记本科目；同时，借记“银行存款”等科目，贷记“应收账款”“其他应收款”科目。

坏账准备的具体计提方法举例：

1. 应收账款余额百分比法

应收账款余额百分比法，是根据会计期末应收款项的余额和估计的坏账比率，估计坏账损失，计提坏账准备的方法。

2. 账龄分析法

账龄分析法，是根据应收款项账龄的长短来估计坏账的方法。账龄指的是债务人所欠账款的时间。虽然应收账款能否收回以及能收回多少，不一定完全取决于时间的长短，但一般来说，账龄越长，发生坏账的可能性就越大。

需要说明的是，在采用账龄分析法计提坏账准备时，收到债务单位当期偿还的部分债务后，剩余的应收款项，不应改变其账龄，仍应按原账龄加上本期应增加的账龄确定；在存在多笔应收款项、且各笔应收款项账龄不同的情况下，收到债务单位当期偿还的部分债务，需逐笔认定收到的是哪一笔应收款项；如果确实无法认定的，按照先发生先收回的原则确定，剩余应收账款的账龄按上述同一原则确定。

3. 个别认定法

个别认定法就是根据每一项应收账款的情况来估计坏账损失的方法。

在采用账龄分析法、余额百分比法等方法的同时，如果某项应收款项的可收回性与其他各项应

收款项存在明显的差别（例如，债务单位所处的特定地区等），导致该项应收款项如果按照与其他应收款项同样的方法计提坏账准备将无法真实地反映其可收回金额的，可对该项应收款项采用个别认定法计提坏账准备，在同一会计期间内运用个别认定法的应收款项，应从用其他方法计提坏账准备的应收款项中剔除。

三、坏账准备账务处理举例

［**例 3-42**］ 年末，某医院应收医疗款的余额为 300 000 元，该医院估计有 1%的应收医疗款可能无法收回，因此确定坏账准备的提取比例为应收医疗款余额的 1%（该医院在该年度之前未曾计提过坏账准备）。次年 7 月，该医院发现有 2 000 元的应收医疗款已经确定无法收回，将其确认为坏账损失。次年年末，该医院应收医疗款余额为 350 000 元（坏账准备的计提比例为年末应收款余额的 1%）。财会部门根据有关凭证，作会计分录如下：

年末该医院应计提的坏账准备金额：

应计提的坏账准备金额＝300 000×1%＝3 000（元）

借：其他费用　　3 000

　　贷：坏账准备　　3 000

次年 7 月，确认坏账损失

借：坏账准备　　2 000

　　贷：应收账款　　2 000

次年年末：

该医院次年年末“坏账准备”科目余额应为：

350 000×1%＝3 500（元）

年末计提坏账准备前，“坏账准备”科目的贷方余额为：

3 000－2 000＝1 000（元）

次年应补提的坏账准备金额为：3 500－1 000＝2 500（元）

借：其他费用　　2 500

　　贷：坏账准备　　2 500

［**例 3-43**］ 201×年 12 月 31 日，某医院应收医疗款金额、账龄、估计的坏账损失比率及预计坏账损失金额如下表所示。

应收医疗款账龄	应收医疗款金额	估计损失（%）	预计损失金额
1 年以内	200 000	5%	10 000
1～2 年（含 1 年）	100 000	20%	20 000
2～3 年（含 2 年）	50 000	40%	20 000
3 年以上（含 3 年）	10 000	60%	6 000
合　计	360 000		56 000

由上表可知，该医院在 201×年 12 月 31 日的 360 000 元应收医疗款金额预计坏账损失为 56 000 元，期初“坏账准备”科目的账面余额为 30 000 元，则当期应补提的坏账准备金额 26 000 元，计算过程如下：

当期应补提的坏账准备金额＝56 000－30 000＝26 000（元）

财会部门根据有关凭证，作会计分录如下：

借：其他费用　　26 000

　　贷：坏账准备　　26 000

［例 3-44］　某医院与某医疗设备厂签订供货合同约定在201×年4月10日前提供多功能理疗仪一台，价值2万元，201×年4月10日某医疗设备厂未能按合同约定提供多功能理疗仪。8月31日，该厂因经营困难，向法院申请破产。第二年5月10日，该厂破产清算结束，该医院确定无法收回预付设备价款，经批准予以转销。财会部门根据有关凭证，作会计分录如下：

201×年5月31日

借：坏账准备　　20 000

　　贷：预付账款——某医疗设备厂　　20 000

第五节　存　货

一、存货的概述

（一）存货的概念、特征和确认

存货指医院为开展医疗服务及其他活动而储存的低值易耗品、卫生材料、药品、其他材料、在加工物资等。按照政府会计制度分类规定，“存货”科目主要分为在途物品、库存物品、加工物品。

医院的存货有以下特征：

第一，医院持有存货的目的是出售给病人用于治疗，或者从事医疗服务及在其他活动中加以耗用，它既不是为了投资增值，也不是为了长期持有，即它往往会在短期内被使用或者流出医院，这使得存货与投资、固定资产、无形资产等区分开来。

第二，医院存货的状态可能是多样的，它有可能是药品或者其他外购物资，可以直接出售给病人或者直接用于提供医疗服务及从事其他业务活动；它有可能是购入的可以直接耗用的或者尚需加工的材料等；它也有可能是尚处于生产过程但尚未制成成品的在加工物资等。

存货同时满足下列条件的，需予以确认：

1. 与该存货相关的服务潜力很可能实现或者经济利益很可能流入政府会计主体；

2. 该存货的成本或者价值能够可靠地计量。

（二）取得存货的初始计量

1. 存货在取得时需按照成本进行初始计量。

2. 购入的存货，其成本包括购买价款、相关税费、运输费、装卸费、保险费以及使得存货达到目前场所和状态所发生的归属于存货成本的其他支出。

3. 自行加工的存货，其成本包括耗用的直接材料费用、发生的直接人工费用和按照一定方法分配的与存货加工有关的间接费用。

直接材料指直接耗用、构成所生产物资实体的材料。生产物资所耗用的直接材料能单独区分的直接计入所生产药品、材料的成本；生产多种药品、材料共同耗用的材料应采用适当方法分配计入各种药品、材料的成本。

直接人工指医院专门从事、直接进行物资生产人员的薪酬。生产物资所耗用的直接人工能单独区分的直接计入所生产药品、材料的成本；生产多种药品、材料共同耗用的直接人工采用适当方法分配计入各种药品、材料的成本。

间接费用指上述直接费用以外的归属于自制物资成本的费用，包括专门从事物资生产管理但不直接进行物资生产人员的薪酬、生产场所的办公水电费、生产厂房及设备折旧修理费等。生产物资所发生的间接费用应先进行归集，期末按适当方法分配计入有关药品、材料的成本。

4. 委托加工的存货，其成本包括委托加工前存货成本、委托加工的成本（如委托加工费以及按规定应计入委托加工存货成本的相关税费等）以及使存货达到目前场所和状态所发生的归属于存货成本的其他支出。

5. 下列各项需在发生时确认为当期费用，不计入存货成本：

(1) 非正常消耗的直接材料、直接人工和间接费用。

(2) 仓储费用（不包括在加工过程中为达到下一个加工阶段所必需的费用）。

(3) 不能归属于使存货达到目前场所和状态所发生的其他支出。

6. 通过置换取得的存货，其成本按照换出资产的评估价值，加上支付的补价或减去收到的补价，加上为换入存货发生的其他相关支出确定。

7. 接受捐赠的存货，其成本按照有关凭据注明的金额加上相关税费、运输费等确定；没有相关凭据可供取得，但按规定经过资产评估的，其成本按照评估价值加上相关税费、运输费等确定；没有相关凭据可供取得、也未经资产评估的，其成本比照同类或类似资产的市场价格加上相关税费、运输费等确定；没有相关凭据且未经资产评估、同类或类似资产的市场价格也无法可靠取得的，按照名义金额入账，相关税费、运输费等计入当期费用。

8. 无偿调入的存货，其成本按照调出方账面价值加上相关税费、运输费等确定。

9. 盘盈的存货，按规定经过资产评估的，其成本按照评估价值确定；未经资产评估的，其成本按照重置成本确定。

（三） 取得存货的后续计量

1. 医院需根据实际情况采用先进先出法、加权平均法或者个别计价法确定发出存货的实际成本。计价方法一经确定，不得随意变更。

(1) 个别计价法

个别计价法，也称个别认定法、具体辨认法，其特征是注重所发出具体项目的实物流转与成本流转之间的联系，逐一辨认各批发出存货和期末存货所属的购进批别或生产批别，分别按其购入或生产时所确定的单位成本计算各批发出存货和期末存货的成本。即把每一种存货的实际成本作为计算发出存货成本和期末存货成本的基础。

(2) 先进先出法

先进先出法是以先购入的存货应先发出（出售或耗用）这样一种存货实物流动假设为前提，对发出存货进行计价。采用这种方法，先购入的存货成本在后购入的存货成本之前转出，据此确定发出存货和期末存货的成本。

（3）加权平均法

加权平均法，亦称全月一次加权平均法，是指以当月全部进货数量加上月初存货数量作为权数，去除当月全部进货成本加上月初存货成本，计算出存货的加权平均单位成本，以此为基础计算当月发出存货的成本和期末存货成本。

计算存货的平均单位成本的公式如下：

存货单位成本＝［月初库存存货的实际成本＋Σ（本月各批进货的实际单位成本× 本月各批进货的数量）］/（月初库存存货数量＋本月各批进货数量之和）

本月发出存货的成本＝本月发出存货的数量×存货单位成本

本月月末库存存货成本＝月末库存存货的数量×存货单位成本

2. 对于性质和用途相似的存货，需采用相同的成本计价方法确定发出存货的成本。

3. 对于不能替代使用的存货、为特定项目专门购入或加工的存货，通常采用个别计价法确定发出存货的成本。

4. 对于已发出的存货，需将其成本结转为当期费用或者计入相关资产成本。

（四） 存货二级库的建立

当前医用卫生材料种类越来越多，用量越来越大，管理也越来越复杂。随着医院业务量迅速增长，医用耗材精细化管理日渐深入，建立医用耗材二级库以实现零库存、降低医院资金的占用量、加速资金周转就显得更加必要。

1. 建立二级库的流程

（1）需要建立二级库的相关科室提起书面申请，由设备部根据其业务量规模，进行初步审核后，将申请以及审核结果提交医院设备、耗材管理委员会进行审批。

（2）二级库建立申请通过审批后，由设备部会同计财部确定二级库地点，管理医用耗材类别。

（3）原则上由设备部人员管理二级库，与此有关的岗位工作、人员轮换、变动等事项，由设备部提交人事部审核备档。

2. 二级库工作流程

（1）二级库管根据临床科室计划、业务量以及库存实际情况，作二级库需求计划，实时通过医院物流系统向设备部仓库提交。

（2）医用耗材送达二级库，库管根据发票或随货同行点货验收，签字确认后妥善保管医用耗材。

（3）设备仓库根据二级库管签字确认的票据，办理耗材入库、移库手续，将医用耗材自设备仓库移入相对应的二级库。

（4）二级库管根据临床科室提交的物流申请，发放医用耗材，办理出库手续。

3. 二级库工作职责

（1）保证库房在正常工作时间开放，以满足临床科室领用以及接收厂商送达的医用耗材。

（2）严格遵守医院医用耗材管理制度，对无需求计划的医用耗材，拒绝验收入库，合理制定医用耗材储备定额，防止积压浪费。

（3）严格按照医院仓库规定，验收货物，科学码放，分类保管。保证医用耗材在有效期内使用或替换。

（4）二级库管按月向设备部仓库提交本仓库领用、发放医用耗材报表。

（5）定期配合设备部会同财务部、审计部盘查库存，保证账实相符。

（6）二级库管兼管相关临床医用耗材不良反应上报工作。

二、存货类科目的设置和核算要求

（一）在途物品

1. 在途物品会计账户设置和核算要求

本科目核算单位采购材料等物资时货款已付或已开出商业汇票但尚未验收入库的在途物品的采购成本。本科目期末借方余额，反映单位在途物品的采购成本。本科目可按照供应单位和物品种类进行明细核算。

（1）单位购入材料等物品，按照确定的物品采购成本的金额，借记本科目，按照实际支付的金额，贷记“财政拨款收入”“零余额账户用款额度”“银行存款”等科目。

（2）所购材料等物品到达验收入库，按照确定的库存物品成本金额，借记“库存物品”科目，按照物品采购成本金额，贷记本科目，按照使得入库物品达到目前场所和状态所发生的其他支出，贷记“银行存款”等科目。

2. 在途物品账务处理举例

［例 3-45］　201×年 6 月 1 日，某医院采购一批药品，共计 100 000 元，药品款以零余额账户用款额度支付，药品尚未验收入库。财会部门根据有关凭证，作会计分录如下：

借：在途物品——药品　　100 000

　　贷：零余额账户用款额度　　100 000

借：事业支出　　100 000

　　贷：财政拨款预算收入　　100 000

［例 3-46］　承［例 3-45］，该批药品已经验收入库。财会部门根据有关凭证，作会计分录如下：

借：库存物品——药品　　100 000

　　贷：在途物品　　100 000

（二）库存物品

1. 库存物品的会计科目设置和核算要求

本科目核算医院在开展业务活动及其他活动而储存的各种药品、卫生材料、低值易耗品和其他材料、政府储备物资、工程物资、受托代管物资。医院控制的政府储备物资，需通过“政府储备物资”科目核算，不通过本科目核算。单位受托存储保管的物资和受托转赠的物资，需通过“受托代理资产”科目核算，不通过本科目核算。单位为在建工程购买和使用的材料物资，需通过“工程物资”科目核算，不通过本科目核算。本科目期末借方余额，反映医院库存物品的实际成本。按照新制度规定，医院需在“1302 库存物品”科目下设置以下科目：

科　目
130201 药品
130202 卫生材料
13020201 血库材料
13020202 医用气体
13020203 影像材料
13020204 化验材料
13020205 其他卫生材料
130203 低值易耗品
130204 其他材料
130205 成本差异

"药品"一级明细科目下应设置"药库""药房"两个二级明细科目，并按"西药""中成药""中草药"进行明细核算。

医院物品管理等部门需在本科目明细账下，按品名、规格等设置数量金额明细账。

(1) 取得的库存物品，需按照其取得时的成本入账。

①外购的库存物品验收入库，按照确定的成本，借记本科目，贷记"财政拨款收入""零余额账户用款额度""银行存款""应付账款""在途物品"等科目。

②自制的库存物品加工完成并验收入库，按照确定的成本，借记本科目，贷记"加工物品——自制物品"科目。

③委托外单位加工收回的库存物品验收入库，按照确定的成本，借记本科目，贷记"加工物品——委托加工物品"等科目。

④接受捐赠的库存物品验收入库，按照确定的成本，借记本科目，按照发生的相关税费、运输费等，贷记"银行存款"等科目，按照其差额，贷记"捐赠收入"科目。

接受捐赠的库存物品按照名义金额入账的，按照名义金额，借记本科目，贷记"捐赠收入"科目；同时，按照发生的相关税费、运输费等，借记"其他费用"科目，贷记"银行存款"等科目。

⑤无偿调入的库存物品验收入库，按照确定的成本，借记本科目，按照发生的相关税费、运输费等，贷记"银行存款"等科目，按照其差额，贷记"无偿调拨净资产"科目。

⑥置换换入的库存物品验收入库，按照确定的成本，借记本科目，按照换出资产的账面余额，贷记相关资产科目（换出资产为固定资产、无形资产的，还需借记"固定资产累计折旧""无形资产累计摊销"科目），按照置换过程中发生的其他相关支出，贷记"银行存款"等科目，按照借贷方差额，借记"资产处置费用"科目或贷记"其他收入"科目。涉及补价的，分别以下情况处理：

支付补价的：

按照确定的成本，借记本科目，按照换出资产的账面余额，贷记相关资产科目（换出资产为固定资产、无形资产的，还需借记"固定资产累计折旧""无形资产累计摊销"科目），按照支付的补价和置换过程中发生的其他相关支出，贷记"银行存款"等科目，按照借贷方差额，借记"资产处置费用"科目或贷记"其他收入"科目。

收到补价的：

按照确定的成本，借记本科目，按照收到的补价，借记“银行存款”等科目，按照换出资产的账面余额，贷记相关资产科目（换出资产为固定资产、无形资产的，还需借记“固定资产累计折旧”“无形资产累计摊销”科目），按照置换过程中发生的其他相关支出，贷记“银行存款”等科目，按照补价扣减其他相关支出后的净收入，贷记“应缴财政款”科目，按照借贷方差额，借记“资产处置费用”科目或贷记“其他收入”科目。

（2）库存物品在发出时，分别做以下情况处理：

①单位开展业务活动等领用、按照规定自主出售发出或加工发出库存物品，按照领用、出售等发出物品的实际成本，借记“业务活动费用”“单位管理费用”“经营费用”“加工物品”等科目，贷记本科目。采用一次转销法摊销低值易耗品的，在首次领用时将其账面余额一次性摊销计入有关成本费用，借记有关科目，贷记本科目。

采用五五摊销法摊销低值易耗品的，首次领用时，将其账面余额的50%摊销计入有关成本费用，借记有关科目，贷记本科目；使用完时，将剩余的账面余额转销计入有关成本费用，借记有关科目，贷记本科目。

②经批准对外出售的库存物品（不含可自主出售的库存物品）发出时，按照库存物品的账面余额，借记“资产处置费用”科目，贷记本科目；同时，按照收到的价款，借记“银行存款”等科目，按照处置过程中发生的相关费用，贷记“银行存款”等科目，按照其差额，贷记“应缴财政款”科目。

③经批准对外捐赠的库存物品发出时，按照库存物品的账面余额和对外捐赠过程中发生的归属于捐出方的相关费用合计数，借记“资产处置费用”科目，按照库存物品账面余额，贷记本科目，按照对外捐赠过程中发生的归属于捐出方的相关费用，贷记“银行存款”等科目。

④经批准无偿调出的库存物品发出时，按照库存物品的账面余额，借记“无偿调拨净资产”科目，贷记本科目；同时，按照无偿调出过程中发生的归属于调出方的相关费用，借记“资产处置费用”科目，贷记“银行存款”等科目。

（3）医院需定期对库存物品进行清查盘点，每年至少盘点一次。对于发生的库存物品盘盈、盘亏或者报废、毁损，需先计入“待处理财产损溢”科目，按照规定报经批准后及时进行后续账务处理。

①盘盈的库存物品，其成本按照有关凭据注明的金额确定；没有相关凭据、但按照规定经过资产评估的，其成本按照评估价值确定；没有相关凭据、也未经过评估的，其成本按照重置成本确定。如无法采用上述方法确定盘盈的库存物品成本的，按照名义金额入账。盘盈的库存物品，按照确定的入账成本，借记本科目，贷记“待处理财产损溢”科目。

②盘亏或者毁损、报废的库存物品，按照待处理库存物品的账面余额，借记“待处理财产损溢”科目，贷记本科目。属于增值税一般纳税人的单位，若因非正常原因导致的库存物品盘亏或毁损，还需将与该库存物品相关的增值税进项税额转出，按照其增值税进项税额，借记“待处理财产损溢”科目，贷记“应缴增值税——应缴税金（进项税额转出）”科目。

2. 库存物品账务处理举例

［例3-47］　201×年6月5日，某医院自制清肺合剂一批，加工成本共计20 000元，药品已验收入库。财会部门根据有关凭证，作会计分录如下：

借：库存物品——药品　　20 000

　　贷：加工物品——自制物品　　20 000

[例 3-48] 201×年 5 月 10 日，某医院无偿调入卫生材料 10 000 元，发生相关税费 1 000 元，卫生材料已验收入库。财会部门根据有关凭证，作会计分录如下：

会计分录	借方	贷方
借：库存物品——卫生材料	11 000	
贷：银行存款		1 000
无偿调拨净资产		10 000
借：其他支出	1 000	
贷：资金结存——货币资金		1 000

[例 3-49] 201×年 5 月 12 日，经批准某医院使用一台医疗设备与另一家医院的卫生材料进行置换，该批卫生材料成本总计 50 000 元。该医疗设备原价 100 000 元，已计提折旧 60 000 元，发生相关税费 5 000 元，该固定资产的评估价值为 40 000 元，某医院支付材料补价款 10 000 元。财会部门根据有关凭证，作会计分录如下：

会计分录	借方	贷方
借：库存物品——卫生材料	55 000	
固定资产累计折旧	60 000	
贷：固定资产——专用设备		100 000
银行存款		15 000
借：其他支出	15 000	
贷：资金结存——货币资金		15 000

[例 3-50] 201×年 1 月 23 日，某医院外科领用小型医疗器械 5 件价值 1 500 元。11 月 27 日，该 5 件小型医疗器械报废。该医院采用五五摊销法核算这类低值易耗品。财会部门根据有关凭证，作会计分录如下：

201×年 1 月 23 日领用时

会计分录	借方	贷方
借：库存物品——低值易耗品——在用	1 500	
贷：库存物品——低值易耗品——在库		1 500

201×年 1 月 23 日，领用时摊销成本的 50%

会计分录	借方	贷方
借：业务活动费用	750	
贷：库存物品——低值易耗品——摊销		750

201×年 11 月 27 日报废时

会计分录	借方	贷方
借：业务活动费用	750	
贷：库存物品——低值易耗品——摊销		750

同时：

会计分录	借方	贷方
借：库存物品——低值易耗品——摊销	1 500	
贷：库存物品——低值易耗品——在用		1 500

[例 3-51] 201×年 4 月 20 日，某医院经批准将一批卫生材料无偿调拨给对口帮扶乡镇医院，该批卫生材料账面价值为 50 000 元，并支付相关费用 2 000 元。财会部门根据有关凭证，作会计分录如下：

会计分录	借方	贷方
借：无偿调拨净资产	50 000	
贷：库存物品——卫生材料		50 000
借：资产处置费用	2 000	
贷：银行存款		2 000

借：其他支出　2 000

　　贷：资金结存——货币资金　2 000

［例 3-52］　201×年 5 月末，某医院住院药房报来盘点表，盘亏中成药 5 瓶，账面价值共计 450 元，经院领导批准后计入其他应收款挂账，6 月 5 日经查属于保管员保管不善发生丢失，报经院领导批准，丢失中成药由责任人以现金赔偿。财会部门根据有关凭证，作会计分录如下：

201×年 5 月末，药品盘点时：

借：待处理财产损溢　450

　　贷：库存物品——药品——中成药　450

6 月 2 日，经院领导批准后计入其他应收款挂账时：

借：其他应收款　450

　　贷：待处理财产损溢　450

6 月 5 日责任人缴回现金时：

借：库存现金　450

　　贷：其他应收款　450

借：资金结存——货币资金　450

　　贷：其他支出　450

（三） 加工物品

1. 加工物品的会计科目设置和核算要求

本科目核算单位自制或委托外单位加工的各种物品的实际成本。本科目期末借方余额，反映单位自制或委托外单位加工但尚未完工的各种物品的实际成本。本科目需设置“自制物品”“委托加工物品”两个一级明细科目，并按照物品类别、品种、项目等设置明细账，进行明细核算。本科目“自制物品”一级明细科目下需设置“直接材料”“直接人工”“其他直接费用”等二级明细科目归集自制物品发生的直接材料、直接人工（专门从事物品制造人员的人工费）等直接费用；对于自制物品发生的间接费用，需在本科目“自制物品”一级明细科目下单独设置“间接费用”二级明细科目予以归集，期末再按照一定的分配标准和方法，分配计入有关物品的成本。

（1）自制物品

①为自制物品领用材料等，按照材料成本，借记本科目（自制物品——直接材料），贷记“库存物品”科目。

②专门从事物品制造的人员发生的直接人工费用，按照实际发生的金额，借记本科目（自制物品——直接人工），贷记“应付职工薪酬”科目。

③为自制物品发生的其他直接费用，按照实际发生的金额，借记本科目（自制物品——其他直接费用），贷记“零余额账户用款额度”“银行存款”等科目。

④为自制物品发生的间接费用，按照实际发生的金额，借记本科目（自制物品——间接费用），贷记“零余额账户用款额度”“银行存款”“应付职工薪酬”“固定资产累计折旧”“无形资产累计摊销”等科目。间接费用一般按照生产人员工资、生产人员工时、机器工时、耗用材料的数量或成本、直接费用（直接材料和直接人工）或产品产量等进行分配。单位可根据具体情况自行选择间接费用的分配方法。分配方法一经确定，不得随意变更。

⑤已经制造完成并验收入库的物品，按照所发生的实际成本（包括耗用的直接材料费用、直接人工费用、其他直接费用和分配的间接费用），借记“库存物品”科目，贷记本科目（自制物品）。

（2）委托加工物品

①发给外单位加工的材料等，按照其实际成本，借记本科目（委托加工物品），贷记“库存物品”科目。

②支付加工费、运输费等费用，按照实际支付的金额，借记本科目（委托加工物品），贷记“零余额账户用款额度”“银行存款”等科目。

③委托加工完成的材料等验收入库，按照加工前发出材料的成本和加工、运输成本等，借记“库存物品”等科目，贷记本科目（委托加工物品）。

2. 加工物品账务处理举例

[例 3-53]　201×年 5 月初，某医院制剂室从中药库领用了两批中草药，账面价值分别为 80 000元和 60 000 元，分别用于加工中成药蜜丸 A 和中成药蜜丸 B。加工过程中，中成药蜜丸A 耗用直接人工 80 小时，中成药蜜丸 B 耗用直接人工 60 小时，每工时职工薪酬为 20 元。5 月底，中成药制作完成，经验收入库，共发生间接生产费用 4 200 元（均以银行转账支付）。间接费用分摊标准为生产中成药所耗用的直接人工工时。财会部门根据有关凭证，作会计分录如下：

201×年 5 月初，领用中草药财务会计处理：

科目	借方	贷方
借：加工物品——自制物品——直接材料——蜜丸 A	80 000	
——蜜丸 B	60 000	
贷：库存物品——药品——中草药		140 000

201×年 5 月，加工过程中发生直接生产费用

蜜丸 A 直接人工费用＝80×20＝1 600（元）

蜜丸 B 直接人工费用＝60×20＝1 200（元）

科目	借方	贷方
借：加工物品——自制物品——直接人工——蜜丸 A	1 600	
贷：应付职工薪酬		1 600
借：加工物品——自制物品——直接人工——蜜丸 B	1 200	
贷：应付职工薪酬		1 200

201×年 5 月，加工过程中发生间接生产费用

科目	借方	贷方
借：加工物品——自制物品——其他间接费用	4 200	
贷：银行存款		4 200
借：事业支出	4 200	
贷：结存资金——货币资金		4 200

201×年 5 月底，分配加工过程中发生的间接生产费用，按耗用的直接人工分摊间接生产费用：

蜜丸 A 间接生产费用＝［80/（80＋60）］×4 200＝2 400（元）

蜜丸 B 间接生产费用＝［60/（80＋60）］×4 200＝1 800（元）

科目	借方	贷方
借：加工物品——自制物品——其他间接费用——蜜丸 A	2 400	
——蜜丸 B	1 800	
贷：加工物品——自制物品——其他间接费用		4 200

201×年 5 月底，加工完成的中成药验收入库：

借：库存物品——药品——中成药——蜜丸 A　　84 000

——蜜丸 B　　63 000

贷：加工物品——自制物品——蜜丸 A　　84 000

——蜜丸 B　　63 000

[例 3-54] 201×年 5 月 5 日，某医院中药库发出一批中草药，委托某加工厂进行切片。这批中草药每公斤 75 元，共发出 100 公斤。5 月 15 日，某医院收到加工完成的已切片中草药并验收入库，以零余额账户用款额度支付加工费 2 000 元。财会部门根据有关凭证，作会计分录如下：

201×年 5 月 5 日，发出待加工中草药

发出中草药成本＝75×100＝7 500（元）

借：加工物品——委托加工物品——切片中草药　　7 500

贷：库存物品——药品——中草药　　7 500

201×年 5 月 15 日，支付加工费

借：加工物品——委托加工物品——切片中草药　　2 000

贷：零余额账户用款额度　　2 000

借：事业支出　　2 000

贷：资金结存——货币资金　　2 000

201×年 5 月 15 日，加工完成的中草药验收入库

借：库存物品——药品——中草药　　9 500

贷：加工物品——委托加工物品——切片中草药　　9 500

第六节 待摊费用

一、待摊费用会计科目设置和核算要求

医院应该设置“待摊费用”科目，核算单位已经支付，但需由本期和以后各期分别负担的分摊期在 1 年以内（含 1 年）的各项费用，如预付报刊订阅费、预付租金等。本科目期末为借方余额，反映各种已支付但尚未摊销的分摊期在 1 年以内（含 1 年）的费用。摊销期限在 1 年以上的租入固定资产改良支出和其他费用，需通过“长期待摊费用”科目核算，不通过本科目核算。待摊费用需在其受益期限内分期平均摊销，如预付租金应在租赁期内分期平均摊销，计入当期费用。本科目需按照待摊费用种类进行明细核算。

（一）发生待摊费用时，按照实际预付的金额，借记本科目，贷记“财政拨款收入”“零余额账户用款额度”“银行存款”等科目。

（二）按照受益期限分期平均摊销时，按照摊销金额，借记“业务活动费用”“单位管理费用”“经营费用”等科目，贷记本科目。

（三）如果某项待摊费用已经不能使单位受益，需将其摊余金额一次全部转入当期费用。按照摊销金额，借记“业务活动费用”“单位管理费用”“经营费用”等科目，贷记本科目。

二、待摊费用账务处理举例

[例 3-55] 201×年 6 月 1 日，某医院租赁外单位办公楼作为临时办公使用，租期 1 年，年租金 120 000 元，以零余额账户额度支付。财会部门根据有关凭证，作会计分录如下：

借：待摊费用　　120 000

　　贷：零余额账户用款额度　　120 000

借：事业支出　　120 000

　　贷：资金结存——零余额账户用款额度　　120 000

[例 3-56] 承上例，摊销 6 月份租赁办公楼费用。财会部门根据有关凭证，作会计分录如下：

借：单位管理费用　　10 000

　　贷：待摊费用　　10 000

[例 3-57] 承［例 3-56］201×年 12 月 31 日，该医院办公楼建成并投入使用，租赁的办公楼不再使用，将其摊余金额一次全部转入当期费用。财会部门根据有关凭证，作会计分录如下：

借：单位管理费用　　50 000

　　贷：待摊费用　　50 000

第四章　固定资产和在建工程

第一节　固定资产

一、固定资产的概述

（一）固定资产概念

固定资产是指医院为满足自身开展业务活动或其他活动需要而控制的，使用年限超过 1 年（不含 1 年）、单位价值在 1 000 元以上（专用设备单位价值在 1 500 元以上），并在使用过程中基本保持原有物质形态的资产，一般包括房屋及构筑物、专用设备、通用设备等。

单位价值虽未达到规定标准，但是使用年限超过 1 年（不含 1 年）的大批同类物资，如图书、家具、用具、装具等，应当确认为固定资产。

医院固定资产一般分为四类：房屋及构筑物；专用设备；一般设备；图书、档案。

（二）固定资产的确认

1. 固定资产同时满足下列条件的，应当予以确认：

（1）与该固定资产相关的服务潜力很可能实现或者经济利益很可能流入医院；

（2）该固定资产的成本或者价值能够可靠地计量。

2. 通常情况下，购入、换入、接受捐赠、无偿调入不需安装的固定资产，在固定资产验收合格时确认；购入、换入、接受捐赠、无偿调入需要安装的固定资产，在固定资产安装完成缴付使用时确认；自行建造、改建、扩建的固定资产，在建造完成缴付使用时确认。

3. 确认固定资产时，应当考虑以下情况：

（1）固定资产的各组成部分具有不同使用年限或者以不同方式为医院实现服务潜力或提供经济利益，适用不同折旧率或折旧方法且可以分别确定各自原价的，应当分别将各组成部分确认为单项固定资产。

（2）应用软件构成相关硬件不可缺少的组成部分的，应当将该软件的价值包括在所属的硬件价值中，一并确认为固定资产；不构成相关硬件不可缺少的组成部分的，应当将该软件确认为无形资产。

（3）购建房屋及构筑物时，不能分清购建成本中的房屋及构筑物部分与土地使用权部分的，应当全部确认为固定资产；能够分清购建成本中的房屋及构筑物部分与土地使用权部分的，应当将其中的房屋及构筑物部分确认为固定资产，将其中的土地使用权部分确认为无形资产。

4. 固定资产在使用过程中发生的后续支出，符合固定资产的确认条件的，应当计入固定资产成本；不符合固定资产的确认条件的，应当在发生时计入当期费用或者相关资产成本。

将发生的固定资产后续支出计入固定资产成本的，应当同时从固定资产账面价值中扣除被替换部分的账面价值。

二、固定资产的科目设置和核算要求

医院应当在新制度规定的“固定资产”科目下按照形成固定资产的经费性质（财政项目拨款经费、科教经费、其他经费）进行明细核算。

“固定资产累计折旧”科目应当按照所对应固定资产的明细分类进行明细核算。通常情况下，医院应当按照《关于医院执行〈政府会计制度——行政事业单位会计科目和报表〉的补充规定》附表 6 确定各类应计提折旧的固定资产的折旧年限。

固定资产应当按月计提折旧，当月增加的固定资产，当月开始计提折旧；当月减少的固定资产，当月不再计提折旧。

固定资产提足折旧后，无论能否继续使用，均不再计提折旧；提前报废的固定资产，也不再补提折旧。已提足折旧的固定资产，可以继续使用的，应当继续使用，规范实物管理。

（一） 固定资产初始计量

外购固定资产，按照实际支付的购买价款、相关税费、使固定资产达到预定可使用状态前所发生的可归属于该项资产的运输费、装卸费、安装费和专业人员服务费等相关支出作为成本。购入不需安装的固定资产验收合格时，按照确定的固定资产成本，借记“固定资产”，贷记“财政拨款收入”“零余额账户用款额度”“应付账款”“银行存款”等科目。购入需要安装的固定资产，在安装完毕缴付使用前通过“在建工程”科目科室，安装完毕缴付使用时再转入“固定资产”科目。按照预算会计项目，借记“事业支出” “经营支出”科目，贷记“财政拨款预算收入” “资金结存”科目。

购入固定资产扣留质量保证金的，应当在取得固定资产时，按照确定的固定资产成本，借记“固定资产”（不需安装）或“在建工程”（需要安装）科目，按照实际支付或应付的金额，贷记“财政拨款收入”“零余额账户用款额度”“应付账款”（不含质量保证金）“银行存款”等科目，按照扣留的质量保证金数额，贷记“其他应付款”[扣留期在 1 年以内（含 1 年)] 或 “长期应付款”（扣留期超过 1 年）科目。按照预算会计项目，借记“事业支出”“经营支出”科目，贷记“财政拨款预算收入”“资金结存”科目。质保期满支付质量保证金时，借记“其他应付款”“长期应付款”科目，贷记“财政拨款收入”“零余额账户用款额度”“银行存款”等科目。按照预算会计项目，借记“事业支出”“经营支出”科目，贷记“财政拨款预算收入”“资金结存”科目。

自行建造的固定资产，其成本包括该项资产完工缴付使用前所发生的全部必要支出。工程完工缴付使用时，按自行建造过程中发生的实际支出，借记“固定资产”科目，贷记“在建工程”科目。

融资租入的固定资产，其成本按照租赁协议或者合同确定的价款、运输费、途中保险费、安装调试费等确定。融资租入的固定资产，按照确定的成本，借记“固定资产”（不需安装）或“在建工程”（需要安装）科目，按照租赁协议或者合同确定的租赁付款额，贷记“长期应付款”科目，按照支付的运输费、途中保险费、安装调试费等金额，贷记“财政拨款收入”“零余额账户用款额度”“银行存款”等科目。定期支付租金时，按照实际支付金额，借记“长期应付款”科目，贷记“财政拨款收入”“零余额账户用款额度”“银行存款”等科目。按照预算会计项目，借记“事业支出”“经营支出”科目，贷记“财政拨款预算收入”“资金结存”科目。

接受捐赠的固定资产，按照确定的固定资产成本，借记“固定资产”（不需安装）或“在建工程”（需要安装）科目，按照发生的相关税费、运输费等，贷记“零余额账户用款额度”“银行存款”等科目，按照其差额，贷记“捐赠收入”科目。接受捐赠的固定资产按照名义金额入账的，按照名义金额，借记“固定资产”，贷记“捐赠收入”科目；按照发生的相关税费、运输费等，借记“其他费用”科目，贷记“零余额账户用款额度”“银行存款”等科目。按照预算会计项目，借记“其他支出”科目，贷记“资金结存”科目。

无偿调入的固定资产，按照确定的固定资产成本，借记“固定资产”（不需安装）或“在建工程”（需要安装）科目，按照发生的相关税费、运输费等，贷记“零余额账户用款额度”“银行存款”等科目，按照其差额，贷记“无偿调拨净资产”科目。按照预算会计项目，借记“其他支出”科目，贷记“资金结存”科目。

（二）固定资产的后续计量

通常情况下，将固定资产转入改建、扩建时，按照固定资产的账面价值，借记“在建工程”科目，按照固定资产已计提折旧，借记“固定资产累计折旧”科目，按照固定资产的账面余额，贷记“固定资产”。为增加固定资产使用效能或延长其使用年限而发生的改建、扩建等后续支出，借记“在建工程”科目，贷记“财政拨款收入”“零余额账户用款额度”“银行存款”等科目。固定资产改建、扩建等完成缴付使用时，按照在建工程成本，借记“固定资产”，贷记“在建工程”科目。

不符合固定资产确认条件的后续支出。为保证固定资产正常使用发生的日常维修等支出，借记“业务活动费用”“单位管理费用”等科目，贷记“财政拨款收入”“零余额账户用款额度”“银行存款”等科目。

（三）固定资产的处置

报经批准出售、转让的固定资产，按照被出售、转让固定资产的账面价值，借记“资产处置费用”科目，按照固定资产已计提的折旧，借记“固定资产累计折旧”科目，按照固定资产账面余额，贷记“固定资产”；同时，按照收到的价款，借记“银行存款”等科目，按照处置过程中发生的相关费用，贷记“银行存款”等科目，按照其差额，贷记“应缴财政款”科目。

报经批准对外捐赠固定资产，按照固定资产已计提的折旧，借记“固定资产累计折旧”科目，按照被处置固定资产账面余额，贷记“固定资产”，按照捐赠过程中发生的归属于捐出方的相关费用，贷记“银行存款”等科目，按照其差额，借记“资产处置费用”科目。按照预算会计项目，借记“其他支出”科目，贷记“资金结存”科目。

报经批准无偿调出的固定资产，按照固定资产已计提的折旧，借记“固定资产累计折旧”科目，按照被处置固定资产账面余额，贷记“固定资产”，按照其差额，借记“无偿调拨净资产”科目；同时，按照无偿调出过程中发生的归属于调出方的相关费用，借记“资产处置费用”科目，贷记“银行存款”等科目。按照预算会计项目，借记“其他支出”科目，贷记“资金结存”科目。

（四） 固定资产的清查

在进行固定资产清查前，首先必须核对固定资产账目，将全部账户登记入账，结出余额，做到账款相符。对固定资产清查时，进行账实核对。

盘盈的固定资产，其成本按照有关凭据注明的金额确定；没有相关凭据、但按照规定经过资产评估的，其成本按照评估价值确定；没有相关凭据、也未经过评估的，其成本按照重置成本确定。如无法采用上述方法确定盘盈固定资产成本的，按照名义金额入账。盘盈的固定资产，按照确定的入账成本，借记“固定资产”，贷记“待处理财产损溢”科目。

盘亏、毁损或报废的固定资产，按照待处理固定资产的账面价值，借记“待处理财产损溢”科目，按照已计提折旧，借记“固定资产累计折旧”科目，按照固定资产的账面余额，贷记“固定资产”。

（五） 计提折旧

按月计提固定资产折旧时，按照应计提折旧金额，借记“业务活动费用”“单位管理费用”“经营费用”“加工物品”“在建工程”等科目，贷记“固定资产累计折旧”。

经批准处置或处理固定资产时，按照所处置或处理固定资产的账面价值，借记“资产处置费用”“无偿调拨净资产”“待处理财产损溢”等科目，按照已计提折旧，借记“固定资产累计折旧”，按照固定资产的账面余额，贷记“固定资产”科目。

三、固定资产的账务处理举例

［例 4-1］ 201×年 5 月 17 日，某医院以自有资金通过政府采购购入一台彩色多普勒超声诊断仪，通过银行转账支付货款 1480 000 元、运费及保险费 44500 元、增值税 251600 元。财会部门根据有关凭证，作会计分录如下：

借：固定资产——专用设备	1776100	
贷：银行存款		1776100
借：事业支出	1776100	
贷：资金结存——货币资金		1776100

［例 4-2］ 201×年 12 月 1 日，某医院以自有资金通过政府采购购入需要安装的医疗设备一台，设备购买价 530 000 元，增值税 90 100 元，运费 2 000 元，设备安装费 1 500 元，款项通过银行转账支付。财会部门根据有关凭证，作会计分录如下：

（1）购入设备时：

借：在建工程——设备投资	623 600	
贷：银行存款		623 600
借：事业支出	623 600	
贷：资金结存——货币资金		623 600

（2）安装完成，投入使用时：

借：固定资产——专用设备	623 600	
贷：在建工程——设备投资		623 600

［例 4-3］　201×年 4 月 14 日，某医院以自有资金通过政府采购购入一台不需要安装的医疗设备，通过银行转账支付 800 000 元，留质量保证金 80 000 元，约定一年内付清。财会部门根据有关凭证，作会计分录如下：

（1）购入设备时：

借：固定资产——专用设备　800 000

　　贷：银行存款　720 000

　　其他应付款　80 000

借：事业支出　720 000

　　贷：资金结存——货币资金　720 000

（2）质保期满支付保证金：

借：其他应付款　80 000

　　贷：银行存款　80 000

借：事业支出　80 000

　　贷：资金结存——货币资金　80 000

［例 4-4］　某医院通过政府采购采购医疗设备一台，201×年 11 月 1 日，收到财政国库支付执行机构委托代理银行转来的《财政直接支付入账通知书》，价款 500 000 元，设备已验收，并投入使用。财会部门根据有关凭证，作会计分录如下：

借：固定资产——专用设备　500 000

　　贷：财政拨款收入　500 000

借：事业支出——财政项目拨款支出　500 000

　　贷：财政拨款预算收入　500 000

［例 4-5］　201×年 12 月 1 日，某医院使用科教经费购买教学用模拟人一套，价值 10 000 元，通过银行转账支付。财会部门根据有关凭证，作会计分录如下：

借：固定资产——专用设备　10 000

　　贷：银行存款　10 000

借：事业支出——科教资金支出　10 000

　　贷：资金结存——货币资金　10 000

［例 4-6］　201×年 3 月 5 日，某医院为自行建造仓库一栋购入工程物资一批，价款为 240 000 元，款项通过银行转账支付，物资全部投入工程建设。次年工程完工并缴付使用。财会部门根据有关凭证，作会计分录如下：

（1）购入工程物资

借：工程物资　240 000

　　贷：银行存款　240 000

借：在建工程——建筑安装工程投资——仓库　240 000

　　贷：工程物资　240 000

借：事业支出　240 000

　　贷：资金结存——货币资金　240 000

（2）工程完工，缴付使用：

借：固定资产　240 000

　　贷：在建工程——建筑安装工程投资——仓库　240 000

［例 4-7］　201×年 1 月 4 日，某医院向一家医疗器械公司以融资租赁的方式租入呼吸机一台，双方协议其租赁费为 100 000 元，分 5 年于每年末等额付费，通过银行转账支付运费 1 000 元，调试费 2 000 元。财会部门根据有关凭证，作会计分录如下：

（1）融资租入时

借：固定资产　103 000

　　贷：银行存款　3 000

长期应付款——设备租赁费　100 000

借：事业支出　3 000

　　贷：资金结存——货币资金　3 000

（2）每年末支付租赁费

借：长期应付款——设备租赁费　20 000

　　贷：银行存款　20 000

借：事业支出　20 000

　　贷：资金结存——货币资金　20 000

［例 4-8］　201×年 10 月 20 日，某医院接受当地慈善机构捐赠的凝血因子测定仪一台，价值 198 000 元，通过银行转账支付运杂费、包装材料费 2 000 元。财会部门根据有关凭证，作会计分录如下：

借：固定资产——其他经费　200 000

　　贷：捐赠收入　198 000

　　　　银行存款　2 000

借：其他支出　2 000

　　贷：资金结存——货币资金　2 000

［例 4-9］　201×年 12 月 3 日，某医院收到主管部门无偿调入超声诊断仪一台，价值 320 000 元，通过银行转账支付运杂费、装卸费 3 000 元。财会部门根据有关凭证，作会计分录如下：

借：固定资产　323 000

　　贷：无偿调拨净资产　320 000

　　　　银行存款　3 000

借：其他支出　3 000

　　贷：资金结存——货币资金　3 000

［例 4-10］　201×年 8 月 12 日，经批准某社区服务中心使用一台半自动生化分析仪与另一家医院的便携式彩超诊断仪进行置换，该半自动生化分析仪成本总计 80 000 元。便携式彩超诊断仪原价 100 000 元，已计提折旧 30 000 元。生化分析仪的评估价值为 70 000 元，通过银行转账支付发生的相关运费 1 000 元，由该社区承担。财会部门根据有关凭证，作会计分录如下：

借：固定资产　　71 000
　资产处置费用　　10 000
　　贷：固定资产　　80 000
　　　　银行存款　　1 000
借：其他支出　　1 000
　　贷：资金结存　　1 000

［例 4-11］　201×年 12 月 1 日，某医院对病理科进行改建和扩建，科室扩大面积 40 平方米，支出改扩建费用 190 000 元；拆除原病理科面积 20 平方米，账面价值为 60 000 元，已提折旧 30 000 元；拆除费 10 000 元，通过银行转账支付改扩建费用和拆除费 200 000 元，财会部门根据有关凭证，作会计分录如下：

（1）结转需拆除部分固定资产价值
借：在建工程——建筑工程——病理科　　30 000
　固定资产累计折旧　　30 000
　　贷：固定资产　　60 000

（2）支付改建、扩建费用和拆除费
借：在建工程——建筑工程——病理科　　200 000
　　贷：银行存款　　200 000
借：事业支出　　200 000
　　贷：资金结存——货币资金　　200 000

［例 4-12］　201×年 5 月 16 日，某医院通过银行转账支付临床及行政用固定资产维修费 50 000 元，其中，临床科室 40 000 元，行政管理部门 10 000 元。财会部门根据有关凭证，作会计分录如下：

借：业务活动费用　　40 000
　单位管理费用　　10 000
　　贷：银行存款　　50 000
借：事业支出　　50 000
　　贷：资金结存——货币资金　　50 000

［例 4-13］　201×年 3 月 3 日，某医院经批准出售多普勒超声诊断仪一台，原价 480 000 元，已提折旧 160 000 元，双方协商作价 280 000 元，医院已收到购货单位的汇款。财会部门根据有关凭证，作会计分录如下：

（1）出售超声诊断仪时
借：资产处置费用　　320 000
　固定资产累计折旧　　160 000
　　贷：固定资产　　480 000

（2）收到款项时
借：银行存款　　280 000
　　贷：应缴财政款　　280 000

［例 4-14］ 201×年 6 月 1 日，经批准某医院向贫困地区某乡镇医院捐赠心电图机一台，原账面价值 100 000 元，已提折旧 80 000 元。财会部门根据有关凭证，作会计分录如下：

借：资产处置费用　　20 000
　　固定资产累计折旧　　80 000
　　贷：固定资产　　100 000

［例 4-15］ 201×年 7 月 1 日，经批准某医院无偿调出血液透析机一台，账面价值 960 000 元，已提折旧 36 000 元。发生运费 5 000 元由银行转账支付。财会部门根据有关凭证，作会计分录如下：

借：无偿调拨净资产　　60 000
　　固定资产折旧　　36 000
　　贷：固定资产　　960 000
借：资产处置费用　　5 000
　　贷：银行存款　　5 000
借：其他支出　　5 000
　　贷：资金结存　　5 000

［例 4-16］ 201×年 7 月 10 日，某医院在资产清查中，盘盈以前年度未入账复印机一台，按市场价格及新旧程度，经评估价值 2 000 元，经批准作盘盈处理。财会部门根据有关凭证，作会计分录如下：

借：固定资产　　2 000
　　贷：待处理财产损溢　　2 000
借：待处理财产损溢　　2 000
　　贷：以前年度盈余调整　　2 000

［例 4-17］ 201×年 8 月 31 日，某医院计提固定资产折旧 500 000 元，其中，临床科室计提折旧 400 000 元，行政管理部门计提折旧 70 000 元，行政管理部门计提的财政补助形成的折旧 20 000 元，行政管理部门计提的科教项目形成的折旧 10 000 元。财会部门根据有关凭证，作会计分录如下：

借：业务活动费用——固定资产折旧费　　400 000
　　单位管理费用——固定资产折旧费　　100 000
　　贷：固定资产累计折旧　　20 000
　　　　固定资产累计折旧　　10 000
　　　　固定资产累计折旧　　470 000

第二节　工程物资

一、工程物资的概述

工程物资是指单位为在建工程准备的各种物资的成本，包括工程用材料、设备等。

二、工程物资科目设置和核算要求

本科目可按照“库存材料”“库存设备”等工程物资类别进行明细核算。本科目期末借方余额，反映单位为在建工程准备的各种物资的成本。

（一）购入为工程准备的物资

按照确定的物资成本，借记本科目，贷记“财政拨款收入”“零余额账户用款额度”“银行存款”“应付账款”等科目。按照预算会计项目，借记“事业支出”“经营支出”等科目，贷记“财政拨款预算收入”“资金结存”科目。

（二）领用工程物资

按照物资成本，借记“在建工程”科目，贷记本科目。工程完工后将领出的剩余物资退库时做相反的会计分录。

（三）工程完工后工程物资转作本单位存货

按照物资成本，借记“库存物品”等科目，贷记本科目。

三、工程物资的账务处理举例

[例 4-18] 201×年 9 月 1 日，某医院自行建造传达室一间，购入建筑材料 40 000 元，施工中领用建筑材料，完工后，剩余建筑材料 8 000 元。财会部门根据有关凭证，作会计分录如下：

(1) 购入工程物资

	借方	贷方
借：工程物资	40 000	
贷：银行存款		40 000
借：事业支出	40 000	
贷：资金结存——货币资金		40 000

(2) 领用工程物资

	借方	贷方
借：在建工程——建筑安装工程投资	32 000	
贷：工程物资		32 000

(3) 工程完工后

	借方	贷方
借：库存物品	8 000	
贷：工程物资		8 000

[例 4-19] 201×年 11 月 1 日，某医院自行建造锅炉房一座，购入建筑材料 70 000 元，施工时一次性领用，完工后剩余 12 000 元建筑材料转入库存物品。财会部门根据有关凭证，作会计分录如下：

(1) 购入工程物资时

	借方	贷方
借：工程物资	70 000	
贷：银行存款		70 000
借：事业支出	70 000	
贷：资金结存		70 000

（2）领用工程物资时

借：在建工程　　70 000

　　贷：工程物资　　70 000

（3）工程完工后

借：工程物资　　12 000

　　贷：在建工程　　12 000

借：库存物品　　12 000

　　贷：工程物资　　12 000

第三节　在建工程

一、在建工程概述

在建工程是指单位已经发生必要支出，但尚未缴付使用的各种建筑（包括新建、改建、扩建、修缮等）、设备安装工程和信息系统建设工程的实际成本。单位在建的信息系统项目工程、公共基础设施项目工程、保障新住房项目工程的实际成本，也通过本科目核算。

二、在建工程科目设置和核算要求

在建工程应当设置“建筑安装工程投资”“设备投资”“待摊投资”“其他投资”“待核销基建支出”“基建转出投资”等明细科目，并按照具体项目进行明细核算。

（一）建筑安装工程投资

该明细科目核算单位发生的构成建设项目实际支出的建筑工程和安装工程的实际成本，不包括被安装设备本身的价值以及按照合同规定支付给施工单位的预付备料款和预付工程款。

1. 固定资产改建、扩建

将固定资产等资产转入改建、扩建等时，按照固定资产等资产的账面价值，借记本科目（建筑安装工程投资），按照已计提的折旧或摊销，借记“固定资产累计折旧”等科目，按照固定资产等资产的原值，贷记“固定资产”等科目。

固定资产等资产改建、扩建过程中涉及替换（或拆除）原资产的某些组成部分的，按照被替换（或拆除）部分的账面价值，借记“待处理财产损溢”科目，贷记本科目（建筑安装工程投资）。

2. 外包建筑安装工程

单位对于发包建筑安装工程，根据建筑安装工程价款结算账单与施工企业结算工程价款时，按照应承付的工程价款，借记本科目（建筑安装工程投资），按照预付工程款余额，贷记“预付账款”科目，按照其差额，贷记“财政拨款收入”“零余额账户用款额度”“银行存款”“应付账款”等科目。按照预算会计项目，借记“事业支出”等科目，贷记“财政拨款预算收入”“资金结存”科目。

3. 单位自行施工的小型建筑安装工程

按照发生的各项支出金额，借记本科目（建筑安装工程投资），贷记“工程物资”“零余额账户用款额度”“银行存款”“应付职工薪酬”等科目。

4. 工程竣工

办妥竣工验收交接手续缴付使用时，按照建筑安装工程成本，借记“固定资产”等科目，贷记本科目（建筑安装工程投资）。

（二） 设备投资

本科目核算单位发生的构成建设项目实际支出的各种设备的实际成本。

购入设备时，按照购入成本，借记本科目（设备投资），贷记“财政拨款收入”“零余额账户用款额度”“银行存款”等科目；采用预付款方式购入设备的，有关预付款的账务处理参照本科目有关“建筑安装工程投资”明细科目的规定。按照预算会计项目，借记“事业支出”科目，贷记“财政拨款预算收入”“资金结存”科目。

设备安装完毕，办妥竣工验收交接手续缴付使用时，按照设备投资成本（含设备安装工程成本和分摊的待摊投资），借记“固定资产”等科目，贷记本科目（设备投资、建筑安装工程投资——安装工程）。将不需要安装的设备和达不到固定资产标准的工具、器具缴付使用时，按照相关设备、工具、器具的实际成本，借记“固定资产”“库存物品”等科目，贷记本科目（设备投资）。

（三） 待摊投资

单位发生的构成建设项目实际支出的、按照规定应当分摊计入有关工程成本和设备成本的各项间接费用和税费支出先在本明细科目归集。建设工程办妥竣工验收手续缴付使用时，按照合理的分配方法，摊入相关工程成本、在安装设备成本等。

1. 构成待摊投资的各类费用发生

按照实际发生金额，借记本科目（待摊投资），贷记“财政拨款收入”“零余额账户用款额度”“银行存款”“应付利息”“长期借款”“其他应缴税费”“固定资产累计折旧”“无形资产累计摊销”等科目。按照预算会计项目，借记“事业支出”科目，贷记“财政拨款预算收入”“资金结存”科目。

2. 建设过程中试生产、设备调试等产生的收入

按照取得的收入金额，借记“银行存款”等科目，按照依据有关规定应当冲减建设工程成本的部分，贷记本科目（待摊投资），按照其差额贷记“应缴财政款”或“其他收入”科目。按照预算会计项目，借记“资金结存”科目，贷记“其他预算收入”科目。

3. 报经批准后计入工程成本的工程报废或毁损

由于自然灾害、管理不善等原因造成的单项工程或单位工程报废或毁损，扣除残料价值和过失人或保险公司等赔款后的净损失，报经批准后计入继续施工的工程成本的，按照工程成本扣除残料价值和过失人或保险公司等赔款后的净损失，借记本科目（待摊投资），按照残料变价收入、过失人或保险公司赔款等，借记“银行存款”“其他应收款”等科目，按照报废或毁损的工程成本，贷记本科目（建筑安装工程投资）。

4. 待摊投资分配

缴付使用时，按照合理的分配方法分配待摊投资，借记本科目（建筑安装工程投资、设备投资），贷记本科目（待摊投资）。

待摊投资的分配方法，可按照下列公式计算：

（1）按照实际分配率分配。适用于建设工期较短、整个项目的所有单项工程一次竣工的建设项目。

实际分配率＝待摊投资明细科目余额/（建筑工程明细科目余额＋安装工程明细科目余额＋设备投资明细科目余额）×100％

（2）按照概算分配率分配。适用于建设工期长、单项工程分期分批建成投入使用的建设项目。

概算分配率＝（概算中各待摊投资项目的合计数－其中可直接分配部分）/（概算中建筑工程、安装工程和设备投资合计）×100％

（3）某项固定资产应分配的待摊投资＝该项固定资产的建筑工程成本或该项固定资产（设备）的采购成本和安装成本合计×分配率

（四）其他投资

该明细科目核算单位为建设工程发生的房屋购置支出，基本畜禽、林木等的购置、饲养、培育支出，办公生活用家具、器具购置支出，软件研发和不能计入设备投资的软件购置等支出，按照实际发生金额，借记本科目（其他投资），贷记“财政拨款收入”“零余额账户用款额度”“银行存款”等科目。按照预算会计项目，借记“事业支出”等科目，贷记“财政拨款预算收入”“资金结存”科目。

工程完成将形成的房屋、基本畜禽、林木等各种财产以及无形资产缴付使用时，按照其实际成本，借记“固定资产”“无形资产”等科目，贷记本科目（其他投资）。

（五）待核销基建支出

取消的建设项目发生的可行性研究费，报经批准核销的由于自然灾害等原因发生的建设项目整体报废所形成的净损失等先计入待核销基建支出，建设项目竣工验收缴付使用时，将待核销基建支出计入当期费用。取消的建设项目发生的可行性研究费，按照实际发生金额，借记本科目（待核销基建支出），贷记本科目（待摊投资）。

建设项目发生的补助群众造林、水土保持、城市绿化等不能形成资产的各类待核销基建支出，按照实际发生金额，借记本科目（待核销基建支出），贷记“财政拨款收入”“零余额账户用款额度”“银行存款”等科目。按照预算会计项目，借记“事业支出”“行政支出”等科目，贷记“财政拨款预算收入”“资金结存”科目。

由于自然灾害等原因发生的建设项目整体报废所形成的净损失，报经批准后转入待核销基建支出，按照项目整体报废所形成的净损失，借记本科目（待核销基建支出），按照报废工程回收的残料变价收入、保险公司赔款等，借记“银行存款”“其他应收款”等科目，按照报废的工程成本，贷记本科目（建筑安装工程投资）。

建设项目竣工验收缴付使用时，对发生的待核销基建支出进行冲销，借记“资产处置费用”科目，贷记本科目（待核销基建支出）。

（六）基建转出投资

为建设项目配套而建成的、产权不归属本单位的专用设施，在项目竣工验收缴付使用时，借记“在建工程——基建转出投资”，贷记“在建工程——建筑安装工程投资”；同时，借记“无偿调拨净资产”，贷记“在建工程——基建转出投资”。

三、在建工程的账务处理举例

[例 4-20] 201×年 4 月 8 日，某医院在扩建门诊大楼过程中，需拆除原建筑物，该门诊楼原账面价值为 9 000 000 元，已提折旧 7500 000 元。财会部门根据有关凭证，作会计分录如下：

借：在建工程——建筑安装工程投资 1 500 000

　　固定资产累计折旧 7 500 000

　　贷：固定资产——房屋及建筑物 9 000 000

借：待处理财产损溢 1 500 000

　　贷：在建工程——建筑安装工程投资 1 500 000

[例 4-21] 201×年 5 月 7 日，某医院在扩建门诊大楼过程中，根据审计后的工程价款结算单与施工单位结算，通过银行转账支付工程款 1 000 000 元。财会部门根据有关凭证，作会计分录如下：

借：在建工程——建筑安装工程投资 1 000 000

　　贷：银行存款 1 000 000

借：事业支出 1 000 000

　　贷：资金结存——货币资金 1 000 000

[例 4-22] 201×年 8 月 23 日，某医院门诊大楼扩建完工，缴付使用。经审计部门确认，建造成本为 10 000 000 元。财会部门根据有关凭证，作会计分录如下：

借：固定资产——房屋及建筑物 10 000 000

　　贷：在建工程——建筑安装工程投资 10 000 000

[例 4-23] 201×年 2 月 10 日，某医院通过政府采购购入一台设备，价款 2 300 000 元，运杂费 10 000 元，安装费 100 000 元，款项通过银行转账支付。设备安装完毕，缴付使用。财会部门根据有关凭证，作会计分录如下：

(1) 购入设备时

借：在建工程——设备投资 2 310 000

　　贷：银行存款 2 310 000

借：事业支出——其他资金支出 2 310 000

　　贷：资金结存——货币资金 2 310 000

(2) 安装完成时

借：在建工程——设备投资 100 000

　　贷：银行存款 100 000

借：事业支出——其他资金支出 100 000

　　贷：资金结存——货币资金 100 000

(3) 缴付使用后

借：固定资产——其他经费 2 410 000

　　贷：在建工程——设备投资 2 410 000

[例 4-24] 201×年 6 月 5 日，某医院拟建设新门诊楼，前期发生的可行性研究费共计 10 000 元，后市发改委未予以审批立项，财会部门根据有关凭证，作会计分录如下：

借：在建工程——待核销基建支出　　10 000

　　贷：在建工程——待摊投资　　10 000

借：事业支出　　10 000

　　贷：资金结存——货币资金　　10 000

第五章　对外投资和无形资产管理

第一节　短期投资

一、短期投资概述

（一）短期投资概念

短期投资是指医院购入能随时变现并且持有时间不准备超过1年（含1年）的投资，主要指短期国债。

（二）短期投资成本的确认

1. 以现金购入的短期投资，按实际支付的全部价款，包括税金、手续费等相关费用。实际支付价款中包含的已到付息期但尚未领取的利息，应当于收到时冲减短期投资成本。

2. 投资者投入的短期投资，以投资各方确认的价值作为投资的实际成本。

3. 医院认购的国家债券，按实际支付的金额作价。

二、短期投资的科目设置和核算要求

本科目应当按照投资的种类等进行明细核算。本科目的借方反映当期医院短期投资的增加，贷方反映当期医院出售或收回的短期投资。本科目期末借方余额反映医院持有短期投资的成本。

（一）短期投资的取得

按照确定的投资成本，借记本科目，贷记“银行存款”等科目。收到取得投资时实际支付价款中包含的已到付息期但尚未领取的利息，按照实际收到的金额，借记“银行存款”科目，贷记本科目。

（二）收到投资收益

收到短期投资持有期间的利息，按照实际收到的金额，借记“银行存款”科目，贷记“投资收益”科目。

（三）出售短期投资或到期收回短期投资本息，按照实际收到的金额，借记“银行存款”科目，按照出售或收回短期投资的账面余额，贷记本科目，按照其差额，借记或贷记“投资收益”科目。

三、短期投资账务处理举例

［例 5-1］ 201×年 4 月 1 日，某医院通过银行转账购买工商银行某支行代理发行的 1 年期国债 70 000 元，国债票面利率为 4%，利息按季支付。财会部门根据有关凭证，作会计分录如下：

（1）购买时

借：短期投资 70 000

　　贷：银行存款 70 000

借：投资支出 70 000

　　贷：资金结存——货币资金 70 000

（2）每季末，收到利息时

借：银行存款 700

　　贷：投资收益 700

借：资金结存——货币资金 700

　　贷：投资预算收益 700

（3）期满收回时

借：银行存款 70700

　　贷：短期投资 70 000

　　　　投资收益 700

借：资金结存——货币资金 70700

　　贷：投资支出 70 000

　　　　投资预算收益 700

第二节　长期股权投资

一、长期股权投资概述

长期股权投资是指医院按照规定取得的，持有时间超过 1 年（不含 1 年）的股权性质的投资。

二、长期股权投资科目设置和核算要求

本科目应当按照被投资单位和长期股权投资取得方式等进行明细核算。

长期股权投资采用权益法核算的，还应当按照“成本”“损益调整”“其他权益变动”设置明细科目，进行明细核算。

（一）以货币资金取得的长期股权投资

按照确定的投资成本，借记本科目或本科目（成本），按照支付的价款中包含的已宣告但尚未发放的现金股利，借记“应收股利”科目，按照实际支付的全部价款，贷记“银行存款”等科目。

实际收到取得投资时所支付价款中包含的已宣告但尚未发放的现金股利时，借记“银行存款”科目，贷记“应收股利”科目。按照预算会计项目，借记“投资支出”科目，贷记“资金结存——货币资金”科目。

（二）以货币资金以外的其他资产置换取得的长期股权投资

参照“库存物品”科目中置换取得库存物品的相关规定进行账务处理

（三）以未入账的无形资产取得的长期股权投资

按照评估价值加相关税费作为投资成本，借记本科目，按照发生的相关税费，贷记“银行存款”“其他应缴税费”等科目，按其差额，贷记“其他收入”科目。按照预算会计项目，借记“其他支出”科目，贷记“资金结存”科目。

（四）接受捐赠、无偿调入的长期股权投资

按照确定的投资成本，借记本科目或本科目（成本），按照发生的相关税费，贷记“银行存款”等科目，按照其差额，贷记“捐赠收入”“无偿调拨净资产”科目。按照预算会计项目，借记“其他支出”科目，贷记“资金结存”科目。

（五）持有期间长期股权投资的后续计量

1. 长期股权投资的成本法

医院无权决定被投资单位的财务和经营政策或无权参与被投资单位的财务和经营决策的，应当采用成本法进行核算。

初始投资或追加投资时，按照初始投资或追加投资时成本增加长期股权投资的账面价值。

被投资单位宣告发放现金股利或利润时，按照应收的金额，借记“应收股利”科目，贷记“投资收益”科目。收到现金股利或利润时，按照实际收到的金额，借记“银行存款”等科目，贷记“应收股利”科目。按照预算会计项目，借记“资金结存——货币资金”科目，贷记“投资预算收益”科目。

2. 长期股权投资的权益法

医院自主决定被投资单位的财务和经营政策或参与被投资单位的财务和经营决策的，应当采用权益法进行核算。

被投资单位实现净利润的，按照应享有的份额，借记本科目（损益调整），贷记“投资收益”科目。被投资单位发生净亏损的，按照应分担的份额，借记“投资收益”科目，贷记本科目（损益调整），但以本科目的账面余额减记至零为限。发生亏损的被投资单位以后年度又实现净利润的，按照收益分享额弥补未去人的亏损分担额等后的金额，借记本科目（损益调整），贷记“投资收益”科目。

被投资单位宣告分派现金股利或利润的，按照应享有的份额，借记“应收股利”科目，贷记本科目（损益调整）。

被投资单位发生除净损益和利润分配以外的所有者权益变动的，按照应享有或应分担的份额，借记或贷记本科目（其他权益变动），贷记或借记“权益法调整”科目。

（六）按照规定报经批准处置长期股权投资

1. 处置以现金取得的长期股权投资，按照实际取得的价款，借记“银行存款”等科目，按照被处置长期股权投资的账面余额，贷记本科目，按照尚未领取的现金股利或利润，贷记“应收股利”

科目，按照发生的相关税费等支出，贷记“银行存款”等科目，按照借、贷方差额，借记或贷记“投资收益”科目。按照预算会计项目，借记“资金结存——货币资金”科目，贷记“投资支出”“其他结余”“投资预算收益”科目。

2. 处置以现金以外的其他资产取得的长期股权投资，按照被处置长期股权投资的账面余额，借记“资产处置费用”科目，贷记本科目；同时，按照实际取得的价款，借记“银行存款”等科目，按照尚未领取的现金股利或利润，贷记“应收股利”科目，按照发生的相关税费等支出，贷记“银行存款”等科目，按照贷方差额，贷记“应缴财政款”科目。按照规定将处置时取得的投资收益纳入本单位预算管理的，应当按照所取得价款大于被处置长期股权投资账面余额、应收股利账面余额和相关税费支出合计的差额，贷记“投资收益”科目。

3. 核销处置的长期股权投资。因被投资单位破产清算等原因，有确凿证据表明长期股权投资发生损失，按照规定报经批准后予以核销时，按照予以核销的长期股权投资的账面余额，借记“资产处置费用”科目，贷记本科目。

4. 报经批准置换转出长期股权投资时，参照“库存物品”科目中置换换入库存物品的规定进行账务处理。

5. 采用权益法核算的长期股权投资的处置，除进行上述账务处理举例外，还应结转原直接计入净资产的相关金额，借记或贷记“权益法调整”科目，贷记或借记“投资收益”科目。

（七） 成本法与权益法的转换

1. 单位因处置部分长期股权投资等原因而对处置后的剩余股权投资由权益法改按成本法核算的，应当按照权益法下本科目账面余额作为成本法下本科目账面余额（成本）。其后，被投资单位宣告分派现金股利或利润时，属于单位已计入投资账面余额的部分，按照应分得的现金股利或利润份额，借记“应收股利”科目，贷记本科目。

2. 单位因追加投资等原因对长期股权投资的核算从成本法改为权益法的，应当按照成本法下本科目账面余额与追加投资成本的合计金额，借记本科目（成本），按照成本法下本科目账面余额，贷记本科目，按照追加投资的成本，贷记“银行存款”等科目。

三、长期股权投资账务处理举例

[例 5-2]　201×年 6 月 9 日，经上级主管部门批准，某医院与某投资公司合资成立一所股份制医院，通过银行转账支付 2 000 000 元的投资，占 20%的股份。财会部门根据有关凭证，作会计分录如下：

	借方	贷方
借：长期股权投资——成本	2 000 000	
贷：银行存款		2 000 000
借：投资支出	2 000 000	
贷：资金结存——货币资金		2 000 000

[例 5-3]　201×年 12 月 5 日，某医院经上级主管部门批准，以一台多层螺旋 CT 投资一家新成立的某股份制医院，取得 20%的股份。该 CT 原始价值为 3 200 000 元，已提取折旧 1 600 000 元，单台设备评估价值为 2 000 000 元。机器的运费 40 000 元由该医院承担，通过银行转账支付。财会部门根据有关凭证，作会计分录如下：

借：长期股权投资——成本　　2 040 000
　　固定资产累计折旧　　1 600 000
　　贷：固定资产　　3 200 000
　　　　其他收入　　400 000
　　　　银行存款　　40 000
借：其他支出　　40 000
　　贷：资金结存——货币资金　　40 000

[例 5-4]　201×年 7 月 8 日，经上级有关部门批准，某医院用一块土地对某股份制医院投资，占某医院 50%的股权。因土地系国家划拨，医院一直未评估入账。经评估机构评估该土地价值为1 000 000元，财会部门根据有关凭证，作会计分录如下：

借：长期股权投资——成本　　1 000 000
　　贷：其他收入　　1 000 000

[例 5-5]　201×年 2 月 23 日，某医院经上级有关部门批准，将一台设备投资于某健康体检中心，取得该中心 10%的股权。该设备原账面价值为 750 000 元，医院通过银行转账支付运费10 000 元。财会部门根据有关凭证，作会计分录如下：

借：长期股权投资——成本　　760 000
　　贷：固定资产　　750 000
　　　　银行存款　　10 000
借：其他支出　　10 000
　　贷：资金结存——货币资金　　10 000

[例 5-6]　接例［例 5-3］次年 2 月 20 日，经股东大会审议通过宣告分派利润，其中属于医院应享有的份额 30 000 元，3 月 1 日，医院通过银行收到该利润。财会部门根据有关凭证，作会计分录如下：

借：应收股利　　30 000
　　贷：投资收益　　30 000
借：银行存款　　30 000
　　贷：应收股利　　30 000
借：资金结存——货币资金　　30 000
　　贷：投资预算收益　　30 000

[例 5-7]　201×年 4 月 9 日，某医院经上级主管部门批准，以一台价值 15 000 000 元的核磁共振机投资某股份制医院，取得某股份制医院 60%的股份。收到投资后某股份制医院净资产公允价值与账面价值相等均为 25 000 000 元。201×年 12 月 31 日，某股份制医院实现利润 4 000 000 元，其他所有者权益变动 1 500 000 元。次年 2 月，某股份制医院宣告发放现金股利 1 000 000 元，财会部门根据有关凭证，作会计分录如下：

(1) 按照对被投资单位实现净利润享有的份额：4 000 000×60%＝240 万元

借：长期股权投资——损益调整　　2 400 000
　　贷：投资收益　　2 400 000

（2）其他所有者权益变动：1 500 000×60%=900 000

借：长期股权投资——其他权益变动　　900 000

　　贷：权益法调整　　900 000

（3）按照对被投资单位分配股利享有的份额：1 000 000×60%=600 000

借：应收股利　　600 000

　　贷：长期股权投资——损益调整　　600 000

[例 5-8]　承［例 5-7］次年 3 月 10 日，经上级批准，该医院对外出售被投资某股份制医院 30%的股权，通过银行取得收入 9 000 000 元。其中包括被投资单位已宣告未发放的 201×年现金股利 400 000 元。按照规定该投资收益纳入本单位预算管理，不考虑相关税费。财会部门根据有关凭证，作会计分录如下：

出售的被投资单位 30%股权占购入 60%股权的一半：

被处置长期股权投资－成本的账面余额=15 000 000/2=7 500 000 元

被处置长期股权投资－损益调整的账面余额=（2 400 000－600 000）/2=900 000 元

被处置长期股权投资－其他权益变动的账面余额=900 000/2=450 000 元

借：资产处置费用　　8 850 000

　　贷：长期股权投资——成本　　7 500 000

　　　　长期股权投资——损益调整　　900 000

　　　　长期股权投资——其他权益变动　　450 000

借：银行存款　　10 000 000

　　贷：应收股利　　400 000

　　　　投资收益　　750 000

　　　　应缴财政款　　8 850 000

借：资金结存——货币资金　　1 150 000

　　贷：投资预算收益　　1 150 000

[例 5-9]　承［例 5-8］次年 3 月，经上级批准，该医院对外出售 30%的股权后，剩余部分投资由按权益法改为成本法核算。财会部门根据有关凭证，作会计分录如下：

借：长期股权投资　　8 850 000

　　贷：长期股权投资——成本　　7 500 000

　　　　长期股权投资——损益调整　　900 000

　　　　长期股权投资——其他权益变动　　450 000

第三节　长期债券投资

一、长期债券投资概述

长期债券投资是指医院按照规定取得的，持有时间超过 1 年（不含 1 年）的债券投资。

二、长期债券投资科目设置和核算要求

本科目应当设置“成本”和“应计利息”明细科目，并按照债券投资的种类进行明细核算。

（一） 取得长期债券投资

应当按照其实际成本作为初始投资成本。取得的长期债券投资，按照确定的投资成本，借记本科目（成本），按照支付的价款中包含的已到付息期但尚未领取的利息，借记“应收利息”科目，按照实际支付的金额，贷记“银行存款”等科目。按照预算会计项目，借记“投资支出”科目，贷记“资金结存——货币资金”科目。

实际收到取得债券时所支付价款中包含的已到付息期但尚未领取的利息时，借记“银行存款”科目，贷记“应收利息”科目。按照预算会计项目，借记“投资支出”科目，贷记“资金结存——货币资金”科目。

（二） 按期以债券票面金额与票面利率计算确认利息收入

如为到期一次还本付息的债券投资，借记本科目（应计利息），贷记“投资收益”科目；如为分期付息、到期一次还本的债券投资，借记“应收利息”科目，贷记“投资收益”科目。

（三） 收到分期支付的利息

按照实收的金额，借记“银行存款”等科目，贷记“应收利息”科目。按照预算会计项目，借记“资金结存——货币资金”科目，贷记“投资预算收益”科目。

（四） 到期收回长期债券投资

按照实际收到的金额，借记“银行存款”科目，按照长期债券投资的账面余额，贷记本科目，按照相关应收利息金额，贷记“应收利息”科目，按照其差额，贷记“投资收益”科目。按照预算会计项目，借记“资金结存——货币资金”科目，贷记“投资预算收益”科目。

（五） 出售长期债券投资

按照实际收到的金额，借记“银行存款”科目，按照长期债券投资的账面余额，贷记本科目，按照已记入“应收利息”科目但尚未收取的金额，贷记“应收利息”科目，按照其差额，贷记或借记“投资收益”科目。涉及增值税业务的，相关账务处理举例参见“应缴增值税”科目。按照预算会计项目，借记“资金结存——货币资金”科目，贷记“投资预算收益”“投资支出”“其他结余”科目。

三、长期债券投资账务处理举例

[例 5-10]　201×年 3 月 1 日，某医院通过银行转账以 208 000 元的价格购入一年前发行的五年期国债，该国债到期一次还本付息，年利率为 4%，面值为 200 000 元，购入时支付相关的税费为 500 元，财会部门根据有关凭证，作会计分录如下：

借：长期债券投资——成本	208 500	
贷：银行存款		208 500
借：投资支出	208 500	
贷：资金结存——货币资金		208 500

[例 5-11] 201×年 7 月 1 日，某医院购入五年期国债 250 000 元，款项通过银行转账支付，年利率为 5%，到期一次还本付息，每年 12 月底到期时计息。财会部门根据有关凭证，作会计分录如下：

（1）购入国债时

借：长期债券投资——成本　　250 000

　　贷：银行存款　　250 000

借：投资支出　　250 000

　　贷：资金结存——货币资金　　250 000

（2）计息时

201×年 12 月 31 日应确认的利息收入为

250 000×5%/2=6 250 元

借：长期债券投资——应计利息　　6 250

　　贷：投资收益　　6 250

第二年至第四年 12 月 31 日应确认的利息收入为

250 000×5%=12 500 元

借：长期债券投资——应计利息　　12 500

　　贷：投资收益　　12 500

第五年 6 月 30 日应确认的利息收入为 6 250 元

借：长期债券投资——应计利息　　6 250

　　贷：投资收益　　6 250

[例 5-12] 201×年 7 月 1 日，某医院购入五年期国债 250 000 元，款项通过银行转账支付，年利率为 5%，分期付息、到期还本，每年 6 月底和 12 月底计息，每年 7 月 1 日付息。财会部门根据有关凭证，作会计分录如下：

（1）购入国债时

借：长期债券投资——成本　　250 000

　　贷：银行存款　　250 000

借：投资支出　　250 000

　　贷：资金结存——货币资金　　250 000

（2）计息时

201×年 12 月 31 日应确认的利息收入为

250 000×5%/2=6 250 元

借：应收利息　　6 250

　　贷：投资收益　　6 250

次年 6 月 30 日应确认的利息收入为 6 250 元

借：应收利息　　6 250

　　贷：投资收益　　6 250

次年7月1日，收到第一年利息 250 000×5％＝12 500元

借：银行存款　　12 500

　　贷：应收利息　　12 500

借：资金结存——货币资金　　12 500

　　贷：投资预算收益　　12 500

第三年至第六年度会计分录以此类推。

[例5-13]　接［例5-12］五年后，该医院购买的国债到期。7月1日，通过银行收到国债利息12 500元及本金250 000元。财会部门根据有关凭证，作会计分录如下：

借：银行存款　　262 500

　　贷：长期债券投资——成本　　250 000

　　　　应收利息　　12 500

借：资金结存——货币资金　　262 500

　　贷：其他结余　　250 000

　　　　投资预算收益　　12 500

第四节　无形资产

一、无形资产概述

无形资产是指不具有实物形态而能为医院提供某种权利的资产，包括著作权、专利权、土地使用权、非专利技术等。医院购入不构成相关硬件不可缺少组成部分的应用软件及其他财产权利，应当作为无形资产核算。

（一）无形资产的特征

特　征	内　容
非实体性	一方面无形资产没有人们感官可感触的物质形态。它或者表现为一种形象，或者以特许权形式表现为社会关系范畴；另一方面，它在使用过程中没有有形损耗，报废时无残值。
可辨认性	医院对无形资产进行核算，该资产必须能够区别于其它资产可单独辨认。资产只有满足下列条件之一，才符合无形资产概念可辨认的标准：(1) 能够从医院资产中分离或划分出来，并能单独或者与相关合同、资产或负债一起用于出售、转移、授予许可、租赁或者交换；(2) 源自合同性权利或其他法定权利，无论这些权利是否可从医院或其他权利和义务中转移或分离。
非货币性长期资产	无形资产由于没有发达的交易市场，一般不容易转化为现金，在持有过程中为医院带来未来利益的情况不确定，属于非货币型长期资产。

（二）无形资产的分类

1. 按经济内容分类。无形资产可分为专利权、著作权、土地使用权、非专利技术等。

2. 按来源途径分类。可分为外来无形资产和自创无形资产。外来无形资产是指从医院外部取得的无形资产，包括医院从外购、接受投资、政府给予的特许经营权等。自创无形资产是指医院自行研制、开发的无形资产。

3. 按使用寿命的期限是否确定分类。可分为使用寿命有限的无形资产和使用寿命不确定的无形资产。前者是指能够预见其为医院带来经济利益期限的无形资产；后者则是无法预见其为医院带来经济利益期限的无形资产。

（三） 无形资产的确认

医院对于无形资产，应当在同时符合以下条件时予以确认：

1. 符合无形资产的定义；

2. 产生的经济效益或社会效益很可能流入医院；

3. 成本或价值能够可靠地计量。

医院购入的不构成相关硬件不可缺少组成部分的应用软件，应当作为无形资产核算。

医院自行研究开发项目的支出，应当区分研究阶段支出与开发阶段支出。研究是指为获取并理解新的科学或技术知识而进行的独创性的有计划调查。开发是指在进行生产或使用前，将研究成果或其他知识应用于某项计划或设计，以生产出新的或具有实质性改进的材料、装置、产品等。

医院自创商誉及内部产生的品牌、报刊名等，不应确认为无形资产。

二、无形资产科目设置和核算要求

医院应当在新制度规定的“无形资产”科目下按照形成无形资产的经费性质（财政项目拨款经费、科教经费、其他经费）进行明细核算。

医院应当设置“研发支出”科目核算医院自行研究开发项目研究阶段和开发阶段发生的各项支出，并分别设置“研究支出”“开发支出”进行明细核算。

医院应当设置“无形资产累计摊销”科目，核算对无形资产计提的累计摊销。

（一） 外购的无形资产

外购的无形资产，其成本包括实际支付的购买价款、相关税费以及可归属于该项资产达到预定用途所发生的其他支出。

按照确定的成本，借记本科目，贷记“财政拨款收入”“零余额账户用款额度”“应付账款”“银行存款”等科目。

（二） 委托研发的无形资产

委托软件公司开发软件，视同外购无形资产进行处理。合同中约定预付开发费用的，按照预付金额，借记“预付账款”科目，贷记“财政拨款收入”“零余额账户用款额度”“银行存款”等科目。按照预算会计项目，借记“事业支出”“经营支出”科目，贷记“财政拨款预算收入”“资金结存”科目。软件开发完成缴付使用并支付剩余或全部软件开发费用时，按照软件开发费用总额，借记本科目，按照相关预付账款金额，贷记“预付账款”科目，按照支付的剩余金额，贷记“财政拨款收入”“零余额账户用款额度”“银行存款”等科目。按照预算会计项目，借记“事业支出”“经营支出”科目，贷记“财政拨款预算收入”“资金结存”科目。

（三） 自行研发的无形资产一研发支出

医院自行开发并按法律程序申请取得的无形资产，按依法取得时发生的注册费、聘请律师费等费用，作为无形资产的实际成本。依法取得前，在研究与开发过程中发生的材料费用、直接参与开发人员的工资及福利费、开发过程中发生的租金、借款等费用直接计入当期费用。

自行研究开发项目研究阶段的支出，应当先在本科目归集。按照从事研究及其辅助活动人员计提的薪酬，研究活动领用的库存物品，发生的与研究活动相关的管理费、间接费和其他各项费用，借记本科目（研究支出），贷记“应付职工薪酬”“库存物品”“财政拨款收入”“零余额账户用款额度”“固定资产累计折旧”“银行存款”等科目。按照预算会计项目，借记“事业支出”“经营支出”等科目，贷记“财政拨款预算收入”“资金结存”科目。期（月）末，应当将本科目归集的研究阶段的支出金额转入当期费用，借记“业务活动费用”等科目，贷记本科目（研究支出）。

自行研究开发项目开发阶段的支出，先通过本科目进行归集。按照从事开发及其辅助活动人员计提的薪酬，开发活动领用的库存物品，发生的与开发活动相关的管理费、间接费和其他各项费用，借记本科目（开发支出），贷记“应付职工薪酬”“库存物品”“财政拨款收入”“零余额账户用款额度”“固定资产累计折旧”“银行存款”等科目。按照预算会计项目，借记“事业支出”“经营支出”等科目，贷记“财政拨款预算收入”“资金结存”科目。自行研究开发项目完成，达到预定用途形成无形资产的，按照本科目归集的开发阶段的支出金额，借记“无形资产”科目，贷记本科目（开发支出）。

单位应于每年年度终了评估研究开发项目是否能达到预定用途，如预计不能达到预定用途（如无法最终完成开发项目并形成无形资产的），应当将已发生的开发支出金额全部转入当期费用，借记“业务活动费用”等科目，贷记本科目（开发支出）。自行研究开发项目时涉及增值税业务的，相关账务处理举例参见“应缴增值税”科目。

（四） 接受捐赠的无形资产

接受捐赠的无形资产，按照确定的无形资产成本，借记本科目，按照发生的相关税费等，贷记“零余额账户用款额度”“银行存款”等科目，按照其差额，贷记“捐赠收入”科目。接受捐赠的无形资产按照名义金额入账的，按照名义金额，借记本科目，贷记“捐赠收入”科目；同时，按照发生的相关税费等，借记“其他费用”科目，贷记“零余额账户用款额度”“银行存款”等科目。

（五） 无偿调入的无形资产

无偿调入的无形资产，按照确定的无形资产成本，借记本科目，按照发生的相关税费等，贷记“零余额账户用款额度”“银行存款”等科目，按照其差额，贷记“无偿调拨净资产”科目。按照预算会计项目，借记“其他支出”科目，贷记“资金结余”科目。

（六） 置换取得的无形资产

参照“库存物品”科目中置换取得库存物品的相关规定进行账务处理。

（七） 符合无形资产确认条件的后续支出

为增加无形资产的使用效能而发生的后续支出，如对软件进行升级或扩展其功能等所发生的支出，应当计入无形资产账面价值。

无形资产后续支出符合无形资产确认条件的，按照支出的金额，借记本科目（无需暂停摊销的）或“在建工程”科目（需暂停摊销的），贷记“财政拨款收入”“零余额账户用款额度”“银行存款”等科目。暂停摊销的无形资产升级改造或扩展功能等完成缴付使用时，按照在建工程成本，借记本科目，贷记“在建工程”科目。

（八） 不符合无形资产确认条件的后续支出

为保证无形资产正常使用发生的日常维护等支出，如对软件进行漏洞修补等发生的支出，应当计入当期费用。借记“业务活动费用”“单位管理费用”等科目，贷记“财政拨款收入”“零余额账户用款额度”“银行存款”等科目。按照预算会计项目，借记“事业支出”“经营支出”等科目，贷记“财政拨款预算收入”“资金结存”科目。

（九） 报经批准出售、 转让的无形资产

按照被出售、转让无形资产的账面价值，借记“资产处置费用”科目，按照无形资产已计提的摊销，借记“无形资产累计摊销”科目，按照无形资产账面余额，贷记本科目；同时，按照收到的价款，借记“银行存款”等科目，按照处置过程中发生的相关费用，贷记“银行存款”等科目，按照其差额，贷记“应缴财政款”（按照规定应上缴无形资产转让净收入的）或“其他收入”（按照规定将无形资产转让收入纳入本单位预算管理的）科目。

（十） 报经批准对外捐赠无形资产

按照无形资产已计提的摊销，借记“无形资产累计摊销”科目，按照被处置无形资产账面余额，贷记本科目，按照捐赠过程中发生的归属于捐出方的相关费用，贷记“银行存款”等科目，按照其差额，借记“资产处置费用”科目。按照预算会计项目，借记“其他支出”科目，贷记“资金结存”科目。

（十一） 报经批准无偿调出无形资产

按照无形资产已计提的摊销，借记“无形资产累计摊销”科目，按照被处置无形资产账面余额，贷记本科目，按照其差额，借记“无偿调拨净资产”科目；同时，按照无偿调出过程中发生的归属于调出方的相关费用，借记“资产处置费用”科目，贷记“银行存款”等科目。按照预算会计项目，借记“其他支出”，贷记“资金结存”科目。

（十二） 无形资产的核销

无形资产预期不能为医院带来服务潜力或经济利益，按照规定报经批准核销时，按照待核销无形资产的账面价值，借记“资产处置费用”科目，按照已计提摊销，借记“无形资产累计摊销”科目，按照无形资产的账面余额，贷记本科目。

（十三） 无形资产摊销

1. 按月计提无形资产摊销时，按照应摊销金额，借记“业务活动费用”“单位管理费用”“加工物品”“在建工程”等科目，贷记本科目。

2. 经批准处置无形资产时，按照所处置无形资产的账面价值，借记“资产处置费用”“无偿调拨净资产”“待处理财产损溢”等科目，按照已计提摊销，借记本科目，按照无形资产账面余额，贷记“无形资产”科目。

三、无形资产账务处理举例

［例 5-14］　201×年 8 月 15 日，某医院从某公司购入专利权一项，价款 100 000 元和手续费 500 元，通过银行转账支付。财会部门根据有关凭证，作会计分录如下：

借：无形资产　100 500
　　贷：银行存款　100 500
借：事业支出　100 500
　　贷：资金结存——货币资金　100 500

［例 5-15］　201×年 7 月 23 日，经政府采购招标，某医院购入心电诊断网络系统一套，总价款 750 000 元，其中叫号系统软件 5 000 元，心电图机及台车等设备 745 000 元，款项通过银行转账支付。财会部门根据有关凭证，作会计分录如下：

借：固定资产　745 000
　　　　无形资产　5 000
　　贷：银行存款　750 000
借：事业支出　750 000
　　贷：资金结存——货币资金　750 000

［例 5-16］　201×年 5 月 4 日，某医院委托某软件公司开发软件，价款 600 000 元，根据合同，医院通过银行转账预付 40%的开发费用，201×年 6 月 6 日，完工缴付使用后通过银行转账支付剩余费用 360 000 元。财会部门根据有关凭证，作会计分录如下：

（1）预付开发费时

借：预付账款　240 000
　　贷：银行存款　240 000
借：事业支出　240 000
　　贷：资金结存——货币资金　240 000

（2）完工缴付时

借：无形资产　600 000
　　贷：预付账款　240 000
　　　　银行存款　360 000
借：事业支出　360 000
　　贷：资金结存——货币资金　360 000

［例 5-17］　201×年 3 月 9 日，某医院自行研发一项新技术，在研究和开发过程中领用材料 110 000 元、支付职工工资 30 000 元；项目开发成功后，申请专利时通过银行支付专利登记费 28 000元，律师费 5 000 元。财会部门根据有关凭证，作会计分录如下：

借：研发支出　140 000
　　贷：库存物品　110 000
　　　　应付职工薪酬　30 000
借：单位管理费用　140 000
　　贷：研发支出　140 000

申请专利时支付相关费用：

借：无形资产　33 000
　　贷：银行存款　33 000
借：事业支出　33 000
　　贷：资金结存——货币资金　33 000

［例 5-18］　201×年 7 月 19 日，某医院对以前年度购买的 HIS 系统进行升级，支付升级费用 200 000 元，款项通过银行转账支付。财会部门根据有关凭证，作会计分录如下：

借：无形资产　200 000
　　贷：银行存款　200 000
借：事业支出　200 000
　　贷：资金结存——货币资金　200 000

［例 5-19］　201×年 12 月 2 日，某医院请计算机软件公司对一软件操作程序进行维护，年维护费用 50 000 元通过银行转账支付，财会部门根据有关凭证，作会计分录如下：

借：单位管理费用　50 000
　　贷：银行存款　50 000
借：事业支出　50 000
　　贷：资金结存——货币资金　50 000

［例 5-20］　201×年 8 月 4 日，经上级批准，某医院将一项专利权转让给一家企业，通过银行取得收入 500 000 元，按规定应缴税费 60 000 元，该专利原价为 700 000 元，已累计摊销 150 000 元，所得收益通过银行按规定上缴财政部门。财会部门根据有关凭证，作会计分录如下：

借：资产处置费用　550 000
　　无形资产累计摊销　150 000
　　贷：无形资产　700 000
借：银行存款　500 000
　　贷：应缴税费　60 000
　　　　应缴财政款　440 000
借：其他支出　60 000
　　贷：资金结存——货币资金　60 000

［例 5-21］　201×年 9 月 1 日，某医院一项专利技术原账面价值 60 000 元，已计提摊销 36 000 元，该专利已不适用于医院继续使用，经医院研究决定予以核销。财会部门根据有关凭证，作会计分录如下：

借：资产处置费用　24 000
　　无形资产累计摊销　36 000
　　贷：无形资产　60 000

［例 5-22］　201×年 7 月 31 日，某医院摊销当月无形资产 120 000 元，其中，临床科室计提无形资产摊销 60 000 元，行政管理科室计提无形资产摊销 30 000 元，临床科室计提的财政补助形成的摊销 20 000 元，行政管理科室计提的科教项目形成的摊销 10 000 元。财会部门根据有关凭证，

作会计分录如下：

借：业务活动费用——无形资产摊销　　80 000
　　单位管理费用——无形资产摊销　　40 000
　　贷：无形资产累计摊销——财政项目拨款经费　　20 000
　　　　无形资产累计摊销——科教经费　　10 000
　　　　无形资产累计摊销——其他经费　　90 000

第六章　负　债

第一节　负债概述

一、负债的概念和特征

（一） 负债的概念

负债是指政府会计主体过去的经济业务或者事项形成的，预期会导致经济资源流出政府会计主体的现时义务。

现时义务是指政府会计主体在现行条件下已承担的义务。未来发生的经济业务或者事项形成的义务不属于现时义务，不应当确认为负债。

符合上述规定的负债定义的义务，在同时满足以下条件时，确认为负债：

1. 履行该义务很可能导致含有服务潜力或者经济利益的经济资源流出政府会计主体；

2. 该义务的金额能够可靠地计量。

负债的计量属性主要包括历史成本、现值和公允价值。在历史成本计量下，负债按照因承担现时义务而实际收到的款项或者资产的金额，或者承担现时义务的合同金额，或者按照为偿还负债预期需要支付的现金计量。在现值计量下，负债按照预计期限内需要偿还的未来净现金流出量的折现金额计量。在公允价值计量下，负债按照市场参与者在计量日发生的有序交易中，转移负债所需支付的价格计量。

政府会计主体在对负债进行计量时，一般应当采用历史成本。采用现值、公允价值计量的，应当保证所确定的负债金额能够持续、可靠计量。

（二） 医院负债的特征

1. 医院是政府主体的组成部分，医院的负债同样是由于过去的交易或者事项形成的，即只有过去发生的交易或事项才能增加或减少医院的负债，而不能根据谈判中的交易或事项或计划中的经济业务来确认负债。例如：已经发生的借款行为会形成医院的负债，而计划中的银行借款行为则不会形成医院的负债；已经发生的购置设备的行为可能形成医院的负债，而计划中的商品购买行为则不会形成医院的负债。

2. 负债是医院承担的现时义务。负债作为医院的一种义务，是由医院过去的交易或事项形成的现在已经承担的义务。如医院接受银行贷款形成的尚未偿还的短期借款，是医院已经承担的现时义务，构成医院的负债；如果医院没有接受银行贷款，则不承担还款的现时义务，也不构成医院的负债。“现时义务” 不等同于 “未来承诺”，如医院管理层决定在今后某一时间购买某项资产，这只是一项 “未来承诺”，其本身并不产生现时义务。

3. 负债的清偿预期会导致含有经济利益或者服务潜力的资源流出医院。负债的清偿通常将导致医院含有经济利益或服务潜力的资产的减少，如医院用现金、实物资产或者以提供劳务等方式偿还负债，会导致含有经济利益或服务潜力的资源流出医院。

二、负债的分类

为了准确报告和分析医院的负债状况和偿债能力，医院的负债应当按照其流动性划分为流动负债、非流动负债和受托代理负债三大类。其中，流动负债是指医院将在1年内（含1年）偿还的负债，包括短期借款、应缴增值税、其他应缴税费、应缴财政款、应付职工薪酬、应付票据、应付账款、应付利息、预收账款、其他应付款、预提费用等；非流动负债是指医院偿还期限在1年以上（不含1年）的长期负债，包括长期借款、长期应付款、预计负债等；受托代理负债是医院接受委托取得受托代理资产时形成的负债。

三、负债类会计科目的设置见下表

负债类

2001	短期借款
2101	应缴增值税
2102	其他应缴税费
2103	应缴财政款
2201	应付职工薪酬
2301	应付票据
2302	应付账款
2304	应付利息
2305	预收账款
2307	其他应付款
2401	预提费用
2501	长期借款
2502	长期应付款
2601	预计负债
2901	受托代理负债
2308	待结算医疗款（基层医疗卫生机构适用）

第二节　流动负债

一、短期借款

（一）短期借款概述

短期借款是指医院向银行或其他金融机构借入的偿还期限在1年以下（含1年）的各种借款。短期借款一般是医院为维持正常业务活动所需资金而借入或者为抵偿某项债务而借入的。其特点如下：

1. 短期借款的债权人不仅包括银行，还包括其他非银行金融机构；
2. 短期借款期限较短，一般为1年以下（含1年）；
3. 归还短期借款时，不仅要归还借款本金，一般还需要支付借款利息。

（二）短期借款科目设置和核算要求

医院需设置“短期借款”科目，核算短期借款的取得和偿还。该科目应当按照贷款单位和贷款种类进行明细核算。该科目借方登记偿还借款的本金数额，贷方登记取得借款的本金数额，期末一般为贷方余额，反映医院尚未偿还的短期借款本金数额。短期借款的核算主要涉及短期借款的取得、计息和偿还三个方面。

1. 短期借款的取得

医院在借入各种短期借款时，按照借款本金数额，借记“银行存款”科目，贷记“短期借款”科目。

2. 短期借款计息

产生短期借款利息时，借记“其他费用”科目，贷记“银行存款”“应付利息”等科目。

（1）如果短期借款的利息按季度或半年度支付，或者在借款到期偿还本金时一并支付，且利息金额较大的，可以采用预提的方法，将其按月预提计入费用，合理计算应当分摊入各期的利息费用，借记“其他费用”科目，贷记“应付利息”科目。

（2）如果短期借款的利息按月支付，或者借款到期时本息一并偿还且利息金额不大的，可以不采用预提的方法，而在实际支付利息时，按照实际支付的利息金额，借记“其他费用”科目，贷记“银行存款”等科目。

3. 偿还短期借款

（1）偿还短期借款时，如果按月计提利息，医院应当按照归还的短期借款本金，借记“短期借款”科目，按照已经预提的利息，借记“应付利息”科目，按照当月发生的利息费用，借记“其他费用”科目，按照偿付的本金和利息金额，贷记“银行存款”科目。

（2）偿还短期借款时，如果不采用预提利息的方法核算短期借款利息，医院应当按照归还的短期借款本金，借记“短期借款”科目，按照支付的利息，借记“其他费用”科目，按照偿付的本金和利息，贷记“银行存款”科目。

（三） 短期借款账务处理举例

[例 6-1] 某医院 201×年 3 月 10 日以 4.5%的年利率向中国银行某支行借款 1 000 000 元，期限 12 个月。财会部门根据有关凭证，作会计分录如下：

借：银行存款　1 000 000
　　贷：短期借款　1 000 000
借：资金结存——货币资金　1 000 000
　　贷：债务预算收入　1 000 000

[例 6-2] 承［例 6-1］某医院对该项短期借款利息采用按月预提的方法进行核算，则医院在借款期限内（201×年 3 月 10 日至次年 3 月 09 日），应在每月末计提短期借款利息 3 750 元，财会部门根据有关凭证，作会计分录如下：

短期借款利息 3 750 元＝1 000 000×4.5%÷12

借：其他费用　3 750
　　贷：应付利息　3 750

[例 6-3] 某医院短期借款需要按月支付利息，月末通过银行支付短期借款利息 1 750 元。财会部门根据有关凭证，作会计分录如下：

借：其他费用　3 750
　　贷：银行存款　3 750
借：其他支出　3 750
　　贷：资金结存——货币资金　3 750

[例 6-4] 201×年 12 月 31 日，某医院一项短期借款到期，通过银行偿还借款本金1 000 000 元，支付借款利息 45 000 元，其中已于 201×年 1 月至 11 月每月月末预提的短期借款利息为 41 250 元，12 月发生的借款利息为 3 750 元。财会部门根据有关凭证，作会计分录如下：

借款利息 45 000 元＝1 000 000×4.5%，

借：短期借款　1 000 000
　　应付利息　41 250
　　其他费用　3 750
　　贷：银行存款　1 045 000
借：债务还本支出　1 000 000
　　其他支出　41 250
　　其他支出　3 750
　　贷：资金结存——货币资金　1 045 000

[例 6-5] 承［例 6-1］201×年 03 月 09 日，该项短期借款到期，通过银行偿还借款本金1 000 000元，支付当月借款利息 3 750 元。财会部门根据有关凭证，作会计分录如下：

借：短期借款　1 000 000
　　其他费用　3 750
　　贷：银行存款　1 003 750
借：债务还本支出　1 000 000
　　其他支出　3 750
　　贷：资金结存——货币资金　1 003 750

二、应缴增值税

（一）应缴增值税概述

应缴增值税是指医院按照有关国家税法规定应当缴纳的增值税。增值税纳税人分为一般纳税人和小规模纳税人。

目前根据国家税收法规规定，非营利性医院增值税税收优惠政策主要包括：

1. 根据财政部、国家税务总局《关于全面推开营业税改征增值税试点的通知》规定，对各级各类医院、门诊部（所）及其他医疗机构提供的医疗服务免征增值税。

2. 对非营利性医院自产自用的制剂，免征增值税。

（二）应缴增值税会计科目的设置和核算要求（小规模纳税人）

医院需设置“应缴增值税”科目，核算医院按照有关国家税法规定应当缴纳的增值税。该科目贷方登记按照税法规定计算的应缴增值税金额，借方登记实际缴纳增值税金额，期末贷方余额，反映医院尚未缴纳的增值税。

1. 单位取得资产或接受劳务等业务

单位购买用于增值税应税项目的资产或服务等时，按照应计入相关成本费用或资产的金额，借记“业务活动费用”“在途物品”“库存物品”“工程物资”“在建工程”“固定资产”“无形资产”等科目，按照应付或实际支付的金额，贷记“应付账款”“应付票据”“银行存款”“零余额账户用款额度”等科目。小规模纳税人购买资产或服务等时不能抵扣增值税，发生的增值税计入资产成本或相关成本费用。

2. 单位销售资产或提供服务等业务

单位销售货物或提供服务，应当按照应收或已收的金额，借记“应收账款”“应收票据”“银行存款”等科目，按照确认的收入金额，贷记“经营收入”“事业收入”等科目，贷记应缴增值税（小规模纳税人）。发生销售退回的，应根据按照规定开具的红字增值税专用发票做相反的会计分录。

3. 缴纳增值税

（1）缴纳当月应缴增值税

单位缴纳当月应缴的增值税，借记应缴增值税［小规模纳税人］，贷记“银行存款”等科目。

（2）缴纳以前期间未缴增值税

单位缴纳以前期间未缴的增值税，借记本科目［小规模纳税人］，贷记“银行存款”等科目。

（3）减免增值税

对于当期直接减免的增值税，借记本科目，贷记“业务活动费用”“经营费用”等科目。

按照现行增值税制度规定，单位初次购买增值税税控系统专用设备支付的费用以及缴纳的技术维护费允许在增值税应纳税额中全额抵减的，按照规定抵减的增值税应纳税额，借记本科目［小规模纳税人］，贷记“业务活动费用”“经营费用”等科目。

（三） 应缴增值税的账务处理举例

［例 6-6］ 某医院为小规模纳税人，201×年 3 月 16 日医院通过银行收到下级医院医师进修费 5 150 元，财会部门根据有关凭证，作账务处理如下：

1. 201×年 3 月 16 日医院收到下级医院医师进修费 5 150 元。

借：银行存款 5 150
　　贷：其他收入 5 000
　　　　应缴增值税 150
借：资金结存——货币资金 5 150
　　贷：其他预算收入 5 150

2. 201×年 4 月 5 日医院申报缴纳 3 月税金。

借：应缴增值税 150
　　贷：银行存款 150
借：其他支出 150
　　贷：资金结存——货币资金 150

三、其他应缴税费

（一） 其他应缴税费概述

本科目核算单位按照税法等规定计算应缴纳的除增值税以外的各种税费，包括城市维护建设税、教育费附加、地方教育费附加、车船税、房产税、城镇土地使用税和企业所得税等。单位代扣代缴的个人所得税，也通过本科目核算。

单位应缴纳的印花税不需要预提应缴税费，直接通过“业务活动费用”“单位管理费用”“经营费用”等科目核算，不通过本科目核算。

（二） 其他应缴税费会计科目设置和核算要求

医院应设置“其他应缴税费”科目，核算医院按照有关国家税法规定应当缴纳或代扣代缴的各种税费。本科目期末贷方余额，反映单位应缴未缴的除增值税以外的税费金额；期末如为借方余额，反映单位多缴纳的除增值税以外的税费金额。本科目应当按照应缴纳的税费种类进行明细核算。

1. 发生城市维护建设税、教育费附加、地方教育费附加、车船税、房产税、城镇土地使用税等纳税义务的，按照税法规定计算的应缴税费金额，借记“业务活动费用”“单位管理费用”“经营费用”等科目，贷记其他应缴税费（应缴城市维护建设税、应缴教育费附加、应缴地方教育费附加、应缴车船税、应缴房产税、应缴城镇土地使用税等）。

2. 按照税法规定计算应代扣代缴职工（含长期聘用人员）的个人所得税，借记“应付职工薪酬”科目，贷记“其他应缴税费”（应缴个人所得税）。按照税法规定计算应代扣代缴支付给职工（含长期聘用人员）以外人员劳务费的个人所得税，借记“业务活动费用”“单位管理费用”等科目，贷记本科目“其他应缴税费”（应缴个人所得税）。

3. 发生企业所得税纳税义务的，按照税法规定计算的应缴所得税额，借记“所得税费用”科目，贷记“其他应缴税费”（单位应缴所得税）。

4. 单位实际缴纳上述各种税费时，借记“其他应缴税费”（应缴城市维护建设税、应缴教育费附加、应缴地方教育费附加、应缴车船税、应缴房产税、应缴城镇土地使用税、应缴个人所得税、单位应缴所得税等），贷记“财政拨款收入”“零余额账户用款额度”“银行存款”等科目。

（三）其他应缴税费的账务处理举例

［例6-7］ 201×年3月1日，经批准某医院（小规模纳税人）将院内5间平房出租给某超市，双方协议租赁价为每年120 000元，租金按照年度预付，已通过银行取得房屋租金收入，房产税按照从租计征，房产税＝租金收入×12%，房屋租金收入适用的增值税率为3%。附加费中：城市维护建设税税率7%，教育费附加税率3%，地方教育费附加税率2%，水利建设基金税率0.5%，财会部门根据有关凭证，作会计分录如下：

3月1日取得房屋租金收入时：

借：银行存款	120 000	
贷：预收账款		120 000
借：资金结存——货币资金	120 000	
贷：其他预算收入——租金收入		120 000

每月末确认租金收入和应缴税费时：

借：预收账款	12 000	
贷：租金收入		12 000
借：经营费用	1 845	
贷：应缴增值税		360
其他应缴税费——房产税		1 440
——应缴城市维护建设费		25.2
——应缴教育费附加		10.8
——应缴地方教育费附加		7.2
——水利建设基金		1.8

该医院年末实际缴纳税费（201×年3月—12月共计10个月的税费）时

借：应缴增值税	3 600	
其他应缴税费——房产税	1 440	
——应缴城市维护建设费	252	
——应缴教育费附加	108	
——应缴地方教育费附加	72	
——水利建设基金	18	
贷：银行存款		5 490
借：其他支出	5 490	
贷：资金结存——货币资金		5 490

［例6-8］ 201×年5月，某医院财会部门为职工代扣代缴5月个人所得税211 200元，并且以网银自动划款方式于次月3日支付给某税务局，财会部门根据有关凭证，作会计分录如下：

代扣个人所得税时：

借：应付职工薪酬	211 200	
贷：其他应缴税费——应缴个人所得税		211 200

上缴代扣的个人所得税时：

借：其他应缴税费——应缴个人所得税　　211 200

　　贷：银行存款　　211 200

借：其他支出　　211 200

　　贷：资金结存——货币资金　　211 200

四、应缴财政款

（一） 应缴财政款概述

应缴财政款是指医院按规定取得的或应收的按照规定应当上缴财政的款项，包括应缴国库的款项和应缴财政专户的款项。如因处置固定资产、无形资产等取得的，按照有关规定应当缴入国库的资产处置净收入款项。

（二） 应缴财政款会计科目的设置和核算要求

医院应当设置“应缴财政款”科目，核算应缴入国库或财政专户的款项。该科目应按照应缴财政款项的类别进行明细核算。注意医院按照国家税法等有关规定应当缴纳的各种税费，通过“应缴增值税”“其他应缴税费”科目核算，不通过本科目核算。

该科目借方登记已缴入国库或已上缴财政专户的款项金额，贷方登记应缴入国库或应上缴财政专户的款项金额，期末贷方余额，反映医院应缴未缴款项的金额。年终缴清后，该科目应无余额。

1. 出售、报废、毁损固定资产清理后，按照清理收入（包括保险理赔收入）扣除清理费用后的净额，借记“待处理财产损溢——处理净收入”科目，贷记“其他收入”或“应缴财政款”科目。

2. 经批准转让无形资产，医院取得或应收按照规定应缴财政的款项时，借记“银行存款”“应收账款”等科目，贷记“其他收入”或“应缴财政款”科目。

3. 医院上缴应缴财政款项时，按照实际上缴金额，借记“应缴财政款”科目，贷记“银行存款”等科目。

（三） 应缴财政款账务处理举例

[例 6-9]　201×年 6 月 7 日，某部属大型医院一批专用设备因使用期满，报经国家卫健委批准后予以报废处置，该批专用设备原值为 1 980 000 元，累计已提折旧 1 975 000 元。在清理过程中通过银行支付清理费 5 000 元，通过银行取得残料变卖收入 8 000 元。财会部门根据有关凭证，作会计分录如下：

收支结清，处理收入大于相关费用 3 000 元时：

①固定资产转入待处理财产损溢

借：待处理财产损溢——待处理财产价值　　5 000

　　固定资产累计折旧　　1 975 000

　　贷：固定资产——专用设备　　1 980 000

②报经批准处理时

借：资产处置费用　　5 000

　　贷：待处理财产损溢——待处理财产价值　　5 000

③发生清理费用

借：待处理财产损溢——处置净收入 5 000

　　贷：银行存款 5 000

④收到残值变卖收入

借：银行存款 8 000

　　贷：待处理财产损溢——处置净收入 8 000

⑤结转固定资产净损益

借：待处理财产损溢——处置净收入 3 000

　　贷：应缴财政款 3 000

［**例 6-10**］　201×年 2 月 1 日，经上级批准，某医院将拥有的一项专利权对外出售，通过银行取得收入 100 000 元，按规定需上缴财政部门。该项专利权的账面原价为 450 000 元，已计提摊销 400 000 元，不考虑相关税费。财会部门根据有关凭证，作会计分录如下：

借：银行存款 100 000

　　贷：应缴财政款 100 000

借：资产处置费用 50 000

　　无形资产累计摊销 400 000

　　贷：无形资产 450 000

［**例 6-11**］　承上面两例，201×年 1 月 20 日和 2 月 20 日，分别按规定通过银行向财政部门上缴款项时，财会部门根据有关凭证，作会计分录如下：

①1 月 20 日上缴处置专用设备款时

借：应缴财政款 3 000

　　贷：银行存款 3 000

②2 月 20 日上缴处置无形资产款时

借：应缴财政款 100 000

　　贷：银行存款 100 000

五、应付职工薪酬

（一）应付职工薪酬概述

应付职工薪酬是指医院按照有关规定应付给职工（含长期聘用人员）和为职工支付的各种薪酬，包括基本工资、国家统一规定的津贴补贴、规范津贴补贴（绩效工资）、改革性补贴、社会保险费（如职工基本养老保险费、基本医疗保险金等）、住房公积金等。包括职工在职期间和离职后提供给职工的全部货币薪酬和非货币性福利。

（二）应付职工薪酬会计科目设置和核算要求

医院应当设置“应付职工薪酬”科目，核算医院按有关规定应付给职工的各种薪酬，明细核算包括基本工资（含离退休费）、国家统一规定的津贴补贴、规范津贴补贴（绩效工资）、改革性补贴、社会保险费（如职工基本养老保险费、职业年金、基本医疗保险金等）、住房公积金、其他个人收入等。其中“社会保险费”“住房公积金”明细科目核算内容包括医院从职工工资中代扣代缴的社会保险费、住房公积金，以及医院为职工计算缴纳的社会保险费、住房公积金。

该科目贷方登记应付职工薪酬的增加数，借方登记应付职工薪酬的减少数，期末贷方余额，反映医院应付未付的职工薪酬。

1. 应付职工薪酬的分配

计算确认当期应付职工薪酬（含医院为职工计算缴纳的社会保险费、住房公积金）

（1）计提从事专业及其辅助活动人员的职工薪酬，借记“业务活动费用”“单位管理费用”科目，贷记“应付职工薪酬”。

（2）计提应由在建工程、加工物资、自行研发无形资产负担的职工薪酬，借记“在建工程”“加工物资”“研发支出”等科目，贷记“应付职工薪酬”科目。

（3）计提从事专业及其辅助活动之外的经营活动人员的职工薪酬，借记“经营费用”科目，贷记“应付职工薪酬”科目。

（4）因解除与职工的劳动关系而给予的补偿，借记“单位管理费用”等科目，贷记“应付职工薪酬”科目。

（5）为开展业务活动发生的外部人员劳务费，计提时按照计算金额，借记“业务活动费”，贷记“其他应付款”；实际支付并代扣个税时，借记“其他应付款”，贷记“银行存款/零余额账户用款额度”，贷记“其他应缴税费——应缴个人所得税”；实际缴纳税款时，借记“其他应缴税费——应缴个人所得税”贷记“银行存款/零余额账户用款额度”等。

2. 应付职工薪酬的支付

向职工支付工资、津贴补贴等薪酬时，按照实际支付的金额，借记“应付职工薪酬”科目，贷记“财政拨款收入”“零余额账户用款额度”“银行存款”等科目。

采用国库直接支付方式支付职工薪酬的，根据财政国库支付执行机构委托代理银行转来的《财政直接支付入账通知书》和代发工资银行盖章转回的工资发放明细表，借记“应付职工薪酬”科目，贷记“财政补助收入”科目。

采用国库授权支付方式支付职工薪酬的，借记“应付职工薪酬”科目，贷记“零余额账户用款额度”科目。

采用银行存款等其他方式支付职工薪酬的，借记“应付职工薪酬”科目，贷记“库存现金”“银行存款”等科目。

3. 从应付职工薪酬中代扣款项

从应付职工薪酬中代扣代缴的各种款项（如个人所得税、职工基本养老保险费、失业保险费、基本医疗保险费、住房公积金等），借记“应付职工薪酬”科目（基本工资），贷记“其他应缴税费——个人所得税”“应付职工薪酬——社会保险费”“应付职工薪酬——住房公积金”。

4. 按照国家有关规定缴纳职工社会保险费和住房公积金以及其他款项时，按照实际支付的金额，借记“应付职工薪酬——社会保险费”“应付职工薪酬——住房公积金”等，贷记“财政拨款收入”“零余额账户用款额度”“银行存款”等科目。

（三）应付职工薪酬账务处理举例

[例 6-12] 201×年 5 月末，某乡镇医院“职工薪酬汇总表”中应付职工薪酬总额为 120 000 元。其中，医疗部门 70 000 元，制剂部门 10 000 元，行政管理部门 40 000 元。财会部门根据有关凭证，作会计分录如下：

借：业务活动费　　70 000

　　单位管理费用　　40 000

　　加工物资　　10 000

　　贷：应付职工薪酬　　120 000

[例 6-13]　201×年 5 月 10 日，某县级人民医院核算为职工代扣代缴 5 月份个人所得税 174 000元，计提本月应上缴的社会保障费，明细数见下表：

201×年 5 月五险汇总表　（单位：元）

项　目	养老险	失业险	医疗险	工伤险	生育险	合　计
单位	20%	1%	10%	0.4%	0.8%	
个人	8%	0.2%	2%+3 元			
缴费人数	120	1 800	120	1 800	255	
缴费基数	636 600	9 549 000	636 600	9 549 000	1 147 500	
单位缴费	127 320	95 490	63 660	38 196	9 180	333 846
个人缴费	50 928	19 098	13 092	—	—	83 118
缴费合计	178 248	114 588	76 752	38 196	9180	416 964
其中：临床服务科室						
人数	39	900	39	900	210	
单位缴费	41 379	47 745	20 689.5	19 098	7 560	136 471.5
个人缴费	16 551	9 549	4 254.9	—	—	3 0354.9
缴费合计	57 930	57 294	24 944.4	19 098	7 560	166 826.4
其中：医疗技术科室						
人数	18	300	18	300	30	
单位缴费	19 098	15 915	9 549	6 366	1 080	52 008
个人缴费	7 639.5	3 183	1 963.8	—	—	12 786.3
缴费合计	26 737.5	19 098	11 512.8	6 366	1 080	64 794.3
其中：医疗辅助科室						
人数	8	60	8	60	—	
单位缴费	7 957.5	3 183	3 978	1273.5	—	16 392
个人缴费	3 183	636	818.25	—	—	4 637.25
缴费合计	11 140.5	3 819	4 796.25	1 273.5	—	21 029.25
其中：行政后勤科室						
人数	53	525	53	525	15	
单位缴费	55 702.5	27 852	27 850.5	11 140.5	540	123 085.5
个人缴费	22 281	5571	5 727.75	—	—	33 579.75
缴费合计	77 983.5	33 423	33 578.25	11 140.5	540	156 665.25

（续表）

其中：制剂室						
项　目	养老险	失业险	医疗险	工伤险	生育险	合计
人数	3	15	3	15	—	
单位缴费	3 183	796.5	1 591.5	318	—	5 889
个人缴费	1 273.5	159	327.3	—	—	1 759.8
缴费合计	4 456.5	955.5	1 918.8	318	—	7 648.8

201×年5月住房公积金汇总表

（单位：元）

项　目	临床服务科室	医疗技术科室	医疗辅助科室	行政后勤科室	制剂室	合计
职工人数	630	210	36	270	15	1161
缴费基数	3 780 000	1 155 000	180 000	1 215 000	75 000	6 405 000
缴费比例	12%	12%	12%	12%	12%	12%
单位缴费	453 600	138 600	21 600	145 800	9 000	768 600
个人缴费	453 600	138 600	21 600	145 800	9 000	768 600
缴费合计	907 200	277 200	43 200	291 600	18 000	1 537 200

201×年6月13日医院通过银行缴纳社会保险费、住房公积金和个人所得税，财会部门根据有关凭证，作会计分录如下：

①代扣代缴职工承担的款项：

借：应付职工薪酬——基本工资　　1 025 718

　　贷：应付职工薪酬

　　　　——社会保险费——基本养老保险费　　50 928

　　　　　　　　　　——基本医疗保险费　　13 092

　　　　　　　　　　——失业保险费　　19 098

　　　　——住房公积金　　768 600

　　其他应缴税费——应缴个人所得税　　174 000

②计提医院负担的保险费和住房公积金：

借：业务活动费　　818 671.5

　　单位管理费用　　268 885.5

　　在加工物资　　14 889

　　贷：应付职工薪酬

　　　　——社会保险费——基本养老保险费　　127 320

　　　　　　　　　　——基本医疗保险费　　63 660

　　　　　　　　　　——失业保险费　　95 490

　　　　　　　　　　——工伤险　　38 196

　　　　　　　　　　——生育险　　9 180

　　　　——住房公积金　　768 600

③医院缴纳社会保险费、住房公积金和个人所得税时：

借：应付职工薪酬		
——社会保险费——基本养老保险费	178 248	
——基本医疗保险费	76 752	
——失业保险费	114 588	
——工伤险	38 196	
——生育险	9 180	
——住房公积金	1 537 200	
其他应缴税费——应缴个人所得税	174 000	
贷：银行存款		2 128 164
借：事业支出	2 128 164	
贷：资金结存——货币资金		2 128 164

六、应付票据

（一）应付票据概述

应付票据是医院购买库存物资、医疗设备，接受服务供应等而开出、承兑的商业汇票，包括银行承兑汇票和商业承兑汇票。由于我国商业承兑汇票的付款期限最长不超过 6 个月，因此将应付票据作为流动负债进行管理和核算。

应付票据按承兑人可以分为商业承兑汇票和银行承兑汇票。二者的区别在于商业承兑汇票的承兑人为付款人，银行承兑汇票的承兑人为银行。银行承兑只是为收款人按期收回债权提供了可靠的信用保证，对付款人来说，不会由于银行承兑而使这项负债消失。因此，即使是银行承兑的商业汇票，付款人到期付款的现时义务依然存在，应将其作为一项负债。

（二）应付票据会计科目设置及核算要求

医院应当设置“应付票据”科目，核算医院为购买库存物资、医疗设备和接受服务供应等而开出、承兑的商业汇票。该科目借方登记偿还到期票据本息，贷方登记开具应付票据发生额及计息额，期末贷方余额，反映医院持有的尚未到期的应付票据本息。医院可以按照债权人设置明细账，并按照应付票据的种类进行明细核算。

医院应当设置“应付票据备查簿”，详细登记每一应付票据的种类、号数、签发日期、到期日、票面金额、票面利率、合同交易号、收款人姓名或单位名称，以及付款日期和金额等资料。应付票据到期结清时，应当在备查簿内逐笔注销。对于应付票据保证金，到期时应及时划回。

1. 开出、承兑商业汇票

医院因购买库存物资、医疗设备和接受服务供应等开出、承兑商业汇票时，借记“库存物资”“固定资产”等科目，贷记“应付票据”科目。如果是银行承兑汇票，医院在支付银行承兑汇票的手续费时，借记“业务活动费用”“经营费用”等科目，贷记“银行存款”“零余额账户用款额度”等科目。医院开出商业汇票抵付应付账款时，借记“应付账款”科目，贷记“应付票据”科目。

2. 应付票据到期

应付票据到期时，医院应当按照能否如期偿付票据款分别进行如下账务处理：

（1）医院如期偿付票款。在这种情况下：

如果应付票据为不带息票据，则在收到银行支付到期票据的付款通知时，借记“应付票据”科目，贷记“银行存款”科目。

如果应付票据为带息票据，则应当在应付票据到期时计算尚未计提的票据利息，借记“业务活动费用”科目，贷记“应付票据”科目，然后在医院收到银行支付到期票据的付款通知时，借记“应付票据”科目，贷记“银行存款”科目。

（2）医院到期无力支付票款。这种情况下，医院应当根据票据的种类分别进行账务处理：

一是应付票据为商业承兑汇票，医院应将到期无力偿付的商业承兑汇票从“应付票据”科目转入“应付账款”科目；若商业承兑汇票为不带息票据，则按照票据面值转入“应付账款”科目；若为带息票据，医院应当按照尚未计提的票据利息，借记“业务活动费用”科目，贷记“应付票据”科目，再将应付票据的账面余额转入“应付账款”科目，借记“应付票据”科目，贷记“应付账款”科目。

二是应付票据为银行承兑汇票，在医院到期无力支付银行承兑汇票的情况下，承兑银行除了凭票向持票人（即收款人）无条件付款外，对医院尚未支付的票据金额转作逾期贷款处理并按天计收利息。医院在收到银行转来的相关凭证时，应当将“应付票据”转入“短期借款”科目；若银行承兑汇票为不带息票据，则按照票据面值转入“短期借款”科目；若为带息票据，医院应当按照尚未计提的票据利息，借记“业务活动费用”科目，贷记“应付票据”科目，再将应付票据的账面余额转入“短期借款”科目，借记“应付票据”科目，贷记“短期借款”科目。对“应付票据”转入“短期借款”后计收的利息，按短期借款利息的处理办法进行会计处理。

3. 应付票据计息

应付票据按票据是否带息可以划分为带息应付票据和不带息应付票据两种。不带息应付票据，其面值就是票据到期时的应付金额。带息应付票据，应当在会计期末或到期时计算应计利息，借记“业务活动费用”科目，贷记“应付票据”科目。由于我国商业汇票期限较短，最长付款期限不超过 6 个月，因此，通常在期末和对外提供财务会计报告时，对尚未支付的应付票据计提利息，计入当期业务活动费用。

（三）应付票据账务处理举例

［**例 6-14**］　201×年 4 月 1 日，某医院从供货商购入药品一批，发票账单上售价为 1 650 000 元，增值税额 280 500 元，同日办理完药品验收入库手续。医院向供货商开具一张期限为 6 个月的带息银行承兑汇票，年利率 4%，医院为取得银行承兑汇票而支付手续费 500 元，财会部门根据有关凭证，作会计分录如下：

药品入库时

	借方	贷方
借：库存物资——药品	1 930 500	
贷：应付票据		1 930 500

支付银行承兑汇票手续费时

	借方	贷方
借：业务活动费用	500	
贷：银行存款		500

借：事业支出　500

　　贷：资金结存——货币资金　500

[例 6-15]　某医院 201×年 9 月 30 日票据到期，收到某银行支行支付到期票据付款通知，偿付的票据本金和利息合计为 1 969 110 元。应付票据的本金为 1 930 500 元，已计提 5 个月（5、6、7、8、9）的利息为 32 175 元，尚未计提的利息为 6 435 元，财会部门根据有关凭证，作会计分录如下：

上借：应付票据　1 962 675

　　业务活动费用　6 435

　　贷：银行存款　1 969 110

借：事业支出　1 969 110

　　贷：资金结存——货币资金　1 969 110

七、应付账款

（一）应付账款概述

应付账款是医院因购买库存物资、固定资产和接受服务供应等而应付给供应单位的款项，是由于取得物资或接受服务与支付货款在时间上不一致而产生的负债。

（二）应付账款会计科目设置及核算要求

医院应当设置“应付账款”科目，核算医院因购买库存物资、固定资产和接受服务供应而发生的应付账款。在该科目下按照权责人进行明细核算。

该科目借方登记偿还供货单位应付账款数，贷方登记应付账款的发生数，期末贷方余额，反映医院尚未支付的应付账款。

1. 发生应付账款时，按照应付未付金额，借记“库存物资”“固定资产”等科目，贷记“应付账款”科目。

2. 偿付应付账款时，借记“应付账款”科目，贷记“银行存款”等科目。

3. 开出、承兑商业承兑汇票抵付应付账款时，借记“应付账款”科目，贷记“应付票据”科目。

4. 确实无法支付或由其他单位承担的应付账款，借记“应付账款”科目，贷记“其他收入”科目。

（三）应付账款账务处理举例

[例 6-16]　201×年 1 月 5 日，某医院通过政府采购购入卫生材料一批，价款 1 500 000 元。材料验收合格已办理入库手续，按照采购合同约定，材料验收入库后，款项于 6 个月后支付，财会部门根据有关凭证，作会计分录如下：

借：库存物资——卫生材料　1 500 000

　　贷：应付账款——卫生材料款　1 500 000

[例 6-17]　承［例 6-16］，201×年 7 月 6 日，该医院根据采购合同约定，以银行转账方式支付上述到期应支付的卫生材料款 1 500 000 元。财会部门根据有关凭证，作会计分录如下：

借：应付账款——卫生材料款　1 500 000

　　贷：银行存款　1 500 000

借：事业支出 1 500 000

　　贷：资金结存——货币资金 1 500 000

[例 6-18] 201×年 4 月 10 日，某医院根据付款计划，先将承兑保证金 1 500 000 元（承兑额的 50%）存入某银行指定账户，然后再到某银行开出不带息商业汇票一张，金额 3 000 000 元，用于抵付购买药品的应付款项，承兑到期后某银行自动支付供应商货款，并将承兑保证金退回医院。财会部门根据有关凭证，作会计分录如下：

（1）存入承兑保证金

借：其他货币资金——银行汇票存款 1 500 000

　　贷：银行存款 1 500 000

（2）开具商业承兑汇票抵付应付账款

借：应付账款——药品款 3 000 000

　　贷：应付票据 3 000 000

（3）商业承兑汇票到期，收到某银行支付到期票据的付款通知

借：应付票据 3 000 000

　　贷：银行存款 3 000 000

借：事业支出 3 000 000

　　贷：资金结存——货币资金 3 000 000

（4）商业承兑保证金退回

借：银行存款 1 500 000

　　贷：其他货币资金——银行汇票存款 1 500 000

[例 6-19] 201×年 12 月末，医院进行应付账款清查时发现应付设备款 80 000 元尚未支付，经查该设备款欠款时间已超过 3 年，原供货设备公司也已经注销，已无法与该公司取得联系，此笔款项已无法支付。经批准，按规定转为其他收入，财会部门根据有关凭证，作会计分录如下：

借：应付账款——设备款 80 000

　　贷：其他收入 80 000

[例 6-20] 201×年 9 月 13 日，某医院核算会计通过发送询证函的方式，要求卫生材料供应商核对填列截至 201×年 8 月 31 日与医院的卫生材料往来业务账目余额，共计发出 30 份询证函，函证期 20 天，期满后 30 家供应商全部填列金额并加盖公章寄回，收回后医院负责对账的会计人员将医院的应付账款账面余额与供应商返回的询证函填列金额一一核实，经核对其中有 3 家账目有差异数额，具体情况如下表：

应付账款——卫生材料款对账明细表

（截至 201×年 8 月 31 日）单位：元

序号	卫生材料供应商	医院账面余额	供应商账面余额	差异	核实后实际余额
1	人民药业有限公司	234 758.00	234 758.00	0	234 758.00
2	国药控股山东有限公司	2 206 975.50	2 206 975.50	0	2 206 975.50
3	华润医药有限公司	2 137.50	2 137.50	0	2 137.50
4	海王银河医药有限公司	14 810 278.20	14 800 000.00	10 278.2	14 800 000

（续表）

序号	卫生材料供应商	医院账面余额	供应商账面余额	差异	核实后实际余额
5	中弘医疗器械有限公司	17 250.00	17 250.00	0	17 250.00
6	富源医疗器械公司	58 659.00	58 659.00	0	58 659.00
7	诺达医药有限公司	19 240.00	19 240.00	0	19 240.00
8	超锐安防器材经销处	9 800.00	9 800.00	0	9 800.00
9	康海医疗器械有限公司	15 822.35	15 822.35	0	15 822.35
10	康优铼医疗器械有限公司	78 540.00	78 540.00	0	78 540.00
11	威高集团医用高分子	18 900.00	18 900.00	0	18 900.00
12	华强医疗器械有限公司	15 180.00	15 180.00	0	15 180.00
13	三强生物化工有限公司	25 600.00	25 600.00	0	25 600.00
14	华美伦医疗科技有限公司	723 283.00	743 283.00	－20 000	723 283
15	平顺达商贸有限公司	246 700.00	246 700.00	0	246 700.00
16	施迈尔医疗器械有限公司	750	750	0	750
17	钫龙经贸有限公司	60 716.24	60 716.24	0	60 716.24
18	捷瑞贸易有限公司	94 958.00	94 958.00	0	94 958.00
19	荣天科技发展有限公司	19 680.00	19 680.00	0	19 680.00
20	鑫康伟业商贸有限公司	10 928.00	10 928.00	0	10 928.00
21	卫采医疗设备有限公司	447 400.00	447 400.00	0	447 400.00
22	赢科嘉华经贸有限公司	297 048.50	290 000.00	7 048.5	290 000
23	润德翔贸易有限公司	9 720.00	9 720.00	0	9 720.00
24	龙健医疗设备有限公司	6 750.00	6 750.00	0	6 750.00
25	森竣经贸有限公司	180 800.00	180 800.00	0	180 800.00
26	印迹生物技术有限公司	4 039.20	4 039.20	0	4 039.20
27	康悦医疗器械有限公司	42 470.00	42 470.00	0	42 470.00
28	康力商贸有限公司	96 328.40	96 328.40	0	96 328.40
29	欧泰经贸有限公司	71 070.00	71 070.00	0	71 070.00
30	桑恩经贸有限公司	22 500.00	22 500.00	0	22 500.00
	合计	19 848 281.89	19 850 955.19	－2 673.3	19 830 955.19

经核实这三家应付账款存在差异的供应商，有两家双方入账时间不一致，另外有一家账务处理数额有误，核实完毕后材料供应商与医院之间的业务往来最终的实际总金额应为 19 830 955.19 元，具体明细见上表。会计人员根据上述核对完毕后的应付账款明细表作应付账款付款计划，经财务主任、总会计师、院长审批后，缴由出纳通过网银转账付款。财会部门根据有关凭证，作会计分录如下：

借：应付账款——卫生材料款　　19 830 955.19

　　贷：银行存款　　19 830 955.19

借：事业支出　　19 830 955.19

　　贷：资金结存——货币资金　　19 830 955.19

（四） 应付款项的管理

为规范财务操作，提高资金利用效率，加强往来账款的核算和管理，保证往来账款的准确性和有序支付，防止医院资金流失，根据国家有关财会法律法规要求，结合医院自身实际，应制定应付款项的管理制度。

1. 账务处理

各物资采购部门对于购入的设备、材料应根据物流管理办法、物资管理等有关规定及时办理物资入库，发票及入库汇总表需经办人、物资部门负责人、分管院领导签字。月初财务部将物资部门送来的手续齐全的发票和入库单根据供应商名称挂账，以正确反映医院的应付账款。

2. 付款审批

每月月初财务部对到期应付款的药品款、材料款、试剂款和按照合同规定应付的设备款分别作应付账款计划表，由往来账会计、物资会计、财务主任、总会计师、院长签字审批后，财务部方可办理结算与支付业务。

3. 付款执行

财务部在办理付款业务时，应严格审核票据、结算凭证、验收证明等有关原始凭证的真实性、完整性、合法性及合规性，审核通过后，由出纳人员办理付款业务。

4. 退货、调价

物资管理部门应及时将需退货、调价物资的有关资料报财务部，财务部根据物资部门送来的手续齐全的红字发票、入库单、冲单等手续及时办理账务处理，付款时应扣除退货调价金额。

5. 对账清理

财务部负责应付账款定期与不定期对账清理工作。每季度应定期与供应商对账，发送往来账询证函给供应商，由供应商将其与医院的业务往来账面余额情况填写完毕后，加盖公章交至医院财务部往来账会计处，往来账会计再与医院账面数据进行核对，核对清楚后方可予以付款，未核对账目的供应商不予付款。如供应商出现公司更名、注销等特殊情况，应及时与其核对往来账款，以便做到账账相符，保证付款的准确性与安全性，避免造成医院资金流失。每年年终要对应付账款做全面清查，并做账龄分析，因债权人特殊原因确实无法偿还的负债，按规定计入其他收入。

6. 其他应付款、应付职工薪酬、应缴增值税、其他应缴税费等各类应付款的财务管理参照以上要求执行，要做到定期对账，按时归还，会计账务处理规范。

八、应付利息

（一） 应付利息概述

应付利息科目核算医院按照合同约定应支付的借款利息，包括短期借款、分期付息到期还本的长期借款等应支付的利息。

（二） 应付利息会计科目的设置和核算要求

医院应当设置“应付利息”科目，核算按照合同约定应支付的借款利息，并按照债权人等设置明细账进行明细核算。

该科目借方登记支付的应付利息金额，贷方登记预提的应付利息金额，期末贷方余额，反映医院应付未付的利息金额。

（三） 应付利息账务处理举例

1. 为建造固定资产等借入的专门借款的利息，属于建设期间发生的，按期计提利息费用时，按照计算确定的金额，借记“在建工程”科目，贷记“应付利息”；不属于建设期间发生的，按期计提利息费用时，按照计算确定的金额，借记“其他费用”科目，贷记“应付利息”科目。

2. 对于其他借款，按期计提利息费用时，按照计算确定的金额，借记“其他费用”科目，贷记“应付利息”科目。

3. 实际支付应付利息时，按照支付的金额，借记“应付利息”科目，贷记“银行存款”等科目。

［例 6-21］ 201×年 1 月 20 日，某医院从中国建设银行某支行取得贷款 20 000 000 元，用于补充流动资金，贷款期限一年，年利率 5%，每月 20 日为银行计息日，建设银行某支行按照季度收取利息，到期偿还本金。财会部门根据有关凭证，作会计分录如下：

①收到借款时

借：银行存款	20 000 000	
贷：短期借款——建设银行		20 000 000
借：资金结存——货币资金	20 000 000	
贷：债务预算收入		20 000 000

②每月计提短期借款利息时

20 000 000×5%÷12＝83 333.33（元）

借：其他费用	83 333.33	
贷：应付利息		83 333.33

③每季度末支付利息时

借：应付利息	249 999.99	
贷：银行存款		249 999.99
借：其他支出	249 999.99	
贷：资金结存——货币资金		249 999.99

九、预收账款

（一） 预收账款概述

预收账款是指医院从住院病人、门诊病人等预收的医疗款项和社会保险机构预拨的医疗保险金以及其他预收款项，由于预收账款的期限较短，因此将其列入流动负债项目核算。

（二） 预收账款会计科目的设置和核算要求

该科目贷方登记收到的预缴款数额，借方登记结算冲转和退还的预收账款，期末贷方余额反映医院预收但尚未结算的款项。医院应当在新制度规定的预收账款科目下设置“预收医疗款”“其他预收账款”明细科目。在预收医疗款科目下设置“预收医保款”“门急诊预收款”和“住院预收款”明细科目。

1. “预收医疗款”科目核算医院社会保险机构预拨的医疗保险金和预收病人的预缴金，“预收医保款”科目核算医院预收医疗保险机构预拨的医疗保险金，“门急诊预收款”科目核算医院预收门急诊病人的预缴金，“住院预收款”科目核算医院预收住院病人的预缴金。

2. “其他预收账款”科目核算医院除预收医疗款以外的其他预收账款。

（1）收到住院病人、门诊病人预缴金，按实际金额借记“银行存款”“库存现金”等科目，贷记“预收账款——预收医疗款”科目。

（2）与门诊病人结算医疗款时，如病人应付的医疗款金额大于其预缴金额，按病人补付金额，借记“库存”“银行存款”等科目，按病人预缴金额，借记“预收账款——预收医疗款——门急诊预收款”，按病人应付的医疗款金额，贷记“事业收入——医疗收入”科目。如病人应付医疗款金额小于其预缴金额，按病人应付的医疗款金额，借记“预收账款——预收医疗款——门急诊预收款”科目，贷记“事业收入——医疗收入”科目；退还病人差额的，还应按退还金额，借记“预收账款——预收医疗款——门急诊预收款”科目，贷记“库存现金”

（3）住院病人办理出院手续，结算医疗款时，如病人应付的医疗款金额大于其预缴金额，应按病人补付金额，借记“库存现金”“银行存款”等科目，按病人预缴金额，借记“预收账款——预收医疗款——住院预收款”科目，按病人欠费金额，借记“应收账款——应收医疗款”科目，按病人应付的医疗款金额，贷记“应收账款——应收在院病人医疗款”科目；如病人应付的医疗款金额小于其预缴金额，应按病人预缴金额，借记“预收账款——预收医疗款——住院预收款”科目，按病人应付的医疗款金额，贷记“应收账款——应收在院病人医疗款”科目，按退还给病人的差额，贷记“库存现金”“银行存款”等科目。

（三）预收账款账务处理举例

［例 6-22］ 201×年 6 月 15 日，某医院住院结算处收到患者王某的住院预缴医疗款 30 000 元，全部为 POS 刷卡，财会部门根据有关凭证，作会计分录如下：

借：银行存款	30 000	
贷：预收账款——预收医疗款——住院预收款		30 000
借：资金结存——货币资金	30 000	
贷：事业预算收入		30 000

［例 6-23］ 201×年 5 月 12 日，某医院门诊结算处结算病人孙某的门诊医疗费，当天，孙某 POS 刷卡缴纳预缴金 5 000 元，共发生医疗费 3 500 元，结算时为孙某打印发票并结算退还余款 1 500元至其刷卡银行卡账户。财会部门根据有关凭证，作会计分录如下：

借：预收账款——预收医疗款——门急诊预收款	5 000	
贷：事业收入——医疗收入		3 500
银行存款	1 500	
借：事业预算收入		1 500
贷：资金结存——货币资金	1 500	

［例 6-24］ 承［例 6-22］，6 月 25 日王某病愈办理出院结算手续，住院结算处核算王某住院期间发生的医疗费，共计 32 000 元，预缴金结算 30 000 元，王某补缴现金 2 000 元，财会部门根据有关凭证，作会计分录如下：

借：库存现金	2 000	
预收账款——预收医疗款——住院预收款	30 000	
贷：应收账款——应收在院病人医疗款		32 000
借：资金结存——货币资金	2 000	
贷：事业预算收入		2 000

（四）预收账款的管理

1. 预收账款是指医院从住院病人、门诊病人等预收的医疗款项和社会保险机构预拨的医疗保险金以及其他预收款项。日常收取预收账款主要包括门急诊患者预收医疗款和住院患者预收医疗款。患者预缴金的额度应根据病人病情和治疗的需要合理确定。住院预收医疗款额度应根据医嘱收取，门诊患者预收医疗款根据患者自愿原则，应大于办卡工本费和挂号费。在收取预收医疗款时必须开具《预缴金收据》，并做好有关信息的记录和核对。

2. 已收取的住院患者预缴金在未办理出院结算前不得办理退款。门诊患者目前预缴金的存入方式包括现金、窗口银联卡、自助银联、微信、支付宝等缴款方式，需将预缴金存入医院就诊“一卡通”，再进行诊疗活动。在就诊“一卡通”中存入的预缴金，在结束诊疗后，根据患者意愿和“一卡通”退款管理规定，办理退款业务。持卡人凭预缴金凭条、一卡通、身份证原件、复印件到门诊收款处退款；持卡人丢失缴款凭证且非本人前来退款的，需提供持卡人本人、代办人身份证原件及复印件；持卡人为儿童且无身份证的，需提供父母身份证原件及复印件；持卡人已去世的，需提供死亡证明及家属身份证原件及复印件，信息核对无误后，填写退款确认单，代办人（家属）签字确认，门诊收款处核对信息无误后办理退款，原则上是按照原存款路径原路退款，确有特殊原因无法原路退款的，需填写特殊退款登记表，由门诊收款处负责人审核，财务分管主任签字后，每月集中办理退款。

3. 预收医疗款实行三级审核控制，即收款员、收费结算部门审核责任人和财务部门审核责任人三个层次。

(1) 收款人员负责准确收取预缴金，开具《预缴金收据》。

(2) 收费结算部门审核责任人负责将当天预缴金总额和银行送存单、日报表进行审核，并将日报表报送财务部门审核责任人审核。

(3) 财务部门审核责任人每日对预收医疗款报表与进账单是否一致进行核对。

(4) 收费结算部门和财务部门均应设置预收医疗款报表账目，每月双方进行核对，每年与医院HIS系统中数据相核对，以保证资金安全。

4. 支付宝和微信的扫码支付作为目前移动支付的主流方式，在日常支付活动中，越来越多的人使用该支付方式。但是目前大部分中小医院尚未开通支付宝和微信直接支付业务，大都需要通过医院的就医“一卡通”来过渡一下。未来要实现多种第三方主流支付通道，实现多种支付场景，HIS系统如何高效地对接，财务如何统一对账，移动支付如何有效进行分账等等，针对这些患者便捷支付的要求以及可能出现的问题，需要医院信息中心搭建一个统一的支付平台来聚合目前主流的第三方移动支付渠道，如微信、支付宝、银联等，配置微信、支付宝所提供的支付方式：刷卡支付、扫码支付、公众号支付、APP支付等，医院需要调用有关支付方式时，只需在系统里进行配置即可，无需重复对接有关接口。

十、其他应付款

（一）其他应付款概述

其他应付款是指医院除应缴财政款、应付票据、应付账款、预收账款、应付职工薪酬、应付利息、应缴增值税、其他应缴税费外的其他各项应付、暂收款项，如存入保证金、收取的押金等。

（二） 其他应付款科目设置和核算要求

医院需设置“其他应付款”科目，核算其他应付款的增减、变动及结存情况，本科目借方登记其他应付款减少数，贷方登记其他应付款增加数，期末贷方余额，反映尚未支付的其他应付款项。医院要在该科目下按照应付和暂收款项的类别和单位或个人设置明细账，进行明细核算。

1. 发生的各项应付、暂收款项，借记“银行存款”等科目，贷记“其他应付款”科目。

2. 支付款项时，借记“其他应付款”科目，贷记“银行存款”等科目。

3. 确实无法支付或由其他单位承担的其他应付款，借记“其他应付款”科目，贷记“其他收入”科目。

（三） 其他应付款账务处理举例

［例 6-25］　201×年 6 月 1 日，某医院向职工中的党员代收取党费共计 18 000 元，6 月 20 日，医院通过银行向上级党组织缴纳党费 18 000 元。财会部门根据有关凭证，作会计分录如下：

收到各党支部缴来的党费时

借：银行存款　　18 000

　　贷：其他应付款——党费　　18 000

向上级党组织缴纳党费时

借：其他应付款——党费　　18 000

　　贷：银行存款　　18 000

［例 6-26］　201×年 12 月末，某医院在进行年终资产清查时发现，有孙某 300 元的进修押金一直未退还给孙某，孙某已于三年前进修完毕离院，经查，该款项已无法退还。财会部门根据有关凭证，作会计分录如下：

借：其他应付款——进修押金　　300

　　贷：其他收入　　300

十一、预提费用

（一） 预提费用概述

预提费用是指医院按照规定预先提取的已经发生但尚未支付的费用，如预提的水费、电费、暖气费、从科研项目中提取的管理费等。医院在日常活动中发生的某些费用不一定当时就要支付，但按照权责发生制原则，属于当期的费用应该在发生当期确认，医院按照预提计入费用的金额，同时形成流动负债。（注意：计提的借款利息费用，通过“应付利息”“长期借款”科目核算，不通过本科目核算）

（二） 预提费用会计科目设置和核算要求

医院应当设置“预提费用”科目，核算其预先提取的已经发生但尚未支付的费用，并在该科目下应当按照费用种类设置明细账，进行明细核算。

该科目借方登记支付的预提费用数额，贷方登记预提的费用数额，期末贷方余额，反映已预提但尚未实际支出的各项费用。

1. 按规定预提费用时，按照预提金额，借记“业务活动费用”“单位管理费用”等科目，贷记“预提费用”科目。

2. 实际支付款项时，借记“预提费用”科目，贷记“银行存款”等科目。

（三） 预提费用账务处理举例

［**例 6-27**］ 某医院 201×年一季度总务部门每月按照用水量，预先提取水费记入各有关科室成本并报送财务部入账，1 月预提水费 37 500 元（其中：医疗区 25 500 元，办公区 12 000 元），2 月预提水费 36 000 元（其中：医疗区 26 000 元，办公区 10 000 元），3 月预提水费 39 600 元（其中：医疗区 28 000 元，办公区 11 600 元），一季度末时通过银行向自来水公司缴纳当季的水费并取得发票 112 000 元，医院财务部季度末根据发票数额进行结算，并进行当季度预提费用调整。财会部门根据有关凭证，作会计分录如下：

1 月份预提水费时

	借方	贷方
借：业务活动费用——水费	25 500	
单位管理费用——水费	12 000	
贷：预提费用——水费		37 500

2 月份预提水费时

	借方	贷方
借：业务活动费用——水费	26 000	
单位管理费用——水费	10 000	
贷：预提费用——水费		36 000

3 月份预提水费时

	借方	贷方
借：业务活动费用——水费	28 000	
单位管理费用——水费	11 600	
贷：预提费用——水费		39 600

季度末缴纳水费时（多预提的部分按比例冲减费用）

	借方	贷方
借：预提费用——水费	113 100	
业务活动费用——水费	－700	
单位管理费用——水费	－300	
贷：银行存款		112 100
借：事业支出	112 100	
贷：资金结存——货币资金		112 100

十二、待结算医疗款

（一） 待结算医疗款概述

本科目核算按“收支两条线”管理的基层医疗卫生机构的待结算医疗收费。“待结算医疗款”项目，反映按照“收支两条线”管理的基层医疗卫生机构期末尚未确定的应上缴或者留用的医疗收费。

按“收支两条线”管理的基层医疗卫生机构应当在为病人提供医疗服务并收讫价款或取得收款权利时，按照医疗服务项目等有关政策规定，计算确定收费金额并确认待结算医疗款。给予病人、医疗保险机构等付费方的折扣金额不计入待结算医疗款。本科目期末贷方余额，反映基层医疗卫生机构期末待结算医疗款。

（二）待结算医疗款会计科目设置和核算要求

基层医疗卫生机构应当在提供医疗服务（包括发出药品）并收讫价款或取得收款权利时，按照国家规定的医疗服务项目收费标准计算确定的金额确认待结算医疗款。基层医疗卫生机构给予病人或其他付费方折扣的，按照折扣后的实际金额确认待结算医疗款。

基层医疗卫生机构同医疗保险机构等结算时，因基层医疗卫生机构按照医疗服务项目收费标准计算确定的应收医疗款金额与医疗保险机构实际支付金额之间的差额应当调整待结算医疗收费（不包括基层医疗卫生机构因违规治疗等管理不善原因被医疗保险机构等拒付的金额）。

1. 与门急诊病人结算医疗款时，对于应向门急诊病人收取的部分，按照门急诊病人实际支付或应付未付的医疗款金额，借记“库存现金”“银行存款”“应收账款——应收医疗款——门急诊病人欠费”等科目；对于应由医疗保险机构负担的部分，按照根据有关规定计算确定的应收医保款金额，借记“应收账款——应收医疗款——应收医保款”科目，按照根据有关规定计算确定的门急诊病人医疗款金额，贷记本科目（门急诊收费）。

2. 病人住院期间，基层医疗卫生机构因提供医疗服务确认待结算医疗款时，按照根据有关规定计算确定的住院病人医疗款金额，借记“应收账款——应收医疗款——应收在院病人医疗款”科目，贷记本科目（住院收费）。

3. 基层医疗卫生机构与住院病人结算医疗款时，住院病人应付医疗款金额大于其预缴金额的，按照预收住院病人医疗款金额，借记“预收账款——预收病人医疗款”科目，按照实际补付或应付未付金额，借记“库存现金”“银行存款”“应收账款——应收医疗款——出院病人欠费”等科目，按照根据有关规定计算的应由医疗保险机构等负担的医疗保险金额，借记“应收账款——应收医疗款——应收医保款”科目，按照已经确认的应收在院病人医疗款金额，贷记“应收账款——应收医疗款——应收在院病人医疗款”科目。

住院病人应付医疗款金额小于其预缴金额的，按照预收住院病人医疗款金额，借记“预收账款——预收病人医疗款”科目，按照根据有关规定计算的应由医疗保险机构等负担的医疗保险金额，借记“应收账款——应收医疗款——应收医保款”科目，按照退还给住院病人的金额，贷记“库存现金”“银行存款”等科目，按照已经确认的应收在院病人医疗款金额，贷记“应收账款——应收医疗款——应收在院病人医疗款”科目。

4. 基层医疗卫生机构收到医疗保险机构等报销额返款时，按照实际收到的金额，借记“银行存款”科目，按照应收医保款的金额，贷记“应收账款——应收医疗款——应收医保款”科目，按照根据医疗服务项目收费标准计算确定的应收医疗款金额与医疗保险机构实际支付金额之间的差额（不包括基层医疗卫生机构因违规治疗等管理不善原因被医疗保险机构拒付的金额），借记或贷记本科目（门急诊收费——门急诊结算差额）或本科目（住院收费——住院结算差额）。

基层医疗卫生机构因违规治疗等管理不善原因被医疗保险机构等拒付的金额的账务处理参见“应收账款”科目的有关规定。

5. 在期末或规定的上缴时间，基层医疗卫生机构按照有关规定确定的金额，借记本科目，按照根据有关规定确定的上缴同级财政部门的金额，贷记“银行存款”科目，按照有关规定留用的结算医疗款金额，贷记“事业收入”科目。

（三）待结算医疗款的账务处理举例

［例 6-28］ 201×年 1 月 20 日，某乡镇卫生院收到门诊医疗费 10 000 元、住院医疗费 50 000 元存入银行。财会部门根据有关凭证，作会计分录如下：

借：银行存款　　60 000

　　贷：待结算医疗款——门急诊收费　　10 000

　　　　　　　　　　——住院收费　　50 000

［例 6-29］ 201×年 2 月 12 日，某乡镇卫生院住院病人王强出院结算医疗费 20 000 元，其中：医保负担 12 000 元，个人承担 8 000 元：其中已预收 4 000 元，个人欠医疗费 4 000 元未付。财会部门根据有关凭证，作会计分录如下：

借：预收账款——预收病人医疗款　　4 000

　　应收账款——应收医疗款——应收在院病人医疗款　　4 000

　　应收账款——应收医疗款——应收医保款　　12 000

　　贷：待结算医疗款——住院收费　　20 000

［例 6-30］ 201×年 11 月 28 日某乡镇卫生院按照有关规定结算财政医疗款 200 000 元，其中：门急诊收费 35 000 元，住院收费 175 000 元。实际上缴 200 000 元，12 月 8 日同级财政返还上缴的住院收费 50 000 元由乡镇卫生院留用。财会部门根据有关凭证，作会计分录如下：

上缴时：

借：待结算医疗款——门急诊收费　　35 000

　　待结算医疗款——住院收费　　175 000

　　贷：应缴财政款　　200 000

借：应缴财政款　　200 000

　　贷：银行存款　　200 000

返还时：

借：银行存款　　50 000

　　贷：事业收入——医疗收入　　50 000

借：资金结存——货币资金　　50 000

　　贷：事业预算收入——医疗预算收入　　50 000

第三节　非流动负债

一、长期借款

（一）长期借款概述

长期借款是指医院向银行或其他金融机构借入的偿还期限在 1 年以上（不含 1 年）的各项借款本息。由于长期借款的期限较长，最少 1 年以上，制度要求将其列入长期负债项目进行核算和管理。

与短期借款相比，长期借款除借款期限较长外，其不同点还体现在对借款利息费用的处理上。“短期借款”科目只核算借款的本金，不包括利息费用，而“长期借款”科目不仅核算借款的本金，还包括借款利息等费用。长期借款的利息费用，在符合资本化条件的情况下应当按期计入所构建固定资产的成本（即予以资本化），反之则应当直接计入当期费用。

（二） 长期借款会计科目的设置和核算要求

医院应当设置“长期借款”科目，核算其向银行等借入的期限在1年以上（不含1年）的各种借款，本科目应设置“本金”和“应计利息”二级明细科目，并按贷款单位和具体贷款种类进行明细核算，对于建设项目借款，还应按照具体项目进行明细核算。

该科目借方登记偿还的长期借款数，贷方登记借入资金数额，期末贷方余额，反映医院尚未偿还的长期借款金额。

新制度设置了“长期借款”科目，该科目的核算内容与原账的“长期借款”科目的核算内容基本相同。转账时，医院应当将原账的“长期借款”科目余额转入新账的“长期借款”科目。其中，原账“长期借款”科目中核算了分期付息、到期还本的长期借款应付利息的，应当将原账的“长期借款”科目余额中属于分期付息、到期还本的长期借款应付利息余额转入新账的“应付利息”科目。

1. 取得长期借款

当医院向银行借入长期借款时，按照实际借入金额，借记“银行存款”等科目，贷记“长期借款——本金”科目。

2. 长期借款计息

当购建固定资产发生的专门借款利息，按期计提利息时，分以下情况处理：属于工程项目建设期间发生的利息，计入工程成本，按照计算确定的应支付的利息金额，借记“在建工程”科目，贷记“应付利息”科目［分期付息，到期还本借款的利息］或贷记“长期借款——应计利息”科目［到期一次还本付息借款的利息］；属于工程项目完工缴付使用后发生的利息，计入当期费用，按照计算确定的应支付的利息金额，借记“其他费用”科目，贷记“应付利息”科目［分期付息，到期还本借款的利息］或贷记“长期借款——应计利息”科目［到期一次还本付息借款的利息］。

按期计提其他的长期借款利息时，应当按照计算确定的应支付利息金额，借记“其他费用”科目，贷记“应付利息”科目［分期付息，到期还本借款的利息］或贷记“长期借款——应计利息”科目［到期一次还本付息借款的利息］。

3. 分期实际支付利息时

借记“应付利息”科目［分期付息，到期还本借款的利息］，贷记“银行存款”等科目。

4. 偿还长期借款本息时

到期归还长期借款本金、利息时，借记“长期借款——本金”“长期借款——应计利息”科目［到期一次还本付息借款的利息］，贷记“银行存款”科目。

（三） 长期借款账务处理举例

［例 6-31］ 201×年1月20日，某医院与银行某支行签订贷款协议，从银行借入资金10 000 000元，用于医技综合楼基建项目，借款期限为三年，年利率5%（到期一次还本付息，不计复利），所借款项已存入某医院银行账户。财会部门根据有关凭证，作会计分录如下：

借：银行存款　　10 000 000

　　贷：长期借款——本金　　10 000 000

借：资金结存——货币资金　　10 000 000

　　贷：债务预算收入　　10 000 000

[例 6-32]　承［例 6-31］201×年 2 月 21 日，计提当月该笔长期借款的第一笔利息。财会部门根据有关凭证，作会计分录如下：

当月应计提的借款利息＝10 000 000×5％÷12＝41 666.67（元）

借：在建工程　　41 666.67

　　贷：长期借款——应计利息　　41 666.67

[例 6-33]　202×年 12 月 31 日，根据贷款协议，某医院通过银行偿还该笔长期借款本息。财会部门根据有关凭证，作会计分录如下：

应付的利息总计＝10 000 000×5％×3＝1 500 000（元）

借：长期借款——本金　　10 000 000

　　长期借款——应计利息　　1 500 000

　　贷：银行存款　　11 500 000

借：债务还本支出　　10 000 000

　　其他支出　　1 500 000

　　贷：资金结存——货币资金　　11 500 000

二、长期应付款

（一）长期应付款概述

长期应付款是指医院发生的偿还期限在 1 年以上（不含 1 年）的应付款项，如融资租入固定资产的租赁费等。医院发生融资租入固定资产业务，应当按照租赁协议或者合同确定的价款、运输费、途中保险费、安装调试费等，增记固定资产并确认长期应付款。

（二）长期应付款会计科目的设置和核算要求

医院应当设置“长期应付款”科目，核算医院发生的期限在一年以上的应付款项，并在该科目下按照长期应付款的类别以及债权人设置明细账，进行明细核算。

该科目借方登记长期应付款的偿还金额，贷方登记长期应付款的发生数，期末贷方余额，反映医院尚未支付的各种长期应付款。

1. 发生长期应付款时，借记“固定资产”“在建工程”等科目，贷记“长期应付款”科目。

2. 支付长期应付款时，借记“长期应付款”科目，贷记“银行存款”“零余额用款额度”等科目。涉及增值税业务的，有关账务处理见“应缴增值税”科目。

3. 无法偿付或债权人豁免偿还的长期应付款，应当按照规定报经批准后进行账务处理。经批准核销时，借记“长期应付款”科目，贷记“其他收入”科目。核销的长期应付款应在备查簿中保留登记。

（三）长期应付款账务处理举例

［例 6-34］　201×年 6 月 1 日，某医院经批准融资租入不需要安装的伽马刀一台，金额 1 602 000元，已缴付使用。按照融资租赁合同规定，该医院自 201×年至 202×年每年的 6 月 1 日通过银行支付融资租赁款 160 200 元。财会部门根据有关凭证，作会计分录如下：

融资租入医疗设备时

借：固定资产　　1 602 000

　　贷：长期应付款　　1 602 000

201×年至 202×年每年 6 月 1 日支付融资租赁款时

借：长期应付款　　160 200

　　贷：银行存款　　160 200

借：事业支出　　160 200

　　贷：资金结存——货币资金　　160 200

三、预计负债

（一）预计负债的概述

预计负债核算医院对因或有事项所产生的现时义务而确认的负债，如对未决诉讼等确认的负债。预计负债的确认必须同时满足的条件：一是因过去事项而形成的现时义务，二是结算该义务时预期会有经济资源流出医院，是真正意义上的负债，三是该义务的金额能够可靠地计量。常见的预计负债有：未决诉讼或仲裁、债务担保、产品质量保证（含产品安全保证）、承诺、亏损合同、重组义务、环境污染整治、自然灾害或公共事件的救助等很可能产生的负债。

（二）预计负债会计科目的设置和核算要求

预计负债应当按照预计负债的项目进行明细核算。本科目期末贷方余额，反映医院已确认但尚未支付的预计负债金额。

（三）预计负债账务处理举例

1. 确认预计负债时，按照预计的金额，借记“业务活动费用”“经营费用”“其他费用”等科目，贷记“预计负债”。

2. 实际偿付预计负债时，按照偿付的金额，借记“预计负债”，贷记“银行存款”“零余额账户用款额度”等科目。

3. 根据确凿证据需要对已确认的预计负债账面余额进行调整的，按照调整增加的金额，借记有关科目，贷记“预计负债”科目；按照调整减少的金额，借记“预计负债”科目，贷记有关科目或作相反会计分录。

［例 6-35］　201×年 9 月 12 日，某医院因该院儿外科发生的一起一级医疗事故，该医疗事故患者已起诉到法院，医院成为诉讼的被告，截至 201×年 12 月 31 日，诉讼尚未判决。经有关专家研究，预计该医院承担赔偿金额 20 万元责任的可能性为 60%，而承担还款金额 10 万元责任的可能性为 40%。财会部门根据有关凭证，作会计分录如下：

1. 本例中，医院因医疗事故而承担现时义务，该义务的履行很可能导致经济利益流出医院，且该义务的金额能够可靠地计量。因此，该医院应在 201×年 12 月 31 日预估该项医疗赔偿款 18 万

元，医疗赔偿款预估数＝20×60％＋10×40％＝18（万元）

借：业务活动费用　180 000

　　贷：预计负债——未决诉讼　180 000

2．201×年4月3日，法院判决医院败诉，医院需支付20万元赔款。财会部门根据有关凭证，作会计分录如下：

实际偿付预计负债时：

借：预计负债——未决诉讼　180 000

　　业务活动费用　20 000

　　贷：银行存款　200 000

借：业务活动费用　200 000

　　贷：资金结存——货币资金　200 000

第四节　受托代理负债

受托代理负债

（一）受托代理负债概述

受托代理负债科目核算医院接受委托取得受托代理资产时形成的负债，包括受托指定转赠的物资、受托存储保管的物资等的成本。单位管理的罚没物资也应当通过本科目核算。本科目期末贷方余额，反映医院尚未缴付或发出受托代理资产形成的受托代理负债金额。

（二）受托代理负债会计科目设置和核算要求

本科目应当按照资产的种类和委托人进行明细核算；属于转赠资产的，还应当按照受赠人进行明细核算。

（三）受托代理负债主要账务处理

1．受托转赠物资

接受委托人委托需要转赠给受赠人的物资，其成本按照有关凭据注明的金额确定。接受委托转赠的物资验收入库，按照确定的成本，借记“受托代理资产”科目，贷记“受托代理负债”科目。

受托协议约定由受托方承担有关税费、运输费等的，还应当按照实际支付的有关税费、运输费等金额，借记“其他费用”科目，贷记“银行存款”等科目。

（1）将受托转赠物资缴付受赠人时，按照转赠物资的成本，借记“受托代理负债”科目，贷记“受托代理资产”。

（2）转赠物资的委托人取消了对捐赠物资的转赠要求，且不再收回捐赠物资的，应当将转赠物资转为单位的存货、固定资产等。按照转赠物资的成本，借记“受托代理负债”科目，贷记“受托代理资产”；同时，借记“库存物品”“固定资产”等科目，贷记“其他收入”科目。

2. 受托存储保管物资

（1）接受委托人委托存储保管的物资，其成本按照有关凭据注明的金额确定。接受委托储存的物资验收入库，按照确定的成本，借记“受托代理资产”，贷记“受托代理负债”科目。

（2）发生由受托单位承担的与受托存储保管的物资有关的运输费、保管费等费用时，按照实际发生的费用金额，借记“其他费用”等科目，贷记“银行存款”等科目。

（3）根据委托人要求缴付或发出受托存储保管的物资时，按照发出物资的成本，借记“受托代理负债”科目，贷记“受托代理资产”。

3. 罚没物资

（1）取得罚没物资时，其成本按照有关凭据注明的金额确定。罚没物资验收（入库），按照确定的成本，借记“受托代理资产”，贷记“受托代理负债”科目。罚没物资成本无法可靠确定的，单位应当设置备查簿进行登记。

（2）按照规定处置或移交罚没物资时，按照罚没物资的成本，借记“受托代理负债”科目，贷记“受托代理资产”。处置时取得款项的，按照实际取得的款项金额，借记“银行存款”等科目，贷记“应缴财政款”等科目。

［例 6-36］ 201×年 6 月 1 日某医院与医用高值耗材供应商签订委托代理协议，由供应商捐赠一批医用高值耗材由医院代为管理，主要用于西部地区老年白内障复明工程。6 月 9 日医院收到供应商委托代理的价值 500 000 元的高值耗材，7 月 10 日医院将该批高值耗材全部用于新疆、青海等西部地区老年白内障复明工程。财会部门根据有关凭证，作会计分录如下：

6 月 9 日收到受托代理资产时：

借：受托代理资产	500 000	
贷：受托代理负债		500 000

7 月 10 日转出受托代理资产时：

借：受托代理负债	500 000	
贷：受托代理资产		500 000

第七章　收　入

第一节　收入的概述

一、收入的概念和内容

收入是指报告期内导致政府会计主体净资产增加的、含有服务潜力或者经济利益的经济资源的流入。收入的确认应当同时满足以下条件：

1. 与收入有关的含有服务潜力或者经济利益的经济资源很可能流入政府（医院）会计主体；
2. 含有服务潜力或者经济利益的经济资源流入会导致政府（医院）会计主体资产增加或者负债减少；
3. 流入金额能够可靠地计量。

新政府会计制度根据取得收入的形式和途径不同，将财务会计收入类分为财政拨款收入、事业收入、上级补助收入、附属单位上缴收入、经营收入、非同级财政拨款收入、投资收益、捐赠收入、利息收入、租金收入、其他收入十一大类科目，将预算收入类分为财政拨款预算收入、事业预算收入、上级补助预算收入、附属单位上缴预算收入、经营预算收入、债务预算收入、非同级财政拨款预算收入、投资预算收益、其他预算收入九大类科目。

二、收入科目核算的要求

按照新制度要求，开展日常会计实务核算时，既要根据医院取得各类收入的经济业务登记不同的财务会计收入类科目，同时需要登记相应的预算收入类科目。两类会计科目的平行登记核算，其目的是要求医院会计核算应当具备财务会计与预算会计双重功能，实现财务会计与预算会计适度分离并相互衔接，全面、清晰反映单位财务信息和预算执行信息。

第二节　财政拨款收入

一、财政拨款收入的概述

财政拨款收入核算医院从同级政府财政部门取得的各类财政拨款。同级政府财政部门预拨的下期预算款和没有纳入预算的暂付款项，以及采用实拨资金方式通过本单位转拨给下属单位的财政拨款，通过“其他应付款”科目核算，不通过本科目核算。

二、财政拨款收入会计科目的设置和核算要求

医院应当对新制度规定的“财政拨款收入”科目按照财政基本补助收入、财政项目补助收入进行明细核算。期末，将本科目本期发生额转入本期盈余，借记本科目，贷记“本期盈余”科目。期末结转后，本科目应无余额。

基层医疗卫生机构应当在新制度规定的“财政拨款收入”科目下设置“财政基本拨款收入”和“财政项目拨款收入”明细科目，在“财政基本拨款收入”科目下设置“医疗收入”和“公共卫生收入”明细科目，在“财政项目拨款收入”科目下设置“医疗收入”“公共卫生收入”和“科教收入”明细科目。

1. 财政直接支付方式下，根据收到的“财政直接支付入账通知书”及有关原始凭证，按照通知书中的直接支付入账金额，借记“库存物品”“固定资产”“业务活动费用”“单位管理费用”“应付职工薪酬”等科目，贷记本科目。年末，根据本年度财政直接支付预算指标数与当年财政直接支付实际支付数的差额，借记“财政应返还额度——财政直接支付”科目，贷记本科目。

2. 财政授权支付方式下，根据收到的“财政授权支付额度到账通知书”，按照通知书中的授权支付额度，借记“零余额账户用款额度”科目，贷记本科目。年末，本年度财政授权支付预算指标数大于零余额账户用款额度下达数的，根据未下达的用款额度，借记“财政应返还额度——财政授权支付”科目，贷记本科目。

3. 其他预算管理方式下收到财政拨款收入时，按照实际收到的金额，借记“银行存款”等科目，贷记本科目。

4. 因差错更正或购货退回等发生国库直接支付款项退回的，属于以前年度支付的款项，按照退回金额，借记“财政应返还额度——财政直接支付”科目，贷记“以前年度盈余调整”“库存物品”等科目；属于本年度支付的款项，按照退回金额，借记本科目，贷记“业务活动费用”“库存物品”等科目。

三、财政拨款收入账务处理举例

［例 7-1］ 201×年 3 月 5 日某医院收到财政部门通过银行转来入账通知书，拨入财政正常补助经费 120 000 元。财会部门根据有关凭证，作会计分录如下：

	借方	贷方
借：银行存款	120 000	
贷：财政拨款收入		120 000
借：资金结存——货币资金	120 000	
贷：财政拨款预算收入		120 000

［例 7-2］ 某乡镇卫生院实行财政授权支付方式，201×年 4 月 16 日收到代理银行的“授权支付到账通知书”收到零余额账户用款额度 170 000 元，财会部门根据有关凭证，作会计分录如下：

	借方	贷方
借：零余额账户用款额度	170 000	
贷：财政拨款收入		170 000
借：资金结存——零余额账户用款额度	170 000	
贷：财政拨款预算收入		170 000

［例 7-3］ 201×年 5 月 12 日某乡镇卫生院收到财政通过银行拨入上半年公共卫生专项资金 550 000 元，该乡镇卫生院实行财政授权支付，财会部门根据有关凭证，作会计分录如下：

借：零余额账户用款额度　　550 000
　　贷：财政拨款收入——公共卫生资金收入　　550 000
借：资金结存——零余额账户用款额度　　550 000
　　贷：财政拨款预算收入——公共卫生资金收入　　550 000

第三节　事业收入的核算

一、事业收入的概述

医院所取得的事业收入，即医院开展医疗服务活动、科研教学活动实现的收入，包括医疗收入和科教收入。

1. 医疗收入是指医院开展医疗服务活动取得的收入，包括门急诊收入和住院收入。

门急诊收入是指为门急诊病人提供医疗服务所取得的收入，包括挂号收入、诊察收入、检查收入、化验收入、治疗收入、手术收入、卫生材料收入、药品收入、其他门急诊收入、结算差额等。

住院收入是指为住院病人提供医疗服务所取得的收入，包括床位收入、诊察收入、检查收入、化验收入、治疗收入、手术收入、护理收入、卫生材料收入、药品收入、其他住院收入、结算差额等。

需要特别指出的是“结算差额”科目核算医院同医疗保险机构结算时，因医院按照医疗服务项目收费标准计算确认的应收医疗款金额与医疗保险机构实际支付金额不同，而产生的需要调整医院医疗收入的差额（不包括医院因违规治疗等管理不善原因被医疗保险机构拒付所产生的差额）。医院因违规治疗等管理不善原因被医疗保险机构拒付而不能收回的应收医疗款，应按规定确认为坏账损失，不通过“结算差额”科目核算。

医院应当在提供医疗服务（包括发出药品）并收讫价款或取得收款权利时，按照国家规定的医疗服务项目收费标准计算确定的金额确认医疗收入。医院给予病人或其他付费方折扣的，按照折扣后的实际金额确认医疗收入。

2. 科教收入，即医院开展科研教学及其辅助活动取得的经费拨款。“科教收入”科目核算医院开展科研教学活动实现的收入。医院以合同完成进度确认科教收入时，应当根据业务实质，选择累计实际发生的合同成本占合同预计总成本的比例、已经完成的合同工作量占合同预计总工作量的比例、已经完成的时间占合同期限的比例、实际测定的完工进度等方法，合理确定合同完成进度。如果医院没有采取以合同进度确认科教收入时，可以在科教收入实际收到时，按照实际收到的金额予以确认。

二、事业收入的会计科目设置和核算要求

1. 医院应在新制度规定的“事业收入”科目下设置“医疗收入”“科教收入”明细科目；在“医疗收入”明细科目下设置“门急诊收入”和“住院收入”明细科目，在“科教收入”明细科目下设置“科研收入”“教学收入”明细科目；在“门急诊收入”明细科目下设置“挂号收入”“诊察收入”“检查收入”“化验收入”“治疗收入”“手术收入”“卫生材料收入”“药品收入”“其他门急诊收入”“结算差额”等明细科目，在“住院收入”明细科目下设置“床位收入”“诊察收入”“检查收入”“化验收入”“治疗收入”“手术收入”“护理收入”“卫生材料收入”“药品收入”“其他住院收入”“结算差额”等明细科目。其中，“医疗收入”科目核算医院开展医疗服务活动实现的收入，包括门急诊收入和住院收入；“门急诊收入”科目核算医院为门急诊病人提供医疗服务实现的收入；“住院收入”科目核算医院为住院病人提供医疗服务实现的收入；其他明细科目分别核算医院提供有关具体医疗服务活动实现的收入。医事服务收入在“诊察收入”和“诊察收入”科目中核算，药事服务收入在“其他门急诊收入”和“其他住院收入”科目中核算。

基层医疗卫生机构应当在新制度规定的“事业收入”科目下增加“公共卫生收入”明细科目，“事业预算收入”科目下增加“公共卫生收入”明细科目。

2. 执行医事服务费的医院应当通过“事业收入——医疗收入——门急诊收入——诊察收入”和“事业收入——医疗收入——住院收入——诊察收入”两个科目分别核算在门急诊和住院两大类医疗服务中实现的医事服务收入。医院在实现医事服务收入时，借记“库存现金”“银行存款”“应收账款”等科目，属于门急诊收入的，贷记“事业收入——医疗收入——门急诊收入——诊察收入”科目，属于住院收入的，贷记“事业收入——医疗收入——住院收入——诊察收入”科目。

3. 执行药事服务费的医院应当通过“事业收入——医疗收入——门急诊收入——其他门急诊收入”和“事业收入——医疗收入——住院收入——其他住院收入”科目核算药事服务收入。医院在实现药事服务收入时，应当借记“库存现金”“银行存款”“应收账款”等科目，属于门急诊收入的，贷记“事业收入——医疗收入——门急诊收入——其他门急诊收入”科目，属于住院收入的，贷记“事业收入——医疗收入——住院收入——其他住院收入”科目。

4. 医院与门急诊病人结算医疗款时，对于应向门急诊病人收取的部分，门急诊病人应付医疗款金额大于其预缴金额的，按照预收住院病人医疗款金额，借记“预收账款——预收医疗款——门急诊预收款”科目，按照实际补付或应付未付金额，借记“库存现金”“应收账款——应收医疗款——门急诊病人欠费”等科目；对于应由医疗保险机构负担的部分，按照根据有关规定计算确定的应收医疗保险金额，借记“应收账款——应收医疗款——应收医保款”科目，按照根据有关规定计算确定的门急诊病人医疗款金额，贷记本科目（事业收入——医疗收入——门急诊收入）。

门急诊病人应付医疗款金额小于其预缴金额的，按照预收门急诊病人医疗款金额，借记“预收账款——预收医疗款——门急诊预收款”科目，按照根据有关规定计算的应由医疗保险机构负担的医疗保险金额，借记“应收账款——应收医疗款——应收医保款”科目，按照退还给住院病人的金额，贷记“库存现金”“银行存款”等科目，按照根据有关规定计算确定的门急诊病人医疗款金额，贷记本科目（事业收入——医疗收入——门急诊收入）。

医院与住院病人结算医疗款时，住院病人应付医疗款金额大于其预缴金额的，按照预收住院病人医疗款金额，借记“预收账款——预收医疗款——住院预收款”科目，按照实际补付或应付未付金额，借记“库存现金”“应收账款——应收医疗款——出院病人欠费”等科目，按照根据有关规定计算的应由医疗保险机构负担的医疗保险金额，借记“应收账款——应收医疗款——应收医保款”科目，按照根据有关规定计算确定的住院病人医疗款金额，贷记本科目（事业收入——医疗收入——住院收入）。

住院病人应付医疗款金额小于其预缴金额的，按照预收住院病人医疗款金额，借记“预收账款——预收医疗款——住院预收款”科目，按照根据有关规定计算的应由医疗保险机构负担的医疗保险金额，借记“应收账款——应收医疗款——应收医保款”科目，按照退还给住院病人的金额，贷记“库存现金”“银行存款”等科目，按照根据有关规定计算确定的住院病人医疗款金额，贷记本科目（事业收入——医疗收入——住院收入）。

5. 医院因开展科研教学活动从非同级政府财政部门取得的经费拨款，应当在“事业收入——科教收入——科研收入”和“事业收入——科教收入——教学收入”科目下单设“非同级财政拨款”明细科目进行核算。

期末，将本科目本期发生额转入本期盈余，借记本科目，贷记“本期盈余”科目。期末结转后，本科目应无余额。

三、事业收入的账务处理举例

[例 7-4]　201×年 5 月 21 日某医院门诊收费室上缴当日医保收入报表，各项收入明细如下：挂号收入：100 元、诊察收入：300 元、检查收入：100 元、化验收入：200 元、治疗收入：1 200 元、手术收入：400 元、卫生材料收入：100 元、药品收入：900 元、一般诊疗费收入：300 元、其他门急诊收入：200 元，其中：门规病人用现金支付 600 元，其余为门规记账收入 3 200 元。财会部门根据有关凭证，作会计分录如下：

借：应收账款——应收医疗款——医保门规病人	3 200	
现金	600	
贷：事业收入——医疗收入——门诊收入——挂号收入：		100
诊察收入：		300
检查收入：		100
化验收入：		200
治疗收入：		1 200
手术收入：		400
卫生材料收入：		100
药品收入：		900
一般诊疗费收入：		300
其他门急诊收入：		200
借：资金结存——货币资金	3 800	
贷：事业预算收入		3 800

［例 7-5］ 201×年6月1日某医院住院处根据当日记账发生的数额，编制应收住院病人医药费明细表如下：床位收入：20 000元、诊察收入：10 000元、检查收入：20 000元、化验收入：5 000元、治疗收入：17 000元、手术收入：10 000元、护理收入：8 000元、卫生材料收入：300元、药品收入：58 000元、一般诊疗费收入：500元和其他住院收入：2 000元，共计150 800元，财会部门根据有关凭证，作会计分录如下：

	借方	贷方
借：应收账款——应收医疗款	150 800	
贷：事业收入——医疗收入——住院收入——床位收入：		20 000
诊察收入：		10 000
检查收入：		20 000
化验收入：		5 000
治疗收入：		17 000
手术收入：		10 000
护理收入：		8 000
卫生材料收入：		300
药品收入：		58 000
一般诊疗费收入：		500
其他住院收入：		2 000

［例 7-6］ 201×年6月11日某医院同医疗保险机构结算上月应收病人住院医疗款156 000元，医保机构通过银行实际支付153 500元，少支付2 500元，其中由于医院用药超出医保目录规定限制量，医疗保险机构拒付1 500元，1 000元为考核后扣款，财会部门根据有关凭证，作会计分录如下：

	借方	贷方
借：银行存款	153 500	
坏账准备	1 000	
事业收入——医疗收入——住院收入——结算差额	1 500	
贷：应收医疗款		156 000
借：资金结存——货币资金	153 500	
贷：事业预算收入		153 500

［例 7-7］ 某医院体检中心与A单位签订集体体检协议，201×年7月11日发生门诊体检费用36 000元，其中检查收入7 500、化验收入28 500，应确认为当日医疗收入，7月15日，收到某单位结算的体检费36 000元。财会部门根据有关凭证，作会计分录如下：

发生体检费用时

	借方	贷方
借：应收医疗款——应收体检费（A单位）	36 000	
贷：事业收入——医疗收入——门诊收入——检查收入		7 500
事业收入——医疗收入——门诊收入——化验收入		28 500

收到单位结算的体检费时

	借方	贷方
借：银行存款	36 000	
贷：应收医疗款——应收体检费（A单位）		36 000
借：资金结存——货币资金	36 000	
贷：事业预算收入		36 000

[例 7-8]　201×年 8 月 15 日，某市级医院通过银行收到承担的省级某项科研课题研究专项经费 15 万元，财会部门根据有关凭证，作会计分录如下：

借：银行存款　　150 000

　贷：事业收入——科教收入　　150 000

借：资金结存——货币资金　　150 000

　贷：事业预算收入——科教预算收入　　150 000

第四节　上级补助收入、非同级财政拨款收入和附属单位上缴收入

一、概述

（一）上级补助收入

本科目核算医院从主管部门和上级单位取得的非财政拨款收入。应当按照发放补助单位、补助项目等进行明细核算。

（二）非同级财政拨款收入

本科目核算医院从非同级政府财政部门取得的经费拨款，包括从同级政府其他部门取得的横向转拨财政款、从上级或下级政府财政部门取得的经费拨款等。需要注意的是，医院因开展科研及其辅助活动从非同级政府财政部门取得的经费拨款，应当通过“事业收入——科教收入——非同级财政拨款”科目核算，不通过本科目核算。本科目应当按照本级横向转拨财政款和非本级财政拨款进行明细核算，并按照收入来源进行明细核算

（三）附属单位上缴收入

本科目核算医院取得的附属独立核算单位按照有关规定上缴的收入。本科目应当按照附属单位、缴款项目等进行明细核算。

二、上级补助收入、非同级财政拨款收入和附属单位上缴收入会计科目设置和核算要求

（一）上级补助收入

确认上级补助收入时，按照应收或实际收到的金额，借记“其他应收款”“银行存款”等科目，贷记本科目。实际收到应收的上级补助款时，按照实际收到的金额，借记“银行存款”等科目，贷记“其他应收款”科目。期末，将本科目本期发生额转入本期盈余，借记本科目，贷记“本期盈余”科目。期末结转后，本科目应无余额。

（二）非同级财政拨款收入

确认非同级财政拨款收入时，按照应收或实际收到的金额，借记“其他应收款”“银行存款”等科目，贷记本科目。期末，将本科目本期发生额转入本期盈余，借记本科目，贷记“本期盈余”科目。期末结转后，本科目应无余额。基层医疗卫生机构应当在新制度规定的“非同级财政拨款收入”科目下设置“医疗收入”和“公共卫生收入”明细科目。

（三）附属单位上缴收入

确认附属单位上缴收入时，按照应收或收到的金额，借记“其他应收款”“银行存款”等科目，贷记本科目。实际收到应收附属单位上缴款时，按照实际收到的金额，借记“银行存款”等科目，贷记“其他应收款”科目。期末，将本科目本期发生额转入本期盈余，借记本科目，贷记“本期盈余”科目。期末结转后，本科目应无余额。

三、上级补助收入、非同级财政拨款收入和附属单位上缴收入的账务处理举例

［例 7-9］　201×年 7 月 17 日某乡镇医院通过银行收到上级主管部门拨入的非财政性补助款 10 000元，财会部门根据有关凭证，作会计分录如下：

借：银行存款　　10 000

　　贷：上级补助收入　　10 000

借：资金结存——货币资金　　10 000

　　贷：上级补助预算收入　　10 000

［例 7-10］　201×年 7 月 23 日某市医院通过银行收到省财政厅拨入心血管防治项目补助资金 500 000 元，财会部门根据有关凭证，作会计分录如下：

借：银行存款　　500 000

　　贷：非同级财政拨款收入　　500 000

借：资金结存——货币资金　　500 000

　　贷：非同级财政拨款预算收入　　500 000

［例 7-11］　201×年 7 月 30 日某医院通过银行收到举办的后勤服务公司上缴利润 150 000 元，财会部门根据有关凭证，作会计分录如下：

借：银行存款　　150 000

　　贷：附属单位上缴收入　　150 000

借：资金结存——货币资金　　150 000

　　贷：附属单位上缴预算收入　　150 000

第五节　经营收入和投资收益

一、经营收入和投资收益的概述

（一）经营收入

本科目核算医院在专业业务活动及其辅助活动之外开展非独立核算经营活动取得的收入。本科目应当按照经营活动类别、项目和收入来源等进行明细核算。经营收入应当在提供服务或发出存货，同时收讫价款或者取得索取价款的凭据时，按照实际收到或应收的金额予以确认。

（二） 投资收益

本科目核算医院股权投资和债券投资所实现的收益或发生的损失。本科目应当按照投资的种类等进行明细核算。

二、经营收入和投资收益的科目设置和核算要求

（一） 经营收入

实现经营收入时，按照确定的收入金额，借记“银行存款”“应收账款”“应收票据”等科目，贷记本科目。涉及增值税业务的，期末，将本科目本期发生额转入本期盈余，借记本科目，贷记“本期盈余”科目。期末结转后，本科目应无余额。

（二） 投资收益

1. 收到短期投资持有期间的利息，按照实际收到的金额，借记“银行存款”科目，贷记“投资收益”科目。期末，将本科目本期发生额转入本期盈余，借记或贷记本科目，贷记或借记“本期盈余”科目。期末结转后，本科目应无余额。

2. 出售或到期收回短期债券本息，按照实际收到的金额，借记“银行存款”科目，按照出售或收回短期投资的成本，贷记“短期投资”科目，按照其差额，贷记或借记本科目。

3. 持有的分期付息、一次还本的长期债券投资，按期确认利息收入时，按照计算确定的应收未收利息，借记“应收利息”科目，贷记本科目；持有的到期一次还本付息的债券投资，按期确认利息收入时，按照计算确定的应收未收利息，借记“长期债券投资——应计利息”科目，贷记本科目。

4. 出售长期债券投资或到期收回长期债券投资本息，按照实际收到的金额，借记“银行存款”等科目，按照债券初始投资成本和已计未收利息金额，贷记“长期债券投资——成本、应计利息”科目［到期一次还本付息债券］或“长期债券投资”“应收利息”科目［分期付息债券］，按照其差额，贷记或借记本科目。

5. 采用成本法核算的长期股权投资持有期间，被投资单位宣告分派现金股利或利润时，按照宣告分派的现金股利或利润中属于单位应享有的份额，借记“应收股利”科目，贷记本科目。采用权益法核算的长期股权投资持有期间，按照应享有或应分担的被投资单位实现的净损益的份额，借记或贷记“长期股权投资——损益调整”科目，贷记或借记本科目；被投资单位发生净亏损，但以后年度又实现净利润的，单位在其收益分享额弥补未确认的亏损分担额等后，恢复确认投资收益，借记“长期股权投资——损益调整”科目，贷记本科目。

三、经营收入和投资收益的的账务处理举例

［例 7-12］ 201×年 8 月 1 日某医院举办的对外停车场通过银行上缴本期经营收入 16 000 元，财会部门根据有关凭证，作会计分录如下：

	借方	贷方
借：银行存款	16 000	
贷：经营收入		16 000
借：资金结存——货币资金	16 000	
贷：经营预算收入		16 000

[例 7-13]　201×年 8 月 6 日某医院持有短期债券 60 000 元，该债券月息 6.5%，每三个月计息一次，11 月 9 日通过银行收到利息 975 元，财会部门根据有关凭证，作会计分录如下：

借：银行存款	975	
贷：应收利息		975
借：资金结存——货币资金	975	
贷：投资预算收益		975

第六节　捐赠收入、利息收入、租金收入和其他收入

一、捐赠收入、利息收入、租金收入和其他收入的概述

（一）捐赠收入

本科目核算单位接受其他单位或者个人捐赠取得的收入。本科目应当按照捐赠资产的用途和捐赠单位等进行明细核算。

（二）利息收入

本科目核算单位取得的银行存款利息收入。

（三）租金收入

本科目核算单位经批准利用国有资产出租取得并按照规定纳入本单位预算管理的租金收入。本科目应当按照出租国有资产类别和收入来源等进行明细核算。

（四）其他收入

本科目核算单位取得的除财政拨款收入、事业收入、上级补助收入、附属单位上缴收入、经营收入、非同级财政拨款收入、投资收益、捐赠收入、利息收入、租金收入以外的各项收入，包括现金盘盈收入、按照规定纳入单位预算管理的科技成果转化收入、行政单位收回已核销的其他应收款、无法偿付的应付及预收款项、置换换出资产评估增值等。本科目应当按照其他收入的类别、来源等进行明细核算。

二、捐赠收入、利息收入、租金收入和其他收入的科目设置和核算要求

（一）捐赠收入

接受捐赠的货币资金，按照实际收到的金额，借记“银行存款”“库存现金”等科目，贷记本科目。接受捐赠的存货、固定资产等非现金资产，按照确定的成本，借记“库存物品”“固定资产”等科目，按照发生的有关税费、运输费等，贷记“银行存款”等科目，按照其差额，贷记本科目。接受捐赠的资产按照名义金额入账的，按照名义金额，借记“库存物品”“固定资产”等科目，贷记本科目；同时，按照发生的有关税费、运输费等，借记“其他费用”科目，贷记“银行存款”等科目。期末，将本科目本期发生额转入本期盈余，借记本科目，贷记“本期盈余”科目。期末结转后，本科目应无余额。

（二） 利息收入

取得银行存款利息时，按照实际收到的金额，借记“银行存款”科目，贷记本科目。期末，将本科目本期发生额转入本期盈余，借记本科目，贷记“本期盈余”科目。期末结转后，本科目应无余额。

（三） 租金收入

国有资产出租收入，应当在租赁期内各个期间按照直线法予以确认。预收租金时，按照收到的金额，借记“银行存款”等科目，贷记“预收账款”科目；分期确认租金收入时，按照各期租金金额，借记“预收账款”科目，贷记本科目。采用后付租金方式的，每期确认租金收入时，按照各期租金金额，借记“应收账款”科目，贷记本科目；收到租金时，按照实际收到的金额，借记“银行存款”等科目，贷记“应收账款”科目。采用分期收取租金方式的，每期收取租金时，按照租金金额，借记“银行存款”等科目，贷记本科目。期末，将本科目本期发生额转入本期盈余，借记本科目，贷记“本期盈余”科目。期末结转后，本科目应无余额。

（四） 其他收入

1. 现金盘盈收入　每日现金账款核对中发现的现金溢余，属于无法查明原因的部分，报经批准后，借记“待处理财产损溢”科目，贷记本科目。

2. 科技成果转化收入　单位科技成果转化所取得的收入，按照规定留归本单位的，按照所取得收入扣除有关费用之后的净收益，借记“银行存款”等科目，贷记本科目。

3. 收回已核销的其他应收款　单位已核销的其他应收款在以后期间收回的，按照实际收回的金额，借记“银行存款”等科目，贷记本科目。

4. 无法偿付的应付及预收款项　无法偿付或债权人豁免偿还的应付账款、预收账款、其他应付款及长期应付款，借记“应付账款”“预收账款”“其他应付款”“长期应付款”等科目，贷记本科目。

5. 置换换出资产评估增值　资产置换过程中，换出资产评估增值的，按照评估价值高于资产账面价值或账面余额的金额，借记有关科目，贷记本科目。以未入账的无形资产取得的长期股权投资，按照评估价值加有关税费作为投资成本，借记“长期股权投资”科目，按照发生的有关税费，贷记“银行存款”“其他应缴税费”等科目，按其差额，贷记本科目。

6. 确认 1 至 5 以外的其他收入时，按照应收或实际收到的金额，借记“其他应收款”“银行存款”“库存现金”等科目，贷记本科目。期末，将本科目本期发生额转入本期盈余，借记本科目，贷记“本期盈余”科目。期末结转后，本科目应无余额。

三、捐赠收入、利息收入、租金收入和其他收入的账务处理举例

［例 7-14］　201×年 8 月 13 日某医院社区服务中心通过银行接受某单位的捐款 60 000 元，财会部门根据有关凭证，作会计分录如下：

借：银行存款	60 000	
贷：捐赠收入		60 000
借：资金结存——货币资金	60 000	
贷：其他预算收入——捐赠收入		60 000

［例 7-15］ 某医院出租沿街商品房年租金收入 20 000 元，201×年 8 月 17 日通过银行提前预收租金 5 000 元，其余租金按季度收取，财会部门根据有关凭证，作会计分录如下：

借：银行存款	5 000	
贷：预收账款		5 000
借：资金结存——货币资金	5 000	
贷：其他预算收入——租金收入		5 000

第七节 财政拨款预算收入

一、财政拨款预算收入的概述

预算收入是指政府会计主体在预算年度内依法取得的并纳入预算管理的现金流入，一般在实际收到时予以确认，以实际收到的金额计量。

二、财政拨款预算收入科目设置和核算要求

1. 本科目核算医院从同级政府财政部门取得的各类财政拨款。本科目应当设置“基本支出”和“项目支出”两个明细科目，并按照《政府收支分类科目》中“支出功能分类科目”的项级科目进行明细核算；同时，在“基本支出”明细科目下按照“人员经费”和“日常公用经费”进行明细核算，在“项目支出”明细科目下按照具体项目进行明细核算。有一般公共预算财政拨款、政府性基金预算财政拨款等两种或两种以上财政拨款的单位，还应当按照财政拨款的种类进行明细核算。

2. 基层医疗卫生机构应当在新制度规定的“财政拨款预算收入”科目下设置“财政基本拨款收入”和“财政项目拨款收入”明细科目，在“财政基本拨款收入”科目下设置“医疗收入”和“公共卫生收入”明细科目，在“财政项目拨款收入”科目下设置“医疗收入”“公共卫生收入”和“科教收入”明细科目。

3. 财政直接支付方式下，医院根据收到的“财政直接支付入账通知书”及有关原始凭证，按照通知书中的直接支付金额，借记“事业支出”等科目，贷记本科目。年末，根据本年度财政直接支付预算指标数与当年财政直接支付实际支出数的差额，借记“资金结存——财政应返还额度”科目，贷记本科目。

4. 财政授权支付方式下，医院根据收到的“财政授权支付额度到账通知书”，按照通知书中的授权支付额度，借记“资金结存——零余额账户用款额度”科目，贷记本科目。年末，单位本年度财政授权支付预算指标数大于零余额账户用款额度下达数的，按照两者差额，借记“资金结存——财政应返还额度”科目，贷记本科目。

5. 其他方式下，医院按照本期预算收到财政拨款预算收入时，按照实际收到的金额，借记“资金结存——货币资金”科目，贷记本科目。医院收到下期预算的财政预拨款，应当在下个预算期，按照预收的金额，借记“资金结存——货币资金”科目，贷记本科目。

6. 因差错更正、购货退回等发生国库直接支付款项退回的，属于本年度支付的款项，按照退回金额，借记本科目，贷记“事业支出”等科目。年末，将本科目本年发生额转入财政拨款结转，借记本科目，贷记“财政拨款结转——本年收支结转”科目。年末结转后，本科目应无余额。

三、财政拨款预算收入的账务处理举例

[例 7-16] 201×年 8 月 20 日某医院实行财政授权财政支付，通过银行收到授权支付额度50 000元，财会部门根据有关凭证，作会计分录如下：

	借方	贷方
借：零余额账户用款额度	50 000	
贷：财政拨款收入		50 000
借：资金结存——零余额账户用款额度	50 000	
贷：财政拨款预算收入		50 000

第八节　事业预算收入

一、事业预算收入的概述

本科目核算医院开展专业业务活动及其辅助活动取得的现金流入。医院因开展科研及其辅助活动从非同级政府财政部门取得的经费拨款，也通过本科目核算。

二、事业预算收入的科目设置和核算要求

1. 本科目应当按照事业预算收入类别、项目、来源、《政府收支分类科目》中“支出功能分类科目”项级科目等进行明细核算。对于因开展科研及其辅助活动从非同级政府财政部门取得的经费拨款，应当在本科目下单设“非同级财政拨款”明细科目进行明细核算；事业预算收入中如有专项资金收入，还应按照具体项目进行明细核算。医院应在新制度规定的“事业预算收入”科目下设置“医疗预算收入”“科教预算收入”明细科目，在“医疗预算收入”下设置“门急诊预算收入”“住院预算收入”明细科目，“科教预算收入”下设置“科研项目预算收入”“教学项目预算收入”明细科目。其中，“医疗预算收入”科目核算医院开展医疗活动取得的现金流入，“科教预算收入”科目核算医院开展科研教学活动取得的现金流入。应在“科教预算收入”科目下单设“非同级财政拨款”明细科目进行核算。

2. 采用财政专户返还方式管理的事业预算收入，收到从财政专户返还的事业预算收入时，按照实际收到的返还金额，借记“资金结存——货币资金”科目，贷记本科目。

3. 收到其他事业预算收入时，按照实际收到的款项金额，借记“资金结存——货币资金”科目，贷记本科目。

4. 年末，将本科目本年发生额中的专项资金收入转入非财政拨款结转，借记本科目下各专项资金收入明细科目，贷记“非财政拨款结转——本年收支结转”科目；将本科目本年发生额中的非专项资金收入转入其他结余，借记本科目下各非专项资金收入明细科目，贷记“其他结余”科目。年末结转后，本科目应无余额。

三、事业预算收入的主要账务处理举例

[例 7-17]　201×年 8 月 24 日某单位采用财政专户返还方式管理事业预算收入，通过银行收到从财政专户返还的事业单位预算收入 20 000 元，财会部门根据有关凭证，作会计分录如下：

借：银行存款　　20 000

　　贷：事业收入　　20 000

借：资金结存——货币资金　　20 000

　　贷：事业单位预算收入　　20 000

[例 7-18]　201×年 8 月 27 日某单位通过银行收到其他事业预算收入 5 000 元，财会部门根据有关凭证，作会计分录如下：

借：银行存款　　5 000

　　贷：事业收入　　5 000

借：资金结存——货币资金　　5 000

　　贷：事业单位预算收入　　5 000

第九节　其他预算收入的核算

一、上级补助预算收入、附属单位上缴预算收入、经营预算收入、债务预算收入、非同级财政拨款预算收入、投资预算收益和其他预算收入的概述

（一） 上级补助预算收入

本科目核算医院从主管部门和上级单位取得的非财政补助现金流入。

（二） 附属单位上缴预算收入

本科目核算医院取得附属独立核算单位根据有关规定上缴的现金流入。

（三） 经营预算收入

本科目核算医院在专业业务活动及其辅助活动之外开展非独立核算经营活动取得的现金流入。

（四） 债务预算收入

本科目核算医院按照规定从银行和其他金融机构等借入的、纳入部门预算管理的、不以财政资金作为偿还来源的债务本金。

（五） 非同级财政拨款预算收入

本科目核算医院从非同级政府财政部门取得的财政拨款，包括本级横向转拨财政款和非本级财政拨款。对于因开展科研及其辅助活动从非同级政府财政部门取得的经费拨款，应当通过“事业预算收入——非同级财政拨款”科目进行核算，不通过本科目核算。

（六） 投资预算收益

本科目核算医院取得的按照规定纳入部门预算管理的属于投资收益性质的现金流入，包括股权投资收益、出售或收回债券投资所取得的收益和债券投资利息收入。

（七） 其他预算收入

本科目核算医院除财政拨款预算收入、事业预算收入、上级补助预算收入、附属单位上缴预算收入、经营预算收入、债务预算收入、非同级财政拨款预算收入、投资预算收益之外的纳入部门预算管理的现金流入，包括捐赠预算收入、利息预算收入、租金预算收入、现金盘盈收入等。

二、上级补助预算收入、附属单位上缴预算收入、经营预算收入、债务预算收入、非同级财政拨款预算收入、投资预算收益和其他预算收入的科目设置和核算要求

（一） 上级补助预算收入

本科目应当按照发放补助单位、补助项目、《政府收支分类科目》中“支出功能分类科目”的项级科目等进行明细核算。上级补助预算收入中如有专项资金收入，还应按照具体项目进行明细核算。

1. 收到上级补助预算收入时，按照实际收到的金额，借记“资金结存——货币资金”科目，贷记本科目。

2. 年末，将本科目本年发生额中的专项资金收入转入非财政拨款结转，借记本科目下各专项资金收入明细科目，贷记“非财政拨款结转——本年收支结转”科目；将本科目本年发生额中的非专项资金收入转入其他结余，借记本科目下各非专项资金收入明细科目，贷记“其他结余”科目。年末结转后，本科目应无余额。

（二） 附属单位上缴预算收入

本科目应当按照附属单位、缴款项目、《政府收支分类科目》中“支出功能分类科目”的项级科目等进行明细核算。附属单位上缴预算收入中如有专项资金收入，还应按照具体项目进行明细核算。

1. 收到附属单位缴来款项时，按照实际收到的金额，借记“资金结存——货币资金”科目，贷记本科目。

2. 年末，将本科目本年发生额中的专项资金收入转入非财政拨款结转，借记本科目下各专项资金收入明细科目，贷记“非财政拨款结转——本年收支结转”科目；将本科目本年发生额中的非专项资金收入转入其他结余，借记本科目下各非专项资金收入明细科目，贷记“其他结余”科目。年末结转后，本科目应无余额。

（三） 经营预算收入

本科目应当按照经营活动类别、项目、《政府收支分类科目》中“支出功能分类科目”的项级科目等进行明细核算。

1. 收到经营预算收入时，按照实际收到的金额，借记“资金结存——货币资金”科目，贷记本科目。

2. 年末，将本科目本年发生额转入经营结余，借记本科目，贷记“经营结余”科目。年末结转后，本科目应无余额。

（四）债务预算收入

本科目应当按照贷款单位、贷款种类、《政府收支分类科目》中“支出功能分类科目”的项级科目等进行明细核算。债务预算收入中如有专项资金收入，还应按照具体项目进行明细核算。

1. 借入各项短期或长期借款时，按照实际借入的金额，借记“资金结存——货币资金”科目，贷记本科目。

2. 年末，将本科目本年发生额中的专项资金收入转入非财政拨款结转，借记本科目下各专项资金收入明细科目，贷记“非财政拨款结转——本年收支结转”科目；将本科目本年发生额中的非专项资金收入转入其他结余，借记本科目下各非专项资金收入明细科目，贷记“其他结余”科目。年末结转后，本科目应无余额。

（五）非同级财政拨款预算收入

本科目应当按照非同级财政拨款预算收入的类别、来源、《政府收支分类科目》中“支出功能分类科目”的项级科目等进行明细核算。非同级财政拨款预算收入中如有专项资金收入，还应按照具体项目进行明细核算。

1. 取得非同级财政拨款预算收入时，按照实际收到的金额，借记“资金结存——货币资金”科目，贷记本科目。

2. 年末，将本科目本年发生额中的专项资金收入转入非财政拨款结转，借记本科目下各专项资金收入明细科目，贷记“非财政拨款结转——本年收支结转”科目；将本科目本年发生额中的非专项资金收入转入其他结余，借记本科目下各非专项资金收入明细科目，贷记“其他结余”科目。年末结转后，本科目应无余额。

（六）投资预算收益

本科目应当按照《政府收支分类科目》中“支出功能分类科目”的项级科目等进行明细核算。年末，将本科目本年发生额转入其他结余，借记或贷记本科目，贷记或借记“其他结余”科目。年末结转后，本科目应无余额。

1. 出售或到期收回本年度取得的短期、长期债券，按照实际取得的价款或实际收到的本息金额，借记“资金结存——货币资金”科目，按照取得债券时“投资支出”科目的发生额，贷记“投资支出”科目，按照其差额，贷记或借记本科目。出售或到期收回以前年度取得的短期、长期债券，按照实际取得的价款或实际收到的本息金额，借记“资金结存——货币资金”科目，按照取得债券时“投资支出”科目的发生额，贷记“其他结余”科目，按照其差额，贷记或借记本科目。出售、转让以货币资金取得的长期股权投资的，其账务处理参照出售或到期收回债券投资。

2. 持有的短期投资以及分期付息、一次还本的长期债券投资收到利息时，按照实际收到的金额，借记“资金结存——货币资金”科目，贷记本科目。

3. 持有长期股权投资取得被投资单位分派的现金股利或利润时，按照实际收到的金额，借记“资金结存——货币资金”科目，贷记本科目。

4. 出售、转让以非货币性资产取得的长期股权投资时，按照实际取得的价款扣减支付的有关费用和应缴财政款后的余额（按照规定纳入单位预算管理的），借记“资金结存——货币资金”科目，贷记本科目。

（七）其他预算收入

本科目应当按照其他收入类别、《政府收支分类科目》中“支出功能分类科目”的项级科目等进行明细核算。其他预算收入中如有专项资金收入，还应按照具体项目进行明细核算。单位发生的捐赠预算收入、利息预算收入、租金预算收入金额较大或业务较多的，可单独设置“捐赠预算收入”“利息预算收入”“租金预算收入”等科目。

1. 接受捐赠现金资产、收到银行存款利息、收到资产承租人支付的租金时，按照实际收到的金额，借记“资金结存——货币资金”科目，贷记本科目。

2. 每日现金账款核对中如发现现金溢余，按照溢余的现金金额，借记“资金结存——货币资金”科目，贷记本科目。经核实，属于应支付给有关个人和单位的部分，按照实际支付的金额，借记本科目，贷记“资金结存——货币资金”科目。

3. 收到其他预算收入时，按照收到的金额，借记“资金结存——货币资金”科目，贷记本科目。

4. 年末，将本科目本年发生额中的专项资金收入转入非财政拨款结转，借记本科目下各专项资金收入明细科目，贷记“非财政拨款结转——本年收支结转”科目；将本科目本年发生额中的非专项资金收入转入其他结余，借记本科目下各非专项资金收入明细科目，贷记“其他结余”科目。年末结转后，本科目应无余额。

三、其他预算收入的账务处理举例

[例 7-19] 201×年 9 月 3 日某医院通过银行收到上级补助收入 35 000 元，财会部门根据有关凭证，作会计分录如下：

借：银行存款	35 000	
贷：上级补助收入		35 000
借：资金结存——货币资金	35 000	
贷：上级补助预算收入		35 000

[例 7-20] 201×年末，某医院将上级预算补助收入中的专项资金收入 65 000 元转入非财政拨款结转，将本科目本年发生额中的非专项资金收入 35 000 元转入其他结余，财会部门根据有关凭证，作会计分录如下：

借：上级补助收入	65 000	
贷：本期盈余		65 000
借：上级预算补助收入——×项目	65 000	
贷：非财政拨款结转——本年收支结转		65 000
借：上级补助收入	35 000	
贷：本期盈余		35 000
借：上级预算补助收入——×项目	35 000	
贷：其他结余		35 000

[例 7-21] 201×年末，某医院将附属单位上缴预算收入中的专项资金 70 000 元转入非财政拨款结转，将本科目本年发生额中的非专项资金收入 38 000 元转入其他结余，财会部门根据有关凭证，作会计分录如下：

借：附属单位上缴收入 70 000

贷：本期盈余 70 000

借：附属单位上缴预算收入——×项目 70 000

贷：非财政拨款结转——本年收支结转 70 000

借：附属单位上缴收入 38 000

贷：本期盈余 38 000

借：附属单位上缴预算收入——×项目 38 000

贷：其他结余 38 000

[例 7-22] 201×年 10 月 18 日某医院通过银行收到出租房屋收入 83 000 元，财会部门根据有关凭证，作会计分录如下：

借：银行存款 83 000

贷：经营收入 83 000

借：资金结存——货币资金 83 000

贷：经营预算收入 83 000

[例 7-23] 201×年末，某医院将债务预算收入中的专项资金收入 47 000 元转入非财政拨款结转，将债务预算收入中的非专项资金收入 21 000 元转入其他结余，财会部门根据有关凭证，作会计分录如下：

借：债务预算收入——×项目 47 000

贷：非财政拨款结转——本年收支结转 47 000

借：债务预算收入——×项目 21 000

贷：其他结余 21 000

[例 7-24] 201×年 10 月 15 日某医院通过银行取得非同级财政拨款预算收入 110 000 元，财会部门根据有关凭证，作会计分录如下：

借：银行存款 110 000

贷：非同级财政拨款收入 110 000

借：资金结存——货币资金 110 000

贷：非同级财政拨款预算收入 110 000

[例 7-25] 201×年 9 月 23 日某医院出售持有的短期债券 350 000 元，该债券持有 8 个月，通过银行取得本息金额 364 700 元，财会部门根据有关凭证，作会计分录如下：

借：银行存款 364 700

贷：短期投资 350 000

投资收益 14 700

借：资金结存——货币资金 364 700

贷：投资支出 350 000

投资预算收益 14 700

第八章 费 用

第一节 费用的概述

一、费用的概念

费用是指报告期内会计主体医院因开展医疗服务及其他业务活动而发生的资产、资金耗费和损失，导致医院净资产减少、含有服务潜力或经济利益的经济资源的流出。包括业务活动费用、单位管理费用、经营费用、其他费用等。

医院在开展医疗服务活动过程中，为了取得事业收入、经营收入、其他收入等，就必须发生相应的人、财、物等资源的耗费。

二、费用的确认条件

费用的确认应当同时满足以下条件：

（一）与费用有关的含有服务潜力或者经济利益的经济资源很可能流出会计主体医院。

（二）含有服务潜力或者经济利益的经济资源的流出会导致会计主体医院资产减少或者负债增加。

（三）流出金额能够可靠地计量。

三、费用的特征

（一）费用会引起资产减少或者负债增加（或者两者兼而有之），并最终将导致医院资源的减少，具体表现为医院现金或非现金资产的流出、消耗或者毁损等。比如，医院将药品或卫生材料用于病人治疗，导致存货（资产）的减少，消耗的药品和卫生材料的成本就构成费用。例如，固定资产随着不断的使用，其价值会发生磨损或损耗，财务通过计提折旧来反映发生的费用。再如，医院经营会需要支付人员工资、水电暖等，这需要减少医院的银行存款（资产）或形成医院的负债，而这些都是医院的费用。

（二）费用将导致本期净资产的减少。这里所指的“本期”是指费用的发生当期，即费用的确认时点。也就是说，只有在导致某一会计期间净资产减少时，才能确认为一项费用。费用最终将减少医院的资产，根据“资产＝负债＋净资产”的会计等式，引起资产总额减少的情况有：负债的减少或者净资产的减少。只有同时引起净资产减少的经济利益或者服务潜力流出才是费用。

四、费用确认的会计核算原则

医院在确认费用时，应当遵循以下三项原则：

（一） 权责发生制原则

医院费用的确认以权责发生制为基础，凡是当期已经发生或应由当期负担的费用，不论款项是否收付，都应当作为当期的费用；凡是不属于当期的费用，即使款项已在当期支付，也不应当作为当期的费用。

（二） 区分费用和资本化原则

对于以权责发生制为基础确认的费用，如业务活动费用、单位管理费用等，应当合理划分应当计入当期费用的支出和应当予以资本化的支出。根据区分应计入当期费用的支出和应予资本化的支出原则，如果某项支出的效益涉及几个会计期间，该项支出应予资本化，如以自筹资金购买固定资产的支出，不能作为当期的费用；如果某项支出的效益仅涉及一个会计期间，则应当确认为当期费用。

（三） 收支配比原则

配比原则指所发生的费用应当与其有关的收入相配比，同一会计期间内的各项收入和与其有关的费用，应当在该会计期间内确认。根据配比原则，为获得当期收入所发生的费用，应当确认为当期费用。

五、费用的分类

（一） 按照发生费用的业务活动类型分类

医院的费用按照发生的业务活动类型可以分为业务活动费用、单位管理费用、经营费用、其他费用等。

1. 业务活动费用是指医院为实现其职能目标，依法履职或开展专业业务活动及其辅助活动所发生的各项费用。包括人员经费、耗用的药品及卫生材料费、固定资产折旧费、无形资产摊销费、提取医疗风险基金和其他费用；包括财政补助收入和科教项目收入形成的固定资产折旧和无形资产摊销。

业务活动费用是医院为了提供医疗服务而发生，按照成本项目、医疗科室等进行归集的直接费用。为满足成本核算的需要，业务活动费用可以根据活动性质按照人员经费、商品和服务费用、固定资产折旧费等设置明细科目。为了反映费用的资金来源，还应根据资金性质如财政基本拨款经费、财政项目拨款经费、科教经费、其他经费等进行明细核算。

商品和服务费用主要反映人员经费、耗用的药品及卫生材料费、固定资产折旧费、无形资产摊销费、提取医疗风险基金和其他费用，包括财政补助收入和科教项目收入形成的固定资产折旧和无形资产摊销。

财政基本拨款经费，反映医院本期使用财政基本拨款经费发生的各项业务活动费用。“财政项目拨款经费”项目，反映医院本期使用财政项目拨款经费发生的各项业务活动费用。科教经费，反映医院本期使用科教经费开展科研教学活动所发生的各项业务活动费用。“其他经费”项目，反映医院本期使用其他经费开展医疗活动所发生的各项业务活动费用。

医院开展科研、教学项目使用自筹配套资金发生的支出，以及医院开展的不与本制度规定的特定“项目”有关的医疗辅助科研、教学活动发生的有关人员经费、专用材料费、资产折旧（摊销）费等费用，在本科目核算。

2. 单位管理费用是指医院本级行政及后勤管理部门开展管理活动发生的各项费用。单位管理费用是指医院行政及后勤管理部门为组织、管理医疗、科研、教学业务活动所发生的各项费用，包括医院行政及后勤管理部门发生的人员经费、公用经费、资产折旧（摊销）费等费用，以及医院统一负担的离退休人员经费、聘请中介机构费、印花税、房产税、车船使用税等。按照经费性质，可以按照财政基本拨款经费、财政项目拨款经费、科教经费、其他经费进行明细核算。

单位管理费用属于期间费用，即为医院发生的、不能合理地归属于具体项目或对象，而只能按照一定会计期间归集的费用。

3. 经营费用指医院在专业业务活动及其辅助活动之外开展非独立核算经营活动发生的各项费用。

4. 资产处置费用是指医院经批准处置资产时，包括转销的被处置资产价值，以及在处置过程中发生的有关费用或者处置收入小于有关费用形成的净支出。资产处置形式有无偿调拨、出售、出让、转让、置换、对外捐赠、报废、毁损以及货币性资产损失等。应按照处置资产的类别、资产处置的形式进行明细核算。

5. 上缴上级费用是指医院按照财政部门和主管部门的规定上缴上级单位款项发生的费用。

6. 对附属单位补助费用是指医院用财政拨款收入之外的收入对附属单位补助发生的费用。

7. 所得税费用是指有企业所得税缴纳义务的事业单位按规定缴纳企业所得税形成的费用。

8. 其他费用是指除业务活动费用、单位管理费用、经营费用、资产处置费用、上缴上级费用、附属单位补助费用、所得税费用以外的各项费用，包括利息费用、坏账损失、罚没支出、现金资产捐赠支出以及有关税费、运输费等。

（二）按照费用与成本的关系程度分类

按照费用与成本的关系程度，医院的费用可划分为直接费用和间接费用。

1. 直接费用，是指能够直接计入或采用一定方法计算后直接计入成本核算对象的各种业务活动费用。包括直接工资、药品、直接卫生材料等。它们的特点是不需要进行分摊，在发生时可以直接计入有关成本核算对象。

2. 间接费用，是指为开展医疗服务活动而发生的不直接计入、需要按照一定原则和标准分配计入成本核算对象的各项费用，如单位管理费用等。这些费用的特点是需要先在有关费用账户中进行费用的归集，然后按照规定的标准和方法分配到有关成本核算对象。

第二节 费用的管理和控制

一、医院要加强对费用的管理和内部控制，按以下要求进行

（一） 严格执行财务制度

医院的费用支出应当严格执行国家有关财务规章制度规定的开支范围及开支标准；国家有关财务规章制度没有统一规定的，由医院规定。

（二） 科学合理编制费用支出预算， 并严格执行

医院应按照预算法的有关规定，根据年度发展计划以及预算年度收入的增减因素，按照以收定支，收支平衡的原则安排各项费用支出。医院要严格执行经批复的预算，将预算层层分解，落实到具体的部门、科室或个人。医院在预算执行过程中应加强预算督导和分析，以保证预算整体目标的顺利完成。

（三） 保持合理的费用支出结构

医院的各项费用支出占比应保持合理的结构，尤其是药品医疗收入占比率、百元医疗收入消耗的卫生材料费比率、人员经费、管理费用等关键指标需符合国家医改政策的要求。

（四） 医院费用控制应实行统一领导， 集中管理

医院要加强对各项费用支出的内部控制，保证资金使用安全、规范、高效。对费用支出按照内部控制的要求实行审批和授权并分工负责。

二、适应新医改要求，加强全成本核算

医院建立全面成本核算制度，要根据管理要求采取不同的成本计算方法，并进行费用的归集和分配，计算有关成本核算对象的成本。按照核算科室及类别分类，医院的费用可以划分为临床服务类科室成本、医疗技术类科室成本、医疗辅助类科室成本、行政后勤类科室成本。

（一）医院各科室直接成本应根据“业务活动费用”“单位管理费用”科目所属明细科目的记录直接或分析获得。

人员经费通过“工资福利费用”和“对个人和家庭的补助费用”明细科目的本期发生额获得；卫生材料费通过“商品和服务费用——专用材料费——卫生材料费”明细科目的本期发生额获得；药品费通过“商品和服务费用——专用材料费——药品费”明细科目的本期发生额获得；固定资产折旧费通过“固定资产折旧费”明细科目的本期发生额获得；无形资产摊销额通过“无形资产摊销费”明细科目的本期发生额获得；提取医疗风险基金通过“计提专用基金——医疗风险基金”明细科目的本期发生额获得；其他费用通过“业务活动费用”“单位管理费用”科目除以上明细科目外其他明细科目的本期发生额获得。

（二）医疗业务成本合计包括临床服务类科室成本、医疗技术类科室成本、医疗辅助类科室成本。医院总成本包括医疗业务成本合计和单位管理费用合计。

（三）医院应按原成本核算方法，将单位管理费用、医疗辅助类科室直接成本、医疗技术类科室直接成本逐步分摊到临床服务类科室成本中，从而可以计算出临床服务类科室的全成本。

第三节　业务活动费用

一、业务活动费用的概述

医院应当设置“业务活动费用”科目核算单位为实现其职能目标，依法履职或开展专业业务活动及其辅助活动所发生的各项费用。为满足成本管理的需要，本科目应当按照项目、服务或者业务类别、支付对象等进行明细核算。

基层医疗机构应当在新制度规定的“业务活动费用”科目下设置“医疗费用”“公共卫生费用”和“科教费用”明细科目。

为了满足成本核算需要，本科目下还可按照“工资福利费用”“商品和服务费用”“对个人和家庭的补助费用”“固定资产折旧费”“无形资产摊销费”等成本项目设置明细科目，归集能够直接计入业务活动或采用一定方法计算后计入业务活动的费用。期末结转后，本科目应无余额。期末结转时，业务活动费用（财政项目补助）转入本期盈余——财政项目盈余；业务活动费用（财政基本补助＋其他）转入本期盈余——医疗盈余；业务活动费用（科教经费）转入本期盈余——科教盈余。

二、业务活动费用的会计科目设置和核算要求

（一）医院开展医疗业务活动为单位员工计提的薪酬

医院计提该项费用时，应按照计算确定的金额，借记本科目，贷记“应付职工薪酬”“其他应付款”科目。实际支付时，按照代扣代缴个人所得税的金额，贷记“其他应缴税费——应缴个人所得税”科目，按照扣税后应付或实际支付的金额，贷记“零余额账户用款额度”“银行存款”等科目，借记“应付职工薪酬”“其他应付款”科目；预算会计根据实际支付给个人的部分借记“事业支出”，贷记“资金结存”“财政拨款预算收入”等科目。

（二）医院为开展医疗业务活动领用库存物品（药品和耗材等），按照领用库存物品或发出物资的账面余额，借记本科目，贷记“库存物品”科目。

（三）医院开展医疗业务活动所使用的固定资产、无形资产计提的折旧、摊销，按照计提金额，借记本科目，贷记“固定资产累计折旧”“无形资产累计摊销”科目。

（四）医院为开展医疗业务活动发生的各项税费，为开展业务活动发生的城市维护建设税、教育费附加、地方教育费附加、车船税、房产税、城镇土地使用税等，按照计算确定应缴纳的金额，借记本科目，贷记“其他应缴税费”等科目。

（五）医院为开展医疗业务活动发生其他各项费用，按照费用确认金额，借记本科目，贷记“零余额账户用款额度”“银行存款”“应付账款”“其他应付款”“其他应收款”等科目；预算会计按照实际支付的金额借记“事业支出”科目，贷记“资金结存”科目。

（六）医院按照有关规定从收入中提取专用基金并计入费用的，一般按照预算会计下基于预算收入计算提取的金额，借记本科目，贷记“专用基金”科目。国家另有规定的，从其规定。

（七）退货的核算：如果当年所购货物发生退回等业务，对于已计入本年业务活动费用的，按照收回或应收的金额，借记“财政拨款收入”“零余额账户用款额度”“银行存款”“其他应收款”等科目，贷记本科目；预算会计借记“财政拨款预算收入”“资金结存”等科目，贷记“事业支出”科目。

（八）期末结转核算：期末，将本科目本期发生额转入本期盈余，借记“本期盈余”科目，贷记本科目；预算会计根据是否为同级财政拨款和专项资金，借记“财政拨款结转——本年收支结转（财政拨款支出）”“非财政拨款结转——本年收支结转（非同级财政专项资金支出）”“其他结余（非同级财政、非专项资金支出）”等科目，贷记“事业支出”科目。

三、业务活动费用的账务处理举例

［例 8-1］ 201×年 12 月 5 日，某医院为临床服务类科室计提工资 1 000 000 元，同时按规定代扣代缴个人所得税 10 000 元。201×年 12 月 10 日通过银行支付职工薪酬并缴纳个人所得税，财会部门根据有关凭证，作会计分录如下：

（1）计提工资

借：业务活动费用——工资福利费用——基本工资——临床服务类科室　　1 000 000

　　贷：应付职工薪酬　　1 000 000

（2）实际支付薪酬并代扣个人所得税

借：应付职工薪酬　　1 000 000

　　贷：银行存款　　990 000

　　贷：其他应缴税费——应缴个人所得税　　10 000

借：事业支出　　990 000

　　贷：资金结存　　990 000

（3）缴纳个税时

借：其他应缴税费——应缴个人所得税　　10 000

　　贷：银行存款　　10 000

借：事业支出　　10 000

　　贷：资金结存　　10 000

［例 8-2］ 201×年 12 月 15 日，某医院药品部门报来当月销售药品成本报表，门诊药房药品销售成本 4 000 000 元，其中西药销售成本 2 000 000 元、中成药销售成本 1 000 000 元、中草药销售成本 20 000 元。财会部门根据有关凭证，作会计分录如下：

借：业务活动费用——药品费——西药费　　2 000 000

　　　　　　　　　　　　——中成药费　　1 000 000

　　　　　　　　　　　　——中草药费　　20 000

　　贷：库存物品——药品——门诊药房——西药　　2 000 000

　　　　　　　　　　　　　　　　　　——中成药　　1 000 000

　　　　　　　　　　　　　　　　　　——中草药　　20 000

［例 8-3］ 201×年 12 月 31 日，某医院器械科向财务部门上报本月份材料领用汇总表，本月临床、医技及医疗辅助部门共领用卫生材料 2 500 000 元。财会部门根据有关凭证，作会计分录如下：

借：业务活动费用——卫生材料费　2 500 000

　　贷：库存物品——卫生材料　2 500 000

［例 8-4］ 201×年 8 月 31 日，某医院设备管理部门报来设备维修费汇总表，本月共发生维修费 100 000 元，其中临床、医技部门 70 000 元，以上维修费用尚未支付给维修厂家。财会部门根据有关凭证，作会计分录如下：

借：业务活动费用——其他费用　70 000

　　贷：应付账款　70 000

［例 8-5］ 201×年 9 月 21 日，某医院临床科室人员报销培训费用 3 000 元，报销款已转入其本人公务卡，财会部门根据有关凭证，作会计分录如下：

借：业务活动费用——其他费用　3 000

　　贷：银行存款　3 000

借：事业支出　3 000

　　贷：资金结存　3 000

［例 8-6］ 201×年 5 月 15 日，某医院招待外来指导工作的心内科专家 3 人，以现金支付业务招待费 150 元。财会部门根据有关凭证，作会计分录如下：

借：业务活动费用——其他费用　150

　　贷：库存现金　150

借：事业支出　150

　　贷：资金结存　150

［例 8-7］ 201×年 12 月 31 日，某医院根据医疗收入总额 45 600 000 元，按 1‰提取比例提取医疗风险基金，共计 45 600 元。财会部门根据有关凭证，作会计分录如下：

借：业务活动费用——提取医疗风险基金　45 600

　　贷：专用基金——医疗风险基金　45 600

［例 8-8］ 201×年 1 月 10 日，某医院购入卫生材料一批，价值 10 000 元，款项通过银行支付并已计入当期业务活动费用，1 月 15 日因材料规格不符合规定要求，经双方协商将原购卫生材料退回供应商，供应商已通过银行将款项退回，财会部门根据有关凭证，作会计分录如下：

借：银行存款　10 000

　　贷：业务活动费用——卫生材料费　10 000

借：资金结存　10 000

　　贷：事业支出　10 000

第四节 单位管理费用

一、单位管理费用的概述

医院应当设置“单位管理费用”科目核算医院行政及后勤管理部门开展管理活动发生的各项费用，包括行政及后勤管理部门发生的人员经费、公用经费、资产折旧（摊销）等费用，以及由单位统一负担的离退休人员经费、工会经费、诉讼费、中介费等。

本科目应当按照项目、费用类别、支付对象等进行明细核算。为了满足成本核算需要，本科目下还可按照“工资福利费用”“商品和服务费用”“对个人和家庭的补助费用”“固定资产折旧费”“无形资产摊销费”等成本项目设置明细科目，归集能够直接计入单位管理活动或采用一定方法计算后计入单位管理活动的费用。本科目期末结转后应当无余额。期末结转时，单位管理费用（财政项目补助）转入本期盈余——财政项目盈余；单位管理费用（财政基本补助＋其他）转入本期盈余——医疗盈余；单位管理费用（科教经费）转入本期盈余——科教盈余。

二、单位管理费用的会计科目设置和核算要求

（一）为管理人员计提薪酬时，应按照计算确定的金额，借记本科目，贷记“应付职工薪酬”科目。

（二）发放各种劳务费，应按照计算确定的金额，借记本科目，贷记“其他应付款”科目。实际支付时，按照代扣代缴个人所得税的金额，贷记“其他应缴税费——应缴个人所得税”科目，按照扣税后应付或实际支付的金额，贷记“零余额账户用款额度”“银行存款”等科目，借记“其他应付款”科目；预算会计根据实际支付给个人的部分借记“事业支出”科目，贷记“财政拨款预算收入”“资金结存”等科目。

（三）内部开展管理活动领用库存物品，借记本科目，贷记“库存物品”科目。

（四）行政后勤部门所使用固定资产、无形资产计提的折旧，借记本科目，贷记“固定资产累计折旧”“无形资产累计推销”科目。

（五）为开展管理活动发生的其他各项费用，例如办公费、宣传费等，借记本科目，贷记“零余额账户用款额度”“银行存款”“其他应付款”等科目；预算会计借记“事业支出”科目，贷记“资金结存”科目。

（六）发生当年购货退回或退费等业务，对于已计本年单位管理费用的应做的账务处理举例，借记“零余额账户用款额度”“银行存款”“其他应收款”等科目，贷记本科目；预算会计借记“资金结存”“财政拨款预算收入”科目，贷记“事业支出”科目。

（七）期末结转，将本科目本期发生额转入本期盈余；预算会计根据是否为同级财政拨款和专项资金，借记“财政拨款结转——本年收支结转（财政拨款支出）”“非财政拨款结转——本年收支结转（非同级财政专项资金支出）”“其他结余（非同级财政、非专项资金支出）”等科目，贷记“事业支出”科目。

三、单位管理费用的账务处理举例

[例 8-9] 201×年 12 月 10 日，某医院为行政及后勤人员计提基本工资 800 000 元。财会部门根据有关凭证，作会计分录如下：

借：单位管理费用——工资福利费用——基本工资——行政后勤类科室　800 000
　贷：应付职工薪酬　800 000

[例 8-10] 201×年 12 月 15 日，某医院聘请管理专家来院授课，以现金支付讲课费 5 000 元（税后），同时代扣代缴个人所得税 600 元。财会部门根据有关凭证，作会计分录如下：

(1) 计提时

借：单位管理费用——劳务费　5 600
　贷：其他应付款　5 600

(2) 实际支付劳务费并代扣个人所得税时

借：其他应付款　5 600
　贷：其他应缴税费——应缴个人所得税　600
　贷：库存现金　5 000
借：事业支出　5 000
　贷：资金结存　5 000

(3) 实际支付税款时

借：其他应缴税费——应缴个人所得税　600
　贷：银行存款　600
借：事业支出　600
　贷：资金结存　600

[例 8-11] 201×年 12 月 10 日，某医院行政部门因印刷资料需要，领用 A4 纸张 10 箱，价值 800 元。财会部门根据有关凭证，作会计分录如下：

借：单位管理费用——其他费用　800
　贷：库存物品　800

[例 8-12] 201×年 12 月 18 日，某医院财会部门以现金支付医务科刘某报销的差旅费 2 600 元。财会部门根据有关凭证，作会计分录如下：

借：单位管理费用——其他费用　2 600
　贷：库存现金　2 600
借：事业支出　2 600
　贷：资金结存　2 600

[例 8-13] 201×年 11 月 30 日，某医院通过银行转账向电力部门支付行政后勤部门电费 70 000元。财会部门根据有关凭证，作会计分录如下：

借：单位管理费用——其他费用　70 000
　贷：银行存款　70 000
借：事业支出　70 000
　贷：资金结存　70 000

［**例 8-14**］ 201×年 12 月 31 日，某医院根据职工工资总额计提工会经费 190 000 元。财会部门根据有关凭证，作会计分录如下：

借：单位管理费用——其他费用　　190 000

　　贷：其他应付款——工会经费　　190 000

［**例 8-15**］ 201×年 1 月 10 日某医院经政府采购购入行政部门使用的打印机 2 台，价值 5 000 元，款项由银行支付并已计入单位管理费用，后因打印机型号不匹配等问题，201×年 1 月 25 日，经双方协商退回原购打印机，供货单位将购货款 5 000 元通过银行退回。财会部门根据有关凭证，作会计分录如下：

借：银行存款　　5 000

　　贷：单位管理费用——其他费用　　5 000

借：资金结存　　5 000

　　贷：事业支出　　5 000

［**例 8-16**］ 201×年 10 月 31 日，某医院将本月管理费用科目的余额结转入"本期盈余"科目。财会部门根据有关凭证，作会计分录如下：

借：本期盈余　　1 240 000

　　贷：单位管理费用——人员经费　　300 000

　　　　　　　　　——卫生材料费　　600 000

　　　　　　　　　——固定资产折旧费　　30 000

　　　　　　　　　——无形资产摊销费　　10 000

　　　　　　　　　——其他费用　　300 000

借：其他结余　　1 240 000

　　贷：事业支出　　1 240 000

第五节 经营费用

一、经营费用的概述

医院应当设置"经营费用"科目核算单位在医疗专业业务活动及其辅助活动之外开展非独立核算经营活动发生的各项费用，比如非独立核算的对外停车场、对外出租房屋的费用等。本科目应当按照经营活动类别、项目、支付对象等进行明细核算。为了满足成本核算需要，本科目下可按照"工资福利费用""商品和服务费用""对个人和家庭的补助费用""固定资产折旧费""无形资产摊销费"等成本项目设置明细科目，归集能够直接计入单位经营活动或采用一定方法计算后计入单位经营活动的费用。经营费用期末转入本期盈余——医疗盈余。本科目期末结转后无余额。

二、经营费用的会计科目设置和核算要求

（一）为经营活动人员计提的薪酬，应按照计算确定的金额，借记本科目，贷记“应付职工薪酬”。

（二）为开展经营活动发生城市维护建设税、教育费附加、地方教育费附加、车船税、房产税、城镇土地使用税等，借记本科目，贷记“财政拨款收入”“零余额账户用款额度”“银行存款”等科目；预算会计借记“经营支出”科目，贷记“资金结存”科目。

（三）为开展经营活动内部领用库存物品，借记本科目，贷记“库存物品”科目。

（四）为经营活动所使用固定资产、无形资产计提的折旧、摊销，借记本科目，贷记“固定资产累计折旧”“无形资产累计摊销”科目。

（五）按照预算收入一定比例计提专用基金，借记本科目，贷记“专用基金”科目。

（六）发生与经营活动有关的其他各项费用，借记本科目，贷记“银行存款”“应付账款”等科目；预算会计借记“经营支出”科目，贷记“资金结存”科目。

（七）期末，将本科目本期发生额转入本期盈余；预算会计借记“经营结余”科目，贷记“经营支出”科目。

三、经营费用的账务处理举例

[例 8-17]　201×年 12 月 10 日，某医院计提本月对外停车场管理人员工资 50 000 元。财会部门根据有关凭证，作会计分录如下：

借：经营费用——工资福利费用　50 000

　　贷：应付职工薪酬　50 000

[例 8-18]　201×年，某医院经营预算收入为 700 000 元，按 1‰提取比例提取专用基金，共计 700 元。财会部门根据有关凭证，作会计分录如下：

借：经营费用　700

　　贷：专用基金　700

[例 8-19]　201×年 12 月 10 日，某医院对外停车场因部分设施损坏维修，通过银行支付维修费 6 000 元。财会部门根据有关凭证，作会计分录如下：

借：经营费用——其他费用　6 000

　　贷：银行存款　6 000

借：经营支出　6 000

　　贷：资金结存　6 000

[例 8-20]　201×年 12 月 31 日，某医院将本月经营费用余额 56 700 元转入“本期盈余”科目。财会部门根据有关凭证，作会计分录如下：

借：本期盈余　56 700

　　贷：经营费用　56 700

借：经营结余　56 700

　　贷：经营支出　56 700

第六节　资产处置费用

一、资产处置费用的概述

资产处置的形式按照规定包括无偿调拨、出售、出让、转让、置换、对外捐赠、报废、毁损以及货币性资产损失核销等。

医院单位在资产清查中查明的资产盘亏、毁损以及资产报废等，应当先通过“待处理财产损溢”科目进行核算，再将处理资产价值和处理净支出计入本科目。

短期投资、长期股权投资、长期债券投资的处置，按照有关资产科目的规定进行账务处理。

医院应当设置“资产处置费用”科目核算经批准处置资产时发生的费用，包括转销的被处置资产价值，以及在处置过程中发生的有关费用或者处置收入小于有关费用形成的净支出。医院应当按照处置资产的类别、资产处置的形式等进行明细核算。本科目期末结转转入本期盈余——医疗盈余，结转后无余额。

二、资产处置费用的会计科目设置和核算要求

（一） 不通过 “待处理财产损溢” 科目核算的资产处置

1. 转销被处置资产账面价值，借记本科目，“固定资产累计折旧”“无形资产累计摊销”科目，贷记“库存物资”“固定资产”“无形资产”等科目。

2. 处置资产过程中仅发生有关费用的，借记本科目，贷记“银行存款”“库存现金”等科目；预算会计借记“其他支出”科目，贷记“资金结存”科目。

3. 资产处置取得收入，按照取得的价款借记“库存现金”“银行存款”科目，按照支付的费用贷记“银行存款”“库存现金”科目，按两者差额贷记“应缴财政款”。

（二） 通过 “待处理财产损溢” 科目核算的资产处置

1. 单位账款核对中发现的现金短缺，属于无法查明原因的，报经批准核销时，借记本科目，贷记“待处理财产损溢”科目。

2. 单位资产清查过程中盘亏或者毁损、报废的存货、固定资产、无形资产报经批准处理时。按照处理资产价值，借记本科目，贷记“待处理财产损溢——待处理财产价值”科目。处理收支结清时，处理过程中所取得收入小于所发生有关费用的，按照有关费用减去处理收入后的净支出，借记本科目，贷记“待处理财产损溢——处理净收入”科目。预算会计借记“其他支出（净支出）”科目，贷记“资金结存”科目。

三、资产处置费用的账务处理举例

[例 8-21]　201×年 12 月 31 日，经批准某医院将一台 B 超仪无偿调拨给对口帮扶某乡镇医院，该 B 超仪账面价值 90 000 元，已计提折旧 30 000 元。财会部门根据有关凭证，作会计分录如下：

借：资产处置费用　　60 000

　　固定资产累计折旧　　30 000

　　贷：固定资产　　90 000

［例 8-22］　201×年 12 月 18 日，经批准某医院将一台心电图仪捐赠给对口帮扶某乡镇医院，通过银行支付运输费 800 元。财会部门根据有关凭证，作会计分录如下：

借：资产处置费用　　800

　　贷：银行存款　　800

借：其他支出　　800

　　贷：资金结存　　800

［例 8-23］　201×年 12 月 31 日，某医院在资产清查过程中盘亏电脑一台，价值 3 000 元，报经批准后将其计入资产处置费用。财会部门根据有关凭证，作会计分录如下：

借：资产处置费用　　3 000

　　贷：待处理财产损溢——待处理财产价值　　3 000

第七节　上缴上级费用、对附属单位补助费用和所得税费用

一、上缴上级费用、对附属单位补助费用和所得税费用的概述

（一）上缴上级费用

医院按照事业单位的要求应当设置“上缴上级费用”科目核算事业单位按照财政部门和主管部门的规定上缴上级单位款项发生的费用。本科目应当按照收缴款项单位、缴款项目等进行明细核算。本科目期末结转后，应无余额。

（二）对附属单位补助费用

医院按照事业单位的要求应当设置“对附属单位补助费用”科目核算事业单位用财政拨款收入之外的收入对附属单位补助发生的费用。本科目应当按照接受补助单位、补助项目等进行明细核算。本科目期末结转后，应无余额。

（三）所得税费用

医院按照事业单位的要求应当设置“所得税费用”科目核算有企业所得税缴纳义务的单位按规定缴纳企业所得税所形成的费用。本科目年末结转后，应无余额。

二、上缴上级费用、对附属单位补助费用和所得税费用的会计科目设置和核算要求

（一）上缴上级费用

发生上缴上级支出的，按照实际上缴的金额或者按照规定计算出应当上缴上级单位的金额。借记本科目，贷记“银行存款”“其他应付款”等科目。

期末，将本科目本期发生额转入“本期盈余——医疗盈余”科目，借记“本期盈余”科目，贷记本科目。

（二） 对附属单位补助费用

发生对附属单位补助支出的，按照实际补助的金额或者按照规定计算出应当对附属单位补助的金额，借记本科目，贷记“银行存款”“其他应付款”等科目。期末，将本科目本期发生额转入本期盈余，借记“本期盈余——医疗盈余”科目，贷记本科目。

（三） 所得税费用

发生企业所得税纳税义务的，按照税法规定计算的应缴税金数额，借记本科目，贷记“其他应缴税费——单位应缴所得税”科目。实际缴纳时，按照缴纳金额，借记“其他应缴税费——单位应缴所得税”科目，贷记“银行存款”科目。年末，将本科目本年发生额转入本期盈余——医疗盈余，借记“本期盈余”科目，贷记本科目。

三、上缴上级费用、对附属单位补助费用和所得税费用的账务处理举例

［例 8-24］ 201×年 12 月 31 日，某医院按规定通过银行向上级上缴费用 20 000 元。财会部门根据有关凭证，作会计分录如下：

借：上缴上级费用	20 000	
贷：银行存款		20 000
借：上缴上级支出	20 000	
贷：资金结存——货币资金		20 000

［例 8-25］ 201×年 12 月 15 日，某医院使用事业收入通过银行拨付 200 000 元对附属单位进行补助，财会部门根据有关凭证，作会计分录如下：

借：对附属单位补助费用——某单位	200 000	
贷：银行存款		200 000
借：对附属单位补助支出	200 000	
贷：资金结存——货币资金		200 000

月末结转：

借：本期盈余——医疗盈余	200 000	
贷：对附属单位补助费用		200 000
借：其他结余	200 000	
贷：对附属单位补助支出		200 000

［例 8-26］ 201×年 12 月 31 日，某医院有本年度对外经营收支结余，按照税法规定计提应缴企业所得税 20 000 元。财会部门根据有关凭证，作会计分录如下：

借：所得税费用	20 000	
贷：其他应缴税费——单位应缴所得税		20 000

［例 8-27］ 201×年 1 月 8 日，某医院通过银行缴纳所得税 20 000 元。财会部门根据有关凭证，作会计分录如下：

借：其他应缴税费——单位应缴所得税	20 000	
贷：银行存款		20 000
借：非财政拨款结余——累计结余	20 000	
贷：资金结存——货币资金		20 000

第八节　其他费用

一、其他费用的概述

医院应按事业单位的要求设置"其他费用"科目核算单位发生的除业务活动费用、单位管理费用、经营费用、资产处置费用、上缴上级费用、附属单位补助费用、所得税费用以外的各项费用，包括利息费用、坏账损失、罚没支出、现金资产捐赠支出以及有关税费、运输费等。本科目应当按照其他费用的类别等进行明细核算。如果医院发生的利息费用较多，可以单独设置"利息费用"科目。本科目期末结转入"本期盈余——医疗盈余"科目后应无余额。

二、其他费用的会计科目设置和核算要求

（一）利息费用的核算，借记本科目，"在建工程"科目，贷记"应付利息""长期借款——应计利息"科目。

（二）根据应收账款中的应收医疗款和其他应收款计提坏账损失，借记本科目，贷记"坏账准备"科目。

（三）罚没支出，借记本科目，贷记"银行存款""库存现金""其他应付款"科目。预算会计借记"其他支出"科目，贷记"资金结存——货币资金"科目。

（四）现金资产捐赠，借记本科目，贷记"银行存款""库存现金""其他应付款"科目。预算会计借记"其他支出"科目，贷记"资金结存——货币资金"科目。

（五）接受捐赠或无偿调入以名义金额计量的存货、固定资产、无形资产，以及成本无法可靠取得的资产等发生的有关税费、运输费等。借记本科目，贷记"银行存款""库存现金""零余额账户用款额度"等科目；预算会计借记"其他支出"科目，贷记"资金结存——货币资金"科目。

（六）期末结转，按结转金额，借记"本期盈余——医疗盈余"科目，贷记"其他费用"科目；预算会计根据是否为同级财政拨款和专项资金，借记"财政拨款结转——本年收支结转（财政拨款支出）""非财政拨款结转——本年收支结转（非同级财政专项资金支出）""其他结余（非同级财政、非专项资金支出）"等科目，贷记"其他支出"科目。

三、其他费用的账务处理举例

［例 8-28］　201×年 12 月 18 日，某医院因违规收费问题被物价部门罚款 10 000 元，款项已通过银行转账支付。财会部门根据有关凭证，作会计分录如下：

	借方	贷方
借：其他费用——罚没支出	10 000	
贷：银行存款		10 000
借：其他支出	10 000	
贷：资金结存——货币资金		10 000

［例 8-29］ 201×年 12 月 18 日，某医院经研究决定向对口帮扶乡镇医院捐赠资金 30 000 元，款项已通过银行转账支付。财会部门根据有关凭证，作会计分录如下：

借：其他费用——捐赠支出　　30 000

　　贷：银行存款　　30 000

借：其他支出　　30 000

　　贷：资金结存——银行存款　　30 000

第九章　净资产

第一节　净资产概述

一、净资产的含义

（一）净资产的概念

净资产是指医院资产减去负债后的余额，包括累计盈余、专用基金、权益法调整等。由于它应为投资者所拥有，也可以称为出资者权益。公立医院投资者是国家，国家是医院净资产的所有者。因此，对医院净资产也可以称之为国家所有的出资者权益。

（二）净资产的特点

净资产是医院开展医疗活动和完成医、教、研各项任务的物质基础，是形成医院资产的基本来源。医院开展各项医、教、研活动，必须要有一定的资产作为物质保证，如房屋、设备、药品、卫生材料支付各项费用开支所需的资金等。取得这些资产的渠道有负债、提取和分配。负债是医院资产的暂时性来源，它随着款项上缴、债务偿还而消失；提取和分配的净资产则不同，一旦取得，即归医院所有和支配。医院可以用来安排各项开支，其拥有权和使用权是统一的。

（三）净资产的分类

医院的净资产按照不同的标准进行分类：

医院净资产按是否限定用途可分为限定用途的净资产和非限定用途的净资产两类。限定用途的净资产是指有国家法律、制度或拨款单位指定用途的净资产，如专用基金、财政项目盈余、科教盈余等。非限定用途的净资产是指不受国家法律、制度或者出资者、拨款单位约束，而是由医院自行决定使用的净资产。限定性净资产在随着限定条件及时间的推移可以转化为非限定性净资产，如非财政科教项目结余解除限定后，就可以转为非限定性基金。

医院净资产按照经济内容可以分类为累计盈余、专用基金、权益法调整、无偿调拨净资产和本期盈余。

根据有关规定从本期盈余中提取专用基金例如提取职工福利基金后，本期盈余分配的剩余金额转入累计盈余科目。

二、净资产的来源

医院净资产的来源主要有政府财政拨款、非财政科教拨款，单位、社会团体和个人捐赠，按规定从收入中提取以及从盈余中分配。

1. 政府财政拨款：包括初始拨款和后续拨款。初始拨款是指医院起初开办时国家财政的投入，它构成医院最初的净资产来源。后续拨款包括基建拨款和专项经费拨款。基本建设拨款，是指按照国家有关规定，医院用属于基本建设范围内的基本建设预算拨款购建的固定资产。专项经费拨款，是指以财政预算拨款给医院的财政专项补助和上级主管部门或上级单位拨给医院的指定专项用途的专款形成的净资产。政府财政补助包括基本支出补助和项目支出补助两类。

2. 非财政科教拨款：财政部门以外的部门或者单位取得的，具有指定用途的科研、教学项目收入形成的净资产。

3. 收支结余：收支结余是医院除财政项目补助收入、非财政科教项目收支以外的各项收入减去各项费用后的结余。收支结余经分配后形成医院的净资产。

4. 专用基金：是指医院按照规定提取或设置的有专项用途的资金，形成净资产。如医疗风险基金、职工福利基金等。

5. 其他来源。

三、净资产类会计科目设置

（一） 政府财务会计

3001 累计盈余

3101 专用基金

3201 权益法调整

3301 本期盈余

3302 本年盈余分配

3401 无偿调拨净资产

3501 以前年度盈余调整

（二） 政府预算会计

8001 资金结存

8101 财政拨款结转

8102 财政拨款结余

8201 非财政拨款结转

8202 非财政拨款结余

8301 专用结余

8401 经营结余

8501 其他结余

8701 非财政拨款结余分配

第二节　累计盈余

一、累计盈余科目概述

本科目核算单位历年实现的盈余扣除盈余分配后滚存的金额，以及因无偿调入调出资产产生的净资产变动额。按照规定上缴、缴回、单位间调剂结转结余资金产生的净资产变动额，以及对以前年度盈余的调整金额，也通过本科目进行核算。本科目年末余额，反映单位未分配盈余（未弥补亏损）的累计数以及无偿调拨净资产变动的累计数。

二、累计盈余会计科目设置和核算要求

医院需在新制度规定的“累计盈余”科目下设置如下明细科目：（1）“财政项目盈余”科目，核算医院财政项目拨款收入减去使用财政项目经费发生的费用后的累计盈余。（2）“医疗盈余”科目，核算医院开展医疗活动形成的、财政项目盈余以外的累计盈余。（3）“科教盈余”科目，核算医院开展科研教学活动形成的、财政项目盈余以外的累计盈余。（4）“新旧转换盈余”科目，核算医院新旧制度衔接时转入新制度下累计盈余中除财政项目盈余、医疗盈余和科教盈余以外的累计盈余。

累计盈余账户是期末结转科目，其余额是由“财政项目盈余”“医疗盈余”“科教盈余”“新旧转换盈余”组成的。

期末，医院应当将财政拨款收入中的财政项目拨款收入的本期发生额转入本期盈余，借记“财政拨款收入——财政项目拨款收入”科目，贷记“本期盈余——财政项目盈余”科目；将业务活动费用、单位管理费用中经费性质为财政项目拨款经费部分的本期发生额转入本期盈余，借记“本期盈余——财政项目盈余”科目，贷记“业务活动费用”“单位管理费用”科目的有关明细科目。

期末，医院应当将财政拨款收入中的财政基本拨款收入、事业收入中的医疗收入、上级补助收入、附属单位上缴收入、经营收入、非同级财政拨款收入、投资收益、捐赠收入、利息收入、租金收入、其他收入的本期发生额转入本期盈余，借记“财政拨款收入——财政基本拨款收入”“事业收入——医疗收入”“上级补助收入”“附属单位上缴收入”“经营收入”“非同级财政拨款收入”“投资收益”“捐赠收入”“利息收入”“租金收入”“其他收入”科目，贷记“本期盈余——医疗盈余”科目；将业务活动费用、单位管理费用中与医疗活动有关且经费性质为财政基本拨款经费和其他经费的部分，以及经营费用、资产处置费用、上缴上级费用、对附属单位补助费用、所得税费用、其他费用的本期发生额转入本期盈余，借记“本期盈余——医疗盈余”科目，贷记“业务活动费用”和“单位管理费用”科目的有关明细科目、“经营费用”“资产处置费用”“上缴上级费用”“对附属单位补助费用”“所得税费用”“其他费用”科目。

期末，医院应当将事业收入中的科教收入的本期发生额转入本期盈余，借记“事业收入——科教收入”科目，贷记“本期盈余——科教盈余”科目；将业务活动费用中经费性质为科教经费的部分、单位管理费用中经费性质为科教经费的部分（从科教经费中提取的项目管理费或间接费）的本

期发生额转入本期盈余，借记“本期盈余——科教盈余”科目，贷记“业务活动费用”“单位管理费用”科目的有关明细科目。

年末，完成上述结转后，医院应当将“本期盈余——财政项目盈余”“本期盈余——医疗盈余”科目中财政基本拨款形成的盈余余额和“本期盈余——科教盈余”科目余额转入累计盈余对应明细科目，借记或贷记“本期盈余——财政项目盈余”“本期盈余——医疗盈余”“本期盈余——科教盈余”科目的有关明细科目，贷记或借记“累计盈余——财政项目盈余”“累计盈余——医疗盈余”“累计盈余——科教盈余”科目。“本期盈余——医疗盈余”科目扣除财政基本拨款形成的盈余后为贷方余额的，将“本期盈余——医疗盈余”科目对应贷方余额转入“本年盈余分配”科目，借记“本期盈余——医疗盈余”科目，贷记“本年盈余分配”科目；“本期盈余——医疗盈余”科目扣除财政基本拨款形成的盈余后为借方余额的，将“本期盈余——医疗盈余”科目对应借方余额转入“累计盈余”科目，借记“累计盈余——医疗盈余”科目，贷记“本期盈余——医疗盈余”科目。

年末，将无偿调拨净资产科目的余额转入累计盈余，借记或贷记无偿调拨净资产科目，贷记或借记本科目。注意在月报中仍应当列示无偿调拨净资产科目。

按照规定上缴财政拨款结转结余、缴回非财政拨款结转资金、向其他单位调出财政拨款结转资金时，按照实际上缴、缴回、调出资金，借记本科目，贷记财政应返还额度、零余额账户用款额度、银行存款等科目。

将以前年度盈余调整科目的余额转入本科目，借记或贷记以前年度盈余调整科目，贷记或借记本科目。

累计盈余账户余额的形成可以用下图表示：

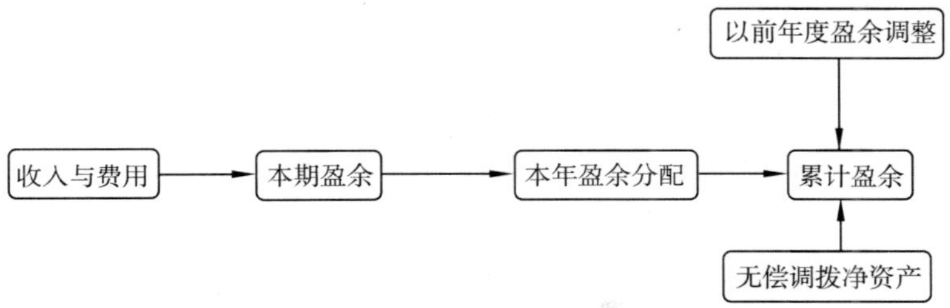

三、累计盈余账务处理举例

［例 9-1］ 某医院 201×年全年实现财政拨款收入——财政基本拨款收入 30 000 000 元、财政收入——财政项目拨款收入 180 000 000 元；事业收入——医疗收入 1 600 000 000 元、事业收入——科教收入 5 000 000 元；业务活动经费——财政基本拨款经费 22 000 000 元、业务活动经费——财政项目拨款经费 100 000 000 元、业务活动经费——其他经费 1 300 000 000 元、业务活动经费——科教经费 4 900 000元；单位管理费用——财政基本拨款经费 6 000 000 元；单位管理费用——财政项目拨款经费 50 000 000 元；单位管理费用——其他经费 100 000 000 元。年末将上述收支项目结转，并将本期盈余有关科目余额转入累计盈余。财会部门根据有关凭证，作会计分录如下：

（1）将有关收支项目转入本期盈余

借：事业收入——科教收入　　5 000 000

　　贷：业务活动经费——科教经费　　4 900 000

　　　　本期盈余——科教盈余　　100 000

借：财政拨款收入——财政项目拨款收入　　180 000 000

　贷：业务活动经费——财政项目拨款经费　　100 000 000

　　单位管理费用——财政项目拨款经费　　50 000 000

　　本期盈余——财政项目盈余　　30 000 000

借：财政拨款收入——财政基本拨款收入　　30 000 000

　事业收入——医疗收入　　1 600 000 000

　贷：业务活动经费——财政基本拨款经费　　22 000 000

　　业务活动经费——其他经费　　1 300 000 000

　　单位管理费用——财政基本拨款经费　　6 000 000

　　单位管理费用——其他经费　　100 000 000

本期盈余——医疗盈余 202 000 000（财政基本拨款部分 2 000 000）

（2）将本期盈余有关科目转入累计盈余

借：本期盈余——科教盈余　　100 000

　本期盈余——财政项目盈余　　30 000 000

　本期盈余——医疗盈余　　2 000 000

　贷：累计盈余——科教盈余　　100 000

　　累计盈余——财政项目盈余　　30 000 000

　　累计盈余——医疗盈余 2 000 000（财政基本拨款）

［例 9-2］　201×年 12 月 31 日，某医院本期盈余账户贷方余额为 100 000 000 元，其中，本期盈余——财政项目盈余贷方余额为 15 000 000 元；本期盈余——医疗盈余贷方余额为 80 000 000 元，其中财政基本拨款形成的盈余为 10 000 000 元；本期盈余——科教盈余贷方余额为 5 000 000 元。职工福利基金的提取比例为 20%，则期末累计盈余账户余额可如下计算：

期末“累计盈余——财政项目盈余”贷方余额＝15 000 000 元；

期末“累计盈余——科教盈余”贷方余额＝5 000 000 元；

期末“累计盈余——科教盈余”贷方余额＝80 000 000－（80 000 000－10 000 000）×20%＝66 000 000 元；

其中，提取的职工福利基金的余额为（80 000 000－10 000 000）×20%＝14 000 000 元。

［例 9-3］　201×年 12 月 31 日，某医院因上级部门无偿调入房产“无偿调拨净资产”科目贷方余额为 400 000 元。年末结转时，财会部门根据有关凭证，作会计分录如下：

借：无偿调拨净资产　　400 000

　贷：累计盈余　　400 000

［例 9-4］　201×年 12 月 31 日，某医院按规定通过零余额账户用款额度上缴财政授权支付项目补助结余 40 000 元。财会部门根据有关凭证，作会计分录如下：

借：累计盈余——财政项目盈余　　40 000

　贷：零余额账户用款额度　　40 000

借：财政拨款结余——归集上缴　　40 000

　贷：资金结存——零余额账户用款额度　　40 000

第三节 专用基金

一、专用基金会计科目概述

本科目核算事业单位按照规定提取或设置的具有专门用途的净资产，主要包括职工福利基金、科技成果转化基金等。本科目期末贷方余额，反映单位累计提取或设置的尚未使用的专用基金。

二、专用基金会计科目设置和核算要求

医院应当在新制度规定的“专用基金”科目下设置如下明细科目：(1)“职工福利基金”科目，核算医院根据有关规定、依据财务会计下医疗盈余（不含财政基本拨款形成的盈余）计算提取的职工福利基金。(2)“医疗风险基金”科目，核算医院根据有关规定、按照财务会计下有关数据计算提取并列入费用的医疗风险基金。

专用基金的账务处理主要包括职工福利基金和医疗风险基金的账务核算。职工福利基金的核算：年末，根据有关规定从本年度盈余中提取专用基金的，按照计算的提取金额，借记本年盈余分配科目，贷记本科目。

医疗风险基金的会计核算：根据有关规定从收入中提取专用基金并计入费用，一般按照预算会计下基于预算收入计算提取的金额，借记业务活动费用等科目，贷记本科目。根据有关规定设置的其他专用基金，按照实际收到基金金额，借记银行存款等科目，贷记本科目。按照规定使用提取的专用基金时，借记本科目，贷记银行存款等科目。使用提取的专用基金购置固定资产、无形资产的，按照资产成本金额借记固定资产、无形资产科目，贷记银行存款等科目；同时，按照专用基金使用额度，借记专用基金科目，贷记累计盈余科目。

三、专用基金账务处理举例

[例 9-5] 201×年 12 月 31 日，某医院期末从本期盈余——医疗盈余 81 400 000 元中（不含财政基本拨款形成的结余），按照 20%计提职工福利基金 16 280 000 元。财会部门根据有关凭证，作会计分录如下：

借：本年盈余分配——提取职工福利基金　　16 280 000

　　贷：专用基金——职工福利基金　　16 280 000

借：非财政拨款结余分配　　16 280 000

　　贷：专用结余　　16 280 000

[例 9-6] 201×年 12 月 31 日，某医院使用医疗风险基金为全院医护人员购买医疗责任保险，通过银行转账支付给保险公司 40 000 元，财会部门根据有关凭证，作会计分录如下：

借：专用基金——医疗风险基金　　40 000

　　贷：银行存款　　40 000

借：事业支出　　40 000

　　贷：资金结存——货币资金　　40 000

［例 9-7］　201×年 12 月 1 日，某医院通过政府采购使用从非财政拨款结余计提的专用基金购置设备一台 500 000 元，款项通过银行转账支付，该设备已验收并缴付使用。财会部门根据有关凭证，作会计分录如下：

	借方	贷方
借：固定资产	500 000	
贷：银行存款		500 000
借：专用基金	500 000	
贷：累计盈余		500 000
借：专用结余	500 000	
贷：资金结存——货币资金		500 000

第四节　其他净资产

一、其他净资产会计科目概述

（一）权益法调整

本科目核算事业单位持有的长期股权投资采用权益法核算时，按照被投资单位除净损益和利润分配之外的所有者权益变动份额调整长期股权投资账面余额而计入净资产的金额。本科目期末余额，反映事业单位在被投资单位除净损益和利润分配以外的所有者权益变动中累计享有（分担）的份额。

（二）本期盈余

本科目核算单位本期各项收入、费用相抵后的余额。本科目期末如为贷方余额，反映单位自年初至当期期末累计实现的盈余；如为借方余额，反映单位自年初至当期期末累计发生的亏损。该项目为月报项目，年报中不需要列示。年末结账后，本科目应无余额。

（三）本年盈余分配

本科目核算单位本年度盈余分配的情况和结果。年末结账后，本科目应无余额。

（四）无偿调拨净资产

本科目核算单位无偿调入或调出非现金资产所引起的净资产变动金额。该项目为月报项目，年报中不需要列示。年末，将本科目余额转入累计盈余。年末结账后，本科目应无余额。

（五）以前年度盈余调整

本科目核算单位本年度发生的调整以前年度盈余的事项，包括本年度发生的重要前期差错更正涉及调整以前年度盈余的事项。年末，应将本科目余额转入累计盈余科目，本科目结转后应无余额。

二、其他净资产科目设置和核算要求

（一） 权益法调整

年末，按照长期股权投资被投资单位除净损益和利润分配以外的所有者权益变动应享有（分担）的份额，借记或贷记长期股权投资——其他权益变动科目，贷记或借记权益法调整科目。

采用权益法核算的长期股权投资，因被投资单位除净损益和利润分配以外的所有者权益变动而将应享有（分担）的份额计入单位净资产的，处置该项投资时，按照原计入净资产的相应部分金额，借记或贷记本科目，贷记或借记投资收益科目。

（二） 本期盈余

医院应当在新制度规定的“本期盈余”科目下设置如下明细科目：

(1)“财政项目盈余”科目，核算医院本期财政项目拨款有关收入、费用相抵后的余额。

(2)“医疗盈余”科目，核算医院本期医疗活动产生的、除财政项目拨款以外的各项收入、费用相抵后的余额。

(3)“科教盈余”科目，核算医院本期科研教学活动产生的、除财政项目拨款以外的各项收入、费用相抵后的余额。

“本期盈余”项目下的“财政项目盈余”项目，反映医院本期财政项目拨款收入扣除使用财政项目拨款经费发生的费用后的净额。本项目应当根据本表中“财政拨款收入”项目下“财政项目拨款收入”项目金额减去“业务活动费用”项目下“财政项目拨款经费”项目与“单位管理费用”项目下“财政项目拨款经费”项目金额合计数后的金额填列。

“医疗盈余”项目，反映医院本期医疗活动有关收入扣除医疗活动有关费用后的净额。本项目应当根据本表中“财政拨款收入”项目下“财政基本拨款收入”“事业收入”项目下“医疗收入”“上级补助收入”“附属单位上缴收入”“经营收入”“非同级财政拨款收入”“投资收益”“捐赠收入”“利息收入”“租金收入”“其他收入”项目金额合计数减去“业务活动费用”项目下“财政基本拨款经费”和“其他经费”“单位管理费用”项目下“财政基本拨款经费”和“其他经费”“经营费用”“资产处置费用”“上缴上级费用”“对附属单位补助费用”“所得税费用”“其他费用”项目金额合计数后的金额填列；如相减后金额为负数，以“－”号填列。

“科教盈余”项目，反映医院本期科研教学活动收入扣除科研教学活动费用后的净额。本项目应当根据本表中“事业收入”项目下“科教收入”项目金额减去“业务活动费用”项目下“科教经费”项目与“单位管理费用”项目下“科教经费”项目金额合计数后的金额填列。

期末，将各类收入科目的本期发生额转入本期盈余，借记财政拨款收入、事业收入、上级补助收入、附属单位上缴收入、经营收入、非同级财政拨款收入、投资收益、捐赠收入、利息收入、租金收入、其他收入科目，贷记本科目；将各类费用科目本期发生额转入本期盈余，借记本科目，贷记业务活动费用、单位管理费用、经营费用、所得税费用、资产处置费用、上缴上级费用、对附属单位补助费用、其他费用等科目。年末，完成上述结转后，将本科目余额转入本年盈余分配科目，借记或贷记本科目，贷记或借记本年盈余分配科目。

（三）本年盈余分配账务处理

医院应当在新制度规定的“本年盈余分配”科目下设置“提取职工福利基金”“转入累计盈余”明细科目。

年末，将本期盈余科目余额转入本科目，借记或贷记本期盈余科目，贷记或借记本科目。

年末，根据规定从本年度非财政拨款结余或经营结余中提取专用基金的，按照预算会计下计算的提取金额，借记本科目，贷记专用基金科目。

按照上述处理后，将本科目余额转入累计盈余，借记或贷记本科目，贷记或借记累计盈余科目。

年末，医院在按照规定提取专用基金后，应当将“本年盈余分配”科目余额转入累计盈余，借记“本年盈余分配——转入累计盈余”科目，贷记“累计盈余——医疗盈余”科目。

（四）无偿调拨净资产账务处理

按照规定取得无偿调入的存货、长期股权投资、固定资产、无形资产、公共基础设施、政府储备物资等，按照确定的成本，借记库存物品、长期股权投资、固定资产、无形资产、公共基础设施、政府储备物资等科目，按照调入过程中发生的归属于调入方的有关费用，贷记零余额账户用款额度、银行存款等科目，按照其差额，贷记本科目。

按照规定经批准无偿调出存货、长期股权投资、固定资产、无形资产、公共基础设施、政府储备物资等，按照调出资产的账面余额或账面价值，借记本科目，按照累计折旧或摊销额，借记固定资产累计折旧、无形资产累计摊销、公共基础设施累计折旧（摊销）科目，贷记库存物品、长期股权投资、固定资产、无形资产、公共基础设施等科目；同时，按照调出过程中发生的归属于调出方的有关费用，借记资产处置费用科目，贷记零余额账户用款额度、银行存款等科目。

此外，年末应将本科目余额转入累计盈余科目，借记或贷记本科目，贷记或借记累计盈余科目。无偿调拨净资产为月报项目，在年度报表中不需要列示。

（五）以前年度盈余调整

调整增加以前年度收入时，按照调整增加的金额，借记有关科目，贷记本科目。调整减少的，做相反会计分录。调整增加以前年度费用时，按照调整增加的金额，借记本科目，贷记有关科目。调整减少的，做相反会计分录。

盘盈各种非流动资产，报经批准后处理时，借记待处理财产损益科目，贷记本科目。

三、其他净资产账务处理举例

［例 9-8］ 某医院经批准投资某医药经销公司，201×年 12 月，因其他投资方增资扩股，该医院享有的被投资单位（某医药经销公司）所有者权益份额增加 100 000 元。财会部门根据有关凭证，作会计分录如下：

借：长期股权投资——其他权益变动　　100 000

　　贷：权益法调整　　100 000

[例 9-9] 承[例 9-8]：在该医院经批准转让处置该项投资时，财会部门根据有关凭证，作会计分录如下：

借：权益法调整　　100 000

　贷：投资收益　　100 000

[例 9-10] 201×年 12 月 31 日，某医院将财政拨款收入 1 000 000 元（其中基本拨款收入 500 000元、项目拨款收入 500 000 元）、事业收入 56 589 500 元（其中医疗收入 40 000 000 元，科教收入 16 589 500 元）、上级补助收入 600 000 元、其他收入 400 000 元的账户余额转入本期盈余科目。财会部门根据有关凭证，作会计分录如下：

借：事业收入——医疗收入　　40 000 000

　　　　——科教收入　　16 589 500

　财政拨款收入——财政基本拨款收入　　500 000

　　　　——财政项目拨款收入　　500 000

　上级补助收入　　600 000

　其他收入　　400 000

　贷：本期盈余——财政项目盈余　　500 000

　　　　——科教盈余　　16 589 500

　　　　——医疗盈余　　41 500 000

[例 9-11] 201×年 12 月 31 日，某医院将业务活动费用（基本拨款经费 5 000 000 元、项目拨款经费 5 000 000 元、科教经费 1 000 000 元、其他经费 15 771 939 元）、单位管理费用（基本拨款经费 500 000 元、项目拨款经费 500 000 元、科教经费 100 000 元、其他经费 2 387 778 元）、其他费用 1 621 876 元的账户余额按规定转入本期盈余科目。财会部门根据有关凭证，作会计分录如下：

借：本期盈余——财政项目盈余　　5 500 000

　　　　——科教盈余　　1 100 000

　　　　——医疗盈余　　23 659 717

　贷：业务活动费用——基本拨款经费　　5 000 000

　　　　——项目拨款经费　　5 000 000

　　　　——科教经费　　1 000 000

　　　　——其他经费　　15 771 939

　　单位管理费用——基本拨款经费　　500 000

　　　　——项目拨款经费　　500 000

　　　　——科教经费　　100 000

　　　　——其他经费　　2 387 778

　　其他费用　　1 621 876

[例 9-12] 201×年 5 月，某医院取得无偿调入价值 500 000 元的医疗设备，通过银行支付设备调入有关费用 30 000 元。财会部门根据有关凭证，作会计分录如下：

借：固定资产　　500 000

　贷：银行存款　　30 000

　　无偿调拨净资产　　470 000

借：其他支出　　30 000
　　贷：资金结存——货币资金　　30 000

［例 9-13］ 201×年 6 月，某医院经批准无偿调出一批医疗设备，设备价值 500 000 元，累计已计提折旧 150 000 元，通过银行支付有关费用 30 000 元。财会部门根据有关凭证，作会计分录如下：

借：无偿调拨净资产　　350 000
　　固定资产累计折旧　　150 000
　　贷：固定资产　　500 000
借：资产处置费用　　30 000
　　贷：银行存款　　30 000
借：其他支出　　30 000
　　贷：资金结存——货币资金　　30 000

［例 9-14］ 201×年末，某医院发现以前年度会计核算过程中少计应收医疗款 47 500 元，少计固定资产累计折旧 200 000 元。财会部门根据有关凭证，作会计分录如下：

借：应收账款——应收医疗款　　47 500
　　以前年度损益调整　　152 500
　　贷：固定资产累计折旧　　200 000

［例 9-15］ 201×年末，某医院在年中资产盘点过程中，盘盈一台半自动生化分析仪，重置成本 45 000 元，财会部门根据有关凭证，作会计分录如下：

借：固定资产　　45 000
　　贷：待处理财产损益　　45 000

［例 9-16］ 承接上例，盘盈固定资产报经批准后入账，财会部门根据有关凭证，作会计分录如下：

借：待处理财产损益　　45 000
　　贷：以前年度损益调整　　45 000

第五节　资金结存

一、资金结存会计科目概述

本科目核算单位纳入部门预算管理的资金的流入、流出、调整和滚存等情况。

二、资金结存科目设置和核算要求

本科目应当设置下列明细科目：(1) 零余额账户用款额度：本明细科目核算实行国库集中支付的单位根据财政部门批复的用款计划收到和支用的零余额账户用款额度。年末结账后，本明细科目应无余额。(2) 货币资金：本明细科目核算单位以库存现金、银行存款、其他货币资金形态存在的资金。本明细科目年末借方余额，反映单位尚未使用的货币资金。(3) 财政应返还额度：本明细科目核算实行国库集中支付的单位可以使用的以前年度财政直接支付额度和财政应返还的财政授权支付资金额度。本明细科目下可设置“财政直接支付”“财政授权支付”两个明细科目进行明细核算。本明细科目年末借方余额，反映单位应收财政返还的资金额度。

财政授权支付方式下，单位根据代理银行转来的财政授权支付额度到账通知书，按照通知书中的授权支付额度，借记本科目（零余额账户用款额度），贷记“财政拨款预算收入”科目。以国库集中支付以外的其他方式取得预算收入时，按照实际收到的金额，借记本科目（货币资金），贷记“财政拨款预算收入”“事业预算收入”等科目。

财政授权支付方式下，发生有关支出时，按照实际支付的金额，借记“事业支出”科目，贷记本科目（零余额账户用款额度）；从零余额账户提取现金时，借记本科目（货币资金），贷记本科目（零余额账户用款额度）；使用以前年度财政直接支付额度发生支出时，按照实际支付金额，借记“事业支出”等科目，贷记本科目（财政应返还额度）；国库集中支付以外的其他支付方式下，发生有关支出时，按照实际支付的金额，借记“事业支出”等科目，贷记本科目（货币资金）。

按照规定上缴或者注销财政拨款结转结余资金的，借记“财政拨款结转——归集上缴”或“财政拨款结余——归集上缴”科目，贷记本科目（财政应返还额度、零余额账户用款额度、货币资金）。按规定向原资金拨入单位缴回非财政拨款结转资金的，按照实际缴回资金数额，借记“非财政拨款结转——缴回资金”科目，贷记本科目（货币资金）。收到从其他单位调入的财政拨款结转资金的，按照实际调入资金数额，借记本科目（财政应返还额度、零余额账户用款额度、货币资金），贷记财政拨款结转——归集调入科目。

按照规定使用专用基金时，按照实际支付金额，借记“专用结余”科目（从非财政拨款结余中提取的专用基金）或事业支出（从预算收入中提取的专用基金）等科目，贷记本科目（货币资金）。

因购货退回、发生差错更正等退回国库直接支付、授权支付款项，或者收回货币资金的，属于本年度支付的，借记“财政拨款预算收入”科目或者本科目（零余额账户用款额度、货币资金），贷记有关支出科目；属于以前年度支付的，借记本科目（零余额账户用款额度、货币资金），贷记财政拨款结转、财政拨款结余、非财政拨款结转、非财政拨款结余等科目。

三、资金结存账务处理举例

［例 9-17］　201×年 12 月，某医院购买医疗责任保险支出 300 000 元；使用职工福利基金购买物品支出 250 000 元。款项已通过银行转账支付，财会部门根据有关凭证，作会计分录如下：

	借方	贷方
借：专用基金——医疗风险基金	300 000	
——职工福利基金	250 000	
贷：银行存款		550 000
借：专用结余——职工福利基金	250 000	
——医疗风险基金	300 000	
贷：资金结存——货币资金		550 000

第六节　财政拨款结转与结余

一、会计科目概述

财政拨款结转：本科目核算单位取得的同级财政拨款结转资金的调整、结转和滚存情况。

财政拨款结余：本科目核算单位取得的同级财政拨款项目支出结余资金的调整、结转和滚存情况。

二、科目设置和核算要求

（一）财政拨款结转

财政拨款结转的账务处理如下：

1. 因发生会计差错更正退回以前年度国库直接支付、授权支付款项或财政性货币资金，或者因发生会计差错更正增加以前年度国库直接支付、授权支付支出或财政性货币资金支出，属于以前年度财政拨款结转资金的，借记或者贷记“资金结存——财政应返还额度、零余额账户用款额度、货币资金”科目，贷记或借记本科目（年初余额调整）。

因购货退回、预付款项收回等发生以前年度支出又收回国库直接支付、授权支付款项或收回财政性货币资金，属于以前年度财政拨款结转资金的，借记“资金结存——财政应返还额度、零余额账户用款额度、货币资金”科目，贷记本科目（年初余额调整）。

2. 与财政拨款结转结余资金调整业务有关的账务处理

按照规定从其他单位调入财政拨款结转资金的，按照实际调增的额度数额或调入的资金数额，借记“资金结存——财政应返还额度、零余额账户用款额度、货币资金”科目，贷记本科目（归集调入）。

按照规定向其他单位调出财政拨款结转资金的，按照实际调减的额度数额或调出的资金数额，借记本科目（归集调出），贷记“资金结存——财政应返还额度、零余额账户用款额度、货币资金”科目。

按照规定上缴财政拨款结转资金或注销财政拨款结转资金额度的，按照实际上缴资金数额或注销的资金额度数额，借记本科目（归集上缴），贷记“资金结存——财政应返还额度、零余额账户用款额度、货币资金”科目。

经财政部门批准对财政拨款结余资金改变用途，调整用于本单位基本支出或其他未完成项目支出的，按照批准调剂的金额，借记“财政拨款结余——单位内部调剂”科目，贷记本科目（单位内部调剂）。

3. 与年末财政拨款结转和结余业务有关的账务处理

年末，将财政拨款预算收入本年发生额转入本科目，借记“财政拨款预算收入”科目，贷记本科目（本年收支结转）；将各项支出中财政拨款支出本年发生额转入本科目，借记本科目（本年收支结转），贷记各项支出（财政拨款支出）科目。

年末冲销有关明细科目余额。将本科目（本年收支结转、年初余额调整、归集调入、归集调出、归集上缴、单位内部调剂）余额转入本科目（累计结转）。结转后，本科目除“累计结转”明细科目外，其他明细科目应无余额。

年末完成上述结转后，应当对财政拨款结转各明细项目执行情况进行分析，按照有关规定将符合财政拨款结余性质的项目余额转入财政拨款结余，借记本科目（累计结转），贷记“财政拨款结余——结转转入”科目。

（二）财政拨款结余

财政拨款结余科目应当设置下列明细科目：

1. 与会计差错更正、以前年度支出收回有关的明细科目。“年初余额调整”：本明细科目核算因发生会计差错更正、以前年度支出收回等原因，需要调整财政拨款结余的金额。年末结账后，本明细科目应无余额。

2. 与财政拨款结余资金调整业务有关的明细科目。“归集上缴”：本明细科目核算按照规定上缴财政拨款结余资金时，实际核销的额度数额或上缴的资金数额。年末结账后，本明细科目应无余额。“单位内部调剂”：本明细科目核算经财政部门批准对财政拨款结余资金改变用途，调整用于本单位其他未完成项目等的调整金额。

3. 与年末财政拨款结余业务有关的明细科目。“结转转入”：本明细科目核算单位按照规定转入财政拨款结余的财政拨款结转资金。年末结账后，本明细科目应无余额。“累计结余”：本明细科目核算滚存的财政拨款结余资金。本明细科目年末贷方余额，反映单位财政拨款滚存的结余资金数额。本科目还应当按照具体项目、《政府收支分类科目》中“支出功能分类科目”的有关科目进行明细核算。

财政拨款结余的会计处理如下：

1. 与会计差错更正、以前年度支出收回有关的账务处理

因发生会计差错更正退回以前年度国库直接支付、授权支付款项或财政性货币资金，或者因发生会计差错更正增加以前年度国库直接支付、授权支付支出或财政性货币资金支出，属于以前年度财政拨款结余资金的，借记或者贷记“资金结存——财政应返还额度、零余额账户用款额度、货币资金”科目，贷记或借记本科目（年初余额调整）。

因购货退回、预付款项收回等发生以前年度支出又收回国库直接支付、授权支付款项或收回财政性货币资金，属于以前年度财政拨款结余资金的，借记“资金结存——财政应返还额度、零余额账户用款额度、货币资金”科目，贷记本科目（年初余额调整）。

2. 与财政拨款结余资金调整业务有关的账务处理

按照规定上缴财政拨款结余资金或注销财政拨款结余资金额度的，按照实际上缴资金数额或注销的资金额度数额，借记本科目（归集上缴），贷记“资金结存——财政应返还额度、零余额账户用款额度、货币资金”科目。

3. 与年末财政拨款结转和结余业务有关的账务处理

年末，对财政拨款结转各明细项目执行情况进行分析，按照有关规定将符合财政拨款结余性质的项目余额转入财政拨款结余，借记“财政拨款结转——累计结转”科目，贷记本科目（结转转入）。

年末冲销有关明细科目余额。将本科目（年初余额调整、归集上缴、单位内部调剂、结转转入）余额转入本科目（累计结余）。结转后，本科目除“累计结余”明细科目外，其他明细科目应无余额。

三、财政拨款结转与结余账务处理举例

［例 9-18］ 201×年 10 月 9 日，某医院通过银行收到同级财政部门从其他单位调入财政拨款结转资金，调增零余额账户用款额度 200 000 元。财会部门根据有关凭证，作会计分录如下：

借：零余额账户用款额度 200 000

　　贷：累计盈余 200 000

借：资金结存——零余额账户用款额度 200 000

　　贷：财政拨款结转 200 000

［例 9-19］ 201×年 12 月 28 日，经财政部门批准，某医院将财政拨款结余资金 176 000 元调整用于本单位其他财政项目支出。财会部门根据有关凭证，作会计分录如下：

借：财政拨款结余——单位内部调剂 176 000

　　贷：财政拨款结转——单位内部调剂 176 000

［例 9-20］ 某医院 201×年财政拨款预算收入本年发生额 9 000 000 元、事业支出——财政拨款支出本年发生额 7 500 000 元。年末结转时，财会部门根据有关凭证，作会计分录如下：

借：财政拨款预算收入 9 000 000

　　贷：事业支出——财政拨款支出 7 500 000

　　　　财政拨款结转——本年收支结转 1 500 000

［例 9-21］ 某医院年末对财政拨款结转明细项目执行情况进行分析，将财政拨款结余资金 500 000元结转。财会部门根据有关凭证，作会计分录如下：

借：财政拨款结转——累计结转 500 000

　　贷：财政拨款结余——结转转入 500 000

［例 9-22］ 201×年 12 月 31 日，某医院按规定通过零余额账户用款额度上缴财政授权支付项目补助结余 40 000 元。财会部门根据有关凭证，作会计分录如下：

借：累计盈余 40 000

　　贷：零余额账户用款额度 40 000

借：财政拨款结余——归集上缴 40 000

　　贷：资金结存——零余额账户用款额度 40 000

第七节　非财政拨款结转与结余

一、会计科目概述

（一） 非财政拨款结转

本科目核算单位除财政拨款收支、经营收支以外的各非同级财政拨款专项资金的调整、结转和滚存情况。

（二）非财政拨款结余

本科目核算单位历年滚存的非限定用途的非同级财政拨款结余资金，主要为非财政拨款结余扣除结余分配后滚存的金额。

二、科目设置和核算要求

（一）非财政拨款结转

本科目应当设置下列明细科目：

1. “年初余额调整”：本明细科目核算因发生会计差错更正、以前年度支出收回等原因，需要调整非财政拨款结转的资金。年末结账后，本明细科目应无余额。

2. “缴回资金”：本明细科目核算按照规定缴回非财政拨款结转资金时，实际缴回的资金数额。年末结账后，本明细科目应无余额。

3. “项目间接费用或管理费”：本明细科目核算单位取得的科研项目预算收入中，按照规定计提项目间接费用或管理费的数额。年末结账后，本明细科目应无余额。

4. “本年收支结转”：本明细科目核算单位本年度非同级财政拨款专项收支相抵后的余额。年末结账后，本明细科目应无余额。

5. “累计结转”：本明细科目核算单位滚存的非同级财政拨款专项结转资金。本明细科目年末贷方余额，反映单位非同级财政拨款滚存的专项结转资金数额。本科目还应当按照具体项目、《政府收支分类科目》中“支出功能分类科目”的有关科目等进行明细核算。

本科目的账务处理如下：

1. 按规定从科研项目预算收入中提取项目管理费或间接费时，按照提取的金额，借记本科目（项目间接费用或管理费），贷记“非财政拨款结余——项目间接费用或管理费”科目。

2. 因会计差错更正收到或支出非同级财政拨款货币资金，属于非财政拨款结转资金的，按照收到或支出的数额，借记或贷记“资金结存——货币资金”科目，贷记或借记本科目（年初余额调整）。因收回以前年度支出等收到非同级财政拨款货币资金，属于非财政拨款结转资金的，按照收到的金额，借记“资金结存——货币资金”，贷记本科目（年初余额调整）。

3. 按照规定缴回非财政拨款结转资金的，按照实际缴回资金数额，借记本科目（缴回资金），贷记“资金结存——货币资金”科目。

4. 年末，将事业预算收入、上级补助预算收入、附属单位上缴预算收入、非同级财政拨款预算收入、债务预算收入、其他预算收入本年发生额中的专项资金收入转入本科目，借记各专项资金收入明细项目，贷记本科目（本年收支结转）；将行政支出、事业支出、其他支出本年发生额中的非财政拨款专项资金支出转入本科目，借记本科目（本年收支结转），贷记各非财政拨款专项资金支出明细科目。

5. 年末冲销有关明细科目余额。将本科目（年初余额调整、项目间接费用或管理费、缴回资金、本年收支结转）余额转入本科目（累计结转）。结转后，本科目除“累计结转”明细科目外，其他明细科目应无余额。

（二） 非财政拨款结余

本科目应当设置下列明细科目：

1.“年初余额调整”：本明细科目核算因发生会计差错更正、以前年度支出收回等原因，需要调整非财政拨款结余的资金。年末结账后，本明细科目应无余额。

2.“项目间接费用或管理费”：本明细科目核算单位取得的科研项目预算收入中，按照规定计提的项目间接费用或管理费数额。年末结账后，本明细科目应无余额。

3.“结转转入”：本明细科目核算按照规定留归单位使用，由单位统筹调配，纳入单位非财政拨款结余的非同级财政拨款专项剩余资金。年末结账后，本明细科目应无余额。

4.“累计结余”：本明细科目核算单位历年滚存的非同级财政拨款、非专项结余资金。本明细科目年末贷方余额，反映单位非同级财政拨款滚存的非专项结余资金数额。本科目还应当按照《政府收支分类科目》中“支出功能分类科目”的有关科目进行明细核算。

本科目的账务处理如下：

1. 因会计差错更正收到或支出非同级财政拨款货币资金，属于非财政拨款结余资金的，按照收到或支出金额，借记或贷记“资金结存——货币资金”科目，贷记或借记本科目（年初余额调整）。因收回以前年度支出等收到非同级财政拨款货币资金，属于非财政拨款结余资金的，按照收到的金额，借记“资金结存——货币资金”科目贷记本科目（年初余额调整）。

2. 年末，将留归本单位使用的非财政拨款专项（项目已完成）剩余资金转入本科目，借记“非财政拨款结转——累计结转”科目，贷记本科目（结转转入）。

3. 年末冲销有关明细科目余额。将本科目（年初余额调整、项目间接费用或管理费、结转转入）余额结转入本科目（累计结余）。结转后，本科目除“累计结余”明细科目外，其他明细科目应无余额。

4. 年末，将“非财政拨款结余分配”科目余额转入非财政拨款结余。

三、非财政拨款结转与结余会计核算举例

[例 9-23] 201×年 12 月，某医院从一笔科研项目预算收入中按 5%提取管理费 5 000 元，财会部门根据有关凭证，作会计分录如下：

	借方	贷方
借：单位管理费用——科教经费	5 000	
贷：预提费用——项目间接费用或管理费		5 000
借：非财政拨款结转——项目间接费用或管理费	5 000	
贷：非财政拨款结余——项目间接费用或管理费		5 000

[例 9-24] 某医院于 201×年末通过银行向上级部门上缴科研经费拨款经费（非同级财政拨款专项资金）45 000 元。财会部门根据有关凭证，作会计分录如下：

	借方	贷方
借：累计盈余——科教盈余	45 000	
贷：银行存款		45 000
借：非财政拨款结转——缴回资金	45 000	
贷：资金结存——货币资金		45 000

［**例 9-25**］　201×年年末，某医院将非财政拨款结转科目有关明细科目余额转入累计结转明细科目，财会部门根据有关凭证，作会计分录如下：

借：非财政拨款结转——年初余额调整　　4 000
　　　　　　　　——本年收支结转　　95 000
　贷：非财政拨款结转——缴回资金　　9 000
　　　　　　　　　——累计结转　　90 000

第八节　专用结余

一、专用结余会计科目概述

本科目核算单位按照规定从非财政拨款结余中提取的具有专门用途的资金的变动和滚存情况。本科目应当按照专用结余的类别进行明细核算。

二、专用结余科目设置和核算要求

根据有关规定从本年度非财政拨款结余或经营结余中提取基金的，按照提取金额，借记“非财政拨款结余分配”科目，贷记本科目。按照规定使用从非财政拨款结余或经营结余中提取的专用基金时，按照使用的金额，借记本科目，贷记“资金结存——货币资金”科目。

三、专用结余账务处理举例

［**例 9-26**］　201×年 12 月 31 日，某医院提取专用基金——职工福利基金 500 000 元。财会部门根据有关凭证，作会计分录如下：

借：本年盈余分配　　500 000
　贷：专用基金　　500 000
借：非财政拨款结余分配　　500 000
　贷：专用结余——职工福利基金　　500 000

第九节　经营结余

一、经营结余会计科目概述

本科目核算单位本年度经营活动收支相抵后余额弥补以前年度经营亏损后的余额。本科目可以按照经营活动类别进行明细核算。

二、经营结余科目设置和核算要求

年末，将经营预算收入本年发生额转入本科目，借记“经营预算收入”科目，贷记本科目；将经营支出本年发生额转入本科目，借记本科目，贷记“经营支出”科目。

年末，完成上述结转后，如本科目为贷方余额，将本科目贷方余额转入“非财政拨款结余分配”科目，借记本科目，贷记“非财政拨款结余分配”科目；如本科目为借方余额，为经营亏损，不予结转。

年末结账后，本科目一般应无余额；如为借方余额，反映单位累计发生的经营亏损。

三、经营结余账务处理举例

［**例 9-27**］ 某医院 201×年全年出租房屋取得收入 5 000 000 元，房屋出租发生有关支出1 000 000元，年末进行结转时，财会部门根据有关凭证，作会计分录如下：

借：经营预算收入	5 000 000	
贷：经营支出		1 000 000
经营结余		4 000 000
借：经营结余	4 000 000	
贷：非财政拨款结余分配		4 000 000

第十节 其他结余

一、其他结余概述

其他结余科目核算单位本年度除财政拨款收支、非同级财政专项资金收支和经营收支以外各项收支相抵后的余额。

二、其他结余科目设置和核算要求

年末，将事业预算收入、上级补助预算收入、附属单位上缴预算收入、非同级财政拨款预算收入、债务预算收入、其他预算收入本年发生额中的非专项资金收入以及投资预算收益本年发生额转入本科目；借记“事业预算收入”“上级补助预算收入”“附属单位上缴预算收入”“非同级财政拨款预算收入”“债务预算收入”“其他预算收入”科目下各非专项资金收入明细科目和“投资预算收益”科目，贷记本科目（投资预算收益科目本年发生额为借方净额时，借记本科目，贷记投资预算收益科目）；将事业支出、其他支出本年发生额中的非同级财政、非专项资金支出以及上缴上级支出、对附属单位补助支出、投资支出、债务还本支出本年发生额转入其他结余科目，借记本科目，贷记“事业支出”“其他支出”科目下各非同级财政、非专项资金支出明细科目和“上缴上级支出”“对附属单位补助支出”“投资支出”“债务还本支出”科目。

年末，完成上述结转后，将本科目余额转入“非财政拨款结余分配”科目。当本科目为贷方余额时，借记本科目，贷记“非财政拨款结余——累计结余”或“非财政拨款结余分配”科目；当本科目为借方余额时，借记“非财政拨款结余——累计结余”或“非财政拨款结余分配”科目，贷记本科目。年末结账后，本科目应无余额。

三、其他结余账务处理举例

[例 9-28] 某医院 201×年事业预算收入、上级补助预算收入、债务预算收入、投资预算收益、其他预算收入、附属单位上缴预算收入、非同级财政拨款预算收入合计 2 000 000 000 元（其中专项资金部分 200 000 000 元），发生事业支出、其他支出非同级财政、非专项资金部分 1 400 000 000元，上缴上级支出、对附属单位补助支出、投资支出、债务还本支出合计 100 000 000 元。年末进行结转时，财会部门根据有关凭证，作会计分录如下：

	借方	贷方
借：事业预算收入、上级补助预算收入等	1 800 000 000	
贷：事业支出、其他支出		1 400 000 000
上缴上级支出、对附属单位补助支出等		100 000 000
其他结余		300 000 000
借：其他结余	300 000 000	
贷：非财政拨款结余分配		300 000 000

第十一节 非财政拨款结余分配

一、非财政拨款结余分配科目概述

本科目核算单位本年度非财政拨款结余分配的情况和结果。

二、非财政拨款结余分配科目设置和核算要求

年末，将“其他结余”科目余额转入本科目，当“其他结余”科目为贷方余额时，借记“其他结余”科目，贷记本科目；当“其他结余”科目为借方余额时，借记本科目，贷记“其他结余”科目。年末将“经营结余”科目贷方余额转入本科目，借记“经营结余”科目，贷记本科目。

根据有关规定提取专用基金的，按照提取的金额，借记本科目，贷记“专用结余”科目。

年末，按照规定完成上述处理后，将本科目余额转入非财政拨款结余。当本科目为借方余额时，借记“非财政拨款结余——累计结余”科目，贷记本科目；当本科目为贷方余额时，借记本科目，贷记非财政拨款结余——累计结余科目。年末结账后，本科目应无余额。

三、非财政拨款结余分配账务处理举例

［**例 9-29**］ 某医院 201×年经营结余贷方余额 1 000 000 元，其他结余期末贷方余额为 700 000 元，年末进行结转时，财会部门根据有关凭证，作会计分录如下：

借：经营结余　　1 000 000

　　其他结余　　700 000

　　贷：非财政拨款结余分配　　1 700 000

借：非财政拨款结余分配　　1 700 000

　　贷：非财政拨款结余——累计结余　　1 700 000

第十章　财务报告与分析

第一节　医院财务报告概述

一、财务报告的概念

财务报告是根据日常会计核算资料，归集、加工、汇总形成的一个完整的报告系统，在反映医院资产、负债和净资产情况及医院一定时期财务状况和业务开展成果的同时，按照政府预算资金管理要求，反映医院预算资金收支、结余变动情况的全面总括性书面文件。

二、医院财务报告的组成

医院财务报告主要包括财务报表、附注及预算会计报表三部分。

1. 财务报表和附注

关于医院执行《政府会计制度——行政事业单位会计科目和报表》的补充规定要求，医院应当按年度编制的财务报表包括《资产负债表》《收入费用表》《医疗活动收入费用明细表》《净资产变动表》和《现金流量表》《附注》，还应当按月编制其中的《资产负债表》《收入费用表》和《医疗活动收入费用明细表》。

2. 预算会计报表

关于医院执行《政府会计制度——行政事业单位会计科目和报表》的补充规定要求，医院应当按年度作的预算会计报表包括《预算收入支出表》《预算结转结余变动表》和《财政拨款预算收入支出表》。

三、编制医院财务报告的作用

1. 全面、系统、总括地反映医院一定时期的经济活动情况和财务状况。

2. 可以了解医院资产、负债、收入、支出和净资产的构成，分析资金使用效果，提高医院社会效益和经济效益，促使提高管理水平。

3. 预算会计报表可以分析检查医院预算和事业计划执行情况，为作下期预算、计划提供必要的资料。

4. 可以了解医院遵守国家政策、财经纪律和财经制度的情况，是评价事业单位经济工作的重要依据。

5. 可以为主管部门、财政、银行、审计、医保等部门更好地实行会计监督和为制订国民经济和社会发展计划进行综合平衡提供参考。

第二节　医院报表格式

会计报表格式

医院执行《政府会计制度——行政事业单位会计科目和报表》的补充规定制定了如下会计报表格式：

编号	报表名称	作期
财务报表		
会政财 01 表	资产负债表	月度、年度
会政财 02 表	收入费用表	月度、年度
会政财 02 表附表 01	医疗活动收入费用明细表	月度、年度
会政财 03 表	净资产变动表	年度
会政财 04 表	现金流量表	年度
	附注	年度
预算会计报表		
会政预 01 表	预算收入支出表	年度
会政预 02 表	预算结转结余变动表	年度
会政预 03 表	财政拨款预算收入支出表	年度

1. 财务报表格式

资产负债表

编制单位：　　　　年　　月　　日　　　　单位：元

资　产	期末余额	年初余额	负债和净资产	期末余额	年初余额
流动资产：			流动负债：		
货币资金			短期借款		
短期投资			应缴增值税		
财政应返还额度			其他应缴税费		
应收票据			应缴财政款		
应收账款净额			应付职工薪酬		
预付账款			应付票据		
应收股利			应付账款		
应收利息			应付政府补贴款		
其他应收款净额			应付利息		

（续表）

资　产	期末余额	年初余额	负债和净资产	期末余额	年初余额
存货			预收账款		
待摊费用			其他应付款		
一年内到期的非流动资产			预提费用		
其他流动资产			一年内到期的非流动负债		
流动资产合计			其他流动负债		
非流动资产：			流动负债合计		
长期股权投资			非流动负债：		
长期债券投资			长期借款		
固定资产原值			长期应付款		
减：固定资产累计折旧			预计负债		
固定资产净值			其他非流动负债		
工程物资			非流动负债合计		
在建工程			受托代理负债		
无形资产原值			负债合计		
减：无形资产累计摊销					
无形资产净值					
研发支出					
公共基础设施原值					
减：公共基础设施累计折旧（摊销）					
公共基础设施净值					
政府储备物资					
文物文化资产					
保障性住房原值					
减：保障性住房累计折旧			净资产：		
保障性住房净值			累计盈余		
长期待摊费用			专用基金		
待处理财产损溢			权益法调整		
其他非流动资产			无偿调拨净资产		
非流动资产合计			本期盈余		
受托代理资产			净资产合计		
资产总计			负债和净资产总计		

收入费用表

编制单位：　　　　　　　　　　年　　月　　　　　　　　　　单位：元

一、本期收入	本月数	本年累计数
（一）财政拨款收入		
其中：政府性基金收入		
（二）事业收入		
（三）上级补助收入		
（四）附属单位上缴收入		
（五）经营收入		
（六）非同级财政拨款收入		
（七）投资收益		
（八）捐赠收入		
（九）利息收入		
（十）租金收入		
（十一）其他收入		
二、本期费用		
（一）业务活动费用		
（二）单位管理费用		
（三）经营费用		
（四）资产处置费用		
（五）上缴上级费用		
（六）对附属单位补助费用		
（七）所得税费用		
（八）其他费用		
三、本期盈余		

医疗活动收入费用明细表

编制单位：　　　　　　　　　　年　　月　　　　　　　　　　单位：元

项　目	本月数	本年累计数	项　目	本月数	本年累计数
医疗活动收入合计			化验收入		
财政基本补助收入			治疗收入		
医疗收入			手术收入		
门急诊收入			卫生材料收入		
挂号收入			药品收入		
诊察收入			其他门急诊收入		
检查收入			住院收入		

（续表）

项 目	本月数	本年累计数	项 目	本月数	本年累计数
床位收入			业务活动费用		
诊察收入			人员经费		
检查收入			其中：工资福利费用		
化验收入			对个人和家庭的补助费用		
治疗收入			商品和服务费用		
手术收入			固定资产折旧费		
护理收入			无形资产摊销费		
卫生材料收入			计提专用基金		
药品收入			单位管理费用		
其他住院收入			人员经费		
结算差额			其中：工资福利费用		
上级补助收入			对个人和家庭的补助费用		
附属单位上缴收入			商品和服务费用		
经营收入			固定资产折旧费		
非同级财政拨款收入			无形资产摊销费		
投资收益			经营费用		
捐赠收入			资产处置费用		
利息收入			上缴上级费用		
租金收入			对附属单位补助费用		
其他收入			其他费用		
医疗活动费用合计					

净资产变动表

编制单位： 年 月 单位：元

项 目	本年数				上年数			
	累计盈余	专用基金	权益法调整	净资产合计	累计盈余	专用基金	权益法调整	净资产合计
一、上年年末余额								
二、以前年度盈余调整（减少以“—”号填列）		—	—			—	—	
三、本年年初余额								
四、本年变动金额（减少以“—”号填列）								
（一）本年盈余		—	—			—	—	
（二）无偿调拨净资产		—	—			—	—	
（三）归集调整预算结转结余		—	—			—	—	
（四）提取或设置专用基金			—				—	

（续表）

项　目	本年数				上年数			
	累计盈余	专用基金	权益法调整	净资产合计	累计盈余	专用基金	权益法调整	净资产合计
其中：从预算收入中提取	—		—		—		—	
从预算结余中提取			—		—		—	
设置的专用基金	—		—		—		—	
（五）使用专用基金		—	—			—	—	
（六）权益法调整	—	—			—	—		
五、本年年末余额								

注："—"标识单元格不需填列。

现金流量表

编制单位：　　　　　　年　　月　　　　　　单位：元

一、日常活动产生的现金流量：	本年金额	上年金额
财政基本支出拨款收到的现金		
财政非资本性项目拨款收到的现金		
事业活动收到的除财政拨款以外的现金		
收到的其他与日常活动有关的现金		
日常活动的现金流入小计		
购买商品、接受劳务支付的现金		
支付给职工以及为职工支付的现金		
支付的各项税费		
支付的其他与日常活动有关的现金		
日常活动的现金流出小计		
日常活动产生的现金流量净额		
二、投资活动产生的现金流量：		
收回投资收到的现金		
取得投资收益收到的现金		
处置固定资产、无形资产、公共基础设施等收回的现金净额		
收到的其他与投资活动有关的现金		
投资活动的现金流入小计		
购建固定资产、无形资产、公共基础设施等支付的现金		
对外投资支付的现金		
上缴处置固定资产、无形资产、公共基础设施等净收入支付的现金		
支付的其他与投资活动有关的现金		
投资活动的现金流出小计		

（续表）

投资活动产生的现金流量净额		
三、筹资活动产生的现金流量：		
财政资本性项目拨款收到的现金		
取得借款收到的现金		
收到的其他与筹资活动有关的现金		
筹资活动的现金流入小计		
偿还借款支付的现金		
偿还利息支付的现金		
支付的其他与筹资活动有关的现金		
筹资活动的现金流出小计		
筹资活动产生的现金流量净额		
四、汇率变动对现金的影响额		
五、现金净增加额		

2. 预算会计报表格式

预算收入支出表

编制单位：　　　　　　　　　　年　　月　　　　　　　　　　单位：元

项　目	本年数	上年数
一、本年预算收入		
（一）财政拨款预算收入		
其中：政府性基金收入		
（二）事业预算收入		
（三）上级补助预算收入		
（四）附属单位上缴预算收入		
（五）经营预算收入		
（六）债务预算收入		
（七）非同级财政拨款预算收入		
（八）投资预算收益		
（九）其他预算收入		
其中：利息预算收入		
捐赠预算收入		
租金预算收入		
二、本年预算支出		
（一）行政支出		
（二）事业支出		
（三）经营支出		

（续表）

项　目	本年数	上年数
（四）上缴上级支出		
（五）对附属单位补助支出		
（六）投资支出		
（七）债务还本支出		
（八）其他支出		
其中：利息支出		
捐赠支出		
三、本年预算收支差额		

预算结转结余变动表

编制单位：　　　　年　　月　　　　单位：元

项　目	本年数	上年数
一、年初预算结转结余		
（一）财政拨款结转结余		
（二）其他资金结转结余		
二、年初余额调整（减少以“—”号填列）		
（一）财政拨款结转结余		
（二）其他资金结转结余		
三、本年变动金额（减少以“—”号填列）		
（一）财政拨款结转结余		
1. 本年收支差额		
2. 归集调入		
3. 归集上缴或调出		
（二）其他资金结转结余		
1. 本年收支差额		
2. 缴回资金		
3. 使用专用结余		
4. 支付所得税		
四、年末预算结转结余		
（一）财政拨款结转结余		
1. 财政拨款结转		
2. 财政拨款结余		
（二）其他资金结转结余		
1. 非财政拨款结转		
2. 非财政拨款结余		
3. 专用结余		
4. 经营结余（如有余额，以“—”号填列）		

财政拨款预算收入支出表

编制单位： 年 月 日 单位：元

项 目	年初财政拨款结转结余		调整年初财政拨款结转结余	本年归集调入	本年归集上缴或调出	单位内部调剂		本年财政拨款收入	本年财政拨款支出	年末财政拨款结转结余	
	结转	结余				结转	结余			结转	结余
一、一般公共预算财政拨款											
（一）基本支出											
1. 人员经费											
2. 日常公用经费											
（二）项目支出											
1. ××项目											
2. ××项目											
……											
二、政府性基金预算财政拨款											
（一）基本支出											
1. 人员经费											
2. 日常公用经费											
（二）项目支出											
1. ××项目											
2. ××项目											
……											
总 计											

第三节 医院报表编制说明

一、资产负债表编制说明

本表反映单位在某一特定日期全部资产、负债和净资产的情况。本表“年初余额”栏内各项数字，应当根据上年年末资产负债表“期末余额”栏内数字填列。如果本年度资产负债表规定的项目的名称和内容同上年度不一致，应当对上年年末资产负债表项目的名称和数字按照本年度的规定进行调整，将调整后数字填入本表“年初余额”栏内。如果本年度单位发生了因前期差错更正、会计政策变更等调整以前年度盈余的事项，还应当对“年初余额”栏中的有关项目金额进行相应调整。本表中“资产总计”项目期末（年初）余额应当与“负债和净资产总计”项目期末（年初）余额相等。本表“期末余额”栏各项目的内容和填列方法：

（一）资产类项目

1.“货币资金”项目，反映单位期末库存现金、银行存款、零余额账户用款额度、其他货币资金的合计数。本项目应当根据“库存现金”“银行存款”“零余额账户用款额度”“其他货币资金”科目的期末余额的合计数填列；若单位存在通过“库存现金”“银行存款”科目核算的受托代理资产还应当按照前述合计数扣减“库存现金”“银行存款”科目下“受托代理资产”明细科目的期末余额后的金额填列。

2.“短期投资”项目，反映单位期末持有的短期投资账面余额。本项目应当根据“短期投资’科目的期末余额填列。

3.“财政应返还额度”项目，反映单位期末财政应返还额度的金额。本项目应当根据“财政应返还额度”科目的期末余额填列。

4.“应收票据”项目，反映单位期末持有的应收票据的票面金额。本项目应当根据“应收票据”科目的期末余额填列。

5.“应收账款净额”项目，反映单位期末尚未收回的应收账款减去已计提的坏账准备后的净额。本项目应当根据“应收账款”科目的期末余额，减去“坏账准备”科目中对应收账款计提的坏账准备的期末余额后的金额填列。

6.“预付账款”项目，反映单位期末预付给商品或者劳务供应单位的款项。本项目应当根据“预付账款”科目的期末余额填列。

7.“应收股利”项目，反映单位期末因股权投资而应收取的现金股利或应当分得的利润。本项目应当根据“应收股利”科目的期末余额填列。

8.“应收利息”项目，反映单位期末因债券投资等而应收取的利息。单位购入的到期一次还本付息的长期债券投资持有期间应收的利息，不包括在本项目内。本项目应当根据“应收利息”科目的期末余额填列。

9.“其他应收款净额”项目，反映单位期末尚未收回的其他应收款减去已计提的坏账准备后的净额。本项目应当根据“其他应收款”科目的期末余额减去“坏账准备”科目中对其他应收款计提的坏账准备的期末余额后的金额填列。

10.“存货”项目，反映单位期末存储的存货的实际成本。本项目应当根据“在途物品”“库存物品”“加工物品”科目的期末余额的合计数填列。

11.“待摊费用”项目，反映单位期末已经支出，但应当由本期和以后各期负担的分摊期在1年以内（含1年）的各项费用。本项目应当根据“待摊费用”科目的期末余额填列。

12.“一年内到期的非流动资产”项目，反映单位期末非流动资产项目中将在1年内（含1年）到期的金额，如单位将在1年内（含1年）到期的长期债券投资金额。本项目应当根据“长期债券投资”等科目的明细科目的期末余额分析填列。

13.“其他流动资产”项目，反映单位期末除本表中上述各项之外的其他流动资产的合计金额。本项目应当根据有关科目期末余额的合计数填列。

14.“流动资产合计”项目，反映单位期末流动资产的合计数。本项目应当根据本表中“货币资金”“短期投资”“财政应返还额度”“应收票据”“应收账款净额”“预付账款”“应收股利”“应收利息”“其他应收款净额”“存货”“待摊费用”“一年内到期的非流动资产”“其他流动资产”项目金额的合计数填列。

15. “长期股权投资”项目，反映单位期末持有的长期股权投资的账面余额。本项目应当根据“长期股权投资”科目的期末余额填列。

16. “长期债券投资”项目，反映单位期末持有的长期债券投资的账面余额。本项目应当根据“长期债券投资”科目的期末余额减去其中将于1年内（含1年）到期的长期债券投资余额后的金额填列。

17. “固定资产原值”项目，反映单位期末固定资产的原值。本项目应当根据“固定资产”科目的期末余额填列。

“固定资产累计折旧”项目，反映单位期末固定资产已计提的累计折旧金额。本项目应当根据“固定资产累计折旧”科目的期末余额填列。

“固定资产净值”项目，反映单位期末固定资产的账面价值。本项目应当根据“固定资产”科目期末余额减去“固定资产累计折旧”科目期末余额后的金额填列。

18. “工程物资”项目，反映单位期末为在建工程准备的各种物资的实际成本。本项目应当根据“工程物资”科目的期末余额填列。

19. “在建工程”项目，反映单位期末所有的建设项目工程的实际成本。本项目应当根据“在建工程”科目的期末余额填列。

20. “无形资产原值”项目，反映单位期末无形资产的原值。本项目应当根据“无形资产”科目的期末余额填列。

“无形资产累计摊销”项目，反映单位期末无形资产已计提的累计摊销金额。本项目应当根据“无形资产累计摊销”科目的期末余额填列。

“无形资产净值”项目，反映单位期末无形资产的账面价值。本项目应当根据“无形资产”科目期末余额减去“无形资产累计摊销”科目期末余额后的金额填列。

21. “研发支出”项目，反映单位期末正在进行的无形资产开发项目开发阶段发生的累计支出数。本项目应当根据“研发支出”科目的期末余额填列。

22. “公共基础设施原值”项目，反映单位期末控制的公共基础设施的原值。本项目应当根据“公共基础设施”科目的期末余额填列。

“公共基础设施累计折旧（摊销）”项目，反映单位期末控制的公共基础设施已计提的累计折旧和累计摊销金额。本项目应当根据“公共基础设施累计折旧（摊销）”科目的期末余额填列。

“公共基础设施净值”项目，反映单位期末控制的公共基础设施的账面价值。本项目应当根据“公共基础设施”科目期末余额减去“公共基础设施累计折旧（摊销）”科目期末余额后的金额填列。

23. “政府储备物资”项目，反映单位期末控制的政府储备物资的实际成本。本项目应当根据“政府储备物资”科目的期末余额填列。

24. “文物文化资产”项目，反映单位期末控制的文物文化资产的成本。本项目应当根据“文物文化资产”科目的期末余额填列。

25. “保障性住房原值”项目，反映单位期末控制的保障性住房的原值。本项目应当根据“保障性住房”科目的期末余额填列。

“保障性住房累计折旧”项目，反映单位期末控制的保障性住房已计提的累计折旧金额。本项目应当根据“保障性住房累计折旧”科目的期末余额填列。

“保障性住房净值”项目，反映单位期末控制的保障性住房的账面价值。本项目应当根据“保障性住房”科目期末余额减去“保障性住房累计折旧”科目期末余额后的金额填列。

26.“长期待摊费用”项目，反映单位期末已经支出，但应由本期和以后各期负担的分摊期限在1年以上（不含1年）的各项费用。本项目应当根据“长期待摊费用”科目的期末余额填列。

27.“待处理财产损溢”项目，反映单位期末尚未处理完毕的各种资产的净损失或净溢余。本项目应当根据“待处理财产损溢”科目的期末借方余额填列；如“待处理财产损溢”科目期末为贷方余额，以“－”号填列。

28.“其他非流动资产”项目，反映单位期末除本表中上述各项之外的其他非流动资产的合计数。本项目应当根据有关科目的期末余额合计数填列。

29.“非流动资产合计”项目，反映单位期末非流动资产的合计数。本项目应当根据本表中“长期股权投资”“长期债券投资”“固定资产净值”“工程物资”“在建工程”“无形资产净值”“研发支出”“公共基础设施净值”“政府储备物资”“文物文化资产”“保障性住房净值”“长期待摊费用”“待处理财产损溢”“其他非流动资产”项目金额的合计数填列。

30.“受托代理资产”项目，反映单位期末受托代理资产的价值。本项目应当根据“受托代理资产”科目的期末余额与“库存现金”“银行存款”科目下“受托代理资产”明细科目的期末余额的合计数填列。

31.“资产总计”项目，反映单位期末资产的合计数。本项目应当根据本表中“流动资产合计”“非流动资产合计”“受托代理资产”项目金额的合计数填列。

（二）负债类项目

1.“短期借款”项目，反映单位期末短期借款的余额。本项目应当根据“短期借款”科目的期末余额填列。

2.“应缴增值税”项目，反映单位期末应缴未缴的增值税税额。本项目应当根据“应缴增值税”科目的期末余额填列；如“应缴增值税”科目期末为借方余额，以“－”号填列。

3.“其他应缴税费”项目，反映单位期末应缴未缴的除增值税以外的税费金额。本项目应当根据“其他应缴税费”科目的期末余额填列；如“其他应缴税费”科目期末为借方余额，以“－”号填列。

4.“应缴财政款”项目，反映单位期末应当上缴财政但尚未缴纳的款项。本项目应当根据“应缴财政款”科目的期末余额填列。

5.“应付职工薪酬”项目，反映单位期末按有关规定应付给职工及为职工支付的各种薪酬。本项目应当根据“应付职工薪酬”科目的期末余额填列。

6.“应付票据”项目，反映单位期末应付票据的金额。本项目应当根据“应付票据”科目的期末余额填列。

7.“应付账款”项目，反映单位期末应当支付但尚未支付的偿还期限在1年以内（含1年）的应付账款的金额。本项目应当根据“应付账款”科目的期末余额填列。

8.“应付政府补贴款”项目，反映负责发放政府补贴的行政单位期末按照规定应当支付给政府补贴接受者的各种政府补贴款余额。本项目应当根据“应付政府补贴款”科目的期末余额填列。

9.“应付利息”项目，反映单位期末按照合同约定应支付的借款利息。单位到期一次还本付息的长期借款利息不包括在本项目内。本项目应当根据“应付利息”科目的期末余额填列。

10. “预收账款”项目，反映单位期末预先收取但尚未确认收入和实际结算的款项余额。本项目应当根据“预收账款”科目的期末余额填列。

11. “其他应付款”项目，反映单位期末其他各项偿还期限在 1 年内（含 1 年）的应付及暂收款项余额。本项目应当根据“其他应付款”科目的期末余额填列。

12. “预提费用”项目，反映单位期末已预先提取的已经发生但尚未支付的各项费用。本项目应当根据“预提费用”科目的期末余额填列。

13. “一年内到期的非流动负债”项目，反映单位期末将于 1 年内（含 1 年）偿还的非流动负债的余额。本项目应当根据“长期应付款”“长期借款”等科目的明细科目的期末余额分析填列。

14. “其他流动负债”项目，反映单位期末除本表中上述各项之外的其他流动负债的合计数。本项目应当根据有关科目的期末余额的合计数填列。

15. “流动负债合计”项目，反映单位期末流动负债合计数。本项目应当根据本表中“短期借款”“应缴增值税”“其他应缴税费”“应缴财政款”“应付职工薪酬”“应付票据”“应付账款”“应付政府补贴款”“应付利息”“预收账款”“其他应付款”“预提费用”“一年内到期的非流动负债”“其他流动负债”项目金额的合计数填列。

16. “长期借款”项目，反映单位期末长期借款的余额。本项目应当根据“长期借款”科目的期末余额减去其中将于 1 年内（含 1 年）到期的长期借款余额后的金额填列。

17. “长期应付款”项目，反映单位期末长期应付款的余额。本项目应当根据“长期应付款”科目的期末余额减去其中将于 1 年内（含 1 年）到期的长期应付款余额后的金额填列。

18. “预计负债”项目，反映单位期末已确认但尚未偿付的预计负债的余额。本项目应当根据“预计负债”科目的期末余额填列。

19. “其他非流动负债”项目，反映单位期末除本表中上述各项之外的其他非流动负债的合计数。本项目应当根据有关科目的期末余额合计数填列。

20. “非流动负债合计”项目，反映单位期末非流动负债合计数。本项目应当根据本表中“长期借款”“长期应付款”“预计负债”“其他非流动负债”项目金额的合计数填列。

21. “受托代理负债”项目，反映单位期末受托代理负债的金额。本项目应当根据“受托代理负债”科目的期末余额填列。

22. “负债合计”项目，反映单位期末负债的合计数。本项目应当根据本表中“流动负债合计”“非流动负债合计”“受托代理负债”项目金额的合计数填列。

（三） 净资产类项目

1. “累计盈余”项目，反映单位期末未分配盈余（或未弥补亏损）以及无偿调拨净资产变动的累计数。本项目应当根据“累计盈余”科目的期末余额填列。

2. “专用基金”项目，反映单位期末累计提取或设置但尚未使用的专用基金余额。本项目应当根据“专用基金”科目的期末余额填列。

3. “权益法调整”项目，反映单位期末在被投资单位除净损益和利润分配以外的所有者权益变动中累积享有的份额。本项目应当根据“权益法调整”科目的期末余额填列。如“权益法调整”科目期末为借方余额，以“－”号填列。

4. “无偿调拨净资产”项目，反映单位本年度截至报告期期末无偿调入的非现金资产价值扣减无偿调出的非现金资产价值后的净值。本项目仅在月度报表中列示，年度报表中不列示。月度报表中本项目应当根据“无偿调拨净资产”科目的期末余额填列；“无偿调拨净资产”科目期末为借方余额时，以“－”号填列。

5.“本期盈余”项目，反映单位本年度截至报告期期末实现的累计盈余或亏损。本项目仅在月度报表中列示，年度报表中不列示。月度报表中本项目应当根据“本期盈余”科目的期末余额填列；“本期盈余”科目期末为借方余额时，以“－”号填列。

6.“净资产合计”项目，反映单位期末净资产合计数。本项目应当根据本表中“累计盈余”“专用基金”“权益法调整”“无偿调拨净资产”〔月度报表〕、“本期盈余”〔月度报表〕项目金额的合计数填列。

7.“负债和净资产总计”项目，应当按照本表中“负债合计”“净资产合计”项目金额的合计数填列。

二、收入费用表编制说明

本表反映单位在某一会计期间内发生的收入、费用及当期盈余情况。本表“本月数”栏反映各项目的本月实际发生数。作年度收入费用表时，应当将本栏改为“本年数”，反映本年度各项目的实际发生数。本表“本年累计数”栏反映各项目自年初至报告期期末的累计实际发生数。作年度收入费用表时，应当将本栏改为“上年数”，反映上年度各项目的实际发生数，“上年数”栏应当根据上年年度收入费用表中“本年数”栏内所列数字填列。如果本年度收入费用表规定的项目的名称和内容同上年度不一致，应当对上年度收入费用表项目的名称和数字按照本年度的规定进行调整，将调整后的金额填入本年度收入费用表的“上年数”栏内。如果本年度单位发生了因前期差错更正、会计政策变更等调整以前年度盈余的事项，还应当对年度收入费用表中“上年数”栏中的有关项目金额进行相应调整。本表“本月数”栏各项目的内容和填列方法：

（一）本期收入

1.“本期收入”项目，反映单位本期收入总额。本项目应当根据本表中“财政拨款收入”“事业收入”“上级补助收入”“附属单位上缴收入”“经营收入”“非同级财政拨款收入”“投资收益”“捐赠收入”“利息收入”“租金收入”“其他收入”项目金额的合计数填列。

2.“财政拨款收入”项目，反映单位本期从同级政府财政部门取得的各类财政拨款。本项目应当根据“财政拨款收入”科目的本期发生额填列。

“政府性基金收入”项目，反映单位本期取得的财政拨款收入中属于政府性基金预算拨款的金额。本项目应当根据“财政拨款收入”有关明细科目的本期发生额填列。

3.“事业收入”项目，反映单位本期开展专业业务活动及其辅助活动实现的收入。本项目应当根据“事业收入”科目的本期发生额填列。

4.“上级补助收入”项目，反映单位本期从主管部门和上级单位收到或应收的非财政拨款收入。本项目应当根据“上级补助收入”科目的本期发生额填列。

5.“附属单位上缴收入”项目，反映单位本期收到或应收的独立核算的附属单位按照有关规定上缴的收入。本项目应当根据“附属单位上缴收入”科目的本期发生额填列。

6.“经营收入”项目，反映单位本期在专业业务活动及其辅助活动之外开展非独立核算经营活动实现的收入。本项目应当根据“经营收入”科目的本期发生额填列。

7.“非同级财政拨款收入”项目，反映单位本期从非同级政府财政部门取得的财政拨款，不包括单位因开展科研及其辅助活动从非同级财政部门取得的经费拨款。本项目应当根据“非同级财政拨款收入”科目的本期发生额填列。

8.“投资收益”项目，反映单位本期股权投资和债券投资所实现的收益或发生的损失。本项目应当根据“投资收益”科目的本期发生额填列；如为投资净损失，以“—”号填列。

9.“捐赠收入”项目，反映单位本期接受捐赠取得的收入。本项目应当根据“捐赠收入”科目的本期发生额填列。

10.“利息收入”项目，反映单位本期取得的银行存款利息收入。本项目应当根据“利息收入”科目的本期发生额填列。

11.“租金收入”项目，反映单位本期经批准利用国有资产出租取得并按规定纳入本单位预算管理的租金收入。本项目应当根据“租金收入”科目的本期发生额填列。

12.“其他收入”项目，反映单位本期取得的除以上收入项目外的其他收入的总额。本项目应当根据“其他收入”科目的本期发生额填列。

（二）本期费用

1.“本期费用”项目，反映单位本期费用总额。本项目应当根据本表中“业务活动费用”“单位管理费用”“经营费用”“资产处置费用”“上缴上级费用”“对附属单位补助费用”“所得税费用”和“其他费用”项目金额的合计数填列。

2.“业务活动费用”项目，反映单位本期为实现其职能目标，依法履职或开展专业业务活动及其辅助活动所发生的各项费用。本项目应当根据“业务活动费用”科目本期发生额填列。

3.“单位管理费用”项目，反映单位本期本级行政及后勤管理部门开展管理活动发生的各项费用，以及由单位统一负担的离退休人员经费、工会经费、诉讼费、中介费等。本项目应当根据“单位管理费用”科目的本期发生额填列。

4.“经营费用”项目，反映单位本期在专业业务活动及其辅助活动之外开展非独立核算经营活动发生的各项费用。本项目应当根据“经营费用”科目的本期发生额填列。

5.“资产处置费用”项目，反映单位本期经批准处置资产时转销的资产价值以及在处置过程中发生的有关费用或者处置收入小于处置费用形成的净支出。本项目应当根据“资产处置费用”科目的本期发生额填列。

6.“上缴上级费用”项目，反映单位按照规定上缴上级单位款项发生的费用。本项目应当根据“上缴上级费用”科目的本期发生额填列。

7.“对附属单位补助费用”项目，反映单位用财政拨款收入之外的收入对附属单位补助发生的费用。本项目应当根据“对附属单位补助费用”科目的本期发生额填列。

8.“所得税费用”项目，反映有企业所得税缴纳义务的单位本期计算应缴纳的企业所得税。本项目应当根据“所得税费用”科目的本期发生额填列。

9.“其他费用”项目，反映单位本期发生的除以上费用项目外的其他费用的总额。本项目应当根据“其他费用”科目的本期发生额填列。

（三）本期盈余

“本期盈余”项目，反映单位本期收入扣除本期费用后的净额。本项目应当根据本表中“本期收入”项目金额减去“本期费用”项目金额后的金额填列；如为负数，以“—”号填列。

三、医疗活动收入费用明细表编制说明

本表反映医院在某一会计期间内医疗活动有关收入、费用及其所属明细项目的详细情况。本表“本月数”栏反映各项目的本月实际发生数。作年度收入费用明细表时，应当将本栏改为“本年数”，反映本年度各项目的实际发生数。本表“本年累计数”栏反映各项目自年初至报告期期末的累计实际发生数。作年度医疗活动收入费用明细表时，应当将本栏改为“上年数”，反映上年度各项目的实际发生数，“上年数”栏应当根据上年年度医疗活动收入费用明细表中“本年数”栏内所列数字填列。如果本年度医疗活动收入费用明细表规定的项目名称和内容同上年度不一致，应当对上年度医疗活动收入费用明细表项目名称和数字按照本年度的规定进行调整，将调整后的金额填入本年度医疗活动收入费用明细表的“上年数”栏内。

本表各项目的填列方法

1. 医疗活动收入

“医疗活动收入合计”项目，反映医院本期医疗活动收入总额。本项目应当根据本表中“财政基本补助收入”“医疗收入”“上级补助收入”“附属单位上缴收入”“经营收入”“非同级财政拨款收入”“投资收益”“捐赠收入”“利息收入”“租金收入”“其他收入”项目金额的合计数填列。

“财政基本补助收入”项目应根据“财政拨款收入—基本支出”明细科目本期发生额填列。

“医疗收入”及其所属各明细项目应根据所对应的明细科目的本期发生额填列。

“上级补助收入”“附属单位上缴收入”“经营收入”“非同级财政拨款收入”“投资收益”“捐赠收入”“利息收入”“租金收入”“其他收入”项目应根据所对应的科目的本期发生额填列。

2. 医疗活动费用

“医疗活动费用合计”项目，反映医院本期医疗活动费用总额。本项目应当根据本表中“业务活动费用”“单位管理费用”“经营费用”“资产处置费用”“上缴上级费用”“对附属单位补助费用”“其他费用”项目金额的合计数填列。

“业务活动费用”“单位管理费用”及其所属各明细项目应根据所对应的明细科目中经费性质为财政基本补助经费和其他经费的本期发生额填列。

“经营费用”“资产处置费用”“上缴上级费用”“对附属单位补助费用”“其他费用”项目应根据所对应的科目的本期发生额填列。

四、净资产变动表编制说明

本表反映单位在某一会计年度内净资产项目的变动情况。本表“本年数”栏反映本年度各项目的实际变动数。本表“上年数”栏反映上年度各项目的实际变动数，应当根据上年度净资产变动表中“本年数”栏内所列数字填列。如果上年度净资产变动表规定的项目的名称和内容与本年度不一致，应对上年度净资产变动表项目的名称和数字按照本年度的规定进行调整，将调整后金额填入本年度净资产变动表“上年数”栏内。本表“本年数”栏各项目的内容和填列方法：

1. “上年年末余额”行，反映单位净资产各项目上年年末的余额。本行各项目应当根据“累计盈余”“专用基金”“权益法调整”科目上年年末余额填列。

2. “以前年度盈余调整”行，反映单位本年度调整以前年度盈余的事项对累计盈余进行调整的金额。本行“累计盈余”项目应当根据本年度“以前年度盈余调整”科目转入“累计盈余”科目的金额填列；如调整减少累计盈余，以“—”号填列。

3. “本年年初余额”行，反映经过以前年度盈余调整后，单位净资产各项目的本年年初余额。本行“累计盈余”“专用基金”“权益法调整”项目应当根据其各自在“上年年末余额”和“以前年度盈余调整”行对应项目金额的合计数填列。

4. “本年变动金额”行，反映单位净资产各项目本年变动总金额。

本行“累计盈余”“专用基金”“权益法调整”项目应当根据其各自在“本年盈余”“无偿调拨净资产”“归集调整预算结转结余”“提取或设置专用基金”“使用专用基金”“权益法调整”行对应项目金额的合计数填列。

5. “本年盈余”行，反映单位本年发生的收入、费用对净资产的影响。本行“累计盈余”项目应当根据年末由“本期盈余”科目转入“本年盈余分配”科目的金额填列；如转入时借记“本年盈余分配”科目，则以“－”号填列。

6. “无偿调拨净资产”行，反映单位本年无偿调入、调出非现金资产事项对净资产的影响。本行“累计盈余”项目应当根据年末由“无偿调拨净资产”科目转入“累计盈余”科目的金额填列；如转入时借记“累计盈余”科目，则以“－”号填列。

7. “归集调整预算结转结余”行，反映单位本年财政拨款结转结余资金归集调入、归集上缴或调出，以及非财政拨款结转资金缴回对净资产的影响。本行“累计盈余”项目应当根据“累计盈余”科目明细账记录分析填列；如归集调整减少预算结转结余，则以“－”号填列。

8. “提取或设置专用基金”行，反映单位本年提取或设置专用基金对净资产的影响。本行“累计盈余”项目应当根据“从预算结余中提取”行“累计盈余”项目的金额填列。本行“专用基金”项目应当根据“从预算收入中提取”“从预算结余中提取”“设置的专用基金”行“专用基金”项目金额的合计数填列。

“从预算收入中提取”行，反映单位本年从预算收入中提取专用基金对净资产的影响。本行“专用基金”项目应当通过对“专用基金”科目明细账记录的分析，根据本年按有关规定从预算收入中提取基金的金额填列。

“从预算结余中提取”行，反映单位本年根据有关规定从本年度非财政拨款结余或经营结余中提取专用基金对净资产的影响。本行“累计盈余”“专用基金”项目应当通过对“专用基金”科目明细账记录的分析，根据本年按有关规定从本年度非财政拨款结余或经营结余中提取专用基金的金额填列；本行“累计盈余”项目以“－”号填列。

“设置的专用基金”行，反映单位本年根据有关规定设置的其他专用基金对净资产的影响。本行“专用基金”项目应当通过对“专用基金”科目明细账记录的分析，根据本年按有关规定设置的其他专用基金的金额填列。

9. “使用专用基金”行，反映单位本年按规定使用专用基金对净资产的影响。本行“累计盈余”“专用基金”项目应当通过对“专用基金”科目明细账记录的分析，根据本年按规定使用专用基金的金额填列；本行“专用基金”项目以“－”号填列。

10. “权益法调整”行，反映单位本年按照被投资单位除净损益和利润分配以外的所有者权益变动份额而调整长期股权投资账面余额对净资产的影响。本行“权益法调整”项目应当根据“权益法调整”科目本年发生额填列；若本年净发生额为借方时，以“－”号填列。

11. “本年年末余额”行，反映单位本年各净资产项目的年末余额。本行“累计盈余”“专用基金”“权益法调整”项目应当根据其各自在“本年年初余额”“本年变动金额”行对应项目金额的合计数填列。

12. 本表各行“净资产合计”项目，应当根据所在行“累计盈余”“专用基金”“权益法调整”项目金额的合计数填列。

五、现金流量表编制说明

本表反映单位在某一会计年度内现金流入和流出的信息。本表所指的现金，是指单位的库存现金以及其他可以随时用于支付的款项，包括库存现金、可以随时用于支付的银行存款、其他货币资金、零余额账户用款额度、财政应返还额度，以及通过财政直接支付方式支付的款项。现金流量表应当按照日常活动、投资活动、筹资活动的现金流量分别反映。本表所指的现金流量，是指现金的流入和流出。本表“本年金额”栏反映各项目的本年实际发生数。本表“上年金额”栏反映各项目的上年实际发生数，应当根据上年现金流量表中“本年金额”栏内所列数字填列。单位应当采用直接法作现金流量表。本表“本年金额”栏各项目的填列方法：

（一）日常活动产生的现金流量

1. “财政基本支出拨款收到的现金”项目，反映单位本年接受财政基本支出拨款取得的现金。本项目应当根据“零余额账户用款额度”“财政拨款收入”“银行存款”等科目及其所属明细科目的记录分析填列。

2. “财政非资本性项目拨款收到的现金”项目，反映单位本年接受除用于购建固定资产、无形资产、公共基础设施等资本性项目以外的财政项目拨款取得的现金。本项目应当根据“银行存款”“零余额账户用款额度”“财政拨款收入”等科目及其所属明细科目的记录分析填列。

3. “事业活动收到的除财政拨款以外的现金”项目，反映事业单位本年开展专业业务活动及其辅助活动取得的除财政拨款以外的现金。本项目应当根据“库存现金”“银行存款”“其他货币资金”“应收账款”“应收票据”“预收账款”“事业收入”等科目及其所属明细科目的记录分析填列。

4. “收到的其他与日常活动有关的现金”项目，反映单位本年收到的除以上项目之外的与日常活动有关的现金。本项目应当根据“库存现金”“银行存款”“其他货币资金”“上级补助收入”“附属单位上缴收入”“经营收入”“非同级财政拨款收入”“捐赠收入”“利息收入”“租金收入”“其他收入”等科目及其所属明细科目的记录分析填列。

5. “日常活动的现金流入小计”项目，反映单位本年日常活动产生的现金流入的合计数。本项目应当根据本表中“财政基本支出拨款收到的现金”“财政非资本性项目拨款收到的现金”“事业活动收到的除财政拨款以外的现金”“收到的其他与日常活动有关的现金”项目金额的合计数填列。

6. “购买商品、接受劳务支付的现金”项目，反映单位本年在日常活动中用于购买商品、接受劳务支付的现金。本项目应当根据“库存现金”“银行存款”“财政拨款收入”“零余额账户用款额度”“预付账款”“在途物品”“库存物品”“应付账款”“应付票据”“业务活动费用”“单位管理费用”“经营费用”等科目及其所属明细科目的记录分析填列。

7. “支付给职工以及为职工支付的现金”项目，反映单位本年支付给职工以及为职工支付的现金。本项目应当根据“库存现金”“银行存款”“零余额账户用款额度”“财政拨款收入”“应付职工薪酬”“业务活动费用”“单位管理费用”“经营费用”等科目及其所属明细科目的记录分析填列。

8. “支付的各项税费”项目，反映单位本年用于缴纳日常活动有关税费而支付的现金。本项目应当根据“库存现金”“银行存款”“零余额账户用款额度”“应缴增值税”“其他应缴税费”“业务活动费用”“单位管理费用”“经营费用”“所得税费用”等科目及其所属明细科目的记录分析填列。

9.“支付的其他与日常活动有关的现金”项目，反映单位本年支付的除上述项目之外与日常活动有关的现金。本项目应当根据“库存现金”“银行存款”“零余额账户用款额度”“财政拨款收入”“其他应付款”“业务活动费用”“单位管理费用”“经营费用”“其他费用”等科目及其所属明细科目的记录分析填列。

10.“日常活动的现金流出小计”项目，反映单位本年日常活动产生的现金流出的合计数。本项目应当根据本表中“购买商品、接受劳务支付的现金”“支付给职工以及为职工支付的现金”“支付的各项税费”“支付的其他与日常活动有关的现金”项目金额的合计数填列。

11.“日常活动产生的现金流量净额”项目，应当按照本表中“日常活动的现金流入小计”项目金额减去“日常活动的现金流出小计”项目金额后的金额填列；如为负数，以“－”号填列。

（二）投资活动产生的现金流量

1.“收回投资收到的现金”项目，反映单位本年出售、转让或者收回投资收到的现金。本项目应该根据“库存现金”“银行存款”“短期投资”“长期股权投资”“长期债券投资”等科目的记录分析填列。

2.“取得投资收益收到的现金”项目，反映单位本年因对外投资而收到被投资单位分配的股利或利润，以及收到投资利息而取得的现金。本项目应当根据“库存现金”“银行存款”“应收股利”“应收利息”“投资收益”等科目的记录分析填列。

3.“处置固定资产、无形资产、公共基础设施等收回的现金净额”项目，反映单位本年处置固定资产、无形资产、公共基础设施等非流动资产所取得的现金，减去为处置这些资产而支付的有关费用之后的净额。由于自然灾害所造成的固定资产等长期资产损失而收到的保险赔款收入，也在本项目反映。本项目应当根据“库存现金”“银行存款”“待处理财产损溢”等科目的记录分析填列。

4.“收到的其他与投资活动有关的现金”项目，反映单位本年收到的除上述项目之外与投资活动有关的现金。对于金额较大的现金流入，应当单列项目反映。本项目应当根据“库存现金”“银行存款”等有关科目的记录分析填列。

5.“投资活动的现金流入小计”项目，反映单位本年投资活动产生的现金流入的合计数。本项目应当根据本表中“收回投资收到的现金”“取得投资收益收到的现金”“处置固定资产、无形资产、公共基础设施等收回的现金净额”“收到的其他与投资活动有关的现金”项目金额的合计数填列。

6.“购建固定资产、无形资产、公共基础设施等支付的现金”项目，反映单位本年购买和建造固定资产、无形资产、公共基础设施等非流动资产所支付的现金；融资租入固定资产支付的租赁费不在本项目反映，在筹资活动的现金流量中反映。本项目应当根据“库存现金”“银行存款”“固定资产”“工程物资”“在建工程”“无形资产”“研发支出”“公共基础设施”“保障性住房”等科目的记录分析填列。

7.“对外投资支付的现金”项目，反映单位本年为取得短期投资、长期股权投资、长期债券投资而支付的现金。本项目应当根据“库存现金”“银行存款”“短期投资”“长期股权投资”“长期债券投资”等科目的记录分析填列。

8.“上缴处置固定资产、无形资产、公共基础设施等净收入支付的现金”项目，反映本年单位将处置固定资产、无形资产、公共基础设施等非流动资产所收回的现金净额予以上缴财政所支付的现金。本项目应当根据“库存现金”“银行存款”“应缴财政款”等科目的记录分析填列。

9.“支付的其他与投资活动有关的现金”项目，反映单位本年支付的除上述项目之外与投资活动有关的现金。对于金额较大的现金流出，应当单列项目反映。本项目应当根据“库存现金”“银行存款”等有关科目的记录分析填列。

10.“投资活动的现金流出小计”项目，反映单位本年投资活动产生的现金流出的合计数。本项目应当根据本表中“购建固定资产、无形资产、公共基础设施等支付的现金”“对外投资支付的现金”“上缴处置固定资产、无形资产、公共基础设施等净收入支付的现金”“支付的其他与投资活动有关的现金”项目金额的合计数填列。

11.“投资活动产生的现金流量净额”项目，应当按照本表中“投资活动的现金流入小计”项目金额减去“投资活动的现金流出小计”项目金额后的金额填列；如为负数，以“－”号填列。

（三）筹资活动产生的现金流量

1.“财政资本性项目拨款收到的现金”项目，反映单位本年接受用于购建固定资产、无形资产、公共基础设施等资本性项目的财政项目拨款取得的现金。本项目应当根据“银行存款”“零余额账户用款额度”“财政拨款收入”等科目及其所属明细科目的记录分析填列。

2.“取得借款收到的现金”项目，反映事业单位本年举借短期、长期借款所收到的现金。本项目应当根据“库存现金”“银行存款”“短期借款”“长期借款”等科目记录分析填列。

3.“收到的其他与筹资活动有关的现金”项目，反映单位本年收到的除上述项目之外与筹资活动有关的现金。对于金额较大的现金流入，应当单列项目反映。本项目应当根据“库存现金”“银行存款”等有关科目的记录分析填列。

4.“筹资活动的现金流入小计”项目，反映单位本年筹资活动产生的现金流入的合计数。本项目应当根据本表中“财政资本性项目拨款收到的现金”“取得借款收到的现金”“收到的其他与筹资活动有关的现金”项目金额的合计数填列。

5.“偿还借款支付的现金”项目，反映事业单位本年偿还借款本金所支付的现金。本项目应当根据“库存现金”“银行存款”“短期借款”“长期借款”等科目的记录分析填列。

6.“偿还利息支付的现金”项目，反映事业单位本年支付的借款利息等。本项目应当根据“库存现金”“银行存款”“应付利息”“长期借款”等科目的记录分析填列。

7.“支付的其他与筹资活动有关的现金”项目，反映单位本年支付的除上述项目之外与筹资活动有关的现金，如融资租入固定资产所支付的租赁费。本项目应当根据“库存现金”“银行存款”“长期应付款”等科目的记录分析填列。

8.“筹资活动的现金流出小计”项目，反映单位本年筹资活动产生的现金流出的合计数。本项目应当根据本表中“偿还借款支付的现金”“偿还利息支付的现金”“支付的其他与筹资活动有关的现金”项目金额的合计数填列。

9.“筹资活动产生的现金流量净额”项目，应当按照本表中“筹资活动的现金流入小计”项目金额减去“筹资活动的现金流出小计”金额后的金额填列；如为负数，以“－”号填列。

（四）“汇率变动对现金的影响额”项目

反映单位本年外币现金流量折算为人民币时，所采用的现金流量发生日的汇率折算的人民币金额与外币现金流量净额按期末汇率折算的人民币金额之间的差额。

（五）“现金净增加额”项目

反映单位本年现金变动的净额。本项目应当根据本表中“日常活动产生的现金流量净额”“投资活动产生的现金流量净额”“筹资活动产生的现金流量净额”和“汇率变动对现金的影响额”项目金额的合计数填列；如为负数，以“－”号填列。

六、预算收入支出表编制说明

本表反映单位在某一会计年度内各项预算收入、预算支出和预算收支差额的情况。本表“本年数”栏反映各项目的本年实际发生数。本表“上年数”栏反映各项目上年度的实际发生数，应当根据上年度预算收入支出表中“本年数”栏内所列数字填列。如果本年度预算收入支出表规定的项目的名称和内容同上年度不一致，应当对上年度预算收入支出表项目的名称和数字按照本年度的规定进行调整，将调整后金额填入本年度预算收入支出表的“上年数”栏。本表“本年数”栏各项目的内容和填列方法

（一）本年预算收入

1. “本年预算收入”项目，反映单位本年预算收入总额。本项目应当根据本表中“财政拨款预算收入”“事业预算收入”“上级补助预算收入”“附属单位上缴预算收入”“经营预算收入”“债务预算收入”“非同级财政拨款预算收入”“投资预算收益”“其他预算收入”项目金额的合计数填列。

2. “财政拨款预算收入”项目，反映单位本年从同级政府财政部门取得的各类财政拨款。本项目应当根据“财政拨款预算收入”科目的本年发生额填列。

“政府性基金收入”项目，反映单位本年取得的财政拨款收入中属于政府性基金预算拨款的金额。本项目应当根据“财政拨款预算收入”有关明细科目的本年发生额填列。

3. “事业预算收入”项目，反映事业单位本年开展专业业务活动及其辅助活动取得的预算收入。本项目应当根据“事业预算收入”科目的本年发生额填列。

4. “上级补助预算收入”项目，反映事业单位本年从主管部门和上级单位取得的非财政补助预算收入。本项目应当根据“上级补助预算收入”科目的本年发生额填列。

5. “附属单位上缴预算收入”项目，反映事业单位本年收到的独立核算的附属单位按照有关规定上缴的预算收入。本项目应当根据“附属单位上缴预算收入”科目的本年发生额填列。

6. “经营预算收入”项目，反映事业单位本年在专业业务活动及其辅助活动之外开展非独立核算经营活动取得的预算收入。本项目应当根据“经营预算收入”科目的本年发生额填列。

7. “债务预算收入”项目，反映事业单位本年按照规定从金融机构等借入的、纳入部门预算管理的债务预算收入。本项目应当根据“债务预算收入”的本年发生额填列。

8. “非同级财政拨款预算收入”项目，反映单位本年从非同级政府财政部门取得的财政拨款。本项目应当根据“非同级财政拨款预算收入”科目的本年发生额填列。

9. “投资预算收益”项目，反映事业单位本年取得的按规定纳入单位预算管理的投资收益。本项目应当根据“投资预算收益”科目的本年发生额填列。

10. “其他预算收入”项目，反映单位本年取得的除上述收入以外的纳入单位预算管理的各项预算收入。本项目应当根据“其他预算收入”科目的本年发生额填列。

“利息预算收入”项目，反映单位本年取得的利息预算收入。本项目应当根据“其他预算收入”科目的明细记录分析填列。单位单设“利息预算收入”科目的，应当根据“利息预算收入”科目的

本年发生额填列。

“捐赠预算收入”项目，反映单位本年取得的捐赠预算收入。本项目应当根据“其他预算收入”科目明细账记录分析填列。单位单设“捐赠预算收入”科目的，应当根据“捐赠预算收入”科目的本年发生额填列。

“租金预算收入”项目，反映单位本年取得的租金预算收入。本项目应当根据“其他预算收入”科目明细账记录分析填列。单位单设“租金预算收入”科目的，应当根据“租金预算收入”科目的本年发生额填列。

（二）本年预算支出

1.“本年预算支出”项目，反映单位本年预算支出总额。本项目应当根据本表中“行政支出”“事业支出”“经营支出”“上缴上级支出”“对附属单位补助支出”“投资支出”“债务还本支出”和“其他支出”项目金额的合计数填列。

2.“行政支出”项目，反映行政单位本年履行职责实际发生的支出。本项目应当根据“行政支出”科目的本年发生额填列。

3.“事业支出”项目，反映事业单位本年开展专业业务活动及其辅助活动发生的支出。本项目应当根据“事业支出”科目的本年发生额填列。

4.“经营支出”项目，反映事业单位本年在专业业务活动及其辅助活动之外开展非独立核算经营活动发生的支出。本项目应当根据“经营支出”科目的本年发生额填列。

5.“上缴上级支出”项目，反映事业单位本年按照财政部门和主管部门的规定上缴上级单位的支出。本项目应当根据“上缴上级支出”科目的本年发生额填列。

6.“对附属单位补助支出”项目，反映事业单位本年用财政拨款收入之外的收入对附属单位补助发生的支出。本项目应当根据“对附属单位补助支出”科目的本年发生额填列。

7.“投资支出”项目，反映事业单位本年以货币资金对外投资发生的支出。本项目应当根据“投资支出”科目的本年发生额填列。

8.“债务还本支出”项目，反映事业单位本年偿还自身承担的纳入预算管理的从金融机构举借的债务本金的支出。本项目应当根据“债务还本支出”科目的本年发生额填列。

9.“其他支出”项目，反映单位本年除以上支出以外的各项支出。本项目应当根据“其他支出”科目的本年发生额填列。

“利息支出”项目，反映单位本年发生的利息支出。本项目应当根据“其他支出”科目明细账记录分析填列。单位单设“利息支出”科目的，应当根据“利息支出”科目的本年发生额填列。

“捐赠支出”项目，反映单位本年发生的捐赠支出。本项目应当根据“其他支出”科目明细账记录分析填列。单位单设“捐赠支出”科目的，应当根据“捐赠支出”科目的本年发生额填列。

（三）本年预算收支差额

“本年预算收支差额”项目，反映单位本年各项预算收支相抵后的差额。本项目应当根据本表中“本期预算收入”项目金额减去“本期预算支出”项目金额后的金额填列；如相减后金额为负数，以“－”号填列。

七、预算结转结余变动表作说明

本表反映单位在某一会计年度内预算结转结余的变动情况。本表“本年数”栏反映各项目的本年实际发生数。本表“上年数”栏反映各项目的上年实际发生数，应当根据上年度预算结转结余变动表中“本年数”栏内所列数字填列。如果本年度预算结转结余变动表规定的项目的名称和内容同上年度不一致，应当对上年度预算结转结余变动表项目的名称和数字按照本年度的规定进行调整，将调整后金额填入本年度预算结转结余变动表的“上年数”栏。本表中“年末预算结转结余”项目金额等于“年初预算结转结余”“年初余额调整”“本年变动金额”三个项目的合计数。

本表“本年数”栏各项目的内容和填列方法

1.“年初预算结转结余”项目，反映单位本年预算结转结余的年初余额。本项目应当根据本项目下“财政拨款结转结余”“其他资金结转结余”项目金额的合计数填列。

(1)“财政拨款结转结余”项目，反映单位本年财政拨款结转结余资金的年初余额。本项目应当根据“财政拨款结转”“财政拨款结余”科目本年年初余额合计数填列。

(2)“其他资金结转结余”项目，反映单位本年其他资金结转结余的年初余额。本项目应当根据“非财政拨款结转”“非财政拨款结余”“专用结余”“经营结余”科目本年年初余额的合计数填列。

2.“年初余额调整”项目，反映单位本年预算结转结余年初余额调整的金额。本项目应当根据本项目下“财政拨款结转结余”“其他资金结转结余”项目金额的合计数填列。

(1)“财政拨款结转结余”项目，反映单位本年财政拨款结转结余资金的年初余额调整金额。本项目应当根据“财政拨款结转”“财政拨款结余”科目下“年初余额调整”明细科目的本年发生额的合计数填列；如调整减少年初财政拨款结转结余，以“－”号填列。

(2)“其他资金结转结余”项目，反映单位本年其他资金结转结余的年初余额调整金额。本项目应当根据“非财政拨款结转”“非财政拨款结余”科目下“年初余额调整”明细科目的本年发生额的合计数填列；如调整减少年初其他资金结转结余，以“－”号填列。

3.“本年变动金额”项目，反映单位本年预算结转结余变动的金额。本项目应当根据本项目下“财政拨款结转结余”“其他资金结转结余”项目金额的合计数填列。

(1)“财政拨款结转结余”项目，反映单位本年财政拨款结转结余资金的变动。本项目应当根据本项目下“本年收支差额”“归集调入”“归集上缴或调出”项目金额的合计数填列。

①“本年收支差额”项目，反映单位本年财政拨款资金收支相抵后的差额。本项目应当根据“财政拨款结转”科目下“本年收支结转”明细科目本年转入的预算收入与预算支出的差额填列；差额为负数的，以“－”号填列。

②“归集调入”项目，反映单位本年按照规定从其他单位归集调入的财政拨款结转资金。本项目应当根据“财政拨款结转”科目下“归集调入”明细科目的本年发生额填列。

③“归集上缴或调出”项目，反映单位本年按照规定上缴的财政拨款结转结余资金及按照规定向其他单位调出的财政拨款结转资金。本项目应当根据“财政拨款结转”“财政拨款结余”科目下“归集上缴”明细科目，以及“财政拨款结转”科目下“归集调出”明细科目本年发生额的合计数填列，以“－”号填列。

（2）“其他资金结转结余”项目，反映单位本年其他资金结转结余的变动。本项目应当根据本项目下“本年收支差额”“缴回资金”“使用专用结余”“支付所得税”项目金额的合计数填列。

①“本年收支差额”项目，反映单位本年除财政拨款外的其他资金收支相抵后的差额。本项目应当根据“非财政拨款结转”科目下“本年收支结转”明细科目、“其他结余”科目、“经营结余”科目本年转入的预算收入与预算支出的差额的合计数填列；如为负数，以“－”号填列。

②“缴回资金”项目，反映单位本年按照规定缴回的非财政拨款结转资金。本项目应当根据“非财政拨款结转”科目下“缴回资金”明细科目本年发生额的合计数填列，以“－”号填列。

③“使用专用结余”项目，反映单位本年根据规定使用从非财政拨款结余或经营结余中提取的专用基金的金额。本项目应当根据“专用结余”科目明细账中本年使用专用结余业务的发生额填列，以“－”号填列。

④“支付所得税”项目，反映有企业所得税缴纳义务的单位本年实际缴纳的企业所得税金额。本项目应当根据“非财政拨款结余”明细账中本年实际缴纳企业所得税业务的发生额填列，以“－”号填列。

4.“年末预算结转结余”项目，反映单位本年预算结转结余的年末余额。本项目应当根据本项目下“财政拨款结转结余”“其他资金结转结余”项目金额的合计数填列。

（1）“财政拨款结转结余”项目，反映单位本年财政拨款结转结余的年末余额。本项目应当根据本项目下“财政拨款结转”“财政拨款结余”项目金额的合计数填列。

本项目下“财政拨款结转”“财政拨款结余”项目，应当分别根据“财政拨款结转”“财政拨款结余”科目的本年年末余额填列。

（2）“其他资金结转结余”项目，反映单位本年其他资金结转结余的年末余额。本项目应当根据本项目下“非财政拨款结转”“非财政拨款结余”“专用结余”“经营结余”项目金额的合计数填列。

本项目下“非财政拨款结转”“非财政拨款结余”“专用结余”“经营结余”项目，应当分别根据“非财政拨款结转”“非财政拨款结余”“专用结余”“经营结余”科目的本年年末余额填列。

八、财政拨款预算收入支出表编制说明

（一）本表反映单位本年财政拨款预算资金收入、支出及有关变动的具体情况。

（二）本表“项目”栏内各项目，应当根据单位取得的财政拨款种类分项设置。其中“项目支出”项目下，根据每个项目设置；单位取得除一般公共财政预算拨款和政府性基金预算拨款以外的其他财政拨款的，应当按照财政拨款种类增加相应的资金项目及其明细项目。

（三）本表各栏及其对应项目的内容和填列方法

1.“年初财政拨款结转结余”栏中各项目，反映单位年初各项财政结转结余的金额。各项目应当根据“财政拨款结转”“财政拨款结余”及其明细科目的年初余额填列。本栏中各项目的数额应当与上年度财政拨款预算收入支出表中“年末财政拨款结转结余”栏中各项目的数额相等。

2.“调整年初财政拨款结转结余”栏中各项目，反映单位对年初财政拨款结转结余的调整金额。各项目应当根据“财政拨款结转”“财政拨款结余”科目下“年初余额调整”明细科目及其所属明细科目的本年发生额填列；如调整减少年初财政拨款结转结余，以“－”号填列。

3.“本年归集调入”栏中各项目，反映单位本年按规定从其他单位调入的财政拨款结转资金金额。各项目应当根据“财政拨款结转”科目下“归集调入”明细科目及其所属明细科目的本年发生额填列。

4.“本年归集上缴或调出”栏中各项目，反映单位本年按规定实际上缴的财政拨款结转结余资金，及按照规定向其他单位调出的财政拨款结转资金金额。各项目应当根据“财政拨款结转”“财政拨款结余”科目下“归集上缴”科目和“财政拨款结转”科目下“归集调出”明细科目，及其所属明细科目的本年发生额填列，以“－”号填列。

5.“单位内部调剂”栏中各项目，反映单位本年财政拨款结转结余资金在单位内部不同项目等之间的调剂金额。各项目应当根据“财政拨款结转”和“财政拨款结余”科目下的“单位内部调剂”明细科目及其所属明细科目的本年发生额填列；对单位内部调剂减少的财政拨款结余金额，以“－”号填列。

6.“本年财政拨款收入”栏中各项目，反映单位本年从同级财政部门取得的各类财政预算拨款金额。各项目应当根据“财政拨款预算收入”科目及其所属明细科目的本年发生额填列。

7.“本年财政拨款支出”栏中各项目，反映单位本年发生的财政拨款支出金额。各项目应当根据“行政支出”“事业支出”等科目及其所属明细科目本年发生额中的财政拨款支出数的合计数填列。

8.“年末财政拨款结转结余”栏中各项目，反映单位年末财政拨款结转结余的金额。各项目应当根据“财政拨款结转”“财政拨款结余”科目及其所属明细科目的年末余额填列。

九、附注

附注是对在会计报表中列示的项目所作的进一步说明，以及对未能在会计报表中列示项目的说明。附注是财务报表的重要组成部分。凡对报表使用者的决策有重要影响的会计信息，不论本制度是否有明确规定，单位均应当充分披露。

附注主要包括下列内容：

（一）单位的基本情况

单位应当简要披露其基本情况，包括单位主要职能、主要业务活动、所在地、预算管理关系等。

（二）会计报表作基础

（三）遵循政府会计准则、制度的声明

（四）重要会计政策和会计估计

单位应当采用与其业务特点相适应的具体会计政策，并充分披露报告期内采用的重要会计政策和会计估计。主要包括以下内容：

1. 会计期间。
2. 记账本位币，外币折算汇率。

3. 坏账准备的计提方法。

4. 存货类别、发出存货的计价方法、存货的盘存制度，以及低值易耗品和包装物的摊销方法。

5. 长期股权投资的核算方法。

6. 固定资产分类、折旧方法、折旧年限和年折旧率；融资租入固定资产的计价和折旧方法。

7. 无形资产的计价方法；使用寿命有限的无形资产，其使用寿命估计情况；使用寿命不确定的无形资产，其使用寿命不确定的判断依据；单位内部研究开发项目划分研究阶段和开发阶段的具体标准。

8. 公共基础设施的分类、折旧（摊销）方法、折旧（摊销）年限，以及其确定依据。

9. 政府储备物资分类，以及确定其发出成本所采用的方法。

10. 保障性住房的分类、折旧方法、折旧年限。

11. 其他重要的会计政策和会计估计。

12. 本期发生重要会计政策和会计估计变更的，变更的内容和原因、受其重要影响的报表项目名称和金额、有关审批程序，以及会计估计变更开始适用的时点。

（五） 会计报表重要项目说明

单位应当按照资产负债表和收入费用表项目列示顺序，采用文字和数据描述相结合的方式披露重要项目的明细信息。报表重要项目的明细金额合计，应当与报表项目金额相衔接。报表重要项目说明应包括但不限于下列内容：

1. 货币资金的披露格式如下：

项　目	期末余额	年初余额
现金		
银行存款		
其他货币资金		
合　计		

2. 应收账款按照债务人类别披露的格式如下：

债务人类别	期末余额	年初余额
政府会计主体：		
部门内部单位		
单位 1		
……		
部门外部单位		
单位 1		
……		
其他		

（续表）

债务人类别	期末余额	年初余额
单位 1		
……		
合 计		

注 1："部门内部单位"是指纳入单位所属部门财务报告合并范围的单位（下同）。

注 2：有应收票据、预付账款、其他应收款的，可比照应收账款进行披露。

3. 存货的披露格式如下：

项 目	期末余额	年初余额
1.		
……		
合 计		

注：有长期待摊费用、其他非流动资产的，可比照其他流动资产进行披露。

4. 其他流动资产的披露格式如下：

项 目	期末余额	年初余额
1.		
……		
合 计		

注：有长期待摊费用、其他非流动资产的，可比照其他流动资产进行披露。

5. 长期投资

（1）长期债券投资的披露格式如下：

债券发行主体	年初余额	本期增加额	本期减少额	期末余额
1.				
……				
合 计				

注：有短期投资的，可比照长期债券投资进行披露。

（2）长期股权投资的披露格式如下：

被投资单位	核算方法	年初余额	本期增加额	本期减少额	期末余额
1.					
……					
合　计					

（3）当期发生的重大投资净损益项目、金额及原因。

6. 固定资产

（1）固定资产的披露格式如下：

项　目	年初余额	本期增加额	本期减少额	期末余额
一、原值合计				
其中：房屋及构筑物				
通用设备				
专用设备				
文物和陈列品				
图书、档案				
家具、用具、装具及动植物				
二、累计折旧合计				
其中：房屋及构筑物				
通用设备				
专用设备				
家具、用具、装具及动植物				
三、账面价值合计				
其中：房屋及构筑物				
通用设备				
专用设备				
文物和陈列品				
图书、档案				
家具、用具、装具及动植物				

（2）已提足折旧的固定资产名称、数量等情况。

（3）出租、出借固定资产以及固定资产对外投资等情况。

7. 在建工程的披露格式如下：

项　目	年初余额	本期增加额	本期减少额	期末余额
1.				
……				
合　计				

8. 无形资产

（1）各类无形资产的披露格式如下：

项 目	年初余额	本期增加额	本期减少额	期末余额
一、原值合计				
1.				
……				
二、累计摊销合计				
1.				
……				
三、账面价值合计				
1.				
……				

（2）计入当期损益的研发支出金额、确认为无形资产的研发支出金额。

（3）无形资产出售、对外投资等处置情况。

9. 受托代理资产的披露格式如下：

资产类别	年初余额	本期增加额	本期减少额	期末余额
货币资金				
受托转赠物资				
受托存储保管物资				
罚没物资				
其他				
合 计				

10. 应付账款按照债权人类别披露的格式如下：

债权人类别	期末余额	年初余额
政府会计主体：		
部门内部单位		
单位 1		
……		
部门外部单位		
单位 1		
……		
其他		
单位 1		
……		
合 计		

注：有应付票据、预收账款、其他应付款、长期应付款的，可比照应付账款进行披露。

11. 其他流动负债的披露格式如下：

项　目	期末余额	年初余额
1.		
……		
合　计		

注：有预计负债、其他非流动负债的，可比照其他流动负债进行披露。

12. 长期借款

（1）长期借款按照债权人披露的格式如下：

债权人	期末余额	年初余额
1.		
……		
合　计		

注：有短期借款的，可比照长期借款进行披露。

（2）单位有基建借款的，应当分基建项目披露长期借款年初数、本年变动数、年末数及到期期限。

13. 事业收入按照收入来源的披露格式如下：

收入来源	本期发生额	上期发生额
来自财政专户管理资金		
本部门内部单位		
单位 1		
……		
本部门以外同级政府单位		
单位 1		
……		
其他		
单位 1		
……		
合　计		

14. 非同级财政拨款收入按收入来源的披露格式如下：

收入来源	本期发生额	上期发生额
本部门以外同级政府单位		
单位 1		
……		
本部门以外非同级政府单位		
单位 1		
……		
合　计		

收入来源	本期发生额	上期发生额
本部门内部单位		
单位 1		
……		
本部门以外同级政府单位		
单位 1		
……		
本部门以外非同级政府单位		
单位 1		
……		
其他		
单位 1		
……		
合　计		

15. 其他收入按照收入来源的披露格式如下：

16. 业务活动费用

（1）按经济分类的披露格式如下：

项　目	本期发生额	上期发生额
工资福利费用		
商品和服务费用		
对个人和家庭的补助费用		
对企业补助费用		
固定资产折旧费		
无形资产摊销费		
公共基础设施折旧（摊销）费		
保障性住房折旧费		
计提专用基金		
……		
合　计		

注：有单位管理费用、经营费用的，可比照（业务活动费用）此表进行披露。

（2）按支付对象的披露格式如下：

支付对象	本期发生额	上期发生额
本部门内部单位		
单位 1		
……		
本部门以外同级政府单位		
单位 1		
……		
其他		
单位 1		
……		
合　计		

注：有单位管理费用、经营费用的，可比照（业务活动费用）此表进行披露。

17. 其他费用按照类别披露的格式如下：

费用类别	本期发生额	上期发生额
利息费用		
坏账损失		
罚没支出		
……		
合　计		

18. 本期费用按照经济分类的披露格式如下：

项　目	本年数	上年数
工资福利费用		
商品和服务费用		
对个人和家庭的补助费用		
对企业补助费用		
固定资产折旧费		
无形资产摊销费		
公共基础设施折旧（摊销）费		
保障性住房折旧费		
计提专用基金		
所得税费用		
资产处置费用		
上缴上级费用		
对附属单位补助费用		
其他费用		
本期费用合计		

注：单位在按照本制度规定作收入费用表的基础上，可以根据需要按照此表披露的内容作收入费用表。

（六）本年盈余与预算结余的差异情况说明

为了反映单位财务会计和预算会计因核算基础和核算范围不同所产生的本年盈余数与本年预算结余数之间的差异，单位应当按照重要性原则，对本年度发生的各类影响收入（预算收入）和费用（预算支出）的业务进行适度归并和分析，披露将年度预算收入支出表中“本年预算收支差额”调节为年度收入费用表中“本期盈余”的信息。有关披露格式如下：

项　目	金　额
一、本年预算结余（本年预算收支差额）	
二、差异调节	
（一）重要事项的差异	
加：1. 当期确认为收入但没有确认为预算收入	
（1）应收款项、预收账款确认的收入	
（2）接受非货币性资产捐赠确认的收入	
2. 当期确认为预算支出但没有确认为费用	
（1）支付应付款项、预付账款的支出	
（2）为取得存货、政府储备物资等计入物资成本的支出	
（3）为购建固定资产等的资本性支出	
（4）偿还借款本息支出	
减：1. 当期确认为预算收入但没有确认为收入	
（1）收到应收款项、预收账款确认的预算收入	
（2）取得借款确认的预算收入	
2. 当期确认为费用但没有确认为预算支出	
（1）发出存货、政府储备物资等确认的费用	
（2）计提的折旧费用和摊销费用	
（3）确认的资产处置费用（处置资产价值）	
（4）应付款项、预付账款确认的费用	
（二）其他事项差异	
三、本年盈余（本年收入与费用的差额）	

（七）医院承担的政府指令性任务的有关费用信息，披露格式如下：

政府指令性任务	业务活动费用	其他费用	合　计
任务 1			
……			
其他			
合　计			

（八） 其他重要事项说明

1. 资产负债表存在的重要或有事项说明。没有重要或有事项的，也应说明。

2. 以名义金额计量的资产名称、数量等情况，以及以名义金额计量理由的说明。

3. 通过债务资金形成的固定资产、公共基础设施、保障性住房等资产的账面价值、使用情况、收益情况及与此有关的债务偿还情况等的说明。

4. 重要资产置换、无偿调入（出）、捐入（出）、报废、重大毁损等情况的说明。

5. 事业单位将单位内部独立核算单位的会计信息纳入本单位财务报表情况的说明。

6. 政府会计具体准则中要求附注披露的其他内容。

7. 有助于理解和分析单位财务报表需要说明的其他事项。

第四节　医院财务报告分析

一、财务分析概念及其意义

1. 财务分析的概念

财务分析是以医院财务报告等会计资料为基础，采用一定的技术和方法，对医院的财务状况和经营成果进行评价和剖析的一项财务活动，以反映医院在运营过程中的利弊得失，财务状况和发展趋势。

2. 财务分析的意义

（1）是评价财务状况，衡量经营业绩的重要依据。

（2）有利于加强和改善内部管理。

（3）是实现财务目标和经营目标的重要手段。

（4）有利于主管部门进行宏观经济管理和调控。

（5）有利于加强管理，规范财务行为，提高资金使用效率。

（6）是联系财务部门与医院管理层之间的桥梁和纽带，更是财务人员提高自我、展示自我、实现职业价值的过程。通过这个桥梁和纽带，财务职能部门可以把自己的思想和观点、认识和看法传递给医院管理层，为加强医院管理、提高医院社会、经济效益、促进医院可持续发展做出应有的贡献。

3. 财务分析的目标

财务分析的根本目标是保证单位可持续发展，具体目标是通过经常性的分析，对医疗服务和财务等各方面的工作进行评价，以了解医疗服务中的风险，资产运用的安全和效益，把握单位的发展趋势，为单位医疗服务决策和控制提供依据。

二、财务分析的方法及应用时需注意的问题

（一） 对比分析法和应用对比分析法需注意的问题

1. 对比分析法，又称比较分析法。它是指将报告期的某项实际完成指标同某些选定的同类指标进行比较，分析产生差异的原因的方法。

2. 对比分析法应注意以下问题

（1）注意可比性。运用对比分析法，必须注意指标的可比性，要求进行比较的指标间的口径相同。失去了可比性，对比分析就失去了意义。

（2）计量差异调整。随着会计改革的不断深入和会计计量方法的变化，会计计量会出现很大差异，计量的变化必然会影响指标，因此，应对计量差异进行调整后再进行对比分析。

3. 采用对比分析法进行分析的步骤

（1）与预算比较。实际完成数与预算比较，可以反映预算的执行情况。计算公式是：

预算（计划）完成百分比＝实际完成数÷预算数×100％

（2）本期与上期实际完成数比较。本期完成情况与上期或历史同期进行比较分析可以反映发展趋势和发展速度。计算公式如下：

本期与前期完成指标增减额＝本期实际数－对比期实际数

本期与前期指标完成比率＝本期实际数÷比较期实际数×100％

（3）同类单位之间比较。同类单位同指标进行比较，可以发现先进与后进的差额，有助于改进工作。由于单位基础数据资料不同，一般只看完成百分比，从增减幅度上找差距，找原因，通过对比，互相交流经验，取长补短。

（二） 因素分析法和应用因素分析法需注意的问题

1. 因素分析法，又称连环替代法。它是指确定影响计划完成的因素及各个因素相互影响程度的一种分析方法。这种分析方法能够计算各因素的影响程度，以便对各因素采取相应措施，确保计划的完成。

2. 采用因素分析法，要排列各个因素的顺序，并依次以实际数代替计划数，并确定每一因素的影响程度。各个因素要逐一替代，直到所有计划数变为实际数为止。对相邻两次替代计划的结果进行比较，其差额则是某一因素对实际完成情况的影响程度。各个因素影响程度之和，应等于计划数与实际数的差额。

3. 采用因素分析法的步骤

因素分析法一般采用连环替代的方式进行分析，还可以运用差额进行因素分析，计算结果与采用连环替代的方式相同。

三、财务分析的步骤

1. 确定目的，明确要求

为使基层医疗卫生机构的财务分析活动能够取得积极效果，又节省人力、物力，在进行财务分析前必须明确目的、要求，有计划的进行，避免走弯路。

2. 收集资料，掌握情况

进行财务分析必须掌握大量的真实的资料和一定信息。情况明确，才能保证分析判断的正确

性。这些资料包括计划、预算和会计、统计核算资料，各种定员定额资料及各种业务技术指标，还要注意当前科技发展对医学领域的影响。

3. 指标对比，查找差距

依据收集到的资料，进行整理、归纳，然后与计划、预算等进行对比分析，看到差距和不足方面。

4. 分析研究，抓住关键

进一步分析影响事业发展，取得成效及造成差距的各种原因和因素，从而运用因素分析法，从众多因素中抓住主要矛盾，进行综合和概括。

5. 提出措施，写出报告

根据以上分析，肯定成绩和经验，提出克服缺点、改进工作的措施和意见，或着对各个方案进行评价，说明哪个方案最优和可行。按照原定目的及要求，根据分析结论，写成书面报告，提供领导作为改进工作和决策的依据。

四、医院财务分析参考指标详见下表

医院财务分析参考指标

指标名称	计算公式	反映内容
一、预算管理指标		
（一）预算执行率	预算收入执行率＝本期实际收入总额/本期预算收入总额×100％ 预算支出执行率＝本期实际支出总额/本期预算支出总额×100％	预算执行率反映医院预算管理水平。
（二）财政专项拨款执行率	财政专项拨款执行率＝本期财政项目补助实际支出/本期财政项目支出补助收入×100％	财政专项拨款执行率反映医院财政项目补助支出执行进度。
二、风险管理指标		
（一）资产负债率	资产负债率＝负债总额/资产总额×100％	资产负债率反映医院的资产中借债筹资的比重。
（二）流动比率	流动比率＝流动资产/流动负债×100％	流动比率反映医院的短期偿债能力。
三、资产运营指标		
（一）总资产周转率	总资产周转率＝医疗业务收入/平均总资产	总资产周转率反映医院运营能力。周转次数越多，表明运营能力越强；反之，说明医院的运营能力较差。
（二）应收账款周转天数	应收账款周转天数＝平均应收账款余额×365/医疗收入	应收账款周转天数反映医院应收账款流动速度。
（三）存货周转率	存货周转率＝业务活动费用中的药品、卫生材料和其他材料支出/平均存货	存货周转率反映医院向病人提供的药品、卫生材料、其他材料等的流动速度以及存货资金占用是否合理。

（续表）

指标名称	计算公式	反映内容
四、成本管理指标		
（一）每门急诊人次收入、每门急诊人次支出及门急诊收入成本率	每门急诊人次收入＝门急诊收入/门急诊人次 每门急诊人次支出＝门急诊支出/门急诊人次 门急诊收入成本率＝每门急诊人次支出/每门急诊人次收入×100％	门急诊收入成本率反映医院每门急诊收入耗费的成本水平。
（二）每住院人次收入、每住院人次支出及住院收入成本率	每住院人次收入＝住院收入/出院人次 每住院人次支出＝住院支出/出院人次 住院收入成本率＝每住院人次支出/每住院人次收入×100％	住院收入成本率反映医院每住院病人收入耗费的成本水平。
（三）百元收入药品、卫生材料消耗	百元收入药品、卫生材料消耗＝药品、卫生材料消耗/医疗业务收入×100％	百元收入药品、卫生材料消耗反映医院的药品、卫生材料消耗程度，以及医院药品、卫生材料的管理水平。
五、收支结构指标		
（一）人员经费占比	人员经费占比＝（工资福利费用＋对个人和家庭的补助费用）/（业务活动费用＋单位管理费用＋其他费用）×100％	人员经费占比反映医院人员配备的合理性和薪酬水平高低。
（二）商品和服务费用占比	商品和服务费用占比＝商品和服务费用/（业务活动费用＋单位管理费用＋其他费用）×100％	商品和服务费用占比反映医院对人员的商品和服务支出的投入情况。
（三）管理费用率	管理费用率＝单位管理费用/（业务活动费用＋单位管理费用＋其他费用）×100％	管理费用率反映医院管理效率。
（四）药品、卫生材料支出率	药品、卫生材料支出率＝（药品支出＋卫生材料支出）/（业务活动费用＋单位管理费用＋其他费用）×100％	药品、卫生材料支出率反映医院药品、卫生材料在医疗业务活动中的耗费。
（五）药品收入占医疗收入比重	药品收入占医疗收入比重＝药品收入/医疗收入×100％	药品收入占医疗收入比重反映医院药品收入占医疗收入的比重。
六、发展能力指标		
（一）总资产增长率	总资产增长率＝（期末总资产－期初总资产）/期初总资产×100％	总资产增长率从资产总量方面反映医院的发展能力。
（二）净资产增长率	净资产增长率＝（期末净资产－期初净资产）/期初净资产×100％	净资产增长率反映医院净资产的增值情况和发展潜力。
（三）固定资产净值率	固定资产净值率＝固定资产净值/固定资产原值×100％	固定资产净值率反映医院固定资产的新旧程度。

五、如何编写财务分析报告

编写财务分析报告的要求是：抓住主要矛盾，实事求是反映问题，数字运用恰当、准确，观点与材料相统一；文字精练、准确。财务分析报告的具体内容，可视不同单位情况确定，但一般应包括以下几方面内容。

1. 反映基本情况

说明所采用的主要会计处理方法。会计处理方法的变更情况、变更原因以及对财务状况及财务成果的影响；说明分析对象的基本情况，列出主要分析数据。如实际执行数与预算数（计划数）比较，与上期比较的绝对差异和相对差异。

2. 分析主要因素

分析主要因素，是指对影响分析对象的主要因素进行重点分析，这是财务分析报告的主要内容，要尽可能透彻地分析影响财务状况的主要因素，如增收、减收或节支、增支等因素及对财务收支状况影响的程度等。

3. 总结经验，发现问题

通过分析，实事求是地肯定工作中好的做法和经验，更要注意发现工作中存在的问题和不足之处，对财务管理工作做出正确的评价结论。分析报告的结论应突出重点，避免面面俱到，同时要注意实事求是。

4. 提出工作建议

根据分析报告的结论，针对财务分析中发现的问题，提出切实可行的改进工作的建议和措施。

第五节　基层医疗卫生机构财务报表编制说明

基层医疗卫生机构应当按月度和年度编制财务报表和预算会计报表，至少按年度编制财务报表附注。基层医疗卫生机构除按照政府会计制度编制财务报表和预算会计报表外，还应按照本规定按月度编制基层医疗卫生机构待结算医疗款明细表和医疗卫生收入费用明细表。

一、资产负债表

1. 新增项目

基层医疗卫生机构应当在资产负债表“应缴财政款”和“应付职工薪酬”项目之间增加“待结算医疗款”项目；在“应收账款净额”项目下增加“其中：应收在院病人医疗款”和“应收医疗款净额”项目，在“存货”项目下增加“其中：药品”“卫生材料”“低值易耗品”和“其他材料”项目；在“预收账款”项目下增加“其中：预收医疗款”项目，“专用基金”项目下增加“其中：医疗风险基金”和“奖励基金”项目。

2. 新增项目的填列方法

（1）“待结算医疗款”项目，反映按照“收支两条线”管理的基层医疗卫生机构期末尚未确定的应上缴或者留用的医疗收费。本项目应当根据“待结算医疗款”科目的期末余额填列。

（2）“应收在院病人医疗款”项目，反映基层医疗卫生机构期末因提供医疗服务而应向住院病人收取的医疗款的金额。本项目应当根据“应收在院病人医疗款”科目的期末余额填列。

（3）“应收医疗款净额”项目，反映基层医疗卫生机构期末尚未收回的应收医疗款减去已计提的坏账准备后的净额。本项目应当根据“应收医疗款”科目的期末余额，减去“坏账准备”科目中对应收医疗款计提的坏账准备的期末余额后的金额填列。

（4）“药品”“卫生材料”“低值易耗品”和“其他材料”项目，分别反映基层医疗卫生机构期末药品、卫生材料、低值易耗品和其他材料的实际成本。本项目应当分别根据“药品”“卫生材料”“低值易耗品”和“其他材料”科目的期末余额填列。

（5）“预收医疗款”项目，反映基层医疗卫生机构期末预先收取但尚未确认收入和实际结算的医疗款的金额。本项目应当根据“预收医疗款”科目的期末余额填列。

（6）“医疗风险基金”和“奖励基金”项目，分别反映基层医疗卫生机构期末按照规定累计提取但尚未使用的医疗风险基金和奖励基金的金额。本项目应当分别根据“医疗风险基金”和“奖励基金”科目的期末余额填列。

二、基层医疗卫生机构待结算医疗款明细表制作说明

1. 本表反映按“收支两条线”管理的基层医疗卫生机构在某一会计期间内的各项医疗收费情况。

2. 本表适用于按“收支两条线”管理的基层医疗卫生机构，各项目的内容应当根据“待结算医疗款”有关明细科目的本期贷方发生额填列。

作月度报表时，本表“本月数”栏反映各项目的本月实际发生数，本表“本年累计数”栏反映各项目自年初至报告期期末的累计实际发生数。

作年度报表时，应当将本表的“本月数”栏改为“本年数”，反映本年度各项目的实际发生数；将本表的“本年累计数”栏改为“上年数”，反映上年度各项目的实际发生数，“上年数”栏应当根据上年本表的年度报表中“本年数”栏内所列数字填列。

本表“本月数”栏目各项目，按照“待结算医疗款”科目及明细科目的本期贷方发生额填列。

如果本年度基层医疗卫生机构待结算医疗款明细表规定的项目名称和内容同上年度不一致，应当对上年度基层医疗卫生机构待结算医疗款明细表项目名称和数字按照本年度的规定进行调整，将调整后的金额填入本年度基层医疗卫生机构待结算医疗款明细表的“上年数”栏内。

如果本年度基层医疗卫生机构发生了因前期差错更正、会计政策变更等调整以前年度盈余的事项，还应当对本表年度报表中“上年数”栏中的有关项目金额进行相应调整。

三、收入费用表

1. 新增项目

基层医疗卫生机构应当在收入费用表中增加以下项目：

（1）在“其中：政府性基金收入”项目后增加“其中：财政基本拨款收入”“财政项目拨款收入”项目，在“其中：财政基本拨款收入”项目下增加“其中：医疗收入”“公共卫生收入”项目，在“财政项目拨款收入”项目下增加“其中：医疗收入”“公共卫生收入”“科教收入”项目。

（2）在“（二）事业收入”项目下增加“其中：医疗收入”“公共卫生收入”“科教收入”项目。

（3）在“（六）非同级财政拨款收入”项目下增加“其中：医疗收入”“公共卫生收入”项目。

（4）在“（一）业务活动费用”项目下增加“其中：医疗费用”“公共卫生费用”和“科教费用”项目。

（5）在“三、本期盈余”项目下增加“其中：医疗盈余”“公共卫生盈余”“科教盈余”和“新旧转换盈余”项目。

2. 新增项目的填列方法

（1）“财政基本拨款收入”项目下“医疗收入”项目，反映基层医疗卫生机构本期开展医疗业务活动取得的财政基本拨款收入。本项目应当根据“财政拨款收入——财政基本拨款收入——医疗收入”科目的本期发生额填列。

“财政基本拨款收入”项目下“公共卫生收入”项目，反映基层医疗卫生机构本期开展公共卫生活动取得的财政基本拨款收入。本项目应当根据“财政拨款收入——财政基本拨款收入——公共卫生收入”科目的本期发生额填列。

“财政项目拨款收入”项目下“医疗收入”项目，反映基层医疗卫生机构本期开展医疗业务活动取得的财政项目拨款收入。本项目应当根据“财政拨款收入——财政项目拨款收入——医疗收入”科目的本期发生额填列。

“财政项目拨款收入”项目下“公共卫生收入”项目，反映基层医疗卫生机构本期开展公共卫生活动取得的财政项目拨款收入。本项目应当根据“财政拨款收入——财政项目拨款收入——公共卫生收入”科目的本期发生额填列。

“财政项目拨款收入”项目下“科教收入”项目，反映基层医疗卫生机构本期开展科研教学活动取得的财政项目拨款收入。本项目应当根据“财政拨款收入——财政项目拨款收入——科教收入”科目的本期发生额填列。

（2）“事业收入”项目下“医疗收入”项目，反映基层医疗卫生机构本期开展医疗业务活动实现的收入。本项目应当根据“事业收入——医疗收入”科目的本期发生额填列。

“公共卫生收入”项目，反映基层医疗卫生机构本期开展公共卫生活动实现的收入。本项目应当根据“事业收入——公共卫生收入”科目的本期发生额填列。

“科教收入”项目，反映基层医疗卫生机构本期开展科研教学活动实现的收入。本项目应当根据“事业收入——科教收入”科目的本期发生额填列。

（3）“非同级财政拨款收入”项目下“医疗收入”项目，反映基层医疗卫生机构本期开展医疗业务活动取得的非同级财政拨款收入。本项目应当根据“非同级财政拨款收入——医疗收入”科目的本期发生额填列。

“公共卫生收入”项目，反映基层医疗卫生机构本期开展公共卫生活动取得的非同级财政拨款收入。本项目应当根据“非同级财政拨款收入——公共卫生收入”科目的本期发生额填列。

（4）“业务活动费用”项目下“医疗费用”项目，反映基层医疗卫生机构本期为提供医疗服务所发生的各项费用。本项目应当根据“业务活动费用——医疗费用”科目本期发生额填列。

“公共卫生费用”项目，反映基层医疗卫生机构本期为开展公共卫生服务活动所发生的各项费用。本项目应当根据“业务活动费用——公共卫生费用”科目本期发生额填列。

“科研费用”项目，反映基层医疗卫生机构本期为开展科研教学活动所发生的各项费用。本项目应当根据“业务活动费用——科教费用”科目本期发生额填列。

(5)“本期盈余”项目下“医疗盈余”项目，反映基层医疗卫生机构本期医疗活动有关收入扣除医疗活动有关费用后的净额。本项目应当根据本表中“财政拨款收入”项目下“财政基本拨款收入”项目下“医疗收入”“财政拨款收入”项目下“财政项目拨款收入”项目下“医疗收入”“事业收入”项目下“医疗收入”“上级补助收入”“附属单位上缴收入”“经营收入”“非同级财政拨款收入”项目下“医疗收入”“投资收益”“捐赠收入”“利息收入”“租金收入”“其他收入”项目金额合计数减去“业务活动费用”项目下“医疗费用”“单位管理费用”“经营费用”“资产处置费用”“上缴上级费用”“对附属单位补助费用”“所得税费用”“其他费用”项目金额合计数后的金额填列；如相减后金额为负数，以“－”号填列。

“公共卫生盈余”项目，反映基层医疗卫生机构本期公共卫生活动有关收入扣除公共卫生活动有关费用后的净额。本项目应当根据本表中“财政拨款收入”项目下“财政基本拨款收入”项目下“公共卫生收入”“财政拨款收入”项目下“财政项目拨款收入”项目下“公共卫生收入”“事业收入”项目下“公共卫生收入”“非同级财政拨款收入”项目下“公共卫生收入”项目金额合计数减去“业务活动费用”项目下“公共卫生费用”项目金额合计数后的金额填列；如相减后金额为负数，以“－”号填列。

“科教盈余”项目，反映基层医疗卫生机构本期科研教学活动有关收入扣除科研教学活动有关费用后的净额。本项目应当根据本表中“财政拨款收入”项目下“财政项目拨款收入”项目下“科教收入”“事业收入”项目下“科教收入”项目金额合计数减去“业务活动费用”项目下“科教费用”项目金额合计数后的金额填列。

四、基层医疗卫生机构业务收入费用明细表编制说明

1. 本表反映基层医疗卫生机构在某一会计期间内发生的收入、费用及当期盈余的详细情况。

2. 本表“本月数”栏反映各项目的本月实际发生数。作年度收入费用明细表时，应当将本栏改为“本年数”，反映本年度各项目的实际发生数。

本表“本年累计数”栏反映各项目自年初至报告期期末的累计实际发生数。作年度收入费用明细表时，应当将本栏改为“上年数”，反映上年度各项目的实际发生数，“上年数”栏应当根据上年年度收入费用明细表中“本年数”栏内所列数字填列。

本表“(一)医疗收入”项目只适用于未按“收支两条线”管理的基层医疗卫生机构，按“收支两条线”管理的基层医疗卫生机构不填列；“(二)医疗卫生费用”和“(三)单位管理费用”项目适用于所有基层医疗卫生机构。

如果本年度收入费用明细表规定的项目名称和内容同上年度不一致，应当对上年度收入费用明细表项目名称和数字按照本年度的规定进行调整，将调整后的金额填入本年度收入费用表的“上年数”栏内。

如果本年度基层医疗卫生机构发生了因前期差错更正、会计政策变更等调整以前年度盈余的事项，还应当对年度收入费用明细表中“上年数”栏中的有关项目金额进行相应调整。

3. 本表各项目应当根据收入类和支出类有关明细科目的本期发生额填列。

五、关于报表附注的说明

（一） 应收账款按照应收项目类别披露的格式如下

债务人类别	期末余额	年初余额
应收在院病人医疗款：		
应收医疗款		
应收医保款		
门急诊病人欠费		
住院病人欠费		
其他应收账款		
合　计		

（二） 存货按照库存类别披露格式如下

存货种类	期末余额	年初余额
药品		
西药		
其中：疫苗		
中成药		
中药饮片		
卫生材料		
血库材料		
医用气体		
影像材料		
化验材料		
其他卫生材料		
低值易耗品		
其他材料		
合　计		

第十一章 政府会计制度与医院会计制度衔接

第一节 新旧制度衔接概述

一、新旧制度衔接的时间安排

财政部于2017年10月24日印发了《政府会计制度——行政事业单位会计科目和报表》（财会〔2017〕25号，以下简称新制度），目前执行《医院会计制度》（财会〔2010〕27号，以下简称原制度）的医院应当自2019年1月1日起严格按照新制度及补充规定进行会计核算、编制财务报表和预算会计报表。

二、医院需按照规定做好新旧制度衔接的有关工作，主要包括以下几个方面

1. 根据原账编制2018年12月31日的科目余额表，并按照规定要求，编制原账的部分科目余额明细表。

2. 按照新制度及补充规定设立2019年1月1日的新账。

3. 按照规定要求，登记新账的财务会计科目余额和预算结余科目余额，包括将原账科目余额转入新账财务会计科目、按照原账科目余额登记新账预算结余科目，将未入账事项登记新账科目，并对有关新账科目余额进行调整。原账科目是指按照原制度规定设置的会计科目。

4. 按照登记及调整后新账的各会计科目余额，编制2019年1月1日的科目余额表，作为新账各会计科目的期初余额。

5. 根据新账各会计科目期初余额，按照新制度及补充规定编制2019年1月1日资产负债表。

新旧制度衔接的工作内容和步骤概括如下：

第一步，做好执行新制度前的准备工作（特别是资产清查）

⇩

第二步，根据新制度编制原账2018年12月31日科目余额表

⇩

第三步，根据新制度设立2019年1月1日的新账

⇩

第四步，登记新账财务会计科目和预算会计科目余额

⇩

第五步，编制2019年1月1日科目余额表，作为新账各会计科目期初余额，并进行试算平衡

⇩

第六步，根据新账各会计科目期初余额，按照新制度编制2019年1月1日资产负债表

三、及时调整会计信息系统

医院应当按照新制度及补充规定要求对原有会计信息系统进行及时更新和调试，设置财务会计科目＋预算会计科目的会计科目体系，设置会计报表体系，根据财务会计科目设置财务会计账簿体系，出具财务会计报表，根据预算会计科目形成预算会计账和决算报告。实现数据正确转换，确保新旧账套的有序衔接。

四、做好新旧会计制度衔接前资产负债的全面清查

资产负债的全面清查是医院进行新旧会计制度衔接的基础，在进行新旧制度转换衔接前，应当开展全面资产负债清查，确保做到账账、账实相符、系统与系统之间相符；按照政府会计制度的要求，做好资产、负债项目的明细拆分。

对于清查出的账龄超过 3 年、确认无法收回的应收医疗款，库存物资盘盈、盘亏、毁损，固定资产盘盈、盘亏应当报经批准后，按照原制度规定处理完毕。医院面临的医疗纠纷赔偿是医院的或有负债，应进行调查核实后予以确定并编制医院或有负债明细表。

在对固定资产、无形资产进行核查时，应当对本单位固定资产、无形资产的原价、资产分类、资金来源、已使用年限、尚可使用年限、已冲销的待冲基金、未冲销的待冲基金等进行核查，为执行政府会计制度时计提固定资产折旧、追溯调整累计盈余做好准备。结合财政部资产管理系统进行数据核对，政府会计准则与原会计准则有差异，注意相应的资产分类和财务处理的变化。如：图书、文物陈列品类资产不计提折旧。

在对在建工程进行核查时，应核实在建工程项目的性质、预算立项、预算批复金额、预算执行情况等信息，对于已投入使用尚未办理竣工结算手续的项目，要说明未转固的原因。同时，工程物资需要单独核算和列示，因此需要对原在库存物资、在建工程中核算的工程物资进行清查核实并进行重分类调整。

涉及权益法调整的长期股权投资，应根据被投资单位在 2018 年 12 月 31 日经注册会计师审计后的资产负债表等报表应向上级主管部门进行申报，经批准后作为 2019 年 1 月 1 日长期股权投资科目的期初余额。

为了保证未来能够按照附注要求披露信息，还需按照政府会计主体和非政府会计主体、部门内部单位和部门外部单位进一步对债权人、债务人进行拆分。

第二节　财务会计科目的新旧衔接

一、将 2018 年 12 月 31 日原账会计科目余额转入新账财务会计科目

（一） 资产类

1. “库存现金”“银行存款”“其他货币资金”“财政应返还额度”“短期投资”“坏账准备”“待摊费用”“固定资产”“无形资产”“长期待摊费用”“待处理财产损溢”科目

新制度设置了“库存现金”“银行存款”“其他货币资金”“财政应返还额度”“短期投资”“坏账准备”“待摊费用”“固定资产”“无形资产”“长期待摊费用”“待处理财产损溢”科目，其核算

内容与原账的上述相应科目的核算内容基本相同。转账时，医院应当将原账的上述科目余额直接转入新账的相应科目。其中，还应当将原账的“库存现金”“银行存款”科目余额中属于新制度规定受托代理资产的金额，转入新账的“库存现金”“银行存款”科目下“受托代理资产”明细科目。

2. “应收在院病人医疗款”和“应收医疗款”科目

新制度及补充规定设置了“应收账款”科目，并在该科目下设置了“应收在院病人医疗款”“应收医疗款”和“其他应收账款”明细科目。转账时，医院应当将原账的“应收在院病人医疗款”和“应收医疗款”科目余额转入新账的“应收账款”科目下“应收在院病人医疗款”和“应收医疗款”明细科目。

3. “其他应收款”科目

新制度设置了“其他应收款”科目。转账时，医院应当对原账的“其他应收款”科目余额进行分析，将原账“其他应收款”科目中核算的应收长期股权投资的股利，转入新账的“应收股利”科目；将原账“其他应收款”科目中核算的应收长期债权投资的利息，转入新账的“应收利息”科目；将原账“其他应收款”科目中核算出租资产等应收取的款项，转入新账的“应收账款”科目；将原账“其他应收款”科目中核算的已经付款或开出商业汇票、尚未收到物资的金额，转入新账的“在途物品”科目；将剩余余额转入新账的“其他应收款”科目。

4. “预付账款”科目

新制度设置了“在途物品”和“预付账款”科目，原制度设置了“预付账款”科目。转账时，医院应当将原账“预付账款”科目中核算的已经付款或开出商业汇票、尚未收到物资的金额，转入新账的“在途物品”科目，将剩余余额转入新账的“预付账款”科目。

5. “库存物资”科目

新制度设置了“库存物品”科目，原制度设置了“库存物资”科目。转账时，医院应当将原账“库存物资”科目余额中属于医院受托存储保管的物资和受托转赠的物资金额，转入新账的“受托代理资产”科目；将原账“库存物资”科目余额中属于为在建工程购买和使用的材料物资金额，转入新账“工程物资”科目；将剩余余额，按照医院库存物品的类别（如药品、卫生材料等），分别转入新账的“库存物品”科目的有关明细科目。

6. “在加工物资”科目

新制度设置了“加工物品”科目，其核算内容与原账的“在加工物资”科目的核算内容基本相同。转账时，医院应当将原账的“在加工物资”科目余额转入新账的“加工物品”科目。

7. “长期投资”科目

新制度设置了“长期股权投资”和“长期债券投资”科目，原制度设置了“长期投资”科目。转账时，医院应当将原账的“长期投资”科目中核算的股权投资金额，转入新账的“长期股权投资”科目及其明细科目；将原账的“长期投资”科目中核算的债券投资金额，转入新账的“长期债券投资”科目及其明细科目。

8. “累计折旧”科目

新制度设置了“固定资产累计折旧”科目，该科目的核算内容与原账的“累计折旧”科目的核算内容基本相同。转账时，医院应当将原账的“累计折旧”科目余额转入新账的“固定资产累计折旧”科目。

9.“累计摊销”科目

新制度设置了“无形资产累计摊销”科目，该科目的核算内容与原账的“累计摊销”科目的核算内容基本相同。转账时，医院应当将原账的“累计摊销”科目余额转入新账的“无形资产累计摊销”科目。

10.“在建工程”科目

新制度设置了“在建工程”科目，该科目的核算内容与原账的“在建工程”科目的核算内容基本相同。转账时，医院应当将原账的“在建工程”科目余额（基建“并账”后的金额，下同），转入新账的“在建工程”科目。

医院在原账“在建工程”科目中核算了按照新制度规定应当记入“工程物资”科目内容的，应当将原账“在建工程”科目余额中属于工程物资的金额，转入新账的“工程物资”科目。

11.“固定资产清理”科目

新制度设置了“待处理财产损溢”科目，该科目的核算内容与原账的“固定资产清理”科目的核算内容基本相同。转账时，医院应当将原账的“固定资产清理”科目余额，转入新账的“待处理财产损溢”科目。

12.“零余额账户用款额度”科目

由于原账的“零余额账户用款额度”科目年末无余额，无需进行转账处理。

（二） 负债类

1.“短期借款”“应付票据”“长期应付款”科目

新制度设置了“短期借款”“应付票据”“长期应付款”科目，其核算内容与原账的上述相应科目的核算内容基本相同。转账时，医院应当将原账的上述科目余额直接转入新账的相应科目。

2.“应付账款”科目

新制度设置了“应付账款”科目，其核算内容与原制度中“应付账款”科目的核算内容基本相同。转账时，医院应当将原账的“应付账款”科目余额，转入新账的“应付账款”科目。其中，医院在原账的“应付账款”科目中核算了无力支付银行承兑汇票而转入“应付账款”科目的余额的，应当将原账的“应付账款”科目余额中属于因无力支付银行承兑汇票而转入应付账款科目的余额，转入新账的“短期借款”科目。

3.“应缴款项”科目

新制度设置了“应缴财政款”科目，原制度设置了“应缴款项”科目。转账时，医院应当将原账的“应缴款项”科目余额中属于应缴财政款项的金额转入新账的“应缴财政款”科目，将原账的“应缴款项”科目余额减去属于应缴财政款项金额后的差额转入新账的“其他应付款”科目。

4.“预收医疗款”科目

新制度设置了“预收账款”科目，其核算内容与原账的“预收医疗款”科目的核算内容基本相同。转账时，医院应当将原账的“预收医疗款”科目余额转入新账的“预收账款”科目。

5.“应付职工薪酬”“应付社会保障费”科目

新制度设置了“应付职工薪酬”科目，原制度设置了“应付职工薪酬”“应付社会保障费”科目。转账时，医院应当将原账的“应付职工薪酬”“应付社会保障费”科目余额，转入新账的“应付职工薪酬”科目。

6.“应付福利费”科目

新制度未设置“应付福利费”科目。转账时，医院应当将原账的“应付福利费”科目余额转入新账的“累计盈余——新旧转换盈余”科目。

7.“应缴税费”科目

新制度设置了“应缴增值税”和“其他应缴税费”科目，原制度设置了“应缴税费”科目。转账时，医院应当将原账的“应缴税费——应缴增值税”科目余额转入新账的“应缴增值税”科目，将原账的“应缴税费”科目余额减去属于应缴增值税余额后的差额，转入新账的“其他应缴税费”科目。

8.“其他应付款”科目

新制度设置了“其他应付款”科目，该科目的核算内容与原账的“其他应付款”科目的核算内容基本相同。转账时，医院应当将原账的“其他应付款”科目余额，转入新账的“其他应付款”科目。其中，医院在原账的“其他应付款”科目中核算了属于新制度规定的受托代理负债的，应当将原账的“其他应付款”科目余额中属于受托代理负债的余额，转入新账的“受托代理负债”科目。

9.“预提费用”科目

新制度设置了“预提费用”科目，该科目的核算内容与原账的“预提费用”科目的核算内容基本相同。转账时，医院应当将原账的“预提费用”科目余额转入新账的“预提费用”科目。原账“预提费用”科目中核算了属于预提短期借款应付未付利息的，转账时，医院应当将预提短期借款应付未付利息的金额转入新账的“应付利息”科目。

10.“长期借款”科目

新制度设置了“长期借款”科目，该科目的核算内容与原账的“长期借款”科目的核算内容基本相同。转账时，医院应当将原账的“长期借款”科目余额转入新账的“长期借款”科目。其中，医院在原账的“长期借款”科目中核算了分期付息、到期还本的长期借款应付利息的，应当将原账的“长期借款”科目余额中属于分期付息、到期还本的长期借款应付利息金额转入新账的“应付利息”科目。

（三）净资产类

1.“事业基金”科目

新制度设置了“累计盈余”科目。该科目的核算内容包含了原账的“事业基金”科目的核算内容。转账时，医院应当将原账的“事业基金”科目余额转入新账的“累计盈余——新旧转换盈余”科目。

2.“专用基金”科目

新制度设置了“专用基金”科目，该科目的核算内容与原账的“专用基金”科目的核算内容基本相同。转账时，医院应当将原账的“专用基金”科目余额转入新账的“专用基金”科目。

3.“待冲基金”科目

依据新制度，无需对原制度中“待冲基金”科目对应内容进行核算。转账时，医院应当将原账的“待冲基金——待冲财政基金”科目余额转入新账的“累计盈余——财政项目盈余”科目，将原账的“待冲基金——待冲科教项目基金”科目余额转入新账的“累计盈余——科教盈余”科目。

4."财政补助结转（余）""科教项目结转（余）"科目

新制度设置了"累计盈余"科目，该科目的余额包含了原账的"财政补助结转（余）"和"科教项目结转（余）"科目余额内容。转账时，医院应当将原账的"财政补助结转（余）"科目中项目支出结转和项目支出结余部分的余额转入新账的"累计盈余——财政项目盈余"科目，将原账的"财政补助结转（余）"科目中基本支出结转部分的余额转入新账的"累计盈余——医疗盈余"科目；将原账的"科教项目结转（余）"科目余额转入新账的"累计盈余——科教盈余"科目。

5."结余分配"科目

新制度设置了"本年盈余分配"科目，该科目的核算内容与原账的"结余分配"科目的核算内容基本相同。新制度规定"本年盈余分配"科目余额年末应当转入"累计盈余"科目。原账"结余分配"科目有借方余额的，转账时，医院应当将原账的"结余分配"科目借方余额转入新账的"累计盈余——新旧转换盈余"科目借方。

6."本期结余"科目

由于原账的"本期结余"科目年末无余额，该科目无需进行转账处理。

（四）收入类、费用类

由于原账中收入类、费用类科目年末无余额，无需进行转账处理。自 2019 年 1 月 1 日起，应当按照新制度设置收入类、费用类科目并进行账务处理。

医院在进行新旧衔接的转账时，应当作转账的工作分录，作为转账的工作底稿，并将转入新账的对应原科目余额及分拆原科目余额的依据作为原始凭证。

二、将原未入账事项登记新账财务会计科目

（一）受托代理资产

医院在新旧制度转换时，应当将 2018 年 12 月 31 日前未入账的受托代理资产按照新制度规定记入新账。登记新账时，按照确定的受托代理资产入账成本，借记"受托代理资产"科目，贷记"受托代理负债"科目。

（二）盘盈资产

医院在新旧制度转换时，应当将 2018 年 12 月 31 日前未入账的盘盈资产按照新制度规定记入新账。登记新账时，按照确定的盘盈资产及其成本，分别借记有关资产科目，按照盘盈资产成本的合计金额，贷记"累计盈余——新旧转换盈余"科目。

（三）预计负债

医院在新旧制度转换时，应当将 2018 年 12 月 31 日按照新制度规定确认的预计负债记入新账。登记新账时，按照确定的预计负债金额，借记"累计盈余——新旧转换盈余"科目，贷记"预计负债"科目。

医院存在 2018 年 12 月 31 日前未入账的其他事项的，应当比照本规定登记新账的相应科目。医院对新账的财务会计科目补记未入账事项时，应当作记账凭证，并将补充登记事项的确认依据作为原始凭证。

三、对新账的有关财务会计科目余额按照新制度规定的会计核算基础进行调整

（一）调整坏账准备

新制度要求对医院收回后无需上缴财政的应收账款和其他应收款提取坏账准备。在新旧制度转换时，医院应当按照2018年12月31日无需上缴财政的“应收账款”科目扣除应收在院病人医疗款后的余额，以及“其他应收款”科目余额，计算应计提的坏账准备金额，对比原账“坏账准备”科目余额进行调整。补提坏账准备时，借记“累计盈余——新旧转换盈余”科目，贷记“坏账准备”科目；冲回多提坏账准备时，借记“坏账准备”科目，贷记“累计盈余——新旧转换盈余”科目。

（二）按照权益法调整长期股权投资账面余额

对按照新制度规定应当采用权益法核算的长期股权投资，在新旧制度转换时，医院应当在“长期股权投资”科目下设置“新旧制度转换调整”明细科目，依据被投资单位2018年12月31日财务报表的所有者权益账面余额，以及医院持有被投资单位的股权比例，计算应享有或应分担的被投资单位所有者权益的份额，调整长期股权投资的账面余额，借记或贷记“长期股权投资——新旧制度转换调整”科目，贷记或借记“累计盈余——新旧转换盈余”科目。

（三）补提折旧

医院应当对截至2018年12月31日前购置的未计提完折旧的固定资产，在新旧制度转换时，按照补充规定提供的折旧年限计算补提一个月折旧，按照由财政项目拨款经费形成的固定资产应补提的金额，借记“累计盈余——财政项目盈余”科目，贷记“固定资产累计折旧”科目有关明细科目；按照由科教经费形成的固定资产应补提的金额，借记“累计盈余——科教盈余”科目，贷记“固定资产累计折旧”科目有关明细科目；按照其他固定资产应补提的金额，借记“累计盈余——新旧转换盈余”科目，贷记“固定资产累计折旧”科目有关明细科目。

医院对新账的财务会计科目期初余额进行调整时，应当作记账凭证，并将调整事项的确认依据作为原始凭证。

第三节 预算会计科目的新旧衔接

一、“财政拨款结转”和“财政拨款结余”科目和对应的“资金结存”科目余额

新制度设置了“财政拨款结转”“财政拨款结余”科目及对应的“资金结存”科目。在新旧制度转换时，医院应当对原账的“财政补助结转（余）”科目余额中结转资金的金额进行逐项分析，加上各项结转转入的支出中已经计入支出尚未支付财政资金（如发生时列支的应付账款）的金额，减去已经支付财政资金尚未计入支出（如预付账款等）的金额，按照增减后的金额登记新账的“财政拨款结转”科目及其明细科目贷方，按照原账的“财政补助结转（余）”科目余额中结余资金的金额登记新账的“财政拨款结余”科目及其明细科目贷方。

医院应当按照原账“财政应返还额度”科目余额登记新账“资金结存——财政应返还额度”科目的借方；按照新账“财政拨款结转”和“财政拨款结余”科目贷方余额合计数，减去新账“资金结存——财政应返还额度”科目借方余额后的差额，登记新账“资金结存——货币资金”科目的借方。

二、“非财政拨款结转”科目和对应的“资金结存”科目余额

新制度设置了“非财政拨款结转”科目及对应的“资金结存”科目。在新旧制度转换时，医院应当对原账的“科教项目结转（余）”科目余额进行逐项分析，加上各项结转（余）转入的支出中已经计入支出尚未支付非财政补助专项资金（如发生时列支的应付账款）的金额，减去已经支付非财政补助专项资金尚未计入支出（如预付账款等）的金额，按照增减后的金额登记新账的“非财政拨款结转”科目及其明细科目贷方；同时，按照相同的金额登记新账“资金结存——货币资金”科目的借方。

三、“专用结余”科目和对应的“资金结存”科目余额

新制度设置了“专用结余”科目及对应的“资金结存”科目。在新旧制度转换时，医院应当按照原账“专用基金”科目余额中通过非财政补助结余分配形成的金额，借记新账的“资金结存——货币资金”科目，贷记新账的“专用结余”科目。

四、“非财政拨款结余”科目和对应的“资金结存”科目余额

新制度设置了“非财政拨款结余”科目及对应的“资金结存”科目。在新旧制度转换时，医院应当在新账的“库存现金”“银行存款”“其他货币资金”“财政应返还额度”科目借方余额合计数基础上，对不纳入单位预算管理的资金进行调整（如减去新账中货币资金形式的受托代理资产、应缴财政款、已收取将来需要退回资金的其他应付款，加上已支付将来需要收回资金的其他应收款），按照调整后的金额减去新账的“财政拨款结转”“财政拨款结余”“非财政拨款结转”“专用结余”科目贷方余额合计数的金额，登记新账的“非财政拨款结余”科目贷方；同时，按照相同的金额登记新账的“资金结存——货币资金”科目借方。

五、“其他结余”“非财政拨款结余分配”科目

新制度设置了“其他结余”和“非财政拨款结余分配”科目。由于这两个科目年初无余额，在新旧制度转换时，医院无需对“其他结余”和“非财政拨款结余分配”科目进行新账年初余额登记。

六、预算收入类、预算支出类会计科目

由于预算收入类、预算支出类会计科目年初无余额，在新旧制度转换时，医院无需对预算收入类、预算支出类会计科目进行新账年初余额登记。医院应当自 2019 年 1 月 1 日起，按照新制度设置预算收入类、预算支出类科目并进行账务处理。医院存在 2018 年 12 月 31 日需要按照新制度预算会计核算基础调整预算会计科目期初余额的其他事项的，应当比照本规定调整新账的相应预算会计科目期初余额。医院对预算会计科目的期初余额登记和调整，应当作记账凭证，并将期初余额登记和调整的依据作为原始凭证。

第四节　财务报表和预算会计报表的新旧衔接

一、编制 2019 年 1 月 1 日资产负债表

医院应当根据 2019 年 1 月 1 日新账的财务会计科目余额，按照新制度及补充规定编制 2019 年 1 月 1 日资产负债表（仅要求填列各项目“年初余额”）。

二、2019 年度财务报表和预算会计报表的新旧衔接

医院应当按照新制度及补充规定编制 2019 年财务报表和预算会计报表。在编制 2019 年度收入费用表、医疗活动收入费用明细表、净资产变动表、现金流量表和预算收入支出表、预算结转结余变动表时，不要求填列上年比较数。

医院应当根据 2019 年 1 月 1 日新账财务会计科目余额，填列 2019 年净资产变动表各项目的“上年年末余额”；根据 2019 年 1 月 1 日新账预算会计科目余额，填列 2019 年预算结转结余变动表的“年初预算结转结余”项目和财政拨款预算收入支出表的“年初财政拨款结转结余”项目。

此外，截至 2018 年 12 月 31 日尚未进行基建“并账”的医院，应当首先参照《新旧事业单位会计制度有关衔接问题的处理规定》（财会〔2013〕2 号），将基建账套有关数据并入 2018 年 12 月 31 日原账中的有关科目余额，再按照本规定将 2018 年 12 月 31 日原账有关会计科目余额转入新账相应科目。

第五节　政府会计制度与医院会计制度衔接案例分析

［例］　某公立三级甲等医院于 2019 年 1 月 1 日开始执行新政府会计制度，依据财政部《关于医院执行〈政府会计制度——行政事业单位会计科目和报表〉的衔接规定》，进行医院新旧会计制度的衔接工作，其有关会计资料如下：

资产负债表

编制单位：×××医院　　　　2018－12－31　　　　单位：元

行次	资　产	期末余额	负债和净资产	期末余额
1	流动资产：		流动负债：	
2	货币资金	140 000 000.00	短期借款	100 000 000.00
3	短期投资	0.00	应缴款项	0.00
4	财政应返还额度	5 000 000.00	应付票据	96 000 000.00

（续表）

行次	资　产	期末余额	负债和净资产	期末余额
5	应收在院病人医疗款	31 000 000.00	应付账款	186 000 000.00
6	应收医疗款	140 000 000.00	预收医疗款	23 000 000.00
7	其他应收款	3 000 000.00	应付职工薪酬	0.00
8	减：坏账准备	6 000 000.00	应付福利费	0.00
9	预付账款	6 000 000.00	应付社会保障费	24 000 000.00
10	存货	18 000 000.00	应缴税费	0.00
11	待摊费用	0.00	其他应付款	55 000 000.00
12	一年内到期的长期债权投资	0.00	预提费用	0.00
13	流动资产合计	337 000 000.00	一年内到期的长期负债	0.00
14	非流动资产：		流动负债合计	484 000 000.00
15	长期投资	1 000 000.00	非流动负债：	
16	固定资产	419 000 000.00	长期借款	16 000 000.00
17	固定资产原价	711 000 000.00	长期应付款	2 000 000.00
18	减：累计折旧	292 000 000.00	非流动负债合计	18 000 000.00
19	在建工程	92 000 000.00	负债合计	502 000 000.00
20	固定资产清理	0.00	净资产：	
21	无形资产	1 000 000.00	事业基金	60 000 000.00
22	无形资产原价	2 200 000.00	专用基金	6 000 000.00
23	减：累计摊销	1 200 000.00	待冲基金	270 000 000.00
24	长期待摊费用	0.00	财政补助结转（余）	5 000 000.00
25	待处理财产损溢	0.00	科教项目结转（余）	7 000 000.00
26	非流动资产合计	513 000 000.00	本期结余	0.00
27			未弥补亏损	0.00
28			净资产合计	348 000 000.00
29	资产总计	850 000 000.00	负债和净资产总计	850 000 000.00

医院科目余额表

编制单位：×××医院　　2018－12－31　　单位：元

行次	科目代码	科目名称	期末余额	
			方向	金额
1	1001	库存现金	借	7 000.00
2	1002	银行存款	借	124 993 000.00
3	1003	零余额账户用款额度	平	
4	1004	其他货币资金	借	15 000 000.00
5	1201	财政应返还额度	借	5 000 000.00

（续表）

行次	科目代码	科目名称	期末余额	
			方向	金额
6	1211	应收在院病人医疗款	借	31 000 000.00
7	1212	应收医疗款	借	140 000 000.00
8	1215	其他应收款	借	3 000 000.00
9	1221	坏账准备	贷	6 000 000.00
10	1231	预付账款	借	6 000 000.00
11	1301	库存物资	借	18 000 000.00
12	130101	药品	借	14 000 000.00
13	130102	低值易耗品	借	0.00
14	130103	卫生材料	借	4 000 000.00
15	130104	其他材料	借	0.00
16	130105	后勤服务中心合并	借	0.00
17	1302	在加工物资	借	0.00
18	1501	长期投资	借	1 000 000.00
19	1601	固定资产	借	711 000 000.00
20	160101	房屋及建筑物	借	344 700 000.00
21	160102	专用设备	借	310 000 000.00
22	160103	一般设备	借	52 000 000.00
23	160104	图书	借	300 000.00
24	160105	其他固定资产	借	4 000 000.00
25	160106	后勤服务中心合并	借	0.00
26	1602	累计折旧	贷	292 000 000.00
27	160201	房屋及建筑物折旧	贷	60 000 000.00
28	160202	专用设备折旧	贷	194 000 000.00
29	160203	一般设备折旧	贷	35 000 000.00
30	160205	其他固定资产折旧	贷	3 000 000.00
31	1611	在建工程	借	92 000 000.00
32	1701	无形资产	借	2 000 000.00
33	1702	累计摊销	贷	1 000 000.00
34	2001	短期借款	贷	100 000 000.00
35	2101	应缴款项	平	
36	2201	应付票据	贷	96 000 000.00
37	2202	应付账款	贷	186 000 000.00
38	2203	预收医疗款	贷	23 000 000.00
39	2204	应付职工薪酬	平	

（续表）

行次	科目代码	科目名称	期末余额	
			方向	金额
40	2206	应付社会保障费	贷	24 000 000.00
41	2207	应缴税费	贷	0.00
42	220701	代扣个人所得税	贷	0.00
43	2209	其他应付款	贷	55 000 000.00
44	2401	长期借款	贷	16 000 000.00
45	2402	长期应付款	贷	2 000 000.00
46	3001	事业基金	贷	60 000 000.00
47	300101	一般基金	贷	59 400 000.00
48	300102	投资基金	贷	600 000.00
49	3101	专用基金	贷	6 000 000.00
50	3201	待冲基金	贷	270 000 000.00
51	320101	待冲财政基金	贷	269 000 000.00
52	320102	待冲科教项目基金	贷	1 000 000.00
53	3301	财政补助结转（余）	贷	5 000 000.00
54	330101	财政补助结转	贷	5 000 000.00
55	3302	科教项目结转（余）	贷	7 000 000.00
56	3401	本期结余	平	
57	340101	医疗收支结余	平	
58	340104	其他结余	平	
59	3501	结余分配	平	
60	350102	提取职工福利基金	平	
61	350103	转入事业基金	平	
62	350104	待分配结余	平	

一、根据2018年12月31日资产负债表按照医院实行政府会计制度衔接的有关规定作如下分录

1. 借：应收账款　　171 000 000.00
　　贷：应收在院病人医疗款　　31 000 000.00
　　　　应收医疗款　　140 000 000.00

2. 借：其他应收款　　600 000.00
　　在途物品　　2 400 000.00
　　贷：其他应收款　　3 000 000.00

3. 借：在途物品　　6 000 000.00
　　贷：预付账款　　6 000 000.00

4. 借：库存物品　18 000 000.00
　　贷：库存物资　18 000 000.00
5. 借：在建工程　90 000 000.00
　　工程物资　2 000 000.00
　　贷：在建工程　92 000 000.00
6. 借：应付社会保障费　24 000 000.00
　　贷：应付职工薪酬　24 000 000.00
7. 借：事业基金　60 000 000.00
　　待冲基金　270 000 000.00
　　财政补助结转（余）　5 000 000.00
　　科教项目结转（余）　7 000 000.00
　　贷：累计盈余　342 000 000.00
8. 借：财政拨款结转（余）　5 000 000.00
　　贷：财政拨款结转　4 000 000.00
　　财政拨款结余　1 000 000.00
9. 借：科教项目结转（余）　7 000 000.00
　　贷：非财政拨款结转　7 000 000.00

10. 本分录中所提及科目，均为新账科目余额。

非财政拨款结余＝库存现金＋银行存款＋其他货币资金＋财政应返还额度－货币资金形式的受托代理资产－应缴财政款－已收取将来需要退回资金的其他应付款＋已支付将来需要收回资金的其他应收款－（财政拨款结转＋财政拨款结余＋非财政拨款结转＋专用结余）＝127 000 000.00

借：资金结存——货币资金　127 000 000.00
　　贷：非财政拨款结余　127 000 000.00
11. 借：资金结存——财政应返还额度　5 000 000.00
　　贷：财政拨款结转　5 000 000.00
　　　　财政拨款结余　0.00
12. 借：资金结存——货币资金　7 000 000.00
　　贷：非财政拨款结转　7 000 000.00
13. 借：资金结存——货币资金　6 000 000.00
　　贷：专用结余　6 000 000.00

二、根据调整后的有关会计科目编制新旧会计制度转换会计科目对照表

<table>
<tr><th colspan="3">新制度科目</th><th colspan="4">原制度科目</th></tr>
<tr><th>编号</th><th>名称</th><th>金额</th><th>编号</th><th>总账科目</th><th>明细分类</th><th>金额</th></tr>
<tr><td>1001</td><td>库存现金</td><td>7 000.00</td><td rowspan="2">1001</td><td rowspan="2">库存现金</td><td>库存现金</td><td>7 000.00</td></tr>
<tr><td>1891</td><td>受托代理资产</td><td>0.00</td><td>其中：受托代理现金</td><td></td></tr>
<tr><td>1002</td><td>银行存款</td><td>124 993 000.00</td><td rowspan="2">1002</td><td rowspan="2">银行存款</td><td>银行存款</td><td>124 993 000.00</td></tr>
<tr><td>1891</td><td>受托代理资产</td><td>0.00</td><td>其中：受托代理银行存款</td><td></td></tr>
<tr><td>1021</td><td>其他货币资金</td><td>15 000 000.00</td><td>1004</td><td>其他货币资金</td><td></td><td>15 000 000.00</td></tr>
<tr><td>1201</td><td>财政应返还额度</td><td>5 000 000.00</td><td>1201</td><td>财政应返还额度</td><td></td><td>5 000 000.00</td></tr>
<tr><td>1101</td><td>短期投资</td><td></td><td>1101</td><td>短期投资</td><td></td><td></td></tr>
<tr><td rowspan="2">1212</td><td rowspan="2">应收账款</td><td rowspan="2">171 000 000.00</td><td>1211</td><td>应收在院病人医疗款</td><td></td><td>31 000 000.00</td></tr>
<tr><td>1212</td><td>应收医疗款</td><td></td><td>140 000 000.00</td></tr>
<tr><td>1218</td><td>其他应收款</td><td>600 000.00</td><td rowspan="5">1215</td><td rowspan="5">其他应收款</td><td>其他</td><td>600 000.00</td></tr>
<tr><td>1215</td><td>应收股利</td><td></td><td>应收股利</td><td></td></tr>
<tr><td>1216</td><td>应收利息</td><td></td><td>应收利息</td><td></td></tr>
<tr><td>1212</td><td>应收账款</td><td></td><td>应收账款</td><td></td></tr>
<tr><td>1301</td><td>在途物品</td><td>2 400 000.00</td><td>在途物品</td><td>2 400 000.00</td></tr>
<tr><td>1219</td><td>坏账准备</td><td>6 000 000.00</td><td>1221</td><td>坏账准备</td><td></td><td>6 000 000.00</td></tr>
<tr><td>1214</td><td>预付账款</td><td></td><td rowspan="2">1231</td><td rowspan="2">预付账款</td><td>其他</td><td></td></tr>
<tr><td>1301</td><td>在途物品</td><td>6 000 000.00</td><td>在途物品</td><td>6 000 000.00</td></tr>
<tr><td>1302</td><td>库存物品</td><td>18 000 000.00</td><td rowspan="3">1301</td><td rowspan="3">库存物资</td><td>其他</td><td>18 000 000.00</td></tr>
<tr><td>1611</td><td>工程物资</td><td></td><td>工程物资</td><td></td></tr>
<tr><td>1891</td><td>受托代理资产</td><td></td><td>受托代理资产</td><td></td></tr>
<tr><td>1303</td><td>加工物品</td><td>0.00</td><td>1302</td><td>在加工物资</td><td></td><td>0.00</td></tr>
<tr><td>1401</td><td>待摊费用</td><td></td><td>1401</td><td>待摊费用</td><td></td><td></td></tr>
<tr><td>1501</td><td>长期股权投资</td><td>1 000 000.00</td><td rowspan="2">1501</td><td rowspan="2">长期投资</td><td>长期股权投资</td><td>1 000 000.00</td></tr>
<tr><td>1502</td><td>长期债券投资</td><td></td><td>长期债券投资</td><td></td></tr>
<tr><td>1601</td><td>固定资产</td><td>711 000 000.00</td><td>1601</td><td>固定资产</td><td></td><td>711 000 000.00</td></tr>
<tr><td>1602</td><td>固定资产累计折旧</td><td>292 000 000.00</td><td>1602</td><td>累计折旧</td><td></td><td>292 000 000.00</td></tr>
<tr><td>1611</td><td>工程物资</td><td>2 000 000.00</td><td rowspan="2">1611</td><td rowspan="2">在建工程</td><td>工程物资</td><td></td></tr>
<tr><td>1613</td><td>在建工程</td><td>90 000 000.00</td><td>在建工程</td><td>92 000 000.00</td></tr>
<tr><td>1902</td><td>待处理财产损溢</td><td></td><td>1621</td><td>固定资产清理</td><td></td><td></td></tr>
<tr><td>1701</td><td>无形资产</td><td>2 000 000.00</td><td>1701</td><td>无形资产</td><td></td><td>2 000 000.00</td></tr>
<tr><td>1702</td><td>无形资产累计摊销</td><td>1 000 000.00</td><td>1702</td><td>累计摊销</td><td></td><td>1 000 000.00</td></tr>
<tr><td>1901</td><td>长期待摊费用</td><td></td><td>1801</td><td>长期待摊费用</td><td></td><td></td></tr>
<tr><td>1902</td><td>待处理财产损溢</td><td></td><td>1901</td><td>待处理财产损溢</td><td></td><td></td></tr>
<tr><td>2001</td><td>短期借款</td><td>100 000 000.00</td><td>2001</td><td>短期借款</td><td></td><td>100 000 000.00</td></tr>
<tr><td>2103</td><td>应缴财政款</td><td></td><td rowspan="2">2101</td><td rowspan="2">应缴款项</td><td>应缴财政款</td><td></td></tr>
<tr><td>2307</td><td>其他应付款</td><td></td><td>其他应付款</td><td></td></tr>
</table>

（续表）

<table>
<tr><th colspan="3">新制度科目</th><th colspan="4">原制度科目</th></tr>
<tr><th>编号</th><th>名称</th><th>金额</th><th>编号</th><th>总账科目</th><th>明细分类</th><th>金额</th></tr>
<tr><td>2301</td><td>应付票据</td><td>96 000 000.00</td><td>2201</td><td>应付票据</td><td></td><td>96 000 000.00</td></tr>
<tr><td>2302</td><td>应付账款</td><td>186 000 000.00</td><td rowspan="2">2202</td><td rowspan="2">应付账款</td><td rowspan="2"></td><td rowspan="2">186 000 000.00</td></tr>
<tr><td>2001</td><td>短期借款</td><td>0.00</td></tr>
<tr><td>2305</td><td>预收账款</td><td>23 000 000.00</td><td>2203</td><td>预收医疗款</td><td></td><td>23 000 000.00</td></tr>
<tr><td>2201</td><td>应付职工薪酬</td><td></td><td>2204</td><td>应付职工薪酬</td><td></td><td></td></tr>
<tr><td>3001</td><td>累计盈余</td><td></td><td>2205</td><td>应付福利费</td><td></td><td></td></tr>
<tr><td>2201</td><td>应付职工薪酬</td><td>24 000 000.00</td><td>2206</td><td>应付社会保障费</td><td></td><td>24 000 000.00</td></tr>
<tr><td>2101</td><td>应缴增值税</td><td></td><td rowspan="2">2207</td><td rowspan="2">应缴税费</td><td>应缴增值税</td><td></td></tr>
<tr><td>2102</td><td>其他应缴税费</td><td>0.00</td><td>其他应缴税费</td><td>0.00</td></tr>
<tr><td>2307</td><td>其他应付款</td><td>55 000 000.00</td><td rowspan="2">2209</td><td rowspan="2">其他应付款</td><td>其他</td><td>55 000 000.00</td></tr>
<tr><td>2901</td><td>受托代理负债</td><td></td><td>受托代理负债</td><td></td></tr>
<tr><td>2401</td><td>预提费用</td><td></td><td rowspan="2">2301</td><td rowspan="2">预提费用</td><td>短期借款应付利息</td><td></td></tr>
<tr><td>2304</td><td>应付利息</td><td></td><td>其他</td><td></td></tr>
<tr><td>2501</td><td>长期借款</td><td>16 000 000.00</td><td rowspan="2">2401</td><td rowspan="2">长期借款</td><td>其他</td><td>16 000 000.00</td></tr>
<tr><td>2304</td><td>应付利息</td><td></td><td>分期付息、到期还本的长期借款应付利息</td><td></td></tr>
<tr><td>2502</td><td>长期应付款</td><td>2 000 000.00</td><td>2402</td><td>长期应付款</td><td></td><td>2 000 000.00</td></tr>
<tr><td rowspan="6">3001</td><td rowspan="6">累计盈余</td><td rowspan="6">342 000 000.00</td><td>3001</td><td>事业基金</td><td></td><td>60 000 000.00</td></tr>
<tr><td rowspan="2">3201</td><td rowspan="2">待冲基金</td><td>对应财政项目拨款经费形成的资产的待冲基金</td><td>270 000 000.00</td></tr>
<tr><td>对应科教经费形成的资产的待冲基金</td><td></td></tr>
<tr><td rowspan="2">3301</td><td rowspan="2">财政补助结转（余）</td><td>项目支出结转和项目支出结余</td><td>5 000 000.00</td></tr>
<tr><td>基本支出结转</td><td></td></tr>
<tr><td>3302</td><td>科教项目结转（余）</td><td></td><td>7 000 000.00</td></tr>
<tr><td>3101</td><td>专用基金</td><td>6 000 000.00</td><td>3101</td><td>专用基金</td><td></td><td>6 000 000.00</td></tr>
<tr><td>3001</td><td>累计盈余（借方）</td><td></td><td>3501</td><td>结余分配（借方）</td><td></td><td></td></tr>
<tr><td>8101</td><td>财政拨款结转</td><td>5 000 000.00</td><td rowspan="2">3301</td><td rowspan="2">财政补助结转（余）</td><td rowspan="2"></td><td rowspan="2">5 000 000.00</td></tr>
<tr><td>8102</td><td>财政拨款结余</td><td></td></tr>
<tr><td>8201</td><td>非财政拨款结转</td><td>7 000 000.00</td><td>3302</td><td>科教项目结转（余）</td><td></td><td>7 000 000.00</td></tr>
</table>

（续表）

新制度科目			原制度科目			
编号	名称	金额	编号	总账科目	明细分类	金额
8202	非财政拨款结余	127 000 000.00				
8301	专用结余	6 000 000.00	3101	专用基金		6 000 000.00
8001	资金结存（借方）	145 000 000.00	8101	财政拨款结转		5 000 000.00
			8102	财政拨款结余		
			8201	非财政拨款结转		7 000 000.00
			8202	非财政拨款结余		127 000 000.00
			8301	专用结余		6 000 000.00

医院会计科目余额表

编制单位：×××医院　　2019—1—1　　单位：元

名　称	行　次	金　额
流动资产：	1	
库存现金	2	7 000.00
银行存款	3	124 993 000.00
其他货币资金	4	15 000 000.00
财政应返还额度	5	5 000 000.00
短期投资	6	
应收账款	7	171 000 000.00
其中：应收在院病人医疗款	8	31 000 000.00
应收医疗款	9	140 000 000.00
其他应收款	10	600 000.00
应收股利	11	
应收利息	12	
减：坏账准备	13	6 000 000.00
在途物品	14	2 400 000.00
预付账款	15	
在途物品	16	6 000 000.00
库存物品	17	18 000 000.00
工程物资	18	
受托代理资产	19	
加工物品	20	
待摊费用	21	
非流动资产：	22	
长期股权投资	23	1 000 000.00

（续表）

名　称	行　次	金　额
长期债券投资	24	
固定资产	25	711 000 000.00
减：固定资产累计折旧	26	292 000 000.00
工程物资	27	2 000 000.00
在建工程	28	90 000 000.00
待处理财产损溢	29	
无形资产	30	2 000 000.00
减：无形资产累计摊销	31	1 000 000.00
长期待摊费用	32	
待处理财产损溢	33	
资产合计	34	850 000 000.00
流动负债：	35	
短期借款	36	100 000 000.00
应缴财政款	37	
其他应付款	38	
应付票据	39	96 000 000.00
应付账款	40	186 000 000.00
短期借款	41	
预收账款	42	23 000 000.00
应付职工薪酬	43	24 000 000.00
应缴增值税	44	
其他应缴税费	45	
其他应付款	46	55 000 000.00
受托代理负债	47	
预提费用	48	
应付利息	49	
非流动负债：	50	
长期借款	51	16 000 000.00
长期应付款	52	2 000 000.00
负债合计	53	502 000 000.00
净资产：	54	
累计盈余	55	342 000 000.00
专用基金	56	6 000 000.00
累计盈余（借方）	57	
净资产合计	58	348 000 000.00
负债和净资产合计	59	850 000 000.00

三、将原未入账实现登记新账财务会计科目

应付质量保证金

某医院 2018 年 12 月 31 日前有未入账的质保期在一年以内的应付质量保证金 20 000 元，质保期在两年的质量保证金 15 000 元，按照新制度规定记入新账。

借：累计盈余　　35 000.00

　　贷：其他应付款　　20 000.00

　　　　长期应付款　　15 000.00

累计盈余

借　方		贷　方	
		原会计科目余额转入：	342 000 000
其他应付款转出：	20 000		
长期应付款转出：	15 000		
		新会计科目余额：	341 965 000

其他应付款

借　方		贷　方	
		原会计科目余额转入：	55 000 000
		其他应付款转入：	20 000
		新会计科目余额：	55 020 000

长期应付款

借　方		贷　方	
		原会计科目余额转入：	2 000 000
		长期应付款转入：	15 000
		新会计科目余额：	2 015 000

如果存在 2018 年 12 月 31 日前未入账的其他事项的，应当比照本规定登记新账的相应科目。

四、对新账的有关财务会计科目余额按照新制度规定的会计核算基础进行追溯调整

（一）调整坏账准备

该医院 2018 年 12 月 31 日无需上缴财政的应收账款（不含应收在院病人医疗款）和其他应收款，按有关规定计提的坏账准备为 6 000 000.00 元，按照新规定应计提的坏账准备为 5 624 000.00 元。冲回多提坏账准备。

借：坏账准备　　376 000.00

贷：累计盈余——新旧转换盈余　　376 000.00

累计盈余

借 方		贷 方	
		原会计科目余额转入：	341 965 000
坏账准备转入：	376 000		
		新会计科目余额：	342 341 000

坏账准备

借 方		贷 方	
		原会计科目余额转入：	6 000 000
坏账准备转出：	376 000		
		新会计科目余额：	5 624 000

（二） 按照权益法调整长期股权投资账面余额

该医院长期股权投资均为100%持股，依据被投资单位2018年12月31日财务报表的所有者权益账面余额，计算应享有或应分担的被投资单位所有者权益的份额，调整长期股权投资的账面余额。

借：累计盈余——新旧转换盈余　　100 000.00

贷：长期股权投资——新旧制度转换调整　　100 000.00

累计盈余

借 方		贷 方	
		原会计科目余额转入：	342 341 000
权益法调整长期股权投资转出：	100 000		
		新会计科目余额：	342 241 000

长期股权投资

借 方		贷 方	
		原会计科目余额转入：	1 000 000
权益法调整长期股权投资转出：	100 000		
		新会计科目余额：	900 000

（三） 补提折旧

医院应当对截至2018年12月31日前购置的未计提完折旧的固定资产，在新旧制度转换时，按照补充规定提供的折旧年限计算补提一个月折旧。

借：累计盈余——财政项目盈余　　1 000 000.00

　　累计盈余——新旧转换盈余　　3 000 000.00

　　贷：固定资产累计折旧　　4 000 000.00

累计盈余

借　方		贷　方	
		原会计科目余额转入：	342 241 000
固定资产累计折旧转出：	4 000 000		
		新会计科目余额：	338 241 000

固定资产累计折旧

借　方		贷　方	
		原会计科目余额转入：	292 000 000
		固定资产累计折旧转入：	4 000 000
		新会计科目余额：	296 000 000

五、将原未入账事项登记新账财务会计科目并进行追溯调整后编制2019年1月1日新的资产负债表如下

资产负债表

会政财01表

编制单位：×××医院　　　　2019年1月1日　　　　单位：元

资　产	年初余额	负债和净资产	年初余额
流动资产：		流动负债：	
货币资金	140 000 000.00	短期借款	100 000 000.00
短期投资		应缴增值税	
财政应返还额度	5 000 000.00	其他应缴税费	
应收票据		应缴财政款	
应收账款净额	165 976 000.00	应付职工薪酬	24 000 000.00
预付账款		应付票据	96 000 000.00
应收股利		应付账款	186 000 000.00
应收利息		应付政府补贴款	
其他应收款净额		应付利息	
存货	26 400 000.00	预收账款	23 000 000.00
待摊费用		其他应付款	55 020 000.00
一年内到期的非流动资产		预提费用	
其他流动资产		一年内到期的非流动负债	
流动资产合计	337 376 000.00	其他流动负债	
非流动资产：		流动负债合计	484 020 000.00
长期股权投资	900 000.00	非流动负债：	

（续表）

资产	年初余额	负债和净资产	年初余额
长期债券投资		长期借款	16 000 000.00
固定资产原值	711 000 000.00	长期应付款	2 015 000.00
减：固定资产累计折旧	296 000 000.00	预计负债	
固定资产净值	415 000 000.00	其他非流动负债	
工程物资	2 000 000.00	非流动负债合计	18 015 000.00
在建工程	90 000 000.00	受托代理负债	
无形资产原值	2 000 000.00	负债合计	502 035 000.00
减：无形资产累计摊销	1 000 000.00		
无形资产净值	1 000 000.00		
研发支出			
公共基础设施原值			
减：公共基础设施累计折旧（摊销）			
公共基础设施净值			
政府储备物资			
文物文化资产			
保障性住房原值			
减：保障性住房累计折旧		净资产：	
保障性住房净值		累计盈余	338 241 000.00
长期待摊费用		专用基金	6 000 000.00
待处理财产损溢		权益法调整	
其他非流动资产		无偿调拨净资产＊	
非流动资产合计	508 900 000.00	本期盈余＊	
受托代理资产		净资产合计	344 241 000.00
资产总计	846 276 000.00	负债和净资产总计	846 276 000.00

第十二章　政府会计制度与原基层医疗机构会计制度衔接

第一节　新旧制度衔接概述

一、新旧制度的衔接时间安排

财政部于 2017 年 10 月 24 日印发了《政府会计制度——行政事业单位会计科目和报表》（财会〔2017〕25 号，以下简称新制度）。目前执行《基层医疗卫生机构会计制度》（财会［2010］26 号，以下简称原制度）的基层医疗卫生机构，应当自 2019 年 1 月 1 日起，严格按照新制度和补充规定的规定进行会计核算、编制财务报表和预算会计报表。

二、基层医疗卫生机构应当按照本规定做好新旧制度衔接的有关工作，主要包括以下几个方面

1. 根据原账编制 2018 年 12 月 31 日的科目余额表，并按照衔接规定要求，编制原账的部分科目余额明细表。

2. 按照新制度和补充规定设立 2019 年 1 月 1 日的新账。

3. 按照衔接规定要求，登记新账的财务会计科目余额和预算结余科目余额，包括将原账科目余额转入新账财务会计科目、按照原账科目余额登记新账预算结余会计科目，将未入账事项登记新账科目，并对有关新账科目余额进行调整。原账科目是指按照原制度规定设置的会计科目。

4. 按照登记及调整后新账的各会计科目余额，编制 2019 年 1 月 1 日的科目余额表，作为新账各会计科目的期初余额。

5. 根据新账各会计科目期初余额，按照新制度和补充规定编制 2019 年 1 月 1 日资产负债表。

6. 基层医疗卫生机构存在其他规定未列举的原账科目余额或余额内容，应当比照规定转入新账的相应科目。新账的科目设有明细科目的，应将原账中对应科目的余额加以分析，分别转入新账中相应科目的有关明细科目。

7. 截至 2018 年 12 月 31 日尚未进行基建“并账”的基层卫生医疗机构，应当首先参照《新旧事业单位会计制度有关衔接问题的处理规定》（财会〔2013〕2 号），将基建账套有关数据并入 2018 年12 月 31 日原账中的有关科目余额，再按照本规定将 2018 年 12 月 31 日原账有关会计科目余额转入新账相应科目。

8. 基层医疗卫生机构在进行新旧衔接的转账时，应当作转账的工作分录，作为转账的工作底稿，同时将转入新账的对应原账户余额和分拆原账户余额的依据作为原始凭证。

9. 及时调整会计信息系统。基层医疗卫生机构应当按照新制度和补充规定要求对原有会计信息系统进行及时更新和调试，实现数据正确转换，确保新旧账套的有序衔接。

三、做好新旧会计制度衔接前的准备工作

1. 完善会计机构及会计人员的设置

基层医疗卫生机构应根据会计业务的需要，设置会计机构，或者在有关机构中设置会计人员并指定会计主管人员；不具备设置条件的，应委托经批准设立从事会计代理记账业务的中介机构代理记账。这既是《会计法》的法定要求，也是一个单位做好会计工作的基础。有条件的地区，可对基层医疗卫生机构实行财务集中核算，具体办法由各地方主管部门根据实际情况确定。

2. 建立健全单位内部有关财务和会计管理制度

为了切实保证新制度的贯彻实施，基层医疗卫生机构应当按照新制度的要求进一步建立健全内部管理制度：一是建立健全内部会计核算制度。新制度规定了会计要素确认、计量和报告的基本原则，基层医疗卫生机构要根据新制度的规定结合本机构业务内容制定适合本单位的内部会计核算制度。二是建立健全内部会计控制制度。《会计法》规定，各单位应当建立、健全本单位内部会计监督制度。因此，基层医疗卫生机构应当按照财政部发布的《行政事业单位内部会计控制规范》等法律法规制定和完善本单位的内部控制制度。三是建立健全内部资产管理制度。为了加强对基层医疗卫生机构国有资产（尤其是货币资金、固定资产等实物资产）的管理，保证账实相符，防止国有资产流失，基层医疗卫生机构应当制定内部资产管理制度，对资产的收发、保管和使用等环节作出具体的管理规定。

第二节　财务会计资产类账户余额的新旧衔接

一、将 2018 年 12 月 31 日原账会计科目余额转入新账财务会计科目

1. 平行转入的科目

“库存现金”“银行存款”“其他货币资金”“财政应返还额度”“固定资产”“无形资产”科目

新制度设置了“库存现金”“银行存款”“其他货币资金”“财政应返还额度”“固定资产”“无形资产”科目，其核算内容与原账的上述相应科目的核算内容基本相同。转账时，基层医疗卫生机构应当将原账的上述科目余额直接转入新账的相应科目。其中，还应当将原账的“库存现金”“银行存款”科目余额中属于新制度规定受托代理资产的金额转入新账的“库存现金”“银行存款”科目下“受托代理资产”明细科目。

资产类科目平行结转情况表

旧制度科目	新制度科目
库存现金	库存现金
受托代理资产	受托代理资产
银行存款	银行存款
受托代理资产	受托代理现资产
其他货币资金	其他货币资金
财政应返还额度	财政应返还额度
固定资产	固定资产
无形资产	无形资产

2. 部分科目名称有改变但核算内容无变化的科目平行转入

"应收医疗款"科目

新制度设置了"应收账款"科目，该科目包含了原账的"应收医疗款"科目的核算内容。转账时，应当将原账的"应收医疗款"科目余额转入新账的"应收账款"科目。

3. 部分科目名称相同但核算内容有变化的科目分析转入

(1)"其他应收款"科目

新制度设置了"其他应收款"科目，该科目的核算内容与原账的"其他应收款"科目的核算内容基本相同。转账时，应当将原账的"其他应收款"科目余额转入新账的"其他应收款"科目。

新制度设置了"在途物品"科目，基层医疗卫生机构在原账的"其他应收款"科目中核算已经付款或开出商业汇票、尚未收到物资的款项，应当将原账的"其他应收款"科目余额中已经付款或开出商业汇票、尚未收到物资的款项金额转入新账的"在途物品"科目。

基层医疗卫生机构在原账的"其他应收款"科目的核算内容包括了属于新制度规定的预付账款，应当将原账的"其他应收款"科目余额中属于预付账款的金额转入新账的"预付账款"科目。

基层医疗卫生机构在原账"其他应收款"科目中核算尚未按照有关规定完成批准程序的待处理财产损溢的，转账时，应当将原账的"其他应收款"科目余额中属于待处置资产损溢的金额，转入新账的"待处理财产损溢"科目。

(2)"库存物资"科目

新制度设置了"库存物品""加工物品"科目，原制度设置了"库存物资"科目。转账时，基层医疗卫生机构应当将原账的"库存物资"科目余额中属于在加工存货的金额，转入新账的"加工物品"科目；将原账的"库存物资"科目余额减去属于在加工存货金额后的差额，转入新账的"库存物品"科目。

基层医疗卫生机构在原账的"库存物资"科目中核算了属于新制度规定的工程物资、受托代理物资（如受托保管的政府储备物资）的，应当将原账的"库存物资"科目余额中属于工程物资、受托代理物资的金额，分别转入新账的"工程物资""受托代理资产"科目。

（3）“在建工程”科目

新制度设置了“在建工程”和“预付账款——预付备料款、预付工程款”科目，原制度设置了“在建工程”科目。转账时，基层医疗卫生机构应当将原账的“在建工程”科目余额（基建“并账”后的金额，下同）中属于预付备料款、预付工程款的金额，转入新账“预付账款”有关明细科目；将原账的“在建工程”科目余额减去预付备料款、预付工程款金额后的差额，转入新账的“在建工程”科目。

基层医疗卫生机构在原账“在建工程”科目中核算了按照新制度规定应当记入“工程物资”科目内容的，应当将原账“在建工程”科目余额中属于工程物资的金额，转入新账的“工程物资”科目。

资产类科目分析结转表

旧制度科目	新制度科目
其他应收款	其他应收款
	在途物品
	预付账款
	待处理财产损溢
库存物资	库存物品
	加工物品
	工程物资
	受托代理资产
在建工程	预付账款——预付备料款
	预付账款——预付工程款
	工程物资

4. 年末无余额的账户不需要转账处理

由于原账的“零余额账户用款额度”“待摊支出”科目年末无余额，该科目不需进行转账处理。

二、负债类

1. 平行转入的科目

（1）“应付职工薪酬”“应付社会保障费”科目

新制度设置了“应付职工薪酬”科目，该科目的核算内容与原账的“应付职工薪酬”“应付社会保障费”科目的核算内容基本相同。基层医疗卫生机构应当将原账的“应付职工薪酬”“应付社会保障费”科目余额转入新账的“应付职工薪酬”科目。

（2）“待结算医疗款”科目

补充规定设置了“待结算医疗款”科目，该科目的核算内容与原账的“待结算医疗款”科目核算的内容基本相同。基层医疗卫生机构应当将原账的“待结算医疗款”科目余额转入新账的“待结算医疗款”科目。

负债类科目平行转入情况表

旧制度科目	新制度和补充规定科目
应付职工薪酬	应付职工薪酬
应付社会保障费	
待结算医疗款	待结算医疗款

2. 部分科目名称有改变但核算内容无变化的科目平行转入

(1)“应缴款项”科目

新制度设置了“应缴财政款”科目，该科目的核算内容与原账“应缴款项”科目中核算的内容基本相同。基层医疗卫生机构应当将原账的“应缴款项”科目余额转入新账的“应缴财政款”科目。

(2)“预收医疗款”科目

新制度设置了“预收账款”科目，该科目包含了原账的“预收医疗款”科目的核算内容。基层医疗卫生机构应当将原账的“预收医疗款”科目余额转入新账的“预收账款”科目。

(3)“其他应付款”科目

新制度设置了“其他应付款”科目，该科目的核算内容与原账的“其他应付款”科目的核算内容基本相同。基层医疗卫生机构应当将原账的“其他应付款”科目余额，转入新账的“其他应付款”科目。其中，在原账的“其他应付款”科目中核算属于新制度规定的长期应付款，应当将原账的“其他应付款”科目余额中属于长期应付款的金额转入新账的“长期应付款”科目；在原账的“其他应付款”科目中核算属于新制度规定的应付利息，应当将原账的“其他应付款”科目余额中属于应付利息的金额转入新账的“应付利息”科目；在原账的“其他应付款”科目中核算属于新制度规定的受托代理负债，应当将原账的“其他应付款”科目余额中属于受托代理负债的金额转入新账的“受托代理负债”科目。

负债类科目分析结转表

旧制度科目	新制度科目
应缴款项	应缴财政款
预收医疗款	预收账款
其他应付款	其他应付款
	长期应付款
	应付利息
	受托代理负债

3. 部分科目核算内容进行细化分解分析转入有关科目

(1)“借入款”科目

新制度设置了“短期借款”和“长期借款”科目，这两个科目的核算内容与原账的“借入款”科目中核算的内容基本相同。基层医疗卫生机构应当将原账的“借入款”科目余额中属于短期借款[期限不超过1年(含1年)]的金额转入新账的“短期借款”科目，将原账的“借入款”科目余额中属于长期借款[期限超过1年(不含1年)]的金额转入新账的“长期借款”科目。

（2）“应付账款”科目

新制度设置了“应付账款”“长期应付款”科目，这两个科目的核算内容与原账的“应付账款”科目核算的内容基本相同。转账时，基层医疗卫生机构应当将原账的“应付账款”科目余额中偿还期限不超过1年（含1年）转入新账的“预付账款”科目；将原账的“应付账款”科目余额中偿还期限超过1年（不含1年）转入新账的“长期应付款”科目。

（3）“应缴税费”科目

新制度设置了“应缴增值税”和“其他应缴税费”科目，这两个科目的核算内容与原账的“应缴税费”科目的核算内容基本相同。转账时，基层医疗卫生机构应当将原账的“应缴税费”科目余额中属于应缴增值税的金额转入新账的“应缴增值税”科目，将原账的“应缴税费”科目余额减去属于应缴增值税金额后的差额转入新账的“其他应缴税费”科目。

负债类科目分析结转表

旧制度科目	新制度科目
借入款	短期借款
	长期借款
应付账款	应付账款
	长期应付款
应缴税费	应缴增值税
	其他应缴税费

三、净资产类

1. 新制度没有的科目转入新制度有关总账科目的明细科目

（1）“固定基金”科目

依据新制度，无需对原制度中“固定基金”科目对应内容进行核算。转账时，基层医疗卫生机构应当将原账的“固定基金”科目余额转入新账的“累计盈余——医疗盈余”科目。

（2）“事业基金”科目

新制度和补充规定设置了“累计盈余”科目和有关明细科目，“累计盈余”科目的核算内容包含了原账的“事业基金”科目的核算内容。转账时，基层医疗卫生机构应当将原账的“事业基金”科目余额转入新账的“累计盈余——新旧转换盈余”科目。

（3）“财政补助结转（余）”“其他限定性用途结转（余）”科目

新制度及补充规定设置了“累计盈余”科目及有关明细科目，“累计盈余”科目的核算内容包含了原账“财政补助结转（余）”和“其他限定性用途结转（余）”科目的核算内容。转账时，基层医疗卫生机构应当对原账的“财政补助结转（余）”“其他限定性用途结转（余）”科目余额进行分析，将属于公共卫生活动形成结转（余）的余额转入新账的“累计盈余——公共卫生盈余”科目，将属于科教项目形成结转（余）的余额转入新账的“累计盈余——科教盈余”科目，将剩余金额转入新账的“累计盈余——医疗盈余”科目。

净资产类科目分析结转表

旧制度科目	新制度科目
固定基金	累计盈余——医疗盈余
事业基金	累计盈余——新旧转换盈余
财政补助结转（余）	累计盈余——公共卫生盈余
	累计盈余——科教盈余
	累计盈余——医疗盈余
其他限定性用途结转（余）	累计盈余——公共卫生盈余
	累计盈余——科教盈余
	累计盈余——医疗盈余

2. 平行转入的科目

新制度设置了“专用基金”科目，该科目的核算内容与原账的“专用基金”科目的核算内容基本相同。基层医疗卫生机构应当将原账的“专用基金”科目余额转入新账的“专用基金”科目。

3. 部分科目名称有改变但核算内容无变化的科目平行转入

新制度设置了“本年盈余分配”科目，该科目的核算内容与原账的“结余分配”科目的核算内容基本相同。新制度规定“本年盈余分配”科目余额最终转入“累计盈余”科目，如果原账的“结余分配”科目有借方余额，基层医疗卫生机构应当将原账的“结余分配”科目借方余额转入新账的“累计盈余——新旧转换盈余”科目借方。

4. 年末无余额的账户不需要转账处理

由于原账的“本期结余”科目年末无余额，该科目不需进行转账处理。

四、收入类、支出类

由于原账中收入类、支出类科目年末无余额，不需进行转账处理。自 2019 年 1 月 1 日起，应当按照新制度设置收入类、费用类科目并进行账务处理。

第三节　将原未入账事项登记新账，追溯调整新账的有关财务会计科目余额

一、受托代理资产

基层医疗卫生机构在新旧制度转换时，应当将 2018 年 12 月 31 日前未入账的受托代理资产按照新制度规定记入新账。登记新账时，按照确定的受托代理资产入账成本，借记“受托代理资产”科目，贷记“受托代理负债”科目。

二、盘盈资产

基层医疗卫生机构在新旧制度转换时，应当将2018年12月31日前未入账的盘盈资产按照新制度规定记入新账。登记新账时，按照确定的盘盈资产及其成本，分别借记有关资产科目，按照盘盈资产成本的合计金额，贷记“累计盈余——新旧转换盈余”科目。

三、预计负债

基层医疗卫生机构在新旧制度转换时，应当将2018年12月31日前按照新制度规定确认的预计负债记入新账。登记新账时，按照确定的预计负债金额，借记“累计盈余——新旧转换盈余”科目，贷记“预计负债”科目。

四、应付质量保证金

基层医疗卫生机构在新旧制度转换时，应当将2018年12月31日前未入账的应付质量保证金按照新制度规定记入新账。登记新账时，按照确定未入账的应付质量保证金金额，借记“累计盈余——新旧转换盈余”科目，贷记“其他应付款”科目[质保期在1年以内（含1年）]、“长期应付款”科目[质保期超过1年]。

基层医疗卫生机构存在2018年12月31日前未入账的其他事项的，应当比照本规定登记新账的相应科目。

第四节　对新账的有关财务会计科目余额按照新制度规定的会计核算基础进行追溯调整

一、计提坏账准备

新制度要求对单位收回后无需上缴财政的应收账款和其他应收款提取坏账准备。在新旧制度转换时，未按“收支两条线”管理的基层医疗卫生机构应当按照2018年12月31日除应收在院病人医疗款以外的应收账款和其他应收款的余额计算应计提的坏账准备金额，借记“累计盈余——新旧转换盈余”科目，贷记“坏账准备”科目；按“收支两条线”管理的基层医疗卫生机构应当按照2018年12月31日除应收在院病人医疗款、应收医疗款外的应收账款和其他应收款的余额计算应计提的坏账准备金额，借记“累计盈余——新旧转换盈余”科目，贷记“坏账准备”科目。

二、补提固定资产折旧

基层医疗卫生机构应当全面核查截至2018年12月31日的固定资产的预计使用年限、已使用年限、尚可使用年限等，并于2019年1月1日对尚未计提折旧的固定资产补提折旧，按照应计提的折旧金额，借记“累计盈余——医疗盈余”科目，贷记“固定资产累计折旧”科目。

三、补提无形资产摊销

基层医疗卫生机构应当全面核查截至2018年12月31日无形资产的预计使用年限、已使用年限、尚可使用年限等，并于2019年1月1日对前期尚未计提摊销的无形资产补提摊销，按照应计提的摊销金额，借记“累计盈余——医疗盈余”科目，贷记“无形资产累计摊销”科目。

四、确认长期借款期末应付利息

基层医疗卫生机构应当按照新制度规定于2019年1月1日补记长期借款的应付利息金额，对其中资本化的部分，借记“在建工程”科目，对其中费用化的部分，借记“累计盈余——新旧转换盈余”科目，按照全部长期借款应付利息金额，贷记“长期借款”科目［到期一次还本付息］或“应付利息”科目［分期付息、到期还本］。

基层医疗卫生机构对新账的财务会计账户期初余额进行追溯调整时，应当作记账凭证，并将追溯调整事项的确认依据作为原始凭证。

第五节　预算会计账户的新旧衔接

一、“财政拨款结转”和“财政拨款结余”科目及对应的“资金结存”科目余额

新制度设置了“财政拨款结转”“财政拨款结余”科目及对应的“资金结存”科目。在新旧制度转换时，基层医疗卫生机构应当对原账的“财政补助结转（余）”科目余额中结转资金的金额进行逐项分析，加上各项结转转入的支出中已经记入支出尚未支付财政资金（如发生时列支的应付账款）的金额，减去已经支付财政资金尚未记入支出（如购入的库存物资等）的金额，按照增减后的金额登记新账的“财政拨款结转”科目及其明细科目贷方；按照原账的“财政补助结转（余）”科目余额中结余资金的金额登记新账的“财政拨款结余”科目及其明细科目贷方。

基层医疗卫生机构应当按照原账“财政应返还额度”科目余额登记新账“资金结存——财政应返还额度”科目的借方。按照新账“财政拨款结转”和“财政拨款结余”科目贷方余额减去新账“资金结存——财政应返还额度”科目借方余额后的差额，登记新账“资金结存——货币资金”科目的借方。

二、“非财政拨款结转”科目及对应的“资金结存”科目

新制度设置了“非财政拨款结转”科目及对应的“资金结存”科目。在新旧制度转换时，基层医疗卫生机构应当对原账的“其他限定性用途结转（余）”科目余额进行逐项分析，加上各项结转（余）转入的支出中已经记入支出尚未支付非财政补助专项资金（如发生时列支的应付账款）的金额，减去已经支付非财政补助专项资金尚未记入支出（如购入的库存物资等）的金额，按照增减后的金额登记新账的“非财政拨款结转”科目及其明细科目贷方；同时，按照相同的金额登记新账“资金结存——货币资金”科目的借方。

三、“专用结余”科目及对应的“资金结存”科目余额

新制度设置了“专用结余”科目及对应的“资金结存”科目。在新旧制度转换时，基层医疗卫生机构应当按照原账“专用基金”科目余额中通过非财政补助结余分配形成的金额，借记新账的“资金结存——货币资金”科目，贷记新账的“专用结余”科目。

四、“非财政拨款结余”科目及对应的“资金结存”科目余额

1. 登记“非财政拨款结余”科目余额

新制度设置了“非财政拨款结余”对应的“资金结存”科目，该科目的核算内容与原账的“事业基金”科目的核算内容基本相同。在新旧制度转换时，基层医疗卫生机构应当按照原账“事业基金”科目的余额，借记新账的“资金结存——货币资金”科目，贷记新账的“非财政拨款结余”科目。

2. 对新账“非财政拨款结余”科目及“资金结存”科目余额进行追溯调整

（1）调整应收医疗款对非财政拨款结余的影响

基层医疗卫生机构应当按照转账前原账的“应收医疗款”科目余额，借记“非财政拨款结余”科目，贷记“资金结存——货币资金”科目。

（2）调整其他应收款对非财政拨款结余的影响

基层医疗卫生机构按照新制度规定将原账其他应收款中的预付款项计入支出的，应当对原账的“其他应收款”科目余额进行分析，区分其中预付款项的金额（将来很可能列支）和非预付款项的金额，并对预付款项的金额划分为财政补助资金预付的金额、非财政补助专项资金预付的金额和非财政补助非专项资金预付的金额，按照非财政补助非专项资金预付的金额，借记“非财政拨款结余”科目，贷记“资金结存——货币资金”科目。

（3）调整库存物资对非财政拨款结余的影响

基层医疗卫生机构应当对转账前原账的“库存物资”科目余额进行分析，区分购入的库存物资金额和非购入的库存物资金额。对购入的库存物资金额划分出其中使用财政补助资金购入的金额、使用非财政补助专项资金购入的金额和使用非财政补助非专项资金购入的金额，按照使用非财政补助非专项资金购入的金额借记“非财政拨款结余”科目，贷记“资金结存——货币资金”科目。

（4）调整借入款对非财政拨款结余的影响

基层医疗卫生机构应当按照转账前原账的“借入款”科目余额，借记“资金结存——货币资金”科目，贷记“非财政拨款结余”科目。

（5）调整应付账款对非财政拨款结余的影响

基层医疗卫生机构应当对转账前原账的“应付账款”科目余额进行分析，区分其中发生时记入支出的金额和未记入支出的金额。将记入支出的金额划分为财政拨款应付的金额、非财政拨款专项资金应付的金额和非财政拨款非专项资金应付的金额，按照非财政拨款非专项资金应付的金额借记“资金结存——货币资金”科目，贷记“非财政拨款结余”科目。

（6）调整预收医疗款对非财政拨款结余的影响

基层医疗卫生机构应当按照转账前原账的“预收医疗款”科目余额，借记“资金结存——货币资金”科目，贷记“非财政拨款结余”科目。

（7）调整专用基金对非财政拨款结余的影响

基层医疗卫生机构应当对原账的“专用基金”科目余额进行分析，区分出提取时列支提取的专用基金余额，按照提取时列支提取的专用基金余额，借记“资金结存——货币资金”科目，贷记“非财政拨款结余”科目。

按照前述1、2两个步骤难以准确调整出“非财政拨款结余”科目及对应的“资金结存”科目余额的，在新旧制度转换时，可以在新账的“库存现金”“银行存款”“其他货币资金”“财政应返还额度”科目借方余额合计数基础上，对不纳入单位预算管理的资金进行调整（如减去新账中货币资金形式的受托代理资产、应缴财政款、已收取将来需要退回资金的其他应付款等，加上已支付将来需要收回资金的其他应收款等），按照调整后的金额减去新账的“财政拨款结转”“财政拨款结余”“非财政拨款结转”“专用结余”科目贷方余额合计数，登记新账的“非财政拨款结余”科目贷方；同时，按照相同的金额登记新账的“资金结存——货币资金”科目借方。

五、“经营结余”科目

新制度设置了“经营结余”科目。在新旧制度转换时，不需对“经营结余”科目进行新账年初余额登记。

六、“其他结余”“非财政拨款结余分配”科目

新制度设置了“其他结余”和“非财政拨款结余分配”科目。一般情况下这两个科目年初无余额，在新旧制度转换时，不需对“其他结余”和“非财政拨款结余分配”科目进行新账年初余额登记。

若在新旧制度转换时，基层医疗卫生机构原账“结余分配——待分配结余”有借方科目余额，借记新账的“非财政拨款结余”，贷记新账的“资金结存——货币资金”科目。

七、预算收入类、预算支出类会计科目

由于预算收入类、预算支出类会计科目年初无余额，在新旧制度转换时，不需对预算收入类、预算支出类会计科目进行新账年初余额登记。自2019年1月1日起，应当按照新制度设置预算收入类、预算支出类科目并进行账务处理。

基层卫生医疗机构存在2018年12月31日前需要按照新制度预算会计核算基础追溯调整预算会计科目期初余额的其他事项的，应当比照规定调整新账的相应预算会计科目期初余额。

第六节　财务报表和预算会计报表的新旧衔接

一、编制2019年1月1日资产负债表

基层卫生医疗机构应当根据2019年1月1日新账的财务会计科目余额，按照新制度作2019年1月1日资产负债表（仅要求填列各项目“年初余额”）。

二、2019 年度财务报表和预算会计报表的编制

基层卫生医疗机构应当按照新制度和补充规定编制 2019 年财务报表和预算会计报表。在作 2019 年度收入费用表、医疗活动收入费用明细表、净资产变动表、现金流量表和预算收入支出表、预算结转结余变动表时，不要求填列上年比较数。

基层卫生医疗机构应当根据 2019 年 1 月 1 日新账财务会计科目余额，填列 2019 年净资产变动表各项目的"上年年末余额"；根据 2019 年 1 月 1 日新账预算会计科目余额，填列 2019 年预算结转结余变动表的"年初预算结转结余"项目和财政拨款预算收入支出表的"年初财政拨款结转结余"项目。

第七节　政府会计制度与原基层医疗机构会计制度衔接案例分析

例：某乡镇卫生院于 2019 年 1 月 1 日开始执行新医院会计制度，依据财政部《基层医疗卫生机构会计制度有关衔接问题的处理规定》，进行基层医疗卫生机构新旧会计制度的衔接工作，其有关会计资料如下：

基层医疗卫生机构资产负债表

编制单位：某乡镇卫生院　　　　2018 年 12 月 31 日　　　　单位：元

项　目	行次	金　额
流动资产：	1	
货币资金	2	3 218 000.00
财政应返还额度	3	50 000.00
应收医疗款	4	11 646 000.00
其他应收款	5	4 080 000.00
库存物资	6	1 106 000.00
其中：药品	7	726 000.00
待摊支出	8	
流动资产合计	9	20 100 000.00
非流动资产：	10	
固定资产	11	21 440 000.00
在建工程	12	160 000.00
无形资产	13	50 000.00
非流动资产合计	14	21 650 000.00
资产总计	15	41 750 000.00
负债：	16	
借入款	17	180 000.00

（续表）

项　目	行次	金　额
待结算医疗款	18	250 000.00
应缴款项	19	30 000.00
应付账款	20	3 295 880.00
预收医疗款	21	1 010 000.00
应付职工薪酬	22	182 820.00
应付社会保障费	23	64 800.00
应缴税费	24	5 500.00
其他应付款	25	5 318 000.00
负债合计	26	10 337 000.00
净资产：	27	
固定基金	28	21 440 000.00
事业基金	29	6 092 000.00
专用基金	30	3 828 000.00
财政补助结转（余）	31	45 000.00
其他限定用途结转（余）	32	8 000.00
未弥补亏损	33	
净资产合计	34	31 413 000.00
负债和净资产总计	35	41 750 000.00

基层医疗卫生机构会计科目明细余额表

编制单位：某乡镇卫生院　　　　2018 年 12 月 31 日　　　　单位：元

项　目	行次	金　额
流动资产：	1	
库存现金	2	3 000.00
受托代理资产	3	500.00
银行存款	4	3 215 000.00
受托代理资产	5	16 000.00
财政应返还额度	6	50 000.00
应收医疗款	7	11 646 000.00
其他应收款	8	4 080 000.00
其他应收款	9	3 977 000.00
在途物品	10	30 000.00
预付账款	11	70 000.00
待处理财产损溢	12	3 000.00
库存物资	13	1 106 000.00
库存物品	14	947 000.00
其中：药品	15	726 000.00
卫生材料	16	113 000.00
低值易耗品	17	53 000.00

（续表）

项　目	行次	金　额
其他材料	18	55 000.00
加工物品	19	51 000.00
工程物资	20	87 000.00
受托代理资产	21	21 000.00
待摊支出	22	
流动资产合计	23	20 100 000.00
非流动资产：	24	
固定资产	25	21 440 000.00
在建工程	26	160 000.00
在建工程	27	60 000.00
预付账款——预付备料款、预付工程款	28	45 000.00
工程物资	29	55 000.00
无形资产	30	50 000.00
非流动资产合计	31	21 650 000.00
资产总计	32	41 750 000.00
负债：	33	
借入款	34	180 000.00
短期借款	35	50 000.00
长期借款	36	130 000.00
待结算医疗款	37	250 000.00
应缴款项	38	30 000.00
应付账款	39	3 295 880.00
应付账款	40	3 115 880.00
长期应付款	41	180 000.00
预收医疗款	42	1 010 000.00
应付职工薪酬	43	182 820.00
应付社会保障费	44	64 800.00
应缴税费	45	5 500.00
应缴增值税	46	5 000.00
其他应缴税费	47	500.00
其他应付款	48	5 318 000.00
其他应付款	49	4 361 000.00
长期应付款	50	850 000.00
应付利息	51	76 000.00
受托代理负债	52	31 000.00
负债合计	53	10 337 000.00
净资产：	54	
固定基金	55	21 440 000.00
事业基金	56	6 092 000.00
专用基金	57	3 828 000.00
从非财政补助结余中提取	58	3 828 000.00

（续表）

项　目	行次	金　额
列支提取的	59	
其他	60	
财政补助结转（余）	61	45 000.00
公共卫生活动形成结转（余）	62	40 000.00
科教项目形成结转（余）	63	5 000.00
其他	64	
其他限定用途结转（余）	65	8 000.00
公共卫生活动形成结转（余）	66	5 000.00
科教项目形成结转（余）	67	3 000.00
其他	68	0.00
未弥补亏损	69	
净资产合计	70	31 413 000.00
负债和净资产总计	71	41 750 000.00

一、根据 2018 年 12 月 31 日资产负债表按照基层医疗机构实行政府会计制度衔接的有关规定作如下会计分录

1. 借：应收账款　　11 646 000.00
　　贷：应收医疗款　　11 646 000.00

2. 借：其他应收款　　3 977 000.00
　　在途物品　　30 000.00
　　预付账款　　70 000.00
　　待处理财产损溢　　3 000.00
　　贷：其他应收款　　4 080 000.00

3. 借：库存物品　　947 000.00
　　加工物品　　51 000.00
　　工程物资　　87 000.00
　　受托代理资产　　21 000.00
　　贷：库存物资　　1 106 000.00

4. 借：在建工程　　60 000.00
　　工程物资　　45 000.00
　　预付账款　　55 000.00
　　贷：在建工程　　160 000.00

5. 借：借入款　　180 000.00
　　贷：短期借款　　50 000.00
　　　　长期借款　　130 000.00

6. 借：应缴税费　5 500.00
　贷：应缴增值税　5 000.00
　　其他应缴税费　500.00
7. 借：应缴款项　30 000.00
　贷：应缴财政款　30 000.00
8. 借：应付职工薪酬　182 820.00
　应付社会保障费　64 800.00
　贷：应付职工薪酬　247 620.00
9. 借：应付账款　3 295 880.00
　贷：应付账款　3 115 880.00
　　长期应付款　180 000.00
10. 借：预收医疗款　1 010 000.00
　贷：预收账款　1 010 000.00
11. 借：其他应付款　5 318 000.00
　贷：其他应付款　4 361 000.00
　　应付利息　76 000.00
　　长期应付款　850 000.00
　　受托代理负债　31 000.00
12. 借：固定基金　21 440 000.00
　事业基金　6 092 000.00
　财政补助结转（余）　45 000.00
　其他限定用途结转（余）　8 000.00
　结余分配——待分配结余　0.00
　贷：累计盈余　27 585 000.00
13. 借：财政补助结转（余）　45 000.00
　贷：财政拨款结转　15 000.00
　　财政拨款结余　30 000.00
14. 借：事业基金　6 092 000.00
　结余分配——待分配结余　0.00
　贷：非财政拨款结余　6 092 000.00
15. 借：专用基金　3 828 000.00
　贷：专用结余　3 828 000.00
16. 借：资金结存（借方）　9 973 000.00
　贷：财政补助结转（余）　45 000.00
　　其他限定用途结转（余）　8 000.00
　　事业基金　6 092 000.00
　　专用基金　3 828 000.00
　　结余分配——待分配结余（借方）　0.00

二、根据调整后的有关会计科目作新旧会计制度转换会计科目对照表和新会计科目余额表

基层医疗卫生机构新旧会计制度转账科目对照表

编制单位：某乡镇卫生院　　　　2019 年 1 月 1 日　　　　单位：元

序号	新制度科目			原制度科目		
	编号	名称		编号	名称	
（一）资产类						
1	1001	库存现金	3 000.00	101	库存现金	3 000.00
2	1002	银行存款	3 215 000.00	102	银行存款	3 215 000.00
3	1011	零余额账户用款额度		103	零余额账户用款额度	
4	1021	其他货币资金		104	其他货币资金	
5	1201	财政应返还额度	50 000.00	111	财政应返还额度	50 000.00
6	1212	应收账款	11 646 000.00	112	应收医疗款	11 646 000.00
7	1218	其他应收款	3 977 000.00	114	其他应收款	4 080 000.00
8	1301	在途物品	30 000.00			
9	1214	预付账款	70 000.00			
10	1902	待处理财产损溢	3 000.00			
11	1302	库存物品	947 000.00	121	库存物资	1 106 000.00
12	1303	加工物品	51 000.00			
13	1611	工程物资	87 000.00			
14	1891	受托代理资产	21 000.00			
16	1401	待摊费用	0.00	123	待摊支出	0.00
17	1901	长期待摊费用	0.00			
18	1601	固定资产	21 440 000.00	131	固定资产	21 440 000.00
23	1613	在建工程	60 000.00	133	在建工程	160 000.00
24	1611	工程物资	45 000.00			
25	1214	预付账款	55 000.00			
26	1701	无形资产	50 000.00	141	无形资产	50 000.00
（二）负债类						
27	2001	短期借款	50 000.00	201	借入款	180 000.00
28	2501	长期借款	130 000.00			
29	2101	应缴增值税	5 000.00	211	应缴税费	5 500.00
30	2102	其他应缴税费	500.00			
31	2103	应缴财政款	30 000.00	203	应缴款项	30 000.00
32	2201	应付职工薪酬	247 620.00	208	应付职工薪酬	182 820.00
				210	应付社会保障费	64 800.00

（续表）

<table>
<tr><th rowspan="2">序号</th><th colspan="2">新制度科目</th><th rowspan="2"></th><th colspan="2">原制度科目</th><th rowspan="2"></th></tr>
<tr><th>编号</th><th>名称</th><th>编号</th><th>名称</th></tr>
<tr><td colspan="7">（二）负债类</td></tr>
<tr><td>33</td><td>2302</td><td>应付账款</td><td>3 115 880.00</td><td rowspan="2">206</td><td rowspan="2">应付账款</td><td rowspan="2">3 295 880.00</td></tr>
<tr><td>34</td><td>2502</td><td>长期应付款</td><td>180 000.00</td></tr>
<tr><td>35</td><td>2305</td><td>预收账款</td><td>1 010 000.00</td><td>207</td><td>预收医疗款</td><td>1 010 000.00</td></tr>
<tr><td>36</td><td>2307</td><td>其他应付款</td><td>4 361 000.00</td><td rowspan="4">221</td><td rowspan="4">其他应付款</td><td rowspan="4">5 318 000.00</td></tr>
<tr><td>37</td><td>2304</td><td>应付利息</td><td>76 000.00</td></tr>
<tr><td>38</td><td>2401</td><td>长期应付款</td><td>850 000.00</td></tr>
<tr><td>39</td><td>2901</td><td>受托代理负债</td><td>31 000.00</td></tr>
<tr><td>40</td><td>2308</td><td>待结算医疗款</td><td>250 000.00</td><td>202</td><td>待结算医疗款</td><td>250 000.00</td></tr>
<tr><td colspan="7">（三）净资产类</td></tr>
<tr><td rowspan="5">41</td><td rowspan="5">3001</td><td rowspan="5">累计盈余</td><td rowspan="5">27 585 000.00</td><td>301</td><td>固定基金</td><td>21 440 000.00</td></tr>
<tr><td>302</td><td>事业基金</td><td>6 092 000.00</td></tr>
<tr><td>305</td><td>财政补助结转（余）</td><td>45 000.00</td></tr>
<tr><td>306</td><td>其他限定用途结转（余）</td><td>8 000.00</td></tr>
<tr><td>308</td><td>结余分配——待分配结余</td><td>0.00</td></tr>
<tr><td>42</td><td>3101</td><td>专用基金</td><td>3 828 000.00</td><td>303</td><td>专用基金</td><td>3 828 000.00</td></tr>
<tr><td colspan="7">（四）预算结余类</td></tr>
<tr><td>43</td><td>8101</td><td>财政拨款结转</td><td>15 000.00</td><td rowspan="2">305</td><td rowspan="2">财政补助结转（余）</td><td rowspan="2">45 000.00</td></tr>
<tr><td>44</td><td>8102</td><td>财政拨款结余</td><td>30 000.00</td></tr>
<tr><td>45</td><td>8201</td><td>非财政拨款结转</td><td>8 000.00</td><td>306</td><td>其他限定用途结转（余）</td><td>8 000.00</td></tr>
<tr><td rowspan="2">46</td><td rowspan="2">8202</td><td rowspan="2">非财政拨款结余</td><td rowspan="2">6 092 000.00</td><td>302</td><td>事业基金</td><td>6 092 000.00</td></tr>
<tr><td>308</td><td>结余分配——待分配结余（借方）</td><td></td></tr>
<tr><td>47</td><td>8301</td><td>专用结余</td><td>3 828 000.00</td><td>303</td><td>专用基金</td><td>3 828 000.00</td></tr>
<tr><td rowspan="5">48</td><td rowspan="5">8001</td><td rowspan="5">资金结存（借方）</td><td rowspan="5">9 973 000.00</td><td>305</td><td>财政补助结转（余）</td><td>45 000.00</td></tr>
<tr><td>306</td><td>其他限定用途结转（余）</td><td>8 000.00</td></tr>
<tr><td>302</td><td>事业基金</td><td>6 092 000.00</td></tr>
<tr><td>303</td><td>专用基金</td><td>3 828 000.00</td></tr>
<tr><td>308</td><td>结余分配——待分配结余（借方）</td><td></td></tr>
</table>

基层医疗卫生机构新会计科目明细余额表

编制单位：某乡镇卫生院　　2019 年 1 月 1 日　　单位：元

项　目	行次	金　额
流动资产：	1	
货币资金	2	3 000.00
短期投资	3	3 215 000.00
财政应返还额度	4	50 000.00
应收票据	5	
应收账款净额	6	11 646 000.00
其中：应收在院病人医疗款	7	11 646 000.00
应收医疗款净额	8	
预付账款	9	125 000.00
应收股利	10	
应收利息	11	
其他应收款净额	12	3 977 000.00
存货	13	1 028 000.00
其中：药品	14	944 000.00
卫生材料	15	
低值易耗品	16	
其他材料	17	84 000.00
待摊费用	18	
一年内到期的非流动资产	19	
其他流动资产	20	
流动资产合计	21	20 044 000.00
非流动资产：	22	
长期股权投资	23	
长期债券投资	24	
固定资产原值	25	21 440 000.00
减：固定资产累计折旧	26	
固定资产净值	27	
工程物资	28	132 000.00
在建工程	29	60 000.00
无形资产原值	30	50 000.00
减：无形资产累计摊销	31	
无形资产净值	32	
研发支出	33	
公共基础设施原值	34	

（续表）

项 目	行次	金 额
减：公共基础设施累计折旧（摊销）	35	
公共基础设施净值	36	
政府储备物资	37	
文物文化资产	38	
保障性住房	39	
减：保障性住房累计折旧	40	
保障性住房净值	41	
长期待摊费用	42	
待处理财产损溢	43	3 000.00
其他非流动资产	44	
非流动资产合计	45	21 685 000.00
受托代理资产	46	21 000.00
资产总计	47	41 750 000.00
流动负债：	48	
短期借款	49	50 000.00
应缴增值税	50	5 000.00
其他应缴税费	51	500.00
应缴财政款	52	30 000.00
待结算医疗款	53	250 000.00
应付职工薪酬	54	247 620.00
应付票据	55	
应付账款	56	3 115 880.00
应付政府补贴款	57	
应付利息	58	76 000.00
预收账款	59	1 010 000.00
其中：预收医疗款	60	1 010 000.00
其他应付款	61	4 361 000.00
预提费用	62	
一年内到期的非流动负债	63	
其他流动负债	64	
流动负债合计	65	9 146 000.00
非流动负债：	66	
长期借款	67	130 000.00
长期应付款	68	1 030 000.00
预计负债	69	

（续表）

项　目	行次	金　额
其他非流动负债	70	
非流动负债合计	71	1 160 000.00
受托代理负债	72	31 000.00
负债合计	73	10 337 000.00
净资产：	74	
累计盈余	75	27 585 000.00
专用基金	76	3 828 000.00
其中：医疗风险基金	77	
奖励基金	78	
权益法调整	79	
无偿调拨净资产 *	80	
本期盈余 *	81	
净资产合计	82	31 413 000.00
负债和净资产总计	83	41 750 000.00

三、将原未入账事项登记新账财务会计科目

1. 应付质量保证金

某基层医疗卫生机构 2018 年 12 月 31 日前有未入账的质保期在一年以内的应付质量保证金 17 500元，质保期在两年的质量保证金 3 500 元，按照新制度规定记入新账。

借：累计盈余　　21 000

　　贷：其他应付款　　17 500

　　　　长期应付款　　3 500

累计盈余

借　方		贷　方	
		原会计科目余额转入：	27 585 000
其他应付款转出：	17 500		
长期应付款转出：	3 500		
		新会计科目余额：	27 564 000

其他应付款

借　方		贷　方	
		原会计科目余额转入：	4 361 000
		其他应付款转入：	17 500
		新会计科目余额：	4 378 500

长期应付款

借 方	贷 方
	原会计科目余额转入：1 030 000
	长期应付款转入：3 500
	新会计科目余额：1 033 500

2. 预计负债

某基层医疗卫生机构 2018 年 12 月 31 日前有未入账的预计负债 7 000 元，按照新制度规定记入新账。

借：累计盈余　　7 000

　　贷：预计负债　　7 000

累计盈余

借 方	贷 方
	原会计科目余额转入：27 564 000
预计负债转出：7 000	
	新会计科目余额：27 557 000

预计负债

借 方	贷 方
	原会计科目余额转入：0
	预计负债转入：7 000
	新会计科目余额：7 000

3. 盘盈资产

某基层医疗卫生机构 2018 年 12 月 31 日前有未入账的盘盈血压计 3 台，价值 1 200 元，按照新制度规定记入新账。

借：库存物资　　1 200

　　贷：累计盈余　　1 200

累计盈余

借 方	贷 方
	原会计科目余额转入：27 557 000
	库存物资转入：1 200
	新会计科目余额：27 558 200

库存物资

借 方	贷 方
原会计科目余额转入：1 106 000	
库存物资转入：1 200	
新会计科目余额：1 107 200	

基层医疗卫生机构如果存在2018年12月31日前未入账的其他事项的，应当比照本规定登记新账的相应科目。

四、对新账的有关财务会计科目余额按照新制度规定的会计核算基础进行追溯调整

1. 计提坏账准备

某基层医疗卫生机构2018年12月31日无需上缴财政的应收账款（不含应收在院病人医疗款）和其他应收款的余额为157 260元，根据有关规定计提的坏账准备157 260元，按照新制度规定记入新账。

借：累计盈余　157 260

　　贷：坏账准备　157 260

累计盈余

借　方		贷　方	
		原会计科目余额转入：	27 558 200
坏账准备转出：	157 260		
		新会计科目余额：	27 400 940

坏账准备

借　方		贷　方	
		原会计科目余额转入：	0
		坏账准备转入：	157 260
		新会计科目余额：	157 260

2. 补提固定资产折旧

某基层医疗卫生机构截至2018年12月31日的固定资产总值为21 440 000元，按制度规定，对每台资产的预计使用年限、已使用年限、尚可使用年限等进行详细核查，经统计汇总，该单位应于2019年1月1日对尚未计提折旧的固定资产补提折旧4 450 000元，按照应计提的折旧金额，借记“累计盈余”科目，贷记“固定资产累计折旧”科目，按照新制度规定记入新账。

借：累计盈余　4 450 000

　　贷：固定资产累计折旧　4 450 000

累计盈余

借　方		贷　方	
		原会计科目余额转入：	27 400 940
固定资产累计折旧转出：	4 450 000		
		新会计科目余额：	22 950 940

固定资产累计折旧

借　方		贷　方	
		原会计科目余额转入：	0
		固定资产累计折旧转入：	4 450 000
		新会计科目余额：	4 450 000

3. 补提无形资产摊销

某基层医疗卫生机构截至2018年12月31日无形资产余额为50 000元，该无形资产为计算机软件系统，预计可使用年限5年，已使用年限3年，根据有关规定2019年1月1日对前期尚未计提摊销的无形资产补提摊销，经计算该无形资产应计提的摊销金额30 000元，按照新制度规定记入新账。

借：累计盈余　　30 000

　　贷：无形资产累计摊销　　30 000

累计盈余

借　方		贷　方	
		原会计科目余额转入：	22 950 940
无形资产累计折旧转出：	30 000		
		新会计科目余额：	22 920 940

无形资产累计折旧

借　方		贷　方	
		原会计科目余额转入：	0
		固定资产累计折旧并转入：	30 000
		新会计科目余额：	30 000

4. 确认长期借款期末应付利息

某基层医疗卫生机构截至2018年12月31日有60 000元长期借款系到期一次还本付息，有应付利息3 000元，其中有1 700元的利息需要进行资本化处理，按照新制度规定记入新账。

借：在建工程　　1 700

借：累计盈余　　1 300

　　贷：长期借款　　3 000［到期一次还本付息］

累计盈余

借　方		贷　方	
		原会计科目余额转入：	22 920 940
长期借款转出：	1 300		
		新会计科目余额：	22 919 640

在建工程

借　方		贷　方
原会计科目余额转入：	60 000	
在建工程转入：	1 700	
新会计科目余额：	61 700	

长期借款

借　方	贷　方	
	原会计科目余额转入：	130 000
	长期借款转入：	3 000
	新会计科目余额：	133 000

五、将原未入账事项登记新账财务会计科目并进行追溯调整后编制 2019 年 1 月 1 日新的资产负债表如下

资产负债表

编制单位：某乡镇卫生院　　2019 年 1 月 1 日　　金额单位：元

资　产	期末余额	年初余额	负债和净资产	期末余额	年初余额
流动资产：			流动负债：		
货币资金		3 218 000.00	短期借款		50 000.00
短期投资			应缴增值税		5 000.00
财政应返还额度		50 000.00	其他应缴税费		500.00
应收票据			应缴财政款		30 000.00
应收账款净额		11 646 000.00	待结算医疗款		250 000.00
其中：应收在院病人医疗款			应付职工薪酬		247 620.00
应收医疗款净额		11 488 740.00	应付票据		
预付账款		125 000.00	应付账款		3 115 880.00
应收股利			应付政府补贴款		
应收利息			应付利息		76 000.00
其他应收款净额		3 977 000.00	预收账款		1 010 000.00
存货		948 200.00	其中：预收医疗款		1 010 000.00
其中：药品		726 000.00	其他应付款		4 378 500.00
卫生材料		113 000.00	预提费用		
低值易耗品		54 200.00	一年内到期的非流动负债		
其他材料		55 000.00	其他流动负债		
加工物品		51 000.00			

（续表）

资　产	期末余额	年初余额	负债和净资产	期末余额	年初余额
在途物品		30 000.00			
待摊费用			流动负债合计		9 163 500.00
一年内到期的非流动资产			非流动负债：		
其他流动资产			长期借款		133 000.00
流动资产合计		19 887 940.00	长期应付款		1 033 500.00
非流动资产：			预计负债		7 000.00
长期股权投资			其他非流动负债		
长期债券投资			非流动负债合计		1 173 500.00
固定资产原值		21 440 000.00	受托代理负债		31 000.00
减：固定资产累计折旧		4 450 000.00	负债合计		10 368 000.00
固定资产净值		16 990 000.00			
工程物资		132 000.00			
在建工程		61 700.00			
无形资产原值		50 000.00			
减：无形资产累计摊销		30 000.00			
无形资产净值		20 000.00			
研发支出					
公共基础设施原值					
减：公共基础设施累计折旧（摊销）					
公共基础设施净值					
政府储备物资					
文物文化资产			净资产：		
保障性住房			累计盈余		22 919 640.00
减：保障性住房累计折旧			专用基金		3 828 000.00
保障性住房净值			其中：医疗风险基金		
长期待摊费用			奖励基金		
待处理财产损溢		3 000.00	权益法调整		
其他非流动资产			无偿调拨净资产		
非流动资产合计		17 206 700.00	本期盈余 *		
受托代理资产		21 000.00	净资产合计		26 747 640.00
资产总计		37 115 640.00	负债和净资产总计		37 115 640.00

附录一

关于医院执行《政府会计制度——行政事业单位会计科目和报表》的补充规定

根据《政府会计准则——基本准则》，结合行业实际情况，现就公立医院①（以下简称医院）执行《政府会计制度——行政事业单位会计科目和报表》（以下简称新制度）做出如下补充规定：

一、关于在新制度相关一级科目下设置明细科目

（一）医院应当在新制度规定的“1212 应收账款”科目下设置如下明细科目：

1.“121201 应收在院病人医疗款”科目，核算医院因提供医疗服务而应向在院病人收取的医疗款。

2.“121202 应收医疗款”科目，核算医院因提供医疗服务而应向医疗保险机构、门急诊病人、出院病人等收取的医疗款，应当按照医疗保险机构、门急诊病人、出院病人等进行明细核算。医院应当在本科目下设置如下明细科目：

（1）“12120201 应收医保款”科目，核算医院因提供医疗服务而应向医疗保险机构收取的医疗款。

（2）“12120202 门急诊病人欠费”科目，核算门急诊病人应付未付医疗款。

（3）“12120203 出院病人欠费”科目，核算出院病人应付未付医疗款。

3.“121203 其他应收账款”科目核算医院除应收在院病人医疗款、应收医疗款以外的其他应收账款，如医院因提供科研教学等服务、按合同或协议约定应向接受服务单位收取的款项。

（二）医院应当在新制度规定的“1219 坏账准备”科目下设置如下明细科目：

1.“121901 应收账款坏账准备”科目，核算医院按规定对“应收账款——应收医疗款”“应收账款——其他应收账款”提取的坏账准备。

2.“121902 其他应收款坏账准备”科目，核算医院按规定对其他应收款提取的坏账准备。

（三）医院应当在新制度规定的“1302 库存物品”科目下设置“130201 药品”“130202 卫生材料”“130203 低值易耗品”“130204 其他材料”和“130205 成本差异”明细科目。在“130202 卫生材料”科目下设置“13020201 血库材料”“13020202 医用气体”“13020203 影像材料”“13020204 化验材料”和“13020205 其他卫生材料”明细科目，分别核算相关物品的成本。

（四）医院应当在新制度规定的“1601 固定资产”“1602 固定资产累计折旧”科目下按照形成固定资产的经费性质（财政项目拨款经费、科教经费、其他经费）进行明细核算。

（五）医院应当在新制度规定的“1701 无形资产”“1702 无形资产累计摊销”科目下按照形成

① 本规定所指公立医院包括中华人民共和国境内各级各类独立核算的公立医院，含综合医院、中医院、中西医结合医院、民族医院、专科医院、门诊部（所）、疗养院等，不包括城市社区卫生服务中心（站）、乡镇卫生院等基层医疗卫生机构。

无形资产的经费性质（财政项目拨款经费、科教经费、其他经费）进行明细核算。

（六）医院应当根据核算需要，参照“1601 固定资产”“1701 无形资产”等科目，在新制度规定的“1613 在建工程”“1703 研发支出”等科目下按照经费性质（财政项目拨款经费、科教经费、其他经费）进行明细核算。

（七）医院应当在新制度规定的“2305 预收账款”科目下设置如下明细科目：

1. “230501 预收医疗款”科目，核算医院预收医疗保险机构预拨的医疗保险金和预收病人的预缴金。医院应当在本科目下设置如下明细科目：

(1)“23050101 预收医保款”科目，核算医院预收医疗保险机构预拨的医疗保险金。

(2)“23050102 门急诊预收款”科目，核算医院预收门急诊病人的预缴金。

(3)“23050103 住院预收款”科目，核算医院预收住院病人的预缴金。

2. “230502 其他预收账款”科目，核算医院除预收医疗款以外的其他预收账款，如医院因提供科研教学等服务、按合同或协议约定预收接受服务单位的款项。

（八）医院应当在新制度规定的“3001 累计盈余”科目下设置如下明细科目：

1. “300101 财政项目盈余”科目，核算医院财政项目拨款收入减去使用财政项目经费发生的费用后的累计盈余。

2. “300102 医疗盈余”科目，核算医院开展医疗活动形成的、财政项目盈余以外的累计盈余。

3. “300103 科教盈余”科目，核算医院开展科研教学活动形成的、财政项目盈余以外的累计盈余。

4. “300104 新旧转换盈余”科目，核算医院新旧制度衔接时转入新制度下累计盈余中除财政项目盈余、医疗盈余和科教盈余以外的累计盈余。

（九）医院应当在新制度规定的“3101 专用基金”科目下设置如下明细科目：

1. “310101 职工福利基金”科目，核算医院根据有关规定、依据财务会计下医疗盈余（不含财政基本拨款形成的盈余）计算提取的职工福利基金。

2. “310102 医疗风险基金”科目，核算医院根据有关规定、按照财务会计下相关数据计算提取并列入费用的医疗风险基金。

（十）医院应当在新制度规定的“3301 本期盈余”科目下设置如下明细科目：

1. “330101 财政项目盈余”科目，核算医院本期财政项目拨款相关收入、费用相抵后的余额。

2. “330102 医疗盈余”科目，核算医院本期医疗活动产生的、除财政项目拨款以外的各项收入、费用相抵后的余额。

3. “330103 科教盈余”科目，核算医院本期科研教学活动产生的、除财政项目拨款以外的各项收入、费用相抵后的余额。

（十一）医院应当在新制度规定的“3302 本年盈余分配”科目下设置“330201 提取职工福利基金”“330202 转入累计盈余”明细科目。

（十二）医院应当在新制度规定的“4001 财政拨款收入”科目下按照财政基本拨款收入、财政项目拨款收入进行明细核算。

（十三）医院应当在新制度规定的“4101 事业收入”科目下设置如下明细科目：

1. “410101 医疗收入”科目，核算医院开展医疗服务活动实现的收入。医院应当在本科目下设置如下明细科目：

（1）“41010101 门急诊收入”科目，核算医院为门急诊病人提供医疗服务实现的收入。

医院应当在“41010101 门急诊收入”科目下设置“4101010101 挂号收入”“4101010102 诊察收入”“4101010103 检查收入”“4101010104 化验收入”“4101010105 治疗收入”“4101010106 手术收入”“4101010107 卫生材料收入”“4101010108 药品收入”“4101010109 其他门急诊收入”等明细科目；在“4101010108 药品收入”科目下设置“410101010801 西药收入”“410101010802 中成药收入”和“410101010803 中药饮片收入”明细科目。

（2）“41010102 住院收入”科目，核算医院为住院病人提供医疗服务实现的收入。

医院应当在“41010102 住院收入”科目下设置“4101010201 床位收入”“4101010202 诊察收入”“4101010203 检查收入”“4101010204 化验收入”“4101010205 治疗收入”“4101010206 手术收入”“4101010207 护理收入”“4101010208 卫生材料收入”“4101010209 药品收入”“4101010210 其他住院收入”等明细科目；在“4101010209 药品收入”科目下设置“410101020901 西药收入”“410101020902 中成药收入”和“410101020903 中药饮片收入”明细科目。

（3）“41010103 结算差额”科目，核算医院同医疗保险机构结算时，因医院按照医疗服务项目收费标准计算确认的应收医疗款金额与医疗保险机构实际支付金额不同而产生的需要调整医院医疗收入的差额（不包括医院因违规治疗等管理不善原因被医疗保险机构拒付所产生的差额）。医院因违规治疗等管理不善原因被医疗保险机构拒付而不能收回的应收医疗款，应按规定确认为坏账损失，不通过本明细科目核算。

2. “410102 科教收入”科目，核算医院开展科研教学活动实现的收入。

医院应当在“410102 科教收入”科目下设置“41010201 科研收入”“41010202 教学收入”明细科目。

医院因开展科研教学活动从非同级政府财政部门取得的经费拨款，应当在“事业收入——科教收入——科研收入”和“事业收入——科教收入——教学收入”科目下单设“非同级财政拨款”明细科目进行核算。

（十四）医院应当在新制度规定的“5001 业务活动费用”科目下按照经费性质（财政基本拨款经费、财政项目拨款经费、科教经费、其他经费）进行明细核算，并对政府指令性任务进行明细核算。此外，医院除遵循新制度规定外，还可根据管理要求，参照《政府收支分类科目》中“部门预算支出经济分类科目”对业务活动费用进行明细核算，在新制度规定的“商品和服务费用”明细科目下设置“专用材料费”明细科目，并按照“卫生材料费”“药品费”进行明细核算。

（十五）医院应当在新制度规定的“5101 单位管理费用”科目下按照经费性质（财政基本拨款经费、财政项目拨款经费、科教经费、其他经费）进行明细核算。医院可根据管理要求，参照《政府收支分类科目》中“部门预算支出经济分类科目”进行明细核算，在新制度规定的“商品和服务费用”明细科目下设置“专用材料费”明细科目，并按照“卫生材料费”“药品费”进行明细核算。

（十六）医院应当在新制度规定的“5901 其他费用”科目下对政府指令性任务进行明细核算。

（十七）医院应当在新制度规定的“6101 事业预算收入”科目下设置如下明细科目：

1．“610101 医疗预算收入”科目，核算医院开展医疗活动取得的现金流入。

医院应当在“610101 医疗预算收入”科目下设置“61010101 门急诊预算收入”“61010102 住院预算收入”明细科目。

2．“610102 科教预算收入”科目，核算医院开展科研教学活动取得的现金流入。

医院应当在“610102 科教预算收入”科目下设置“61010201 科研项目预算收入”“61010202 教学项目预算收入”明细科目，并单设“非同级财政拨款”明细科目进行核算。

医院执行新制度在新制度相关一级科目下新增明细科目的情况详见附表 1。

二、关于报表及编制说明

医院应当按月度和年度编制财务报表和预算会计报表，至少按年度编制财务报表附注。

医院除按照新制度编制财务报表和预算会计报表外，还应按照本规定编制医疗活动收入费用明细表（详见附表 4）。

（一）关于资产负债表

1．新增项目

医院应当在资产负债表“累计盈余”项目下增加“其中：财政项目盈余”“医疗盈余”“科教盈余”“新旧转换盈余”项目（详见附表 2）。

2．新增项目的内容和填列方法

（1）“财政项目盈余”项目，反映医院接受财政项目拨款产生的累计盈余。本项目应当根据“累计盈余——财政项目盈余”科目的期末余额填列。

（2）“医疗盈余”项目，反映医院开展医疗活动产生的累计盈余。本项目应当根据“累计盈余——医疗盈余”科目的期末余额填列。

（3）“科教盈余”项目，反映医院开展科研教学活动产生的累计盈余。本项目应当根据“累计盈余——科教盈余”科目的期末余额填列。

（4）“新旧转换盈余”项目，反映医院在新旧制度衔接时形成的转换盈余扣除执行新制度后累计弥补医疗亏损后的金额。本项目应当根据“累计盈余——新旧转换盈余”科目的期末余额填列。

（二）关于净资产变动表

1．调整项目

医院应当将净资产变动表中“其中：从预算收入中提取”行项目调整为“其中：从财务会计相关收入中提取”，将“从预算结余中提取”行项目调整为“从本期盈余中提取”。

2．调整项目的内容和填列方法

（1）“从财务会计相关收入中提取”行，反映医院本年从财务会计相关收入中提取专用基金对净资产的影响。本行“专用基金”项目应当通过对“专用基金”科目明细账记录的分析，根据本年按有关规定从财务会计相关收入中提取专用基金的金额填列。

（2）“从本期盈余中提取”行，反映医院本年根据有关规定从本年度盈余中提取专用基金对净资产的影响。本行“累计盈余”“专用基金”项目应当通过对“专用基金”科目明细账记录的分析，根据本年按有关规定从本期盈余中提取专用基金的金额填列；本行“累计盈余”项目以“－”号填列。

（三）关于收入费用表

1. 新增项目

医院应当在收入费用表的“其中：政府性基金收入”项目后增加“其中：财政基本拨款收入”“财政项目拨款收入”项目；在“（二）事业收入”项目下增加“其中：医疗收入”“科教收入”项目；在“（一）业务活动费用”项目下增加“其中：财政基本拨款经费”“财政项目拨款经费”“科教经费”“其他经费”项目；在“（二）单位管理费用”项目下增加“其中：财政基本拨款经费”“财政项目拨款经费”“科教经费”“其他经费”项目；在“三、本期盈余”项目下增加“其中：财政项目盈余”“医疗盈余”“科教盈余”项目，详见附表3。

2. 新增项目的内容和填列方法

（1）“（一）财政拨款收入”项目下的“其中：财政基本拨款收入”项目，反映医院本期取得的财政拨款收入中属于财政基本拨款的金额。本项目应当根据“财政拨款收入——财政基本拨款收入”科目的本期发生额填列。

“财政项目拨款收入”项目，反映医院本期取得的财政拨款收入中属于财政项目拨款的金额。本项目应当根据“财政拨款收入——财政项目拨款收入”科目的本期发生额填列。

（2）“（二）事业收入”项目下的“其中：医疗收入”项目，反映医院本期开展医疗活动实现的收入。本项目应当根据“事业收入——医疗收入”科目的本期发生额填列。

“科教收入”项目，反映医院本期开展科研教学活动实现的收入。本项目应当根据“事业收入——科教收入”科目的本期发生额填列。

（3）“（一）业务活动费用”项目下的“其中：财政基本拨款经费”项目，反映医院本期使用财政基本拨款经费发生的各项业务活动费用。本项目应当根据“业务活动费用”科目中经费性质为财政基本拨款经费部分的本期发生额填列。

“财政项目拨款经费”项目，反映医院本期使用财政项目拨款经费发生的各项业务活动费用。本项目应当根据“业务活动费用”科目中经费性质为财政项目拨款经费部分的本期发生额填列。

“科教经费”项目，反映医院本期使用科教经费开展科研教学活动所发生的各项业务活动费用。本项目应当根据“业务活动费用”科目中经费性质为科教经费部分的本期发生额填列。

“其他经费”项目，反映医院本期使用其他经费开展医疗活动所发生的各项业务活动费用。本项目应当根据“业务活动费用”中经费性质为其他经费部分的本期发生额填列。

（4）“（二）单位管理费用”项目下的“其中：财政基本拨款经费”项目，反映医院本期使用财政基本拨款经费发生的各项单位管理费用。本项目应当根据“单位管理费用”科目中经费性质为财政基本拨款经费部分的本期发生额填列。

“财政项目拨款经费”项目，反映医院本期使用财政项目拨款经费发生的各项单位管理费用。本项目应当根据“单位管理费用”科目中经费性质为财政项目拨款经费部分的本期发生额填列。

“科教经费”项目，反映医院本期使用科教经费（从科教经费中提取的项目管理费或间接费）所发生的各项单位管理费用。本项目应当根据“单位管理费用”科目中经费性质为科教经费部分的本期发生额填列。

“其他经费”项目，反映医院本期使用其他经费开展医疗活动所发生的各项单位管理费用。本项目应当根据“单位管理费用”科目中经费性质为其他经费部分的本期发生额填列。

（5）“三、本期盈余”项目下的“其中：财政项目盈余”项目，反映医院本期财政项目拨款收入扣除使用财政项目拨款经费发生的费用后的净额。本项目应当根据本表中“财政拨款收入”项目下“财政项目拨款收入”项目金额减去“业务活动费用”项目下“财政项目拨款经费”项目与“单位管理费用”项目下“财政项目拨款经费”项目金额合计数后的金额填列。

“医疗盈余”项目，反映医院本期医疗活动相关收入扣除医疗活动相关费用后的净额。本项目应当根据本表中“财政拨款收入”项目下“财政基本拨款收入”“事业收入”项目下“医疗收入”“上级补助收入”“附属单位上缴收入”“经营收入”“非同级财政拨款收入”“投资收益”“捐赠收入”“利息收入”“租金收入”“其他收入”项目金额合计数减去“业务活动费用”项目下“财政基本拨款经费”和“其他经费”“单位管理费用”项目下“财政基本拨款经费”和“其他经费”“经营费用”“资产处置费用”“上缴上级费用”“对附属单位补助费用”“所得税费用”“其他费用”项目金额合计数后的金额填列；如相减后金额为负数，以“－”号填列。

“科教盈余”项目，反映医院本期科研教学活动收入扣除科研教学活动费用后的净额。本项目应当根据本表中“事业收入”项目下“科教收入”项目金额减去“业务活动费用”项目下“科教经费”项目与“单位管理费用”项目下“科教经费”项目金额合计数后的金额填列。

（四）关于医疗活动收入费用明细表

1. 本表反映医院在某一会计期间内医疗活动相关收入、费用及其所属明细项目的详细情况。

2. 本表“本月数”栏反映各项目的本月实际发生数。编制年度医疗活动收入费用明细表时，应当将本栏改为“本年数”，反映本年度各项目的实际发生数。

本表“本年累计数”栏反映各项目自年初至报告期期末的累计实际发生数。编制年度医疗活动收入费用明细表时，应当将本栏改为“上年数”，反映上年度各项目的实际发生数，“上年数”栏应当根据上年年度医疗活动收入费用明细表中“本年累计数”栏内所列数字填列。

如果本年度医疗活动收入费用明细表规定的项目名称和内容同上年度不一致，应当对上年度医疗活动收入费用明细表项目名称和数字按照本年度的规定进行调整，将调整后的金额填入本年度医疗活动收入费用明细表的“上年数”栏内。

3. 本表各项目的填列方法

（1）医疗活动收入

“医疗活动收入合计”项目，反映医院本期医疗活动收入总额。本项目应当根据本表中“财政基本拨款收入”“医疗收入”“上级补助收入”“附属单位上缴收入”“经营收入”“非同级财政拨款收入”“投资收益”“捐赠收入”“利息收入”“租金收入”“其他收入”项目金额的合计数填列。

“财政基本拨款收入”项目应根据“财政拨款收入——基本支出”明细科目本期发生额填列。

“医疗收入”项目及其所属明细项目应根据“事业收入——医疗收入”科目及其所属明细科目的本期发生额填列。

“上级补助收入”“附属单位上缴收入”“经营收入”“非同级财政拨款收入”“投资收益”“捐赠收入”“利息收入”“租金收入”“其他收入”项目应根据所对应科目的本期发生额填列。

（2）医疗活动费用

“医疗活动费用合计”项目，反映医院本期医疗活动费用总额。本项目应当根据本表中“业务活动费用”“单位管理费用”“经营费用”“资产处置费用”“上缴上级费用”“对附属单位补助费用”“所得税费用”“其他费用”项目金额的合计数填列。

“业务活动费用”“单位管理费用”项目及其所属明细项目应根据“业务活动费用”“单位管理费用”科目及其所属明细科目中经费性质为财政基本拨款经费和其他经费的本期发生额填列。

“经营费用”“资产处置费用”“上缴上级费用”“对附属单位补助费用”“所得税费用”“其他费用”项目应根据所对应科目的本期发生额填列。

（五） 关于预算收入支出表

1. 新增项目

医院应当在预算收入支出表的“其中：政府性基金收入”项目后增加“其中：财政基本拨款预算收入”“财政项目拨款预算收入”；在“（二）事业预算收入”项目下增加“其中：医疗预算收入”“科教预算收入”项目；在“（二）事业支出”项目下增加“其中：财政基本拨款支出”“财政项目拨款支出”“科教资金支出”“其他资金支出”项目；在“三、本年预算收支差额”项目下增加“其中：财政项目拨款收支差额”“医疗收支差额”“科教收支差额”项目，详见附表5。

2. 新增项目的内容和填列方法

(1)“（一）财政拨款预算收入”项目下的“其中：财政基本拨款预算收入”项目，反映医院本期取得的财政拨款预算收入中属于财政基本支出拨款的金额。本项目应当根据“财政拨款预算收入——基本支出”科目的本期发生额填列。

“财政项目拨款预算收入”项目，反映医院本期取得的财政拨款收入中属于财政项目支出拨款的金额。本项目应当根据“财政拨款预算收入——项目支出”科目的本期发生额填列。

(2)“（二）事业预算收入”项目下的“其中：医疗预算收入”项目，反映医院本期开展医疗活动取得的预算收入。本项目应当根据“事业预算收入——医疗预算收入”科目的本期发生额填列。

“科教预算收入”项目，反映医院本期开展科研教学活动取得的预算收入。本项目应当根据“事业预算收入——科教预算收入”科目的本期发生额填列。

(3)“（二）事业支出”项目下的“其中：财政基本拨款支出”项目，反映医院本期使用财政基本拨款发生的事业支出。本项目应当根据“事业支出”科目中资金性质为财政基本拨款部分的本期发生额填列。

“财政项目拨款支出”项目，反映医院本期使用财政项目拨款发生的事业支出。本项目应当根据“事业支出”科目中资金性质为财政项目拨款部分的本期发生额填列。

“科教资金支出”项目，反映医院本期开展科研教学活动所发生的事业支出。本项目应当根据“事业支出”科目中资金性质为科教资金部分的本期发生额填列。

“其他资金支出”项目，反映医院本期开展医疗活动所发生的事业支出。本项目应当根据“事业支出”科目中资金性质为其他资金部分的本期发生额填列。

(4)“三、本年预算收支差额”项目下的“财政项目拨款收支差额”项目，反映医院本期财政项目拨款预算收入扣除财政项目拨款支出后的差额，应当根据本表中“财政拨款预算收入”项目下“财政项目拨款预算收入”项目金额减去本表中“事业支出”项目下“财政项目拨款支出”项目金额后的金额填列。

“医疗收支差额”项目，反映医院本期医疗活动相关的预算收入扣除相关预算支出后的差额，应当根据本表中“财政拨款预算收入”项目下“财政基本拨款预算收入”项目金额以及本表中“事业预算收入——医疗预算收入”“上级补助预算收入”“附属单位上缴预算收入”“经营预算收入”“债务预算收入”“非同级财政拨款预算收入”“投资预算收益”“其他预算收入”项目金额合计数减去“事业支出”项目下“财政基本拨款支出”“事业支出”项目下“其他资金支出”“经营支出”“上缴上级支出”“对附属单位补助支出”“投资支出”“债务还本支出”“其他支出”项目金额合计数后的金额填列；如相减后金额为负数，以“－”号填列。

“科教收支差额”项目，反映医院本期开展科研教学活动相关预算收入扣除相关预算支出后的差额，应当根据本表中“事业预算收入”项目下“科教预算收入”项目金额减去“事业支出”项目下“科教资金支出”项目金额后的金额填列。

（六）关于财务报表附注

医院应当在财务报表附注中披露所承担的政府指令性任务的相关费用信息，披露格式如下：

政府指令性任务	业务活动费用	其他费用	合　计
任务 1			
……			
其他			
合　计			

三、关于坏账准备的计提范围

医院应当对除应收在院病人医疗款以外的应收账款和其他应收款按规定提取坏账准备。

四、关于运杂费的会计处理

医院为取得库存物品单独发生的运杂费等，能够直接计入业务成本的，计入业务活动费用，借记“业务活动费用”科目，贷记“库存现金”“银行存款”等科目；不能直接计入业务成本的，计入单位管理费用，借记“单位管理费用”科目，贷记“库存现金”“银行存款”等科目。

五、关于自制制剂的会计处理

医院对于按自主定价或备案价核算的自制制剂，在已经制造完成并验收入库时，按照自主定价或备案价，借记“库存物品——药品”科目，按照所发生的实际成本，贷记“加工物品”科目，按照借贷方之间的差额，借记或贷记“库存物品——成本差异”科目。

医院开展业务活动等领用或发出自制制剂，按照自主定价或备案价加上或减去成本差异后的金额，借记“业务活动费用”“单位管理费用”等科目，按照自主定价或备案价，贷记“库存物品——药品”科目，按照领用或发出自制制剂应负担的成本差异，借记或贷记“库存物品——成本差异”科目。

六、关于固定资产折旧年限

通常情况下，医院应当按照本规定附表 6 确定各类应计提折旧的固定资产的折旧年限。

七、关于弥补医疗亏损的账务处理

年末，医院“累计盈余——医疗盈余”科目为借方余额的，医院应当按照有关规定确定的用于弥补医疗亏损的金额，借记“累计盈余——新旧转换盈余”科目，贷记“累计盈余——医疗盈余”科目。

八、关于本期盈余结转的账务处理

期末，医院应当将财政拨款收入中的财政项目拨款收入的本期发生额转入本期盈余，借记“财政拨款收入——财政项目拨款收入”科目，贷记“本期盈余——财政项目盈余”科目；将业务活动费用、单位管理费用中经费性质为财政项目拨款经费部分的本期发生额转入本期盈余，借记“本期盈余——财政项目盈余”科目，贷记“业务活动费用”“单位管理费用”科目的相关明细科目。

期末，医院应当将财政拨款收入中的财政基本拨款收入、事业收入中的医疗收入、上级补助收入、附属单位上缴收入、经营收入、非同级财政拨款收入、投资收益、捐赠收入、利息收入、租金收入、其他收入的本期发生额转入本期盈余，借记“财政拨款收入——财政基本拨款收入”“事业收入——医疗收入”“上级补助收入”“附属单位上缴收入”“经营收入”“非同级财政拨款收入”“投资收益”“捐赠收入”“利息收入”“租金收入”“其他收入”科目，贷记“本期盈余——医疗盈余”科目；将业务活动费用、单位管理费用中与医疗活动相关且经费性质为财政基本拨款经费和其他经费的部分，以及经营费用、资产处置费用、上缴上级费用、对附属单位补助费用、所得税费用、其他费用的本期发生额转入本期盈余，借记“本期盈余——医疗盈余”科目，贷记“业务活动费用”和“单位管理费用”科目的相关明细科目、“经营费用”“资产处置费用”“上缴上级费用”“对附属单位补助费用”“所得税费用”“其他费用”科目。

期末，医院应当将事业收入中的科教收入的本期发生额转入本期盈余，借记“事业收入——科教收入”科目，贷记“本期盈余——科教盈余”科目；将业务活动费用中经费性质为科教经费的部分、单位管理费用中经费性质为科教经费的部分（从科教经费中提取的项目管理费或间接费）的本期发生额转入本期盈余，借记“本期盈余——科教盈余”科目，贷记“业务活动费用”“单位管理费用”科目的相关明细科目。

年末，完成上述结转后，医院应当将“本期盈余——财政项目盈余”“本期盈余——医疗盈余”科目中财政基本拨款形成的盈余余额和“本期盈余——科教盈余”科目余额转入累计盈余对应明细科目，借记或贷记“本期盈余——财政项目盈余”“本期盈余——医疗盈余”“本期盈余——科教盈余”科目的相关明细科目，贷记或借记“累计盈余——财政项目盈余”“累计盈余——医疗盈余”“累计盈余——科教盈余”科目。“本期盈余——医疗盈余”科目扣除财政基本拨款形成的盈余后为贷方余额的，将“本期盈余——医疗盈余”科目对应贷方余额转入“本年盈余分配”科目，借记“本期盈余——医疗盈余”科目，贷记“本年盈余分配”科目；“本期盈余——医疗盈余”科目扣除财政基本拨款形成的盈余后为借方余额的，将“本期盈余——医疗盈余”科目对应借方余额转入“累计盈余”科目，借记“累计盈余——医疗盈余”科目，贷记“本期盈余——医疗盈余”科目。

九、关于本年盈余分配的账务处理

年末，医院在按照规定提取专用基金后，应当将“本年盈余分配”科目余额转入累计盈余，借记“本年盈余分配——转入累计盈余”科目，贷记“累计盈余——医疗盈余”科目。

十、关于医疗收入的确认

医院应当在提供医疗服务（包括发出药品）并收讫价款或取得收款权利时，按照规定的医疗服务项目收费标准计算确定的金额确认医疗收入。医院给予病人或其他付费方折扣的，按照折扣后的实际金额确认医疗收入。

十一、关于医事服务费和药事服务费的会计处理

执行医事服务费的医院应当通过“事业收入——医疗收入——门急诊收入——诊察收入”和“事业收入——医疗收入——住院收入——诊察收入”科目核算医事服务收入。医院在实现医事服务收入时，应当借记“库存现金”“银行存款”“应收账款”等科目，属于门急诊收入的，贷记“事业收入——医疗收入——门急诊收入——诊察收入”科目，属于住院收入的，贷记“事业收入——医疗收入——住院收入——诊察收入”科目。

执行药事服务费的医院应当通过“事业收入——医疗收入——门急诊收入——其他门急诊收入”和“事业收入——医疗收入——住院收入——其他住院收入”科目核算药事服务收入。医院在实现药事服务收入时，应当借记“库存现金”“银行存款”“应收账款”等科目，属于门急诊收入的，贷记“事业收入——医疗收入——门急诊收入——其他门急诊收入”科目，属于住院收入的，贷记“事业收入——医疗收入——住院收入——其他住院收入”科目。

十二、关于医院与医疗保险机构结算医疗款的账务处理

医院同医疗保险机构结算医疗款时，应当按照实际收到的金额，借记“银行存款”科目，按照医院因违规治疗等管理不善原因被医疗保险机构拒付的金额，借记“坏账准备”科目，按照应收医疗保险机构的金额，贷记“应收账款——应收医疗款——应收医保款”科目，按照借贷方之间的差额，借记或贷记“事业收入——医疗收入——结算差额”科目。

医院预收医疗保险机构医保款的，在同医疗保险机构结算医疗款时，还应冲减相关的预收医保款。

十三、关于按合同完成进度确认科教收入

医院以合同完成进度确认科教收入时，应当根据业务实质，选择累计实际发生的合同成本占合同预计总成本的比例、已经完成的合同工作量占合同预计总工作量的比例、已经完成的时间占合同期限的比例、实际测定的完工进度等方法，合理确定合同完成进度。

十四、关于计提和使用项目间接费用或管理费的账务处理

（一）医院按规定从科研项目收入中计提项目间接费用或管理费时，除按新制度规定借记“单位管理费用”科目外，也可根据实际情况借记“业务活动费用”等科目。

（二）医院使用计提的项目间接费用或管理费购买固定资产、无形资产的，在财务会计下，按照固定资产、无形资产的成本金额，借记“固定资产”“无形资产”科目，贷记“银行存款”等科目；同时，按照相同的金额，借记“预提费用——项目间接费用或管理费”科目，贷记“累计盈余”科目。在预算会计下，按照相同的金额，借记“事业支出”等科目，贷记“资金结存”科目。

十五、关于成本报表

医院应当按月度和年度编制成本报表，具体包括医院各科室直接成本表（见附表7）、医院临床服务类科室全成本表（见附表8）和医院临床服务类科室全成本构成分析表（见附表9）。成本报表主要以科室、诊次和床日为成本核算对象，所反映的成本均不包括财政项目拨款经费、科教经费形成的各项费用。

（一）医院各科室直接成本表

1. 本表反映在将医院的单位管理费用（行政后勤类科室成本）和医疗技术、医疗辅助科室成本分摊至临床服务类科室成本前各科室直接成本情况。直接成本是指科室开展医疗服务活动发生的能够直接计入或采用一定方法计算后直接计入科室成本的各种费用。

各科室直接成本需要按成本项目，即人员经费、卫生材料费、药品费、固定资产折旧费、无形资产摊销费、提取医疗风险基金和其他费用分别列示。

2. 编制说明

（1）医院各科室直接成本表的各栏目应根据“业务活动费用”“单位管理费用”科目所属明细科目的记录直接或分析填列。

“人员经费”项目应当根据“工资福利费用”和“对个人和家庭的补助费用”明细科目的本期发生额分析填列，“卫生材料费”项目应当根据“商品和服务费用——专用材料费——卫生材料费”明细科目的本期发生额分析填列，“药品费”项目应当根据“商品和服务费用——专用材料费——药品费”明细科目的本期发生额分析填列，“固定资产折旧费”项目应当根据“固定资产折旧费”明细科目的本期发生额分析填列，“无形资产摊销费”项目应当根据“无形资产摊销费”明细科目的本期发生额分析填列，“提取医疗风险基金”项目应当根据“计提专用基金——医疗风险基金”明细科目的本期发生额分析填列，“其他费用”应当根据“业务活动费用”“单位管理费用”科目除以上明细科目外其他明细科目的本期发生额分析填列。

（2）医疗业务成本合计＝临床服务类科室成本小计＋医疗技术类科室成本小计＋医疗辅助类科室成本小计。

（3）本月总计＝医疗业务成本合计＋管理费用。

（二）医院临床服务类科室全成本表

1. 本表反映医院根据《医院财务制度》规定的原则和程序，将单位管理费用、医疗辅助类科室直接成本、医疗技术类科室直接成本逐步分摊转移到临床服务类科室后，各临床服务类科室的全成本情况。临床服务类科室全成本包括科室直接成本和分摊转移的间接成本。

各临床服务类科室的直接成本、间接成本和全成本应当按照人员经费、卫生材料费、药品费、固定资产折旧费、无形资产摊销费、提取医疗风险基金和其他费用等成本项目分别列示。

2. 编制说明

医院临床服务类科室全成本表中的“直接成本”栏应当根据“业务活动费用”“单位管理费用”科目及其所属明细科目记录直接或分析填列。该栏目金额应当与“医院各科室直接成本表”中对应栏目金额保持一致。

本表中“间接成本”栏应当根据《医院财务制度》规定的方法计算填列。

本表中“全成本”栏应当根据本表中“直接成本”栏金额和“间接成本”栏金额合计数填列。

（三）医院临床服务类科室全成本构成分析表

1. 本表反映各临床服务类科室的全成本中各项成本所占的比例情况，以及各临床服务类科室的床日成本、诊次成本情况。

诊次和床日成本核算是以诊次、床日为核算对象，将科室成本进一步分摊到门急诊人次、住院床日中，计算出诊次成本、床日成本。

2. 编制说明

（1）医院临床服务类科室全成本构成分析表各项目应当依据医院临床服务类科室全成本表的数据计算填列，其中，床日成本、诊次成本应当根据《医院财务制度》计算填列。

（2）医院临床服务类科室全成本构成分析表用于对医院临床服务类科室全成本要素及其结构进行分析与监测。“＃＃”为某一临床服务类科室不同成本项目的构成比，用于分析各临床服务类科室的成本结构，确定各科室内部成本管理的重点成本项目。

例：人员经费％（＃＃）＝（某一临床服务类科室人员经费金额/该科室全成本合计）×100％

人员经费金额合计（＊＊）＝各临床服务类科室人员经费之和

人员经费合计％＝（各临床服务类科室人员经费之和/各临床服务类科室全成本合计）×100％

十六、生效日期

本规定自2019年1月1日起施行。

附表1

医院执行新制度新增明细科目表

科目编码	科目名称	备　注
1212	应收账款	
121201	应收账款\应收在院病人医疗款	
121202	应收账款\应收医疗款	
12120201	应收账款\应收医疗款\应收医保款	
1212020101	应收账款\应收医疗款\应收医保款\应收门急诊医保款	
1212020102	应收账款\应收医疗款\应收医保款\应收住院医保款	
12120202	应收账款\应收医疗款\门急诊病人欠费	
12120203	应收账款\应收医疗款\出院病人欠费	
121203	应收账款\其他应收账款	
1219	坏账准备	
121901	坏账准备\应收账款坏账准备	
121902	坏账准备\其他应收款坏账准备	
1302	库存物品	
130201	库存物品\药品	
130202	库存物品\卫生材料	
13020201	库存物品\卫生材料\血库材料	
13020202	库存物品\卫生材料\医用气体	
13020203	库存物品\卫生材料\影像材料	
13020204	库存物品\卫生材料\化验材料	
13020205	库存物品\卫生材料\其他卫生材料	
130203	库存物品\低值易耗品	
130204	库存物品\其他材料	

（续表）

科目编码	科目名称	备　注
130205	库存物品\成本差异	
1601	固定资产	按形成固定资产的经费性质（财政项目拨款经费、科教经费、其他经费）进行明细核算
1602	固定资产累计折旧	
1701	无形资产	按形成无形资产的经费性质（财政项目拨款经费、科教经费、其他经费）进行明细核算
1702	无形资产累计摊销	
2305	预收账款	按债权人明细核算
230501	预收账款\预收医疗款	
23050101	预收账款\预收医疗款\预收医保款	
23050102	预收账款\预收医疗款\门急诊预收款	
23050103	预收账款\预收医疗款\住院预收款	
230502	预收账款\其他预收账款	
3001	累计盈余	
300101	累计盈余\财政项目盈余	
300102	累计盈余\医疗盈余	
300103	累计盈余\科教盈余	
300104	累计盈余\新旧转换盈余	
3101	专用基金	
310101	专用基金\职工福利基金	
310102	专用基金\医疗风险基金	
3301	本期盈余	
330101	本期盈余\财政项目盈余	
330102	本期盈余\医疗盈余	
330103	本期盈余\科教盈余	
3302	本年盈余分配	
330201	本年盈余分配\提取职工福利基金	
330202	本年盈余分配\转入累计盈余	
4001	财政拨款收入	按照财政基本支出、项目支出进行明细核算
4101	事业收入	对“非同级财政拨款”进行明细核算

（续表）

科目编码	科目名称	备　注
410101	事业收入＼医疗收入	
41010101	事业收入＼医疗收入＼门急诊收入	
4101010101	事业收入＼医疗收入＼门急诊收入＼挂号收入	
4101010102	事业收入＼医疗收入＼门急诊收入＼诊察收入	核算医事服务收入
4101010103	事业收入＼医疗收入＼门急诊收入＼检查收入	
4101010104	事业收入＼医疗收入＼门急诊收入＼化验收入	
4101010105	事业收入＼医疗收入＼门急诊收入＼治疗收入	
4101010106	事业收入＼医疗收入＼门急诊收入＼手术收入	
4101010107	事业收入＼医疗收入＼门急诊收入＼卫生材料收入	
4101010108	事业收入＼医疗收入＼门急诊收入＼药品收入	
410101010801	事业收入＼医疗收入＼门急诊收入＼药品收入＼西药收入	
410101010802	事业收入＼医疗收入＼门急诊收入＼药品收入＼中成药收入	
410101010803	事业收入＼医疗收入＼门急诊收入＼药品收入＼中药饮片收入	
4101010109	事业收入＼医疗收入＼门急诊收入＼其他门急诊收入	核算药事服务收入
41010102	事业收入＼医疗收入＼住院收入	
4101010201	事业收入＼医疗收入＼住院收入＼床位收入	
4101010202	事业收入＼医疗收入＼住院收入＼诊察收入	核算医事服务收入
4101010203	事业收入＼医疗收入＼住院收入＼检查收入	
4101010204	事业收入＼医疗收入＼住院收入＼化验收入	
4101010205	事业收入＼医疗收入＼住院收入＼治疗收入	
4101010206	事业收入＼医疗收入＼住院收入＼手术收入	
4101010207	事业收入＼医疗收入＼住院收入＼护理收入	
4101010208	事业收入＼医疗收入＼住院收入＼卫生材料收入	
4101010209	事业收入＼医疗收入＼住院收入＼药品收入	
410101020901	事业收入＼医疗收入＼住院收入＼药品收入＼西药收入	
410101020902	事业收入＼医疗收入＼住院收入＼药品收入＼中成药收入	
410101020903	事业收入＼医疗收入＼住院收入＼药品收入＼中药饮片收入	
4101010210	事业收入＼医疗收入＼住院收入＼其他住院收入	核算药事服务收入
41010103	事业收入＼医疗收入＼结算差额	
410102	事业收入＼科教收入	
41010201	事业收入＼科教收入＼科研收入	
41010202	事业收入＼科教收入＼教学收入	

（续表）

科目编码	科目名称	备　注
5001	业务活动费用	按照经费性质（财政基本拨款经费、财政项目拨款经费、科教经费、其他经费）进行明细核算，并对“政府指令性任务”进行明细核算
5101	单位管理费用	按照经费性质（财政基本拨款经费、财政项目拨款经费、科教经费、其他经费）进行明细核算
5901	其他费用	对“政府指令性任务”进行明细核算
6101	事业预算收入	对“非同级财政拨款”进行明细核算
610101	事业预算收入＼医疗预算收入	
61010101	事业预算收入＼医疗预算收入＼门急诊预算收入	
61010102	事业预算收入＼医疗预算收入＼住院预算收入	
610102	事业预算收入＼科教预算收入	
61010201	事业预算收入＼科教预算收入＼科研项目预算收入	
61010202	事业预算收入＼科教预算收入＼教学项目预算收入	

附表 2

资产负债表

会政财 01 表

编制单位：　　　　　　年　　月　　日　　　　　　单位：元

资　产	期末余额	年初余额	负债和净资产	期末余额	年初余额
流动资产：			流动负债：		
货币资金			短期借款		
短期投资			应缴增值税		
财政应返还额度			其他应缴税费		
应收票据			应缴财政款		
应收账款净额			应付职工薪酬		
预付账款			应付票据		
应收股利			应付账款		

（续表）

资　产	期末余额	年初余额	负债和净资产	期末余额	年初余额
应收利息			应付政府补贴款		
其他应收款净额			应付利息		
存货			预收账款		
待摊费用			其他应付款		
一年内到期的非流动资产			预提费用		
其他流动资产			一年内到期的非流动负债		
流动资产合计			其他流动负债		
非流动资产：			流动负债合计		
长期股权投资			非流动负债：		
长期债券投资			长期借款		
固定资产原值			长期应付款		
减：固定资产累计折旧			预计负债		
固定资产净值			其他非流动负债		
工程物资			非流动负债合计		
在建工程			受托代理负债		
无形资产原值			负债合计		
减：无形资产累计摊销					
无形资产净值					
研发支出					
公共基础设施原值					
减：公共基础设施累计折旧（摊销）					
公共基础设施净值			净资产：		
政府储备物资			累计盈余		
文物文化资产			其中：财政项目盈余		
保障性住房原值			医疗盈余		
减：保障性住房累计折旧			科教盈余		
保障性住房净值			新旧转换盈余		
长期待摊费用			专用基金		
待处理财产损溢			权益法调整		
其他非流动资产			无偿调拨净资产 *		—
非流动资产合计			本期盈余 *		—
受托代理资产			净资产合计		
资产总计			负债和净资产总计		

注："*"标识项目为月报项目，年报中不需列示。

附表 3

收入费用表

会政财 02 表

编制单位：　　　　　　　　年　　月　　　　　　　　单位：元

项　目	本月数	本年累计数
一、本期收入		
（一）财政拨款收入		
其中：政府性基金收入		
其中：财政基本拨款收入		
财政项目拨款收入		
（二）事业收入		
其中：医疗收入		
科教收入		
（三）上级补助收入		
（四）附属单位上缴收入		
（五）经营收入		
（六）非同级财政拨款收入		
（七）投资收益		
（八）捐赠收入		
（九）利息收入		
（十）租金收入		
（十一）其他收入		
二、本期费用		
（一）业务活动费用		
其中：财政基本拨款经费		
财政项目拨款经费		
科教经费		
其他经费		
（二）单位管理费用		
其中：财政基本拨款经费		
财政项目拨款经费		
科教经费		
其他经费		
（三）经营费用		
（四）资产处置费用		
（五）上缴上级费用		
（六）对附属单位补助费用		
（七）所得税费用		
（八）其他费用		
三、本期盈余		
其中：财政项目盈余		
医疗盈余		
科教盈余		

附表 4

医疗活动收入费用明细表

会政财 02 表附表 01

编制单位：　　　　　　　　　　年　　月　　　　　　　　　　单位：元

项　目	本月数	本年累计数	项　目	本月数	本年累计数
医疗活动收入合计			非同级财政拨款收入		
财政基本拨款收入			投资收益		
医疗收入			捐赠收入		
门急诊收入			利息收入		
挂号收入			租金收入		
诊察收入			其他收入		
检查收入			医疗活动费用合计		
化验收入			业务活动费用		
治疗收入			人员经费		
手术收入			其中：工资福利费用		
卫生材料收入			对个人和家庭的补助费用		
药品收入			品和服务费用		
其他门急诊收入			固定资产折旧费		
住院收入			无形资产摊销费		
床位收入			计提专用基金		
诊察收入			单位管理费用		
检查收入			人员经费		
化验收入			其中：工资福利费用		
治疗收入			对个人和家庭的补助费用		
手术收入			商品和服务费用		
护理收入			固定资产折旧费		
卫生材料收入			无形资产摊销费		
药品收入			经营费用		
其他住院收入			资产处置费用		
结算差额			上缴上级费用		
上级补助收入			对附属单位补助费用		
附属单位上缴收入			所得税费用		
经营收入			其他费用		

附表 5

预算收入支出表

会政预 01 表

编制单位： 年 月 单位：元

项 目	本年数	上年数
一、本年预算收入		
（一）财政拨款预算收入		
其中：政府性基金收入		
其中：财政基本拨款预算收入		
财政项目拨款预算收入		
（二）事业预算收入		
其中：医疗预算收入		
科教预算收入		
（三）上级补助预算收入		
（四）附属单位上缴预算收入		
（五）经营预算收入		
（六）债务预算收入		
（七）非同级财政拨款预算收入		
（八）投资预算收益		
（九）其他预算收入		
其中：利息预算收入		
捐赠预算收入		
租金预算收入		
二、本年预算支出		
（一）行政支出		
（二）事业支出		
其中：财政基本拨款支出		
财政项目拨款支出		
科教资金支出		
其他资金支出		
（三）经营支出		
（四）上缴上级支出		
（五）对附属单位补助支出		
（六）投资支出		
（七）债务还本支出		
（八）其他支出		
其中：利息支出		
捐赠支出		
三、本年预算收支差额		
其中：财政项目拨款收支差额		
医疗收支差额		
科教收支差额		

附表 6

医院固定资产折旧年限表

固定资产类别	折旧年限（年）	固定资产类别	折旧年限（年）
一、房屋及构筑物		医用电子仪器	5
业务及管理用房		医用超声仪器	6
钢结构	50	医用高频仪器设备	5
钢筋混凝土结构	50	物理治疗及体疗设备	5
砖混结构	30	高压氧舱	6
砖木结构	30	中医仪器设备	5
简易房	8	医用磁共振设备	6
房屋附属设施	8	医用 X 线设备	6
构筑物	8	高能射线设备	8
二、通用设备		医用核素设备	6
计算机设备	6	临床检验分析仪器	5
通信设备	5	体外循环设备	5
办公设备	6	手术急救设备	5
车辆	10	口腔设备	6
图书档案设备	5	病房护理设备	5
机械设备	10	消毒设备	6
电气设备	5	其他	5
雷达、无线电和卫星导航设备	10	光学仪器及窥镜	6
广播、电视、电影设备	5	激光仪器设备	5
仪器仪表	5	四、家具、用具及装具	
电子和通信测量设备	5	家具	15
计量标准器具及量具、衡器	5	用具、装具	5
三、专用设备			

附表 7

医院各科室直接成本表

成本医 01 表

编制单位： 年 月 单位：元

成本项目 科室名称	人员经费（1）	卫生材料费（2）	药品费（3）	固定资产折旧费（4）	无形资产摊销费（5）	提取医疗风险基金（6）	其他费用（7）	合计 （8）＝（1）＋（2）＋（3）＋（4）＋（5）＋（6）＋（7）
临床服务类科室 1								
临床服务类科室 2								
……								
小计								
医疗技术类科室 1								
医疗技术类科室 2								
……								
小计								
医疗辅助类科室 1								
医疗辅助类科室 2								
……								
小计								
医疗业务成本合计								
管理费用								
本月总计								

附表 8

医院临床服务类科室全成本表

成本医 02 表

编制单位： 年 月 单位：元

成本项目 科室名称	人员经费（1）			卫生材料费（2）			药品费（3）			固定资产折旧费（4）			无形资产摊销费（5）			提取医疗风险基金（6）			其他费用（7）			合计 （8）＝（1）＋（2）＋（3）＋（4）＋（5）＋（6）＋（7）		
	直接成本	间接成本	全成本	直接成本	间接成本	全成本	直接成本	间接成本	全成本	直接成本	间接成本	全成本	直接成本	间接成本	全成本	直接成本	间接成本	全成本	直接成本	间接成本	全成本	直接成本	间接成本	全成本
临床服务类科室 1																								
临床服务类科室 2																								
……																								
科室全成本合计																								

附表 9

医院临床服务类科室全成本构成分析表

成本医 03 表

编制单位： 年 月 单位：元

科室名称 成本项目	内科		……		各临床服务类科室合计	
	金额	%			金额	%
人员经费						
卫生材料费						
药品费						
固定资产折旧		(# #)			(* *)	
无形资产摊销						
提取医疗风险基金						
其他费用						
科室全成本合计		(100%)				(100%)
科室收入						
收入——成本						
床日成本						
诊次成本						

附录二

关于医院执行《政府会计制度——行政事业单位会计科目和报表》的衔接规定

我部于 2017 年 10 月 24 日印发了《政府会计制度——行政事业单位会计科目和报表》（财会〔2017〕25 号，以下简称新制度）。原执行《医院会计制度》（财会〔2010〕27 号，以下简称原制度）的公立医院（以下简称医院），自 2019 年 1 月 1 日起执行新制度，不再执行原制度。为了确保新旧会计制度顺利过渡，现对医院执行新制度及《关于医院执行〈政府会计制度——行政事业单位会计科目和报表〉的补充规定》（以下简称补充规定）的有关衔接问题规定如下：

一、新旧制度衔接总要求

（一）自 2019 年 1 月 1 日起，医院应当严格按照新制度及补充规定进行会计核算、编制财务报表和预算会计报表。

（二）医院应当按照本规定做好新旧制度衔接的相关工作，主要包括以下几个方面：

1. 根据原账编制 2018 年 12 月 31 日的科目余额表，并按照本规定要求，编制原账的部分科目余额明细表（参见附表 1、附表 2）。

2. 按照新制度及补充规定设立 2019 年 1 月 1 日的新账。

3. 按照本规定要求，登记新账的财务会计科目余额和预算结余科目余额，包括将原账科目余额转入新账财务会计科目、按照原账科目余额登记新账预算结余科目（医院新旧会计制度转账、登记新账科目对照表参见附表 3），将未入账事项登记新账科目，并对相关新账科目余额进行调整。原账科目是指按照原制度规定设置的会计科目。

4. 按照登记及调整后新账的各会计科目余额，编制 2019 年 1 月 1 日的科目余额表，作为新账各会计科目的期初余额。

5. 根据新账各会计科目期初余额，按照新制度及补充规定编制 2019 年 1 月 1 日资产负债表。

（三）及时调整会计信息系统。医院应当按照新制度及补充规定要求对原有会计信息系统进行及时更新和调试，实现数据正确转换，确保新旧账套的有序衔接。

二、财务会计科目的新旧衔接

（一）将 2018 年 12 月 31 日原账会计科目余额转入新账财务会计科目

1. 资产类

（1）“库存现金”“银行存款”“其他货币资金”“财政应返还额度”“短期投资”“坏账准备”“待摊费用”“固定资产”“无形资产”“长期待摊费用”“待处理财产损溢”科目

新制度设置了“库存现金”“银行存款”“其他货币资金”“财政应返还额度”“短期投资”“坏账准备”“待摊费用”“固定资产”“无形资产”“长期待摊费用”“待处理财产损溢”科目，其核算内容与原账的上述相应科目的核算内容基本相同。转账时，医院应当将原账的上述科目余额直接转入新账的相应科目。其中，还应当将原账的“库存现金”“银行存款”科目余额中属于新制度规定受托代理资产的金额，转入新账的“库存现金”“银行存款”科目下“受托代理资产”明细科目。

（2）“应收在院病人医疗款”和“应收医疗款”科目

新制度及补充规定设置了“应收账款”科目，并在该科目下设置了“应收在院病人医疗款”“应收医疗款”和“其他应收账款”明细科目。“应收在院病人医疗款”和“应收医疗款”明细科目的核算内容与原账的“应收在院病人医疗款”和“应收医疗款”科目的核算内容基本相同。转账时，医院应当将原账的“应收在院病人医疗款”和“应收医疗款”科目余额转入新账的“应收账款”科目下“应收在院病人医疗款”和“应收医疗款”明细科目。

（3）“其他应收款”科目

新制度设置了“其他应收款”科目。转账时，医院应当对原账的“其他应收款”科目余额进行分析，将原账“其他应收款”科目中核算的应收长期股权投资的股利，转入新账的“应收股利”科目；将原账“其他应收款”科目中核算的应收长期债权投资的利息，转入新账的“应收利息”科目；将原账“其他应收款”科目中核算出租资产等应收取的款项，转入新账的“应收账款”科目；将原账“其他应收款”科目中核算的已经付款或开出商业汇票、尚未收到物资的金额，转入新账的“在途物品”科目；将剩余余额，转入新账的“其他应收款”科目。

（4）“预付账款”科目

新制度设置了“在途物品”和“预付账款”科目，原制度设置了“预付账款”科目。转账时，医院应当将原账“预付账款”科目中核算的已经付款或开出商业汇票、尚未收到物资的金额，转入新账的“在途物品”科目，将剩余余额转入新账的“预付账款”科目。

（5）“库存物资”科目

新制度设置了“库存物品”科目，原制度设置了“库存物资”科目。

转账时，医院应当将原账“库存物资”科目余额中属于医院受托存储保管的物资和受托转赠的物资金额，转入新账的“受托代理资产”科目；将原账“库存物资”科目余额中属于为在建工程购买和使用的材料物资金额，转入新账“工程物资”科目；将剩余余额，按照医院库存物品的类别（如药品、卫生材料等），分别转入新账的“库存物品”科目的有关明细科目。

（6）“在加工物资”科目

新制度设置了“加工物品”科目，其核算内容与原账的“在加工物资”科目的核算内容基本相同。转账时，医院应当将原账的“在加工物资”科目余额转入新账的“加工物品”科目。

（7）“长期投资”科目

新制度设置了“长期股权投资”和“长期债券投资”科目，原制度设置了“长期投资”科目。转账时，医院应当将原账的“长期投资”科目中核算的股权投资金额，转入新账的“长期股权投资”科目及其明细科目；将原账的“长期投资”科目中核算的债券投资金额，转入新账的“长期债券投资”科目及其明细科目。

（8）“累计折旧”科目

新制度设置了“固定资产累计折旧”科目，该科目的核算内容与原账的“累计折旧”科目的核算内容基本相同。转账时，医院应当将原账的“累计折旧”科目余额转入新账的“固定资产累计折旧”科目。

(9)“累计摊销”科目

新制度设置了“无形资产累计摊销”科目，该科目的核算内容与原账的“累计摊销”科目的核算内容基本相同。转账时，医院应当将原账的“累计摊销”科目余额转入新账的“无形资产累计摊销”科目。

(10)“在建工程”科目

新制度设置了“在建工程”科目，该科目的核算内容与原账的“在建工程”科目的核算内容基本相同。转账时，医院应当将原账的“在建工程”科目余额（基建“并账”后的金额，下同)，转入新账的“在建工程”科目。

医院在原账“在建工程”科目中核算了按照新制度规定应当记入“工程物资”科目内容的，应当将原账“在建工程”科目余额中属于工程物资的金额，转入新账的“工程物资”科目。

(11)“固定资产清理”科目

新制度设置了“待处理财产损溢”科目，该科目的核算内容与原账的“固定资产清理”科目的核算内容基本相同。转账时，医院应当将原账的“固定资产清理”科目余额，转入新账的“待处理财产损溢”科目。

(12)“零余额账户用款额度”科目

由于原账的“零余额账户用款额度”科目年末无余额，无需进行转账处理。

2. 负债类

(1)“短期借款”“应付票据”“长期应付款”科目

新制度设置了“短期借款”“应付票据”“长期应付款”科目，其核算内容与原账的上述相应科目的核算内容基本相同。转账时，医院应当将原账的上述科目余额直接转入新账的相应科目。

(2)“应付账款”科目

新制度设置了“应付账款”科目，其核算内容与原制度中“应付账款”科目的核算内容基本相同。转账时，医院应当将原账的“应付账款”科目余额，转入新账的“应付账款”科目。其中，医院在原账的“应付账款”科目中核算了无力支付银行承兑汇票而转入“应付账款”科目的余额的，应当将原账的“应付账款”科目余额中属于因无力支付银行承兑汇票而转入应付账款科目的余额，转入新账的“短期借款”科目。

(3)“应缴款项”科目

新制度设置了“应缴财政款”科目，原制度设置了“应缴款项”科目。转账时，医院应当将原账的“应缴款项”科目余额中属于应缴财政款项的金额转入新账的“应缴财政款”科目，将原账的“应缴款项”科目余额减去属于应缴财政款项金额后的差额转入新账的“其他应付款”科目。

(4)“预收医疗款”科目

新制度设置了“预收账款”科目，其核算内容与原账的“预收医疗款”科目的核算内容基本相同。转账时，医院应当将原账的“预收医疗款”科目余额转入新账的“预收账款”科目。

(5)“应付职工薪酬”“应付社会保障费”科目

新制度设置了“应付职工薪酬”科目，原制度设置了“应付职工薪酬”“应付社会保障费”科目。转账时，医院应当将原账的“应付职工薪酬”“应付社会保障费”科目余额，转入新账的“应付职工薪酬”科目。

（6）“应付福利费”科目

新制度未设置“应付福利费”科目。转账时，医院应当将原账的“应付福利费”科目余额转入新账的“累计盈余——新旧转换盈余”科目。

（7）“应缴税费”科目

新制度设置了“应缴增值税”和“其他应缴税费”科目，原制度设置了“应缴税费”科目。转账时，医院应当将原账的“应缴税费——应缴增值税”科目余额转入新账的“应缴增值税”科目，将原账的“应缴税费”科目余额减去属于应缴增值税余额后的差额，转入新账的“其他应缴税费”科目。

（8）“其他应付款”科目

新制度设置了“其他应付款”科目，该科目的核算内容与原账的“其他应付款”科目的核算内容基本相同。转账时，医院应当将原账的“其他应付款”科目余额，转入新账的“其他应付款”科目。其中，医院在原账的“其他应付款”科目中核算了属于新制度规定的受托代理负债的，应当将原账的“其他应付款”科目余额中属于受托代理负债的余额，转入新账的“受托代理负债”科目。

（9）“预提费用”科目

新制度设置了“预提费用”科目，该科目的核算内容与原账的“预提费用”科目的核算内容基本相同。转账时，医院应当将原账的“预提费用”科目余额转入新账的“预提费用”科目。原账“预提费用”科目中核算了属于预提短期借款应付未付利息的，转账时医院应当将其转入新账的“应付利息”科目。

（10）“长期借款”科目

新制度设置了“长期借款”科目，该科目的核算内容与原账的“长期借款”科目的核算内容基本相同。转账时，医院应当将原账的“长期借款”科目余额转入新账的“长期借款”科目。其中，医院在原账的“长期借款”科目中核算了分期付息、到期还本的长期借款应付利息的，应当将原账的“长期借款”科目余额中属于分期付息、到期还本的长期借款应付利息金额转入新账的“应付利息”科目。

3. 净资产类

（1）“事业基金”科目

新制度设置了“累计盈余”科目。该科目的核算内容包含了原账的“事业基金”科目的核算内容。转账时，医院应当将原账的“事业基金”科目余额转入新账的“累计盈余——新旧转换盈余”科目。

（2）“专用基金”科目

新制度设置了“专用基金”科目，该科目的核算内容与原账的“专用基金”科目的核算内容基本相同。转账时，医院应当将原账的“专用基金”科目余额转入新账的“专用基金”科目。

（3）“待冲基金”科目

依据新制度，无需对原制度中“待冲基金”科目对应内容进行核算。转账时，医院应当将原账的“待冲基金——待冲财政基金”科目余额转入新账的“累计盈余——财政项目盈余”科目，将原账的“待冲基金——待冲科教项目基金”科目余额转入新账的“累计盈余——科教盈余”科目。

（4）“财政补助结转（余）”“科教项目结转（余）”科目

新制度设置了“累计盈余”科目，该科目的余额包含了原账的“财政补助结转（余）”和“科教项目结转（余）”科目余额内容。转账时，医院应当将原账的“财政补助结转（余）”科目中项目支出结转和项目支出结余部分的余额转入新账的“累计盈余——财政项目盈余”科目，将原账的“财政补助结转（余）”科目中基本支出结转部分的余额转入新账的“累计盈余——医疗盈余”科目；将原账的“科教项目结转（余）”科目余额转入新账的“累计盈余——科教盈余”科目。

（5）“结余分配”科目

新制度设置了“本年盈余分配”科目，该科目的核算内容与原账的“结余分配”科目的核算内容基本相同。新制度规定“本年盈余分配”科目余额年末应当转入“累计盈余”科目。原账“结余分配”科目有借方余额的，转账时，医院应当将原账的“结余分配”科目借方余额转入新账的“累计盈余——新旧转换盈余”科目借方。

（6）“本期结余”科目

由于原账的“本期结余”科目年末无余额，该科目无需进行转账处理。

4. 收入类、费用类

由于原账中收入类、费用类科目年末无余额，无需进行转账处理。自 2019 年 1 月 1 日起，应当按照新制度设置收入类、费用类科目并进行账务处理。

医院存在其他本规定未列举的原账科目余额的，应当比照本规定转入新账的相应科目。新账的科目设有明细科目的，应将原账中对应科目的余额加以分析，分别转入新账中相应科目的相关明细科目。

医院在进行新旧衔接的转账时，应当编制转账的工作分录，作为转账的工作底稿，并将转入新账的对应原科目余额及分拆原科目余额的依据作为原始凭证。

（二）将原未入账事项登记新账财务会计科目

1. 受托代理资产

医院在新旧制度转换时，应当将 2018 年 12 月 31 日前未入账的受托代理资产按照新制度规定记入新账。登记新账时，按照确定的受托代理资产入账成本，借记“受托代理资产”科目，贷记“受托代理负债”科目。

2. 盘盈资产

医院在新旧制度转换时，应当将 2018 年 12 月 31 日前未入账的盘盈资产按照新制度规定记入新账。登记新账时，按照确定的盘盈资产及其成本，分别借记有关资产科目，按照盘盈资产成本的合计金额，贷记“累计盈余——新旧转换盈余”科目。

3. 预计负债

医院在新旧制度转换时，应当将 2018 年 12 月 31 日按照新制度规定确认的预计负债记入新账。登记新账时，按照确定的预计负债金额，借记“累计盈余——新旧转换盈余”科目，贷记“预计负债”科目。

医院存在 2018 年 12 月 31 日前未入账的其他事项的，应当比照本规定登记新账的相应科目。

医院对新账的财务会计科目补记未入账事项时，应当编制记账凭证，并将补充登记事项的确认依据作为原始凭证。

（三）对新账的相关财务会计科目余额按照新制度规定的会计核算基础进行调整

1. 调整坏账准备

新制度要求对医院收回后无需上缴财政的应收账款和其他应收款提取坏账准备。在新旧制度转换时，医院应当按照 2018 年 12 月 31 日无需上缴财政的“应收账款”科目扣除应收在院病人医疗款后的余额，以及“其他应收款”科目余额，计算应计提的坏账准备金额，对比原账“坏账准备”科目余额进行调整。补提坏账准备时，借记“累计盈余——新旧转换盈余”科目，贷记“坏账准备”科目；冲回多提坏账准备时，借记“坏账准备”科目，贷记“累计盈余——新旧转换盈余”科目。

2. 按照权益法调整长期股权投资账面余额

对按照新制度规定应当采用权益法核算的长期股权投资，在新旧制度转换时，医院应当在“长期股权投资”科目下设置“新旧制度转换调整”明细科目，依据被投资单位 2018 年 12 月 31 日财务报表的所有者权益账面余额，以及医院持有被投资单位的股权比例，计算应享有或应分担的被投资单位所有者权益的份额，调整长期股权投资的账面余额，借记或贷记“长期股权投资——新旧制度转换调整”科目，贷记或借记“累计盈余——新旧转换盈余”科目。

3. 补提折旧

医院应当对截至 2018 年 12 月 31 日前购置的未计提完折旧的固定资产，在新旧制度转换时，按照补充规定提供的折旧年限计算补提一个月折旧，按照由财政项目拨款经费形成的固定资产应补提的金额，借记“累计盈余——财政项目盈余”科目，贷记“固定资产累计折旧”科目相关明细科目；按照由科教经费形成的固定资产应补提的金额，借记“累计盈余——科教盈余”科目，贷记“固定资产累计折旧”科目相关明细科目；按照其他固定资产应补提的金额，借记“累计盈余——新旧转换盈余”科目，贷记“固定资产累计折旧”科目相关明细科目。

医院对新账的财务会计科目期初余额进行调整时，应当编制记账凭证，并将调整事项的确认依据作为原始凭证。

三、预算会计科目的新旧衔接

（一）“财政拨款结转”和“财政拨款结余”科目及对应的“资金结存”科目余额

新制度设置了“财政拨款结转”“财政拨款结余”科目及对应的“资金结存”科目。在新旧制度转换时，医院应当对原账的“财政补助结转（余）”科目余额中结转资金的金额进行逐项分析，加上各项结转转入的支出中已经计入支出尚未支付财政资金（如发生时列支的应付账款）的金额，减去已经支付财政资金尚未计入支出（如预付账款等）的金额，按照增减后的金额登记新账的“财政拨款结转”科目及其明细科目贷方，按照原账的“财政补助结转（余）”科目余额中结余资金的金额登记新账的“财政拨款结余”科目及其明细科目贷方。

医院应当按照原账“财政应返还额度”科目余额登记新账“资金结存——财政应返还额度”科目的借方；按照新账“财政拨款结转”和“财政拨款结余”科目贷方余额合计数，减去新账“资金结存——财政应返还额度”科目借方余额后的差额，登记新账“资金结存——货币资金”科目的借方。

（二）“非财政拨款结转”科目及对应的“资金结存”科目余额

新制度设置了“非财政拨款结转”科目及对应的“资金结存”科目。在新旧制度转换时，医院应当对原账的“科教项目结转（余）”科目余额进行逐项分析，加上各项结转（余）转入的支出中已经计入支出尚未支付非财政补助专项资金（如发生时列支的应付账款）的金额，减去已经支付非财政补助专项资金尚未计入支出（如预付账款等）的金额，按照增减后的金额登记新账的“非财政拨款结转”科目及其明细科目贷方；同时，按照相同的金额登记新账“资金结存——货币资金”科目的借方。

（三）“专用结余”科目及对应的“资金结存”科目余额

新制度设置了“专用结余”科目及对应的“资金结存”科目。在新旧制度转换时，医院应当按照原账“专用基金”科目余额中通过非财政补助结余分配形成的金额，借记新账的“资金结存——货币资金”科目，贷记新账的“专用结余”科目。

（四）“非财政拨款结余”科目及对应的“资金结存”科目余额

新制度设置了“非财政拨款结余”科目及对应的“资金结存”科目。在新旧制度转换时，医院应当在新账的“库存现金”“银行存款”“其他货币资金”“财政应返还额度”科目借方余额合计数基础上，对不纳入单位预算管理的资金进行调整（如减去新账中货币资金形式的受托代理资产、应缴财政款、已收取将来需要退回资金的其他应付款，加上已支付将来需要收回资金的其他应收款），按照调整后的金额减去新账的“财政拨款结转”“财政拨款结余”“非财政拨款结转”“专用结余”科目贷方余额合计数的金额，登记新账的“非财政拨款结余”科目贷方；同时，按照相同的金额登记新账的“资金结存——货币资金”科目借方。

（五）“其他结余”“非财政拨款结余分配”科目

新制度设置了“其他结余”和“非财政拨款结余分配”科目。由于这两个科目年初无余额，在新旧制度转换时，医院无需对“其他结余”和“非财政拨款结余分配”科目进行新账年初余额登记。

（六）预算收入类、预算支出类会计科目

由于预算收入类、预算支出类会计科目年初无余额，在新旧制度转换时，医院无需对预算收入类、预算支出类会计科目进行新账年初余额登记。

医院应当自2019年1月1日起，按照新制度设置预算收入类、预算支出类科目并进行账务处理。

医院存在2018年12月31日需要按照新制度预算会计核算基础调整预算会计科目期初余额的其他事项的，应当比照本规定调整新账的相应预算会计科目期初余额。

医院对预算会计科目的期初余额登记和调整，应当编制记账凭证，并将期初余额登记和调整的依据作为原始凭证。

四、财务报表和预算会计报表的新旧衔接

（一）编制2019年1月1日资产负债表

医院应当根据2019年1月1日新账的财务会计科目余额，按照新制度及补充规定编制2019年1月1日资产负债表（仅要求填列各项目“年初余额”）。

（二）2019 年度财务报表和预算会计报表的编制

医院应当按照新制度及补充规定编制 2019 年财务报表和预算会计报表。在编制 2019 年度收入费用表、医疗活动收入费用明细表、净资产变动表、现金流量表和预算收入支出表、预算结转结余变动表时，不要求填列上年比较数。

医院应当根据 2019 年 1 月 1 日新账财务会计科目余额，填列 2019 年净资产变动表各项目的“上年年末余额”；根据 2019 年 1 月 1 日新账预算会计科目余额，填列 2019 年预算结转结余变动表的“年初预算结转结余”项目和财政拨款预算收入支出表的“年初财政拨款结转结余”项目。

五、其他事项

（一）截至 2018 年 12 月 31 日尚未进行基建“并账”的医院，应当首先参照《新旧事业单位会计制度有关衔接问题的处理规定》（财会〔2013〕2 号），将基建账套相关数据并入 2018 年 12 月 31 日原账中的相关科目余额，再按照本规定将 2018 年 12 月 31 日原账相关会计科目余额转入新账相应科目。

（二）2019 年 1 月 1 日前执行新制度及补充规定的医院，应当按照本规定做好新旧制度衔接工作。

附录三

关于基层医疗卫生机构执行《政府会计制度——行政事业单位会计科目和报表》的补充规定

根据《政府会计准则——基本准则》，结合行业实际情况，现就基层医疗卫生机构[①]执行《政府会计制度——行政事业单位会计科目和报表》（以下简称新制度）做出如下补充规定：

一、关于新增一级科目及其使用说明

（一）基层医疗卫生机构应当增设“2308 待结算医疗款”一级科目。

（二）关于增设科目的使用说明

2308 待结算医疗款

1. 本科目核算按“收支两条线”管理的基层医疗卫生机构的待结算医疗收费。

按“收支两条线”管理的基层医疗卫生机构应当在为病人提供医疗服务（包括发出药品，下同）并收讫价款或取得收款权利时，按照规定的医疗服务项目收费标准计算确定收费金额并确认待结算医疗款。给予病人或其他付费方的折扣金额不计入待结算医疗款。

基层医疗卫生机构同医疗保险机构等结算时，因基层医疗卫生机构按照医疗服务项目收费标准计算确定的应收医疗款金额与医疗保险机构等实际支付金额之间的差额应当调整待结算医疗款。

2. 基层医疗卫生机构应当在本科目下设置如下明细科目，并按照医疗服务类型进行明细核算。

（1）“230801 门急诊收费”科目，核算基层医疗卫生机构为门急诊病人提供医疗服务所确认的待结算医疗收费。

基层医疗卫生机构应当在“230801 门急诊收费”科目下设置“23080101 挂号收费”“23080102 诊察收费”“23080103 检查收费”“23080104 化验收费”“23080105 治疗收费”“23080106 手术收费”“23080107 卫生材料收费”“23080108 药品收费”“23080109 一般诊疗费收费”“23080110 其他门急诊收费”和“23080111 门急诊结算差额”明细科目。

基层医疗卫生机构应当在“23080108 药品收费”科目下设置“2308010801 西药收费”“2308010802 中成药收费”和“2308010803 中药饮片收费”明细科目；在“2308010801 西药收费”科目下设置“230801080101 西药”“230801080102 疫苗”明细科目。

---

① 本规定所指基层医疗卫生机构包括中华人民共和国境内各级各类独立核算的城市社区卫生服务中心（站）、乡镇卫生院等基层医疗卫生机构。

（2）“230802 住院收费”科目，核算基层医疗卫生机构为住院病人提供医疗服务所确认的待结算医疗收费。

基层医疗卫生机构应当在“230802 住院收费”科目下设置“23080201 床位收费”“23080202 诊察收费”“23080203 检查收费”“23080204 化验收费”“23080205 治疗收费”“23080206 手术收费”“23080207 护理收费”“23080208 卫生材料收费”“23080209 药品收费”“23080210 一般诊疗费收费”“23080211 其他住院收费”和“23080212 住院结算差额”明细科目。

基层医疗卫生机构应当在“23080209 药品收费”科目下设置“2308020901 西药收费”“2308020902 中成药收费”和“2308020903 中药饮片收费”明细科目；在“2308020901 西药收费”科目下应当设置“230802090101 西药”“230802090102 疫苗”明细科目。

执行医事服务费的基层医疗卫生机构应当分别在“待结算医疗款——门急诊收费——诊察收费”和“待结算医疗款——住院收费——诊察收费”科目中核算医事服务费。执行药事服务费的基层医疗卫生机构应当分别在“待结算医疗款——门急诊收费——其他门急诊收费”和“待结算医疗款——住院收费——其他住院收费”科目中核算药事服务费。

基层医疗卫生机构有打包性质收费的，应当按照医疗服务项目类别对收费进行拆分，分别计入本科目的相应明细科目。

3. 待结算医疗款的主要账务处理如下：

（1）基层医疗卫生机构与门急诊病人结算医疗款时，对于应向门急诊病人收取的部分，按照门急诊病人实际支付或应付未付的医疗款金额，借记“库存现金”“银行存款”“应收账款——应收医疗款——门急诊病人欠费”等科目，对于应由医疗保险机构等负担的部分，按照依有关规定计算确定的应收医保款金额，借记“应收账款——应收医疗款——应收医保款”科目，按照依有关规定计算确定的门急诊病人医疗款金额，贷记本科目（门急诊收费）。

（2）病人住院期间，基层医疗卫生机构因提供医疗服务确认待结算医疗款时，按照依有关规定计算确定的住院病人医疗款金额，借记“应收账款——应收在院病人医疗款”科目，贷记本科目（住院收费）。

（3）基层医疗卫生机构与住院病人结算医疗款时，住院病人应付医疗款金额大于其预缴金额的，按照预收住院病人医疗款金额，借记“预收账款——预收医疗款——住院预收款”科目，按照病人实际补付或应付未付金额，借记“库存现金”“银行存款”“应收账款——应收医疗款——出院病人欠费”等科目，按照依有关规定计算的应由医疗保险机构等负担的医疗保险金额，借记“应收账款——应收医疗款——应收医保款”科目，按照已经确认的应收在院病人医疗款金额，贷记“应收账款——应收在院病人医疗款”科目。

住院病人应付医疗款金额小于其预缴金额的，按照预收住院病人医疗款金额，借记“预收账款——预收医疗款——住院预收款”科目，按照依有关规定计算的应由医疗保险机构等负担的医疗保险金额，借记“应收账款——应收医疗款——应收医保款”科目，按照退还给住院病人的金额，贷记“库存现金”“银行存款”等科目，按照已经确认的应收在院病人医疗款金额，贷记“应收账款——应收在院病人医疗款”科目。

（4）基层医疗卫生机构与医疗保险机构等结算时，按照实际收到的金额，借记“银行存款”科目，按照应收医保款的金额，贷记“应收账款——应收医疗款——应收医保款”科目，按照借贷方之间的差额，借记或贷记本科目（门急诊收费——门急诊结算差额）或本科目（住院收费——住院结算差额）。

（5）在期末或规定的上缴时间，基层医疗卫生机构按照依有关规定确定的金额，借记本科目，按照依有关规定确定的上缴同级财政部门的金额，贷记“银行存款”等科目，按照依有关规定确定留用的金额，贷记“事业收入——医疗收入”科目。

4. 本科目期末贷方余额，反映基层医疗卫生机构期末待结算医疗款。

二、关于在新制度相关一级科目下设置明细科目

（一）基层医疗卫生机构应当在新制度规定的“1212 应收账款”科目下设置如下明细科目：

1. “121201 应收在院病人医疗款”科目，核算基层医疗卫生机构因提供医疗服务应向在院病人收取的医疗款，应当按照在院病人进行明细核算。

2. “121202 应收医疗款”科目，核算基层医疗卫生机构因提供医疗服务应向医疗保险机构、门急诊病人、出院病人等收取的医疗款，应当按照医疗保险机构、门急诊病人、出院病人等进行明细核算。基层医疗卫生机构应当在本科目下设置如下明细科目：

（1）“12120201 应收医保款”科目，核算基层医疗卫生机构因提供医疗服务而应向医疗保险机构等收取的医疗款。

（2）“12120202 门急诊病人欠费”科目，核算门急诊病人应付未付医疗款。

（3）“12120203 出院病人欠费”科目，核算出院病人应付未付医疗款。

3. “121203 其他应收账款”科目，核算基层医疗卫生机构除应收在院病人医疗款、应收医疗款以外的其他应收账款，如基层医疗卫生机构因提供科研教学等服务、按合同或协议约定应向接受服务单位收取的款项。

（二）基层医疗卫生机构应当在新制度规定的“1219 坏账准备”科目下设置如下明细科目：

1. “121901 应收账款坏账准备”科目，核算未按“收支两条线”管理的基层医疗卫生机构按规定对除应收在院病人医疗款以外的应收账款和其他应收款提取的坏账准备，以及按“收支两条线”管理的基层医疗卫生机构按规定对除应收在院病人医疗款、应收医疗款外的应收账款和其他应收款提取的坏账准备。

2. “121902 其他应收款坏账准备”科目，核算基层医疗卫生机构按规定对其他应收款提取的坏账准备。

（三）基层医疗卫生机构应当在新制度规定的“1302 库存物品”科目下设置“130201 药品”“130202 卫生材料”“130203 低值易耗品”和“130204 其他材料”明细科目。

基层医疗卫生机构应当在“130201 药品”科目下设置“13020101 西药”“13020102 中成药”和“13020103 中药饮片”明细科目；在“13020101 西药”科目下设置“1302010101 西药”和“1302010102 疫苗”明细科目。

基层医疗卫生机构应当在“130202 卫生材料”科目下设置“13020201 血库材料”“13020202 医用气体”“13020203 影像材料”“13020204 化验材料”和“13020205 其他卫生材料”明细科目。

（四）基层医疗卫生机构应当在新制度规定的“2305 预收账款”科目下设置如下明细科目：

1. “230501 预收医疗款”科目，核算基层医疗卫生机构预收医疗保险机构等预拨的医疗保险金和预收病人的预缴金。基层医疗卫生机构应当在本科目下设置如下明细科目：

（1）“23050101 预收医保款”科目，核算基层医疗卫生机构预收医疗保险机构等预拨的医疗保险金。

（2）“23050102 门急诊预收款”科目，核算基层医疗卫生机构预收门急诊病人的预缴金。

（3）“23050103 住院预收款”科目，核算基层医疗卫生机构预收住院病人的预缴金。

2.“230502 其他预收账款”科目，核算基层医疗卫生机构除预收医疗款以外的其他预收账款，如基层医疗卫生机构因提供科研教学等服务、按合同或协议约定预收接受服务单位的款项。

（五）基层医疗卫生机构应当在新制度规定的“3001 累计盈余”科目下设置如下明细科目：

1.“300101 医疗盈余”科目，核算基层医疗卫生机构开展医疗活动产生的累计盈余。

2.“300102 公共卫生盈余”科目，核算基层医疗卫生机构开展公共卫生活动产生的累计盈余。

3.“300103 科教盈余”科目，核算基层医疗卫生机构开展科研教学活动产生的累计盈余。

4.“300104 新旧转换盈余”科目，核算基层医疗卫生机构执行新制度前形成的、除新旧转换时转入医疗盈余、公共卫生盈余和科教盈余外的累计盈余。

（六）基层医疗卫生机构应当在新制度规定的“3101 专用基金”科目下设置如下明细科目：

1.“310101 职工福利基金”科目，核算基层医疗卫生机构根据有关规定、按照财务会计下相关数据计算提取的职工福利基金。

2.“310102 医疗风险基金”科目，核算基层医疗卫生机构根据相关规定、按照财务会计下相关数据计算提取并列入费用的医疗风险基金。

3.“310103 奖励基金”科目，核算基层医疗卫生机构根据相关规定、按照财务会计下相关数据计算提取的奖励基金。

（七）基层医疗卫生机构应当在新制度规定的“3301 本期盈余”科目下设置如下明细科目：

1.“330101 医疗盈余”科目，核算基层医疗卫生机构本期医疗活动产生的各项收入、费用相抵后的余额。

2.“330102 公共卫生盈余”科目，核算基层医疗卫生机构本期公共卫生活动产生的各项收入、费用相抵后的余额。

3.“330103 科教盈余”科目，核算基层医疗卫生机构本期科研教学活动产生的各项收入、费用相抵后的余额。

（八）基层医疗卫生机构应当在新制度规定的“3302 本年盈余分配”科目下设置“330201 提取职工福利基金”“330202 提取奖励基金”“330203 转入累计盈余”明细科目。

年末，基层医疗卫生机构在按照规定提取专用基金后，应当将“本年盈余分配”科目余额转入累计盈余，借记“本年盈余分配——转入累计盈余”科目，贷记“累计盈余——医疗盈余”科目。

（九）基层医疗卫生机构应当在新制度规定的“4001 财政拨款收入”科目下设置如下明细科目：

1.“400101 财政基本拨款收入”科目，核算基层医疗卫生机构取得的用于基本支出的财政拨款收入。基层医疗卫生机构应当在本科目下设置如下明细科目：

（1）“40010101 医疗收入”科目，核算基层医疗卫生机构取得的与医疗活动相关的财政基本拨款收入。

（2）“40010102 公共卫生收入”科目，核算基层医疗卫生机构取得的与公共卫生活动相关的财政基本拨款收入。

2.“400102 财政项目拨款收入”科目，核算基层医疗卫生机构取得的用于项目支出的财政拨款收入。基层医疗卫生机构应当在本科目下设置如下明细科目：

（1）“40010201 医疗收入”科目，核算基层医疗卫生机构取得的与医疗活动相关的财政项目拨款收入。

（2）“40010202 公共卫生收入”科目，核算基层医疗卫生机构取得的与公共卫生活动相关的财政项目拨款收入。

（3）“40010203 科教收入”科目，核算基层医疗卫生机构取得的与科研教学活动相关的财政项目拨款收入。

（十）基层医疗卫生机构应当在新制度规定的“4101 事业收入”科目下设置如下明细科目：

1. “410101 医疗收入”科目，核算基层医疗卫生机构开展医疗服务活动实现的收入。基层医疗卫生机构应当在本科目下设置如下明细科目：

（1）“41010101 门急诊收入”科目，核算基层医疗卫生机构为门急诊病人提供医疗服务所实现的收入，包括按“收支两条线”管理的基层医疗卫生机构按规定留用的待结算医疗款，以及收到的同级财政部门返还的上缴门急诊收费。

基层医疗卫生机构应当在“41010101 门急诊收入”科目下设置“4101010101 挂号收入”“4101010102 诊察收入”“4101010103 检查收入”“4101010104 化验收入”“4101010105 治疗收入”“4101010106 手术收入”“4101010107 卫生材料收入”“4101010108 药品收入”“4101010109 一般诊疗费收入”和“4101010110 其他门急诊收入”明细科目（未按“收支两条线”管理的基层医疗卫生机构还应当设置“4101010111 门急诊结算差额”明细科目）。

基层医疗卫生机构应当在“4101010108 药品收入”科目下设置“410101010801 西药”“410101010802 中成药”和“410101010803 中药饮片”明细科目；在“410101010801 西药”科目下设置“41010101080101 西药”“41010101080102 疫苗”明细科目。

“4101010111 门急诊结算差额”科目，核算未按“收支两条线”管理的基层医疗卫生机构同医疗保险机构等结算时，因基层医疗卫生机构按照医疗服务项目收费标准计算确定的应收医疗款金额与医疗保险机构等实际支付金额之间的差异而产生的需要调整基层医疗卫生机构医疗收入的差额，但不包括基层医疗卫生机构因违规治疗等管理不善原因被医疗保险机构等拒付的金额。

（2）“41010102 住院收入”科目，核算基层医疗卫生机构为住院病人提供医疗服务所实现的收入，包括按“收支两条线”管理的基层医疗卫生机构按规定留用的待结算医疗款，以及收到的同级财政部门返还的上缴住院收费。

基层医疗卫生机构应当在“41010102 住院收入”科目下设置“4101010201 床位收入”“4101010202 诊察收入”“4101010203 检查收入”“4101010204 化验收入”“4101010205 治疗收入”“4101010206 手术收入”“4101010207 护理收入”“4101010208 卫生材料收入”“4101010209 药品收入”“4101010210 一般诊疗费收入”和“4101010211 其他住院收入”明细科目（未按“收支两条线”管理的基层医疗卫生机构还应当设置“4101010212 住院结算差额”明细科目）。

基层医疗卫生机构应当在“4101010209 药品收入”科目下设置“410101020901 西药”“410101020902 中成药”和“410101020903 中药饮片”明细科目；在“410101020901 西药”科目下设置“41010102090101 西药”“41010102090102 疫苗”明细科目。

“4101010212 住院结算差额”科目，核算未按“收支两条线”管理的基层医疗卫生机构同医疗保险机构等结算时，因基层医疗卫生机构按照医疗服务项目收费标准计算确定的应收医疗款金额，与医疗保险机构等实际支付金额之间的差异而产生的需要调整基层医疗卫生机构医疗收入的差额，但不包括基层医疗卫生机构因违规治疗等管理不善原因被医疗保险机构等拒付的金额。

2. “410102 公共卫生收入”科目，核算基层医疗卫生机构开展公共卫生活动实现的收入。

3. “410103 科教收入”科目，核算基层医疗卫生机构开展科研教学活动实现的收入。

基层医疗卫生机构应当在“410103 科教收入”科目下设置“41010301 科研收入”“41010302 教学收入”明细科目。

基层医疗卫生机构因开展科研教学活动从非同级政府财政部门取得的财政拨款，应当在“事业收入——科教收入——科研收入”和“事业收入——科教收入——教学收入”科目下单设“非同级财政拨款”明细科目进行核算。

（十一）基层医疗卫生机构应当在新制度规定的“4601 非同级财政拨款收入”科目下设置“460101 医疗收入”和“460102 公共卫生收入”明细科目。

（十二）基层医疗卫生机构应当在新制度规定的“5001 业务活动费用”科目下设置“500101 医疗费用”“500102 公共卫生费用”和“500103 科教费用”明细科目。

1. “500101 医疗费用”科目，核算基层医疗卫生机构开展医疗活动发生的各项费用。基层医疗卫生机构应当在“500101 医疗费用”科目下设置“人员费用”“药品费”“专用材料费”“维修费”“计提专用基金”“固定资产折旧”“无形资产摊销”“其他医疗费用”等明细科目；在“人员费用”明细科目下设置“工资福利费用”“对个人和家庭的补助费用”明细科目；在“药品费”明细科目下设置“西药”“中成药”“中药饮片”明细科目，在“西药”明细科目下设置“西药”“疫苗”明细科目；在“专用材料费”明细科目下设置“卫生材料费”“低值易耗品”“其他材料费”明细科目，在“卫生材料费”明细科目下设置“血库材料”“医用气体”“影像材料”“化验材料”和“其他卫生材料”明细科目。

2. “500102 公共卫生费用”科目，核算基层医疗卫生机构开展公共卫生活动发生的各项费用。基层医疗卫生机构应当在“500102 公共卫生费用”科目下设置“人员费用”“药品费”“专用材料费”“维修费”“其他公共卫生费用”等明细科目；在“人员费用”明细科目下设置“工资福利费用”“对个人和家庭的补助费用”明细科目；在“药品费”明细科目下设置“西药”“中成药”“中药饮片”明细科目，在“西药”明细科目下设置“西药”“疫苗”明细科目；在“专用材料费”明细科目下设置“卫生材料费”“低值易耗品”“其他材料费”明细科目，在“卫生材料费”明细科目下设置“血库材料”“医用气体”“影像材料”“化验材料”和“其他卫生材料”明细科目。

3. “500103 科教费用”科目，核算基层医疗卫生机构开展科研教学活动发生的各项费用。基层医疗卫生机构应当在“500103 科教费用”科目下设置“科研费用”“教学费用”明细科目。

（十三）基层医疗卫生机构应当在新制度规定的“5101 单位管理费用”科目下设置“人员费用”“商品和服务费用”“固定资产折旧”“无形资产摊销”等明细科目；在“人员费用”明细科目下设置“工资福利费用”“对个人和家庭的补助费用”明细科目。

（十四）基层医疗卫生机构应当在新制度规定的“6101 事业预算收入”科目下设置如下明细科目：

1. “610101 医疗预算收入”科目，核算基层医疗卫生机构开展医疗活动取得的现金流入。

基层医疗卫生机构应当在“610101 医疗预算收入”科目下设置“61010101 门急诊预算收入”“61010102 住院预算收入”明细科目。

2. “610102 公共卫生预算收入”科目，核算基层医疗卫生机构开展公共卫生活动取得的现金流入。

3. “610103 科教预算收入”科目，核算基层医疗卫生机构开展科研教学活动取得的现金流入。

基层医疗卫生机构应当在“610103 科教预算收入”科目下设置“61010301 科研项目预算收入”“61010302 教学项目预算收入”明细科目，并单设“非同级财政拨款”明细科目进行核算。

（十五）基层医疗卫生机构应当在新制度规定的“8301 专用结余”科目下设置如下明细科目：

1. “830101 职工福利基金”科目，核算基层医疗卫生机构职工福利基金资金的变动和滚存情况。

2. “830102 奖励基金”科目，核算基层医疗卫生机构奖励基金资金的变动和滚存情况。

基层医疗卫生机构执行新制度新增会计科目的情况详见附表 1。

三、关于报表及编制说明

基层医疗卫生机构应当按月度和年度编制财务报表和财政拨款预算收入支出表，至少按年度编制财务报表附注、预算收入支出表和预算结转结余变动表。

基层医疗卫生机构除按照新制度和本规定编制财务报表和预算会计报表外，还应当按照本规定按月度和年度编制待结算医疗款明细表（详见附表 3）和医疗及公共卫生收入费用明细表（详见附表 5）。

（一） 资产负债表

1. 新增项目

基层医疗卫生机构应当在资产负债表中增加以下项目（详见附表 2）：

（1）在“应缴财政款”和“应付职工薪酬”项目之间增加“待结算医疗款”项目。

（2）在“累计盈余”项目下增加“其中：医疗盈余”“公共卫生盈余”“科教盈余”“新旧转换盈余”项目。

2. 新增项目的内容和填列方法

（1）“待结算医疗款”项目，反映按“收支两条线”管理的基层医疗卫生机构期末待结算医疗收费。本项目应当根据“待结算医疗款”科目的期末余额填列。

（2）“累计盈余”项目下“医疗盈余”项目，反映基层医疗卫生机构开展医疗活动产生的累计盈余。本项目应当根据“累计盈余——医疗盈余”科目的期末余额填列。

“累计盈余”项目下“公共卫生盈余”项目，反映基层医疗卫生机构开展公共卫生活动产生的累计盈余。本项目应当根据“累计盈余——公共卫生盈余”科目的期末余额填列。

“累计盈余”项目下“科教盈余”项目，反映基层医疗卫生机构开展科研教学活动产生的累计盈余。本项目应当根据“累计盈余——科教盈余”科目的期末余额填列。

“累计盈余”项目下“新旧转换盈余”项目，反映基层医疗卫生机构执行新制度前形成的、除新旧转换时转入医疗盈余、公共卫生盈余和科教盈余外的累计盈余。本项目应当根据“累计盈余——新旧转换盈余”科目的期末余额填列。

（二） 待结算医疗款明细表

1. 本表适用于按“收支两条线”管理的基层医疗卫生机构，反映按“收支两条线”管理的基层医疗卫生机构在某一会计期间内的各项医疗收费情况。

2. 本表各项目金额应当根据“待结算医疗款”科目相关明细科目的本期贷方发生额填列；“门急诊结算差额”和“住院结算差额”项目，应当根据“待结算医疗款”科目相关明细科目的本期净发生额填列，净发生额为借方数的，以“－”号填列。

编制月度报表时，本表“本月数”栏反映各项目的本月贷方实际发生数（“门急诊结算差额”“住院结算差额”项目为本月净发生额，下同），本表“本年累计数”栏反映各项目自年初至报告期期末的累计贷方实际发生数。

编制年度报表时，应当将本表的“本月数”栏改为“本年数”，反映本年度各项目的贷方实际发生数；将本表的“本年累计数”栏改为“上年数”，反映上年度各项目的贷方实际发生数，“上年数”栏应当根据上年年度待结算医疗款明细表中“本年数”栏内所列数字填列。

如果本年度待结算医疗款明细表规定的项目名称和内容同上年度不一致，应当对上年度待结算医疗款明细表项目名称和数字按照本年度的规定进行调整，将调整后的金额填入本年度待结算医疗款明细表的“上年数”栏内。

（三）关于净资产变动表

1. 调整项目

基层医疗卫生机构应当将净资产变动表中“其中：从预算收入中提取”行项目调整为“其中：从财务会计相关收入中提取”，将“从预算结余中提取”行项目调整为“从本期盈余中提取”。

2. 调整项目的内容和填列方法

（1）“从财务会计相关收入中提取”行，反映基层医疗卫生机构本年从财务会计相关收入中提取专用基金对净资产的影响。本行“专用基金”项目应当通过对“专用基金”科目明细账记录的分析，根据本年按有关规定从财务会计相关收入中提取专用基金的金额填列。

（2）“从本期盈余中提取”行，反映基层医疗卫生机构本年根据有关规定从本年度盈余中提取专用基金对净资产的影响。本行“累计盈余”“专用基金”项目应当通过对“专用基金”科目明细账记录的分析，根据本年按有关规定从本期盈余中提取专用基金的金额填列；本行“累计盈余”项目以“－”号填列。

（四）收入费用表

1. 新增项目

基层医疗卫生机构应当在收入费用表中增加以下项目（详见附表4）：

（1）在“其中：政府性基金收入”项目后增加“其中：财政基本拨款收入”“财政项目拨款收入”项目，在“其中：财政基本拨款收入”项目下增加“其中：医疗收入”“公共卫生收入”项目，在“财政项目拨款收入”项目下增加“其中：医疗收入”“公共卫生收入”“科教收入”项目。

（2）在“（二）事业收入”项目下增加“其中：医疗收入”“公共卫生收入”“科教收入”项目。

（3）在“（六）非同级财政拨款收入”项目下增加“其中：医疗收入”“公共卫生收入”项目。

（4）在“（一）业务活动费用”项目下增加“其中：医疗费用”“公共卫生费用”“科教费用”项目。

（5）在“三、本期盈余”项目下增加“其中：医疗盈余”“公共卫生盈余”“科教盈余”项目。

2. 新增项目的内容和填列方法

(1)“财政基本拨款收入”项目，反映基层医疗卫生机构本期取得的财政基本拨款收入。本项目应当根据“财政拨款收入——财政基本拨款收入”科目的本期发生额填列。

“财政基本拨款收入”项目下“医疗收入”项目，反映基层医疗卫生机构本期开展医疗活动取得的财政基本拨款收入。本项目应当根据“财政拨款收入——财政基本拨款收入——医疗收入”科目的本期发生额填列。

“财政基本拨款收入”项目下“公共卫生收入”项目，反映基层医疗卫生机构本期开展公共卫生活动取得的财政基本拨款收入。本项目应当根据“财政拨款收入——财政基本拨款收入——公共卫生收入”科目的本期发生额填列。

“财政项目拨款收入”项目，反映基层医疗卫生机构本期取得的财政项目拨款收入。本项目应当根据“财政拨款收入——财政项目拨款收入”科目的本期发生额填列。

“财政项目拨款收入”项目下“医疗收入”项目，反映基层医疗卫生机构本期开展医疗活动取得的财政项目拨款收入。本项目应当根据“财政拨款收入——财政项目拨款收入——医疗收入”科目的本期发生额填列。

“财政项目拨款收入”项目下“公共卫生收入”项目，反映基层医疗卫生机构本期开展公共卫生活动取得的财政项目拨款收入。本项目应当根据“财政拨款收入——财政项目拨款收入——公共卫生收入”科目的本期发生额填列。

“财政项目拨款收入”项目下“科教收入”项目，反映基层医疗卫生机构本期开展科研教学活动取得的财政项目拨款收入。本项目应当根据“财政拨款收入——财政项目拨款收入——科教收入”科目的本期发生额填列。

(2)“事业收入”项目下“医疗收入”项目，反映基层医疗卫生机构本期开展医疗业务活动实现的收入。本项目应当根据“事业收入——医疗收入”科目的本期发生额填列。

“事业收入”项目下“公共卫生收入”项目，反映基层医疗卫生机构本期开展公共卫生活动实现的收入。本项目应当根据“事业收入——公共卫生收入”科目的本期发生额填列。

“事业收入”项目下“科教收入”项目，反映基层医疗卫生机构本期开展科研教学活动实现的收入。本项目应当根据“事业收入——科教收入”科目的本期发生额填列。

(3)“非同级财政拨款收入”项目下“医疗收入”项目，反映基层医疗卫生机构本期开展医疗业务活动取得的非同级财政拨款收入。本项目应当根据“非同级财政拨款收入——医疗收入”科目的本期发生额填列。

“非同级财政拨款收入”项目下“公共卫生收入”项目，反映基层医疗卫生机构本期开展公共卫生活动取得的非同级财政拨款收入。本项目应当根据“非同级财政拨款收入——公共卫生收入”科目的本期发生额填列。

(4)“业务活动费用”项目下“医疗费用”项目，反映基层医疗卫生机构本期为提供医疗服务所发生的各项费用。本项目应当根据“业务活动费用——医疗费用”科目本期发生额填列。

“业务活动费用”项目下“公共卫生费用”项目，反映基层医疗卫生机构本期为开展公共卫生服务活动所发生的各项费用。本项目应当根据“业务活动费用——公共卫生费用”科目本期发生额填列。

“业务活动费用”项目下“科教费用”项目，反映基层医疗卫生机构本期为开展科研教学活动所发生的各项费用。本项目应当根据“业务活动费用——科教费用”科目本期发生额填列。

（5）“本期盈余”项目下“医疗盈余”项目，反映基层医疗卫生机构本期医疗活动相关收入扣除医疗活动相关费用后的净额。本项目应当根据本表中“财政基本拨款收入”项目下“医疗收入”“财政项目拨款收入”项目下“医疗收入”“事业收入”项目下“医疗收入”“上级补助收入”“附属单位上缴收入”“经营收入”“非同级财政拨款收入”项目下“医疗收入”“投资收益”“捐赠收入”“利息收入”“租金收入”“其他收入”项目金额合计数减去“业务活动费用”项目下“医疗费用”“单位管理费用”“经营费用”“资产处置费用”“上缴上级费用”“对附属单位补助费用”“所得税费用”“其他费用”项目金额合计数后的金额填列；如相减后金额为负数，以“－”号填列。

“本期盈余”项目下“公共卫生盈余”项目，反映基层医疗卫生机构本期公共卫生活动相关收入扣除公共卫生活动相关费用后的净额。本项目应当根据本表中“财政基本拨款收入”项目下“公共卫生收入”“财政项目拨款收入”项目下“公共卫生收入”“事业收入”项目下“公共卫生收入”“非同级财政拨款收入”项目下“公共卫生收入”项目金额合计数减去“业务活动费用”项目下“公共卫生费用”项目金额后的金额填列；如相减后金额为负数，以“－”号填列。

“本期盈余”项目下“科教盈余”项目，反映基层医疗卫生机构本期科研教学活动相关收入扣除科研教学活动相关费用后的净额。本项目应当根据本表中“财政项目拨款收入”项目下“科教收入”“事业收入”项目下“科教收入”项目金额合计数减去“业务活动费用”项目下“科教费用”项目金额后的金额填列。

（五）医疗及公共卫生收入费用明细表

1. 本表反映基层医疗卫生机构在某一会计期间内发生的医疗和公共卫生活动相关的收入、费用的详细情况。

2. 本表“本月数”栏反映各项目的本月实际发生数。编制年度医疗及公共卫生收入费用明细表时，应当将本栏改为“本年数”，反映本年度各项目的实际发生数。

本表“本年累计数”栏反映各项目自年初至报告期期末的累计实际发生数。编制年度医疗及公共卫生收入费用明细表时，应当将本栏改为“上年数”，反映上年度各项目的实际发生数，“上年数”栏应当根据上年年度医疗及公共卫生收入费用明细表中“本年数”栏内所列数字填列。

如果本年度医疗及公共卫生收入费用明细表规定的项目名称和内容同上年度不一致，应当对上年度医疗及公共卫生收入费用明细表项目名称和数字按照本年度的规定进行调整，将调整后的金额填入本年度医疗及公共卫生收入费用明细表的“上年数”栏内。

如果本年度基层医疗卫生机构发生了因前期差错更正、会计政策变更等调整以前年度盈余的事项，还应当对年度医疗及公共卫生收入费用明细表中“上年数”栏中的有关项目金额进行相应调整。

3. 本表“（一）医疗收入”项目及所属明细项目应当根据“事业收入——医疗收入”科目及相关明细科目的本期发生额填列，“（二）公共卫生收入”项目应当根据“事业收入——公共卫生收入”科目的本期发生额填列。

本表“（一）医疗费用”项目及所属明细项目应当根据“业务活动费用——医疗费用”科目及相关明细科目的本期发生额填列，“（二）公共卫生费用”项目及所属明细项目应当根据“业务活动费用——公共卫生费用”科目及相关明细科目的本期发生额填列。

本表“三、单位管理费用”项目及所属明细项目应当根据“单位管理费用”科目及相关明细科目的本期发生额填列。

（六）关于财务报表附注

1. 基层医疗卫生机构除按新制度规定按照债务人类别披露应收账款信息外，还应当按照应收项目类别披露应收账款信息，具体格式如下：

应收账款类别	期末余额	年初余额
应收在院病人医疗款：		
应收医疗款：		
应收医保款		
门急诊病人欠费		
住院病人欠费		
其他应收账款		
合　计		

2. 基层医疗卫生机构应当按照存货种类披露存货信息，具体披露格式如下：

存货种类	期末余额	年初余额
药品		
西药		
其中：疫苗		
中成药		
中药饮片		
卫生材料		
血库材料		
医用气体		
影像材料		
化验材料		
其他卫生材料		
低值易耗品		
其他材料		
合　计		

四、关于坏账准备的计提范围

未按“收支两条线”管理的基层医疗卫生机构应当对除应收在院病人医疗款以外的应收账款和其他应收款提取坏账准备。

按“收支两条线”管理的基层医疗卫生机构应当对除应收在院病人医疗款、应收医疗款外的应收账款和其他应收款提取坏账准备。

五、关于运杂费的会计处理

基层医疗卫生机构为取得库存物品单独发生的运杂费等，能够直接计入业务成本的，计入业务活动费用，借记“业务活动费用”科目，贷记“库存现金”“银行存款”等科目；不能直接计入业务成本的，计入单位管理费用，借记“单位管理费用”科目，贷记“库存现金”“银行存款”等科目。

六、关于固定资产折旧年限

通常情况下，基层医疗卫生机构应当按照本规定附表 6 确定应计提折旧的固定资产的折旧年限。

七、关于本期盈余结转的账务处理

期末，基层医疗卫生机构应当将财政基本拨款收入和财政项目拨款收入中的医疗收入、事业收入中的医疗收入、上级补助收入、附属单位上缴收入、经营收入、非同级财政拨款收入中的医疗收入、投资收益、捐赠收入、利息收入、租金收入、其他收入的本期发生额转入本期盈余，借记“财政拨款收入——财政基本拨款收入——医疗收入”“财政拨款收入——财政项目拨款收入——医疗收入”“事业收入——医疗收入”“上级补助收入”“附属单位上缴收入”“经营收入”“非同级财政拨款收入——医疗收入”“投资收益”“捐赠收入”“利息收入”“租金收入”“其他收入”科目，贷记“本期盈余——医疗盈余”科目；将业务活动费用中的医疗费用、单位管理费用、经营费用、资产处置费用、上缴上级费用、对附属单位补助费用、所得税费用、其他费用的本期发生额转入本期盈余，借记“本期盈余——医疗盈余”科目，贷记“业务活动费用——医疗费用”“单位管理费用”“经营费用”“资产处置费用”“上缴上级费用”“对附属单位补助费用”“所得税费用”“其他费用”科目。

期末，基层医疗卫生机构应当将财政基本拨款收入和财政项目拨款收入中的公共卫生收入、事业收入中的公共卫生收入、非同级财政拨款收入中的公共卫生收入的本期发生额转入本期盈余，借记“财政拨款收入——财政基本拨款收入——公共卫生收入”“财政拨款收入——财政项目拨款收入——公共卫生收入”“非同级财政拨款收入——公共卫生收入”科目，贷记“本期盈余——公共卫生盈余”科目；将业务活动费用中的公共卫生费用的本期发生额转入本期盈余，借记“本期盈余——公共卫生盈余”科目，贷记“业务活动费用——公共卫生费用”科目。

期末，基层医疗卫生机构应当将财政项目拨款收入中的科教收入、事业收入中的科教收入的本期发生额转入本期盈余，借记“财政拨款收入——财政项目拨款收入——科教收入” “事业收入——科教收入”科目，贷记“本期盈余——科教盈余”科目；将业务活动费用中的科教经费的本期发生额转入本期盈余，借记“本期盈余——科教盈余”科目，贷记“业务活动费用——科教费用”科目。

年末，完成上述结转后，“本期盈余——医疗盈余”科目为贷方余额的，基层医疗卫生机构应当将“本期盈余——医疗盈余”科目余额转入“本年盈余分配”科目，借记“本期盈余——医疗盈余”科目，贷记“本年盈余分配”科目；“本期盈余——医疗盈余”科目为借方余额的，基层医疗卫生机构应当将“本期盈余——医疗盈余”科目余额转入累计盈余对应明细科目，借记“累计盈余——医疗盈余”科目，贷记“本期盈余——医疗盈余”科目。基层医疗卫生机构应当将“本期盈余——公共卫生盈余”“本期盈余——科教盈余”科目余额转入累计盈余对应明细科目，借记或贷记“本期盈余——公共卫生盈余”“本期盈余——科教盈余”科目，贷记或借记“累计盈余——公共卫生盈余”“累计盈余——科教盈余”科目。

八、关于本年盈余分配的账务处理

年末，基层医疗卫生机构在按照规定提取专用基金后，应当将“本年盈余分配”科目余额转入累计盈余，借记“本年盈余分配——转入累计盈余”科目，贷记“累计盈余——医疗盈余”科目。

九、关于弥补医疗亏损的账务处理

年末，基层医疗卫生机构“累计盈余——医疗盈余”科目为借方余额的，基层医疗卫生机构应当按照有关规定确定的用于弥补医疗亏损的金额，借记“累计盈余——新旧转换盈余”科目，贷记“累计盈余——医疗盈余”科目。

十、关于事业收入（医疗收入）的确认和计量

未按“收支两条线”管理的基层医疗卫生机构应当在提供医疗服务并收讫价款或取得收款权利时，按照规定的医疗服务项目收费标准计算确定的金额确认事业收入（医疗收入）。基层医疗卫生机构给予病人或其他付费方折扣的，按照折扣后的实际金额确认事业收入（医疗收入）。基层医疗卫生机构同医疗保险机构等结算时，因基层医疗卫生机构按照医疗服务项目收费标准计算确定的应收医疗款金额与医疗保险机构等实际支付金额之间的差额（不包括基层医疗卫生机构因违规治疗等管理不善原因被医疗保险机构等拒付的金额）应当调整事业收入（医疗收入）。基层医疗卫生机构因违规治疗等管理不善原因被医疗保险机构等拒付的金额，应当冲减坏账准备。

按“收支两条线”管理的基层医疗卫生机构应当在收到财政返还的医疗款时，按照实际返还医疗款的金额确认事业收入（医疗收入）。基层医疗卫生机构按规定留用待结算医疗款时，应当按照批准留用的医疗款金额确认事业收入（医疗收入）。

十一、关于医事服务费和药事服务费的会计处理

未按“收支两条线”管理、执行医事服务费的基层医疗卫生机构应当通过“事业收入——医疗收入——门急诊收入——诊察收入”和“事业收入——医疗收入——住院收入——诊察收入”科目核算医事服务收入。基层医疗卫生机构在实现医事服务收入时，应当借记“库存现金”“银行存款”“应收账款”等科目，属于门急诊收入的，贷记“事业收入——医疗收入——门急诊收入——诊察收入”科目，属于住院收入的，贷记“事业收入——医疗收入——住院收入——诊察收入”科目。

未按“收支两条线”管理的、执行药事服务费的基层医疗卫生机构应当通过“事业收入——医疗收入——门急诊收入——其他门急诊收入”和“事业收入——医疗收入——住院收入——其他住院收入”科目核算药事服务收入。基层医疗卫生机构在实现药事服务收入时，应当借记“库存现金”“银行存款”“应收账款”等科目，属于门急诊收入的，贷记“事业收入——医疗收入——门急诊收入——其他门急诊收入”科目，属于住院收入的，贷记“事业收入——医疗收入——住院收入——其他住院收入”科目。

按“收支两条线”管理的基层医疗卫生机构关于医事服务费、药事服务费的会计处理，参见本规定关于“2308 待结算医疗款”科目的说明。

十二、关于未按“收支两条线”管理的基层医疗卫生机构与医疗保险机构等结算医疗款的账务处理

未按“收支两条线”管理的基层医疗卫生机构同医疗保险机构等结算医疗款时，应当按照实际收到的金额，借记“银行存款”科目，按照基层医疗卫生机构因违规治疗等管理不善原因被医疗保险机构等拒付的金额，借记“坏账准备”科目，按照应收医疗保险机构等的金额，贷记“应收账款——应收医疗款——应收医保款”科目，按照借贷方之间的差额，借记或贷记“事业收入——医疗收入——门急诊收入——门急诊结算差额”或“事业收入——医疗收入——住院收入——住院结算差额”科目。

基层医疗卫生机构预收医疗保险机构等医保款的，在同医疗保险机构等结算医疗款时，还应冲减相关的预收医保款。

十三、关于按合同完成进度确认科教收入

基层医疗卫生机构以合同完成进度确认科教收入时，应当根据业务实质，选择累计实际发生的合同成本占合同预计总成本的比例、已经完成的合同工作量占合同预计总工作量的比例、已经完成的时间占合同期限的比例、实际测定的完工进度等方法，合理确定合同完成进度。

十四、生效日期

本规定自 2019 年 1 月 1 日起施行。

附表 1　　基层医疗卫生机构执行新制度新增会计科目表

科目编码	科目名称	备　注
1212	应收账款	
121201	应收账款＼应收在院病人医疗款	
121202	应收账款＼应收医疗款	
12120201	应收账款＼应收医疗款＼应收医保款	
12120202	应收账款＼应收医疗款＼门急诊病人欠费	
12120203	应收账款＼应收医疗款＼出院病人欠费	
121203	应收账款＼其他应收账款	
1219	坏账准备	
121901	坏账准备＼应收账款坏账准备	
121902	坏账准备＼其他应收款坏账准备	
1302	库存物品	
130201	库存物品＼药品	
13020101	库存物品＼药品＼西药	
1302010101	库存物品＼药品＼西药＼西药	
1302010102	库存物品＼药品＼西药＼疫苗	
13020102	库存物品＼药品＼中成药	

（续表）

科目编码	科目名称	备　注
13020103	库存物品＼药品＼中药饮片	
130202	库存物品＼卫生材料	
13020201	库存物品＼卫生材料＼血库材料	
13020202	库存物品＼卫生材料＼医用气体	
13020203	库存物品＼卫生材料＼影像材料	
13020204	库存物品＼卫生材料＼化验材料	
13020205	库存物品＼卫生材料＼其他卫生材料	
130203	库存物品＼低值易耗品	
130204	库存物品＼其他材料	
2305	预收账款	
230501	预收账款＼预收医疗款	
23050101	预收账款＼预收医疗款＼预收医保款	
23050102	预收账款＼预收医疗款＼门急诊预收款	
23050103	预收账款＼预收医疗款＼住院预收款	
230502	预收账款＼其他预收账款	
2308	待结算医疗款	
230801	待结算医疗款＼门急诊收费	
23080101	待结算医疗款＼门急诊收费＼挂号收费	
23080102	待结算医疗款＼门急诊收费＼诊察收费	核算医事服务收费
23080103	待结算医疗款＼门急诊收费＼检查收费	
23080104	待结算医疗款＼门急诊收费＼化验收费	
23080105	待结算医疗款＼门急诊收费＼治疗收费	
23080106	待结算医疗款＼门急诊收费＼手术收费	
23080107	待结算医疗款＼门急诊收费＼卫生材料收费	
23080108	待结算医疗款＼门急诊收费＼药品收费	
2308010801	待结算医疗款＼门急诊收费＼药品收费＼西药收费	
230801080101	待结算医疗款＼门急诊收费＼药品收费＼西药收费＼西药	
230801080102	待结算医疗款＼门急诊收费＼药品收费＼西药收费＼疫苗	
2308010802	待结算医疗款＼门急诊收费＼药品收费＼中成药收费	
2308010803	待结算医疗款＼门急诊收费＼药品收费＼中药饮片收费	
23080109	待结算医疗款＼门急诊收费＼一般诊疗费收费	
23080110	待结算医疗款＼门急诊收费＼其他门急诊收费	核算药事服务收费

（续表）

科目编码	科目名称	备　注
23080111	待结算医疗款\门急诊收费\门急诊结算差额	
230802	待结算医疗款\住院收费	
23080201	待结算医疗款\住院收费\床位收费	
23080202	待结算医疗款\住院收费\诊察收费	核算医事服务收费
23080203	待结算医疗款\住院收费\检查收费	
23080204	待结算医疗款\住院收费\化验收费	
23080205	待结算医疗款\住院收费\治疗收费	
23080206	待结算医疗款\住院收费\手术收费	
23080207	待结算医疗款\住院收费\护理收费	
23080208	待结算医疗款\住院收费\卫生材料收费	
23080209	待结算医疗款\住院收费\药品收费	
2308020901	待结算医疗款\住院收费\药品收费\西药收费	
230802090101	待结算医疗款\门急诊收费\药品收费\西药收费\西药	
230802090102	待结算医疗款\门急诊收费\药品收费\西药收费\疫苗	
2308020902	待结算医疗款\住院收费\药品收费\中成药收费	
2308020903	待结算医疗款\住院收费\药品收费\中药饮片收费	
23080210	待结算医疗款\住院收费\一般诊疗费收费	
23080211	待结算医疗款\住院收费\其他住院收费	核算药事服务收费
23080212	待结算医疗款\住院收费\住院结算差额	
3001	累计盈余	
300101	累计盈余\医疗盈余	
300102	累计盈余\公共卫生盈余	
300103	累计盈余\科教盈余	
300104	累计盈余\新旧转换盈余	
3101	专用基金	
310101	专用基金\职工福利基金	
310102	专用基金\医疗风险基金	
310103	专用基金\奖励基金	
3301	本期盈余	
330101	本期盈余\医疗盈余	
330102	本期盈余\公共卫生盈余	
330103	本期盈余\科教盈余	

（续表）

科目编码	科目名称	备　注
3302	本年盈余分配	
330201	本年盈余分配＼提取职工福利基金	
330202	本年盈余分配＼提取奖励基金	
330203	本年盈余分配＼转入累计盈余	
4001	财政拨款收入	
400101	财政拨款收入＼财政基本拨款收入	
40010101	财政拨款收入＼财政基本拨款收入＼医疗收入	
40010102	财政拨款收入＼财政基本拨款收入＼公共卫生收入	
400102	财政拨款收入＼财政项目拨款收入	
40010201	财政拨款收入＼财政项目拨款收入＼医疗收入	
40010202	财政拨款收入＼财政项目拨款收入＼公共卫生收入	
40010203	财政拨款收入＼财政项目拨款收入＼科教收入	
4101	事业收入	对“非同级财政拨款”进行明细核算
410101	事业收入＼医疗收入	
41010101	事业收入＼医疗收入＼门急诊收入	
4101010101	事业收入＼医疗收入＼门急诊收入＼挂号收入	
4101010102	事业收入＼医疗收入＼门急诊收入＼诊察收入	核算医事服务收入
4101010103	事业收入＼医疗收入＼门急诊收入＼检查收入	
4101010104	事业收入＼医疗收入＼门急诊收入＼化验收入	
4101010105	事业收入＼医疗收入＼门急诊收入＼治疗收入	
4101010106	事业收入＼医疗收入＼门急诊收入＼手术收入	
4101010107	事业收入＼医疗收入＼门急诊收入＼卫生材料收入	
4101010108	事业收入＼医疗收入＼门急诊收入＼药品收入	
410101010801	事业收入＼医疗收入＼门急诊收入＼药品收入＼西药	
41010101080101	事业收入＼医疗收入＼门急诊收入＼药品收入＼西药＼西药	
41010101080102	事业收入＼医疗收入＼门急诊收入＼药品收入＼西药＼疫苗	
410101010802	事业收入＼医疗收入＼门急诊收入＼药品收入＼中成药	
410101010803	事业收入＼医疗收入＼门急诊收入＼药品收入＼中药饮片	
4101010109	事业收入＼医疗收入＼门急诊收入＼一般诊疗费收入	
4101010110	事业收入＼医疗收入＼门急诊收入＼其他门急诊收入	核算药事服务收入

（续表）

科目编码	科目名称	备　注
4101010111	事业收入＼医疗收入＼门急诊收入＼门急诊结算差额	
41010102	事业收入＼医疗收入＼住院收入	
4101010201	事业收入＼医疗收入＼住院收入＼床位收入	
4101010202	事业收入＼医疗收入＼住院收入＼诊察收入	核算医事服务收入
4101010203	事业收入＼医疗收入＼住院收入＼检查收入	
4101010204	事业收入＼医疗收入＼住院收入＼化验收入	
4101010205	事业收入＼医疗收入＼住院收入＼治疗收入	
4101010206	事业收入＼医疗收入＼住院收入＼手术收入	
4101010207	事业收入＼医疗收入＼住院收入＼护理收入	
4101010208	事业收入＼医疗收入＼住院收入＼卫生材料收入	
4101010209	事业收入＼医疗收入＼住院收入＼药品收入	
410101020901	事业收入＼医疗收入＼住院收入＼药品收入＼西药	
41010102090101	事业收入＼医疗收入＼门急诊收入＼药品收入＼西药＼西药	
41010102090102	事业收入＼医疗收入＼门急诊收入＼药品收入＼西药＼疫苗	
410101020902	事业收入＼医疗收入＼住院收入＼药品收入＼中成药	
410101020903	事业收入＼医疗收入＼住院收入＼药品收入＼中药饮片	
4101010210	事业收入＼医疗收入＼住院收入＼一般诊疗费收入	
4101010211	事业收入＼医疗收入＼住院收入＼其他住院收入	核算药事服务收入
4101010212	事业收入＼医疗收入＼住院收入＼住院结算差额	
410102	事业收入＼公共卫生收入	
410103	事业收入＼科教收入	
41010301	事业收入＼科教收入＼科研收入	
41010302	事业收入＼科教收入＼教学收入	
4601	非同级财政拨款收入	
460101	非同级财政拨款收入＼医疗收入	
460102	非同级财政拨款收入＼公共卫生收入	
5001	业务活动费用	
500101	业务活动费用＼医疗费用	按照“人员费用”“药品费”“专用材料费”“维修费”“计提专用基金”“固定资产折旧”“无形资产摊销”“其他医疗费用”等进行明细核算

（续表）

科目编码	科目名称	备注
500102	业务活动费用\公共卫生费用	按照“人员费用”“药品费”“专用材料费”“维修费”“其他公共卫生费用”等进行明细核算
500103	业务活动费用\科教费用	按照“科研费用”“教学费用”等进行明细核算
5101	单位管理费用	按照“人员费用”“商品和服务费用”“固定资产折旧”“无形资产摊销”等进行明细核算
6101	事业预算收入	对“非同级财政拨款”进行明细核算
610101	事业预算收入\医疗预算收入	
61010101	事业预算收入\医疗预算收入\门急诊预算收入	
61010102	事业预算收入\医疗预算收入\住院预算收入	
610102	事业预算收入\公共卫生预算收入	
610103	事业预算收入\科教预算收入	
61010301	事业预算收入\科教预算收入\科研项目预算收入	
61010302	事业预算收入\科教预算收入\教学项目预算收入	
8301	专用结余	
830101	专用结余\职工福利基金	
830102	专用结余\奖励基金	

附表 2

资产负债表

会政财 01 表

编制单位：　　　　　　　　　　年　　月　　日　　　　　　　　　　单位：元

资　产	期末余额	年初余额	负债和净资产	期末余额	年初余额
流动资产：			流动负债：		
货币资金			短期借款		
短期投资			应缴增值税		
财政应返还额度			其他应缴税费		

（续表）

资　产	期末余额	年初余额	负债和净资产	期末余额	年初余额
应收票据			应缴财政款		
应收账款净额			待结算医疗款		
预付账款			应付职工薪酬		
应收股利			应付票据		
应收利息			应付账款		
其他应收款净额			应付政府补贴款		
存货			应付利息		
待摊费用			预收账款		
一年内到期的非流动资产			其他应付款		
其他流动资产			预提费用		
流动资产合计			一年内到期的非流动负债		
非流动资产：			其他流动负债		
长期股权投资			流动负债合计		
长期债券投资			非流动负债：		
固定资产原值			长期借款		
减：固定资产累计折旧			长期应付款		
固定资产净值			预计负债		
工程物资			其他非流动负债		
在建工程			非流动负债合计		
无形资产原值			受托代理负债		
减：无形资产累计摊销			负债合计		
无形资产净值					
研发支出					
公共基础设施原值					
减：公共基础设施累计折旧（摊销）					
公共基础设施净值			净资产：		
政府储备物资			累计盈余		
文物文化资产			其中：医疗盈余		
保障性住房			公共卫生盈余		
减：保障性住房累计折旧			科教盈余		
保障性住房净值			新旧转换盈余		
长期待摊费用			专用基金		
待处理财产损溢			权益法调整		

（续表）

资　产	期末余额	年初余额	负债和净资产	期末余额	年初余额
其他非流动资产			无偿调拨净资产 *		
非流动资产合计			本期盈余 *		
受托代理资产			净资产合计		
资产总计			负债和净资产总计		

注：“ * ”标识项目为月报项目，年报中不需列示。

附表 3　　待结算医疗款明细表

会政财 01 表附表 01

编制单位：　　年　　月　　单位：元

项　目	本月数	本年累计数
待结算医疗款		
（一）门急诊收费		
挂号收费		
诊察收费		
其中：医事服务费		
检查收费		
化验收费		
治疗收费		
手术收费		
卫生材料收费		
药品收费		
其中：西药收费		
其中：疫苗		
中成药收费		
中药饮片收费		
一般诊疗费收费		
其他门急诊收费		
其中：药事服务费		
门急诊结算差额		
（二）住院收费		
床位收费		
诊察收费		
其中：医事服务费		
检查收费		
化验收费		
治疗收费		
手术收费		
护理收费		
卫生材料收费		
药品收费		

（续表）

项　目	本月数	本年累计数
其中：西药收费		
其中：疫苗		
中成药收费		
中药饮片收费		
一般诊疗费收费		
其他住院收费		
其中：药事服务费		
住院结算差额		

附表 4

收入费用表

会政财 02 表

编制单位：　　　　年　　月　　　　单位：元

项　目	本月数	本年累计数
一、本期收入		
（一）财政拨款收入		
其中：政府性基金收入		
其中：财政基本拨款收入		
其中：医疗收入		
公共卫生收入		
财政项目拨款收入		
其中：医疗收入		
公共卫生收入		
科教收入		
（二）事业收入		
其中：医疗收入		
公共卫生收入		
科教收入		
（三）上级补助收入		
（四）附属单位上缴收入		
（五）经营收入		
（六）非同级财政拨款收入		
其中：医疗收入		
公共卫生收入		
（七）投资收益		
（八）捐赠收入		
（九）利息收入		
（十）租金收入		
（十一）其他收入		
二、本期费用		
（一）业务活动费用		
其中：医疗费用		

（续表）

项　目	本月数	本年累计数
公共卫生费用		
科教费用		
（二）单位管理费用		
（三）经营费用		
（四）资产处置费用		
（五）上缴上级费用		
（六）对附属单位补助费用		
（七）所得税费用		
（八）其他费用		
三、本期盈余		
其中：医疗盈余		
公共卫生盈余		
科教盈余		

附表 5　　**医疗及公共卫生收入费用明细表**

会政财 02 表附表 01

编制单位：　　　　年　　月　　　　单位：元

项　目	本月数	本年累计数
一、医疗及公共卫生收入		
（一）医疗收入		
1. 门急诊收入		
挂号收入		
诊察收入		
其中：医事服务收入		
检查收入		
化验收入		
治疗收入		
手术收入		
卫生材料收入		
药品收入		
其中：西药		
其中：疫苗		
中成药		
中药饮片		
一般诊疗费收入		

（续表）

项　目	本月数	本年累计数
其他门急诊收入		
其中：药事服务收入		
门急诊结算差额		
2. 住院收入		
床位收入		
诊察收入		
其中：医事服务收入		
检查收入		
化验收入		
治疗收入		
手术收入		
护理收入		
卫生材料收入		
药品收入		
其中：西药		
其中：疫苗		
中成药		
中药饮片		
一般诊疗费收入		
其他住院收入		
其中：药事服务收入		
住院结算差额		
（二）公共卫生收入		
二、医疗及公共卫生费用		
（一）医疗费用		
人员费用		
工资福利费用		
对个人和家庭的补助费用		
药品费		
西药		
其中：疫苗		
中成药		
中药饮片		
专用材料费		
卫生材料费		

（续表）

项　目	本月数	本年累计数
血库材料		
医用气体		
影像材料		
化验材料		
其他卫生材料		
低值易耗品		
其他材料费		
维修费		
计提专用基金		
其中：计提医疗风险基金		
固定资产折旧		
无形资产摊销		
其他医疗费用		
（二）公共卫生费用		
人员费用		
工资福利费用		
对个人和家庭的补助费用		
药品费		
西药		
其中：疫苗		
中成药		
中药饮片		
专用材料费		
卫生材料费		
血库材料		
医用气体		
影像材料		
化验材料		
其他卫生材料		
低值易耗品		
其他材料费		
维修费		
其他公共卫生费用		
三、单位管理费用		
人员费用		
工资福利费用		
对个人和家庭的补助费用		
商品和服务费用		
固定资产折旧		
无形资产摊销		

附表 6　　**基层医疗卫生机构固定资产折旧年限表**

固定资产类别	折旧年限（年）	固定资产类别	折旧年限（年）
一、房屋及构筑物		图书档案设备	5
业务及管理用房		机械设备	10
钢结构	50	电气设备	5
钢筋混凝土结构	50	雷达、无线电和卫星导航设备	10
砖混结构	30	广播、电视、电影设备	5
砖木结构	30	仪器仪表	5
简易房	8	电子和通信测量设备	5
房屋附属设施	8	计量标准器具及量具、衡器	5
构筑物	8	三、专用设备	
二、通用设备		医用电子仪器	5～10
计算机设备	6	医用超声仪器	6～10
通信设备	5	医用高频仪器设备	5～10
办公设备	6	物理治疗及体疗设备	5～10
车辆	10	高压氧舱	6～10
中医仪器设备	5～10	病房护理设备	5～10
医用磁共振设备	6～10	消毒设备	6～10
医用 X 线设备	6～10	其他	5～10
高能射线设备	8～10	光学仪器及窥镜	6～10
医用核素设备	6～10	激光仪器设备	5～10
临床检验分析仪器	5～10	四、家具、用具及装具	
体外循环设备	5～10	家具	15
手术急救设备	5～10	用具、装具	5
口腔设备	6～10		

附录四

关于基层医疗卫生机构执行《政府会计制度——行政事业单位会计科目和报表》的衔接规定

我部于2017年10月24日印发了《政府会计制度——行政事业单位会计科目和报表》(财会〔2017〕25号，以下简称新制度)。目前执行《基层医疗卫生机构会计制度》(财会〔2010〕26号，以下简称原制度)的基层医疗卫生机构，自2019年1月1日起执行新制度，不再执行原制度。为了确保新旧会计制度顺利过渡，现对基层医疗卫生机构执行新制度及《关于基层医疗卫生机构执行〈政府会计制度——行政事业单位会计科目和报表〉的补充规定》(以下简称补充规定)的有关衔接问题规定如下：

一、新旧制度衔接总要求

(一)自2019年1月1日起，基层医疗卫生机构应当严格按照新制度及补充规定进行会计核算、编制财务报表和预算会计报表。

(二)基层医疗卫生机构应当按照本规定做好新旧制度衔接的相关工作，主要包括以下几个方面：

1. 根据原账编制2018年12月31日的科目余额表，并按照本规定要求，编制原账的部分科目余额明细表(参见附表1、附表2)。

2. 按照新制度及补充规定设立2019年1月1日的新账。

3. 按照本规定要求，登记新账的财务会计科目余额和预算结余科目余额，包括将原账科目余额转入新账财务会计科目、按照原账科目余额登记新账预算结余科目(基层医疗卫生机构新旧会计制度转账、登记新账科目对照表见附表3)，将未入账事项登记新账科目，并对相关新账科目余额进行调整。原账科目是指按照原制度规定设置的会计科目。

4. 按照登记及调整后新账的各会计科目余额，编制2019年1月1日的科目余额表，作为新账各会计科目的期初余额。

5. 根据新账各会计科目期初余额，按照新制度及补充规定编制2019年1月1日资产负债表。

(三)及时调整会计信息系统。基层医疗卫生机构应当按照新制度及补充规定要求对原有会计信息系统进行及时更新和调试，实现数据正确转换，确保新旧账套的有序衔接。

二、财务会计科目的新旧衔接

（一）将2018年12月31日原账会计科目余额转入新账财务会计科目

1. 资产类

（1）“库存现金”“银行存款”“其他货币资金”“财政应返还额度”“固定资产”“无形资产”科目

新制度设置了“库存现金”“银行存款”“其他货币资金”“财政应返还额度”“无形资产”科目，其核算内容与原账的上述相应科目的核算内容基本相同。转账时，基层医疗卫生机构应当将原账的上述科目余额直接转入新账的相应科目。其中，还应当将原账的“库存现金”“银行存款”科目余额中属于新制度规定受托代理资产的金额转入新账的“库存现金”“银行存款”科目下“受托代理资产”明细科目。

（2）“应收医疗款”科目

新制度设置了“应收账款”科目，该科目包含了原账的“应收医疗款”科目的核算内容。转账时，基层医疗卫生机构应当将原账的“应收医疗款”科目余额转入新账的“应收账款”科目。

（3）“其他应收款”科目

新制度设置了“其他应收款”科目，该科目的核算内容与原账的“其他应收款”科目的核算内容基本相同。转账时，基层医疗卫生机构应当将原账的“其他应收款”科目余额转入新账的“其他应收款”科目。

新制度设置了“在途物品”科目，基层医疗卫生机构在原账的“其他应收款”科目中核算已经付款或开出商业汇票、尚未收到物资的款项，应当将原账的“其他应收款”科目余额中已经付款或开出商业汇票、尚未收到物资的金额转入新账的“在途物品”科目。

基层医疗卫生机构在原账的“其他应收款”科目中核算了属于新制度规定的预付账款的，应当将原账的“其他应收款”科目余额中属于预付账款的金额转入新账的“预付账款”科目。

基层医疗卫生机构在原账的“其他应收款”科目中核算了尚未按照相关规定完成批准程序的待处理财产损溢的，转账时，应当将原账的“其他应收款”科目余额中属于待处理财产损溢的金额，转入新账的“待处理财产损溢”科目。

（4）“库存物资”科目

新制度设置了“库存物品”“加工物品”科目，原制度设置了“库存物资”科目。转账时，基层医疗卫生机构应当将原账的“库存物资”科目余额中属于在加工存货的金额，转入新账的“加工物品”科目；将原账的“库存物资”科目余额减去属于在加工存货金额后的差额，转入新账的“库存物品”科目。

基层医疗卫生机构在原账的“库存物资”科目中核算了属于新制度规定的工程物资、受托代理物资（如受托保管的政府储备物资）的，应当将原账的“库存物资”科目余额中属于工程物资、受托代理物资的金额，分别转入新账的“工程物资”“受托代理资产”科目。

（5）“在建工程”科目

新制度设置了“在建工程”和“预付账款——预付备料款、预付工程款”科目，原制度设置了“在建工程”科目。转账时，基层医疗卫生机构应当将原账的“在建工程”科目余额（基建“并账”后的金额，下同）中属于预付备料款、预付工程款的金额，转入新账“预付账款”科目相关明细科目；将原账的“在建工程”科目余额减去预付备料款、预付工程款金额后的差额，转入新账的“在建工程”科目。

基层医疗卫生机构在原账“在建工程”科目中核算了按照新制度规定应当记入“工程物资”科目内容的，应当将原账“在建工程”科目余额中属于工程物资的金额，转入新账的“工程物资”科目。

（6）“零余额账户用款额度”“待摊支出”科目

由于原账的“零余额账户用款额度”“待摊支出”科目年末无余额，无需进行转账处理。

2. 负债类

（1）“借入款”科目

新制度设置了“短期借款”和“长期借款”科目，原制度设置了“借入款”科目。转账时，基层医疗卫生机构应当将原账的“借入款”科目余额中属于短期借款［期限不超过 1 年（含 1 年）］的金额转入新账的“短期借款”科目；将原账的“借入款”科目余额中属于长期借款［期限超过 1 年（不含 1 年）］的金额转入新账的“长期借款”科目。

（2）“待结算医疗款”科目

补充规定设置了“待结算医疗款”科目，该科目的核算内容与原账的“待结算医疗款”科目核算的内容基本相同。转账时，基层医疗卫生机构应当将原账的“待结算医疗款”科目余额转入新账的“待结算医疗款”科目。

（3）“应缴款项”科目

新制度设置了“应缴财政款”科目，该科目的核算内容与原账的“应缴款项”科目核算的内容基本相同。转账时，基层医疗卫生机构应当将原账的“应缴款项”科目余额转入新账的“应缴财政款”科目。

（4）“应付账款”科目

新制度设置了“应付账款”“长期应付款”科目，原账设置了“应付账款”科目。转账时，基层医疗卫生机构应当将原账的“应付账款”科目余额中属于应付账款［期限不超过 1 年（含 1 年）］的金额转入新账的“应付账款”科目，将原账的“应付账款”科目余额中属于长期应付款［期限超过 1 年（不含 1 年）］的金额转入新账的“长期应付款”科目。

（5）“预收医疗款”科目

新制度设置了“预收账款”科目，该科目包含了原账的“预收医疗款”科目的核算内容。转账时，基层医疗卫生机构应当将原账的“预收医疗款”科目余额转入新账的“预收账款”科目。

（6）“应付职工薪酬”“应付社会保障费”科目

新制度设置了“应付职工薪酬”科目，原账设置了“应付职工薪酬”和“应付社会保障费”科目。转账时，基层医疗卫生机构应当将原账的“应付职工薪酬”“应付社会保障费”科目余额转入新账的“应付职工薪酬”科目。

（7）“应缴税费”科目

新制度设置了“应缴增值税”和“其他应缴税费”科目，原账设置了“应缴税费”科目。转账时，基层医疗卫生机构应当将原账的“应缴税费”科目余额中属于应缴增值税的金额转入新账的“应缴增值税”科目，将原账的“应缴税费”科目余额减去属于应缴增值税金额后的差额转入新账的“其他应缴税费”科目。

（8）“其他应付款”科目

新制度设置了“其他应付款”科目，该科目的核算内容与原账的“其他应付款”科目的核算内容基本相同。转账时，基层医疗卫生机构应当将原账的“其他应付款”科目余额，转入新账的“其他应付款”科目。其中，基层医疗卫生机构在原账的“其他应付款”科目中核算了属于新制度规定的长期应付款的，应当将原账的“其他应付款”科目余额中属于长期应付款的金额转入新账的“长期应付款”科目；在原账的“其他应付款”科目中核算了属于新制度规定的应付利息的，应当将原账的“其他应付款”科目余额中属于应付利息的金额转入新账的“应付利息”科目；在原账的“其他应付款”科目中核算了属于新制度规定的受托代理负债的，应当将原账的“其他应付款”科目余额中属于受托代理负债的金额转入新账的“受托代理负债”科目。

3. 净资产类

（1）“固定基金”科目

依据新制度，无需对原制度中“固定基金”科目对应内容进行核算。转账时，基层医疗卫生机构应当将原账的“固定基金”科目余额转入新账的“累计盈余——医疗盈余”科目。

（2）“事业基金”科目

新制度及补充规定设置了“累计盈余”科目及相关明细科目，“累计盈余”科目的核算内容包含了原账“事业基金”科目的核算内容。转账时，基层医疗卫生机构应当将原账的“事业基金”科目余额转入新账的“累计盈余——新旧转换盈余”科目。

（3）“专用基金”科目

新制度设置了“专用基金”科目，该科目的核算内容与原账“专用基金”科目的核算内容基本相同。转账时，基层医疗卫生机构应当将原账的“专用基金”科目余额转入新账的“专用基金”科目。

（4）“财政补助结转（余）”“其他限定性用途结转（余）”科目

新制度及补充规定设置了“累计盈余”科目及相关明细科目，“累计盈余”科目的核算内容包含了原账“财政补助结转（余）”和“其他限定性用途结转（余）”科目的核算内容。转账时，基层医疗卫生机构应当对原账的“财政补助结转（余）”“其他限定性用途结转（余）”科目余额进行分析，将属于公共卫生活动形成结转（余）的余额转入新账的“累计盈余——公共卫生盈余”科目，将属于科教项目形成结转（余）的余额转入新账的“累计盈余——科教盈余”科目，将剩余金额转入新账的“累计盈余——医疗盈余”科目。

（5）“结余分配”科目

新制度设置了“本年盈余分配”科目，该科目的核算内容与原账的“结余分配”科目的核算内容基本相同。新制度规定“本年盈余分配”科目余额最终转入“累计盈余”科目，如果原账的“结余分配”科目有借方余额，转账时，基层医疗卫生机构应当将原账的“结余分配”科目借方余额转入新账的“累计盈余——新旧转换盈余”科目借方。

（6）“本期结余”科目

由于原账的“本期结余”科目年末无余额，无需进行转账处理。

4. 收入类、支出类

由于原账中收入类、支出类科目年末无余额，无需进行转账处理。自 2019 年 1 月 1 日起，基层医疗卫生机构应当按照新制度设置收入类、费用类科目并进行账务处理。

基层医疗卫生机构存在其他本规定未列举的原账科目余额的，应当比照本规定转入新账的相应科目。新账的科目设有明细科目的，应将原账中对应科目的余额加以分析，分别转入新账中相应科目的相关明细科目。

基层医疗卫生机构在进行新旧衔接的转账时，应当编制转账的工作分录，作为转账的工作底稿，并将转入新账的对应原科目余额及分拆原科目余额的依据作为原始凭证。

（二）将原未入账事项登记新账财务会计科目

1. 受托代理资产

医院在新旧制度转换时，应当将 2018 年 12 月 31 日前未入账的受托代理资产按照新制度规定记入新账。登记新账时，按照确定的受托代理资产入账成本，借记“受托代理资产”科目，贷记“受托代理负债”科目。

2. 盘盈资产

基层医疗卫生机构在新旧制度转换时，应当将 2018 年 12 月 31 日前未入账的盘盈资产按照新制度规定记入新账。登记新账时，按照确定的盘盈资产及其成本，分别借记有关资产科目，按照盘盈资产成本的合计金额，贷记“累计盈余——新旧转换盈余”科目。

3. 预计负债

基层医疗卫生机构在新旧制度转换时，应当将 2018 年 12 月 31 日前按照新制度规定确认的预计负债记入新账。登记新账时，按照确定的预计负债金额，借记“累计盈余——新旧转换盈余”科目，贷记“预计负债”科目。

4. 应付质量保证金

基层医疗卫生机构在新旧制度转换时，应当将 2018 年 12 月 31 日前未入账的应付质量保证金按照新制度规定记入新账。登记新账时，按照确定未入账的应付质量保证金金额，借记“累计盈余——新旧转换盈余”科目，贷记“其他应付款”科目［扣留期在 1 年以内（含 1 年）］、“长期应付款”科目［扣留期超过 1 年］。

基层医疗卫生机构存在 2018 年 12 月 31 日前未入账的其他事项的，应当比照本规定登记新账的相应科目。

基层医疗卫生机构对新账的财务会计科目补记未入账事项时，应当编制记账凭证，并将补充登记事项的确认依据作为原始凭证。

（三） 对新账的相关财务会计科目余额按照新制度规定的会计核算基础进行调整

1. 计提坏账准备

新制度要求对单位收回后无需上缴财政的应收账款和其他应收款提取坏账准备。在新旧制度转换时，未按“收支两条线”管理的基层医疗卫生机构应当按照 2018 年 12 月 31 日除应收在院病人医疗款以外的应收账款和其他应收款的余额计算应计提的坏账准备金额，借记“累计盈余——新旧转换盈余”科目，贷记“坏账准备”科目；按“收支两条线”管理的基层医疗卫生机构应当按照 2018 年 12 月 31 日除应收在院病人医疗款、应收医疗款外的应收账款和其他应收款的余额计算应计提的坏账准备金额，借记“累计盈余——新旧转换盈余”科目，贷记“坏账准备”科目。

2. 补提折旧

基层医疗卫生机构在原账中尚未计提固定资产折旧的，应当全面核查截至 2018 年 12 月 31 日的固定资产的预计使用年限、已使用年限、尚可使用年限等，并于 2019 年 1 月 1 日对尚未计提折旧的固定资产补提折旧，按照应计提的折旧金额，借记“累计盈余——医疗盈余”科目，贷记“固定资产累计折旧”科目。

3. 补提摊销

基层医疗卫生机构在原账中尚未计提无形资产摊销的，应当全面核查截至 2018 年 12 月 31 日无形资产的预计使用年限、已使用年限、尚可使用年限等，并于 2019 年 1 月 1 日对前期尚未计提摊销的无形资产补提摊销，按照应计提的摊销金额，借记“累计盈余——医疗盈余”科目，贷记“无形资产累计摊销”科目。

4. 确认长期借款期末应付利息

基层医疗卫生机构应当按照新制度规定于 2019 年 1 月 1 日补记长期借款的应付利息金额，对其中资本化的部分，借记“在建工程”科目，对其中费用化的部分，借记“累计盈余——新旧转换盈余”科目，按照全部长期借款应付利息金额，贷记“长期借款”科目［到期一次还本付息］或“应付利息”科目［分期付息、到期还本］。

基层医疗卫生机构对新账的财务会计科目期初余额进行调整时，应当编制记账凭证，并将调整事项的确认依据作为原始凭证。

三、预算会计科目的新旧衔接

（一）“财政拨款结转”和“财政拨款结余”科目及对应的“资金结存”科目余额

新制度设置了“财政拨款结转”“财政拨款结余”科目及对应的“资金结存”科目。在新旧制度转换时，基层医疗卫生机构应当对原账的“财政补助结转（余）”科目余额中结转资金的金额进行逐项分析，加上各项结转转入的支出中已经计入支出尚未支付财政资金（如发生时列支的应付账款）的金额，减去已经支付财政资金尚未计入支出（如购入的库存物资等）的金额，按照增减后的金额登记新账的“财政拨款结转”科目及其明细科目贷方；按照原账的“财政补助结转（余）”科目余额中结余资金的金额登记新账的“财政拨款结余”科目及其明细科目贷方。

基层医疗卫生机构应当按照原账“财政应返还额度”科目余额登记新账“资金结存——财政应返还额度”科目的借方；按照新账“财政拨款结转”和“财政拨款结余”科目贷方余额合计数减去新账“资金结存——财政应返还额度”科目借方余额后的差额，登记新账“资金结存——货币资金”科目的借方。

（二）“非财政拨款结转”科目及对应的“资金结存”科目余额

新制度设置了“非财政拨款结转”科目及对应的“资金结存”科目。在新旧制度转换时，基层医疗卫生机构应当对原账的“其他限定性用途结转（余）”科目余额中结转资金的金额进行逐项分析，加上各项结转（余）转入的支出中已经计入支出尚未支付非财政补助专项资金（如发生时列支的应付账款）的金额，减去已经支付非财政补助专项资金尚未计入支出（如购入的库存物资等）的金额，按照增减后的金额登记新账的“非财政拨款结转”科目及其明细科目贷方；同时，按照相同的金额登记新账“资金结存——货币资金”科目的借方。

（三）“专用结余”科目及对应的“资金结存”科目余额

新制度设置了“专用结余”科目及对应的“资金结存”科目。在新旧制度转换时，基层医疗卫生机构应当按照原账“专用基金”科目余额中通过非财政补助结余分配形成的金额，借记新账的“资金结存——货币资金”科目，贷记新账的“专用结余”科目。

（四）“非财政拨款结余”科目及对应的“资金结存”科目余额

1. 登记“非财政拨款结余”科目余额

新制度设置了“非财政拨款结余”科目对应的“资金结存”科目。在新旧制度转换时，基层医疗卫生机构应当按照原账“事业基金”科目的余额，借记新账的“资金结存——货币资金”科目，贷记新账的“非财政拨款结余”科目。

基层医疗卫生机构原账“结余分配——待分配结余”有借方科目余额的，应当借记新账的“非财政拨款结余”科目，贷记新账的“资金结存——货币资金”科目。

2. 对新账“非财政拨款结余”科目及“资金结存”科目余额进行调整

（1）调整应收医疗款对非财政拨款结余的影响

基层医疗卫生机构应当按照原账的“应收医疗款”科目余额，借记“非财政拨款结余”科目，贷记“资金结存——货币资金”科目。

（2）调整其他应收款对非财政拨款结余的影响

基层医疗卫生机构按照新制度规定将原账其他应收款中的预付款项计入支出的，应当对原账的“其他应收款”科目余额进行分析，区分其中预付款项的金额（将来很可能列支）和非预付款项的金额，并对预付款项的金额划分为财政补助资金预付的金额、非财政补助专项资金预付的金额和非财政补助非专项资金预付的金额，按照非财政补助非专项资金预付的金额，借记“非财政拨款结余”科目，贷记“资金结存——货币资金”科目。

（3）调整库存物资对非财政拨款结余的影响

基层医疗卫生机构应当对原账的“库存物资”科目余额进行分析，区分购入的库存物资金额和非购入的库存物资金额。对购入的库存物资金额划分出其中使用财政补助资金购入的金额、使用非财政补助专项资金购入的金额和使用非财政补助非专项资金购入的金额，按照使用非财政补助非专项资金购入的金额，借记“非财政拨款结余”科目，贷记“资金结存——货币资金”科目。

（4）调整借入款对非财政拨款结余的影响

基层医疗卫生机构应当按照原账的“借入款”科目余额，借记“资金结存——货币资金”科目，贷记“非财政拨款结余”科目。

（5）调整应付账款对非财政拨款结余的影响

基层医疗卫生机构应当对原账的“应付账款”科目余额进行分析，区分其中发生时计入支出的金额和未计入支出的金额。将计入支出的金额划分为财政补助资金应付的金额、非财政补助专项资金应付的金额和非财政补助非专项资金应付的金额，按照非财政补助非专项资金应付的金额，借记“资金结存——货币资金”科目，贷记“非财政拨款结余”科目。

（6）调整预收医疗款对非财政拨款结余的影响

基层医疗卫生机构应当按照原账的“预收医疗款”科目余额，借记“资金结存——货币资金”科目，贷记“非财政拨款结余”科目。

（7）调整专用基金对非财政拨款结余的影响

基层医疗卫生机构应当对原账的“专用基金”科目余额进行分析，划分出提取时列支的专用基金余额，按照提取时列支的专用基金余额，借记“资金结存——货币资金”科目，贷记“非财政拨款结余”科目。

3. 基层医疗卫生机构按照前述1、2两个步骤难以准确调整出“非财政拨款结余”科目及对应的“资金结存”科目余额的，在新旧制度转换时，可以在新账的“库存现金”“银行存款”“其他货币资金”“财政应返还额度”科目借方余额合计数基础上，对不纳入单位预算管理的资金进行调整（如减去新账中货币资金形式的受托代理资产、应缴财政款、已收取将来需要退回资金的其他应付款等，加上已支付将来需要收回资金的其他应收款等），按照调整后的金额减去新账的“财政拨款结转”“财政拨款结余”“非财政拨款结转”“专用结余”科目贷方余额合计数，登记新账的“非财政拨款结余”科目贷方；同时，按照相同的金额登记新账的“资金结存——货币资金”科目借方。

（五）“经营结余”科目

新制度设置了“经营结余”科目。在新旧制度转换时，无需对“经营结余”科目进行新账年初余额登记。

（六）“其他结余”“非财政拨款结余分配”科目

新制度设置了“其他结余”和“非财政拨款结余分配”科目。由于这两个科目年初无余额，在新旧制度转换时，基层医疗卫生机构无需对“其他结余”和“非财政拨款结余分配”科目进行新账年初余额登记。

（七）预算收入类、预算支出类会计科目

由于预算收入类、预算支出类会计科目年初无余额，在新旧制度转换时，基层医疗卫生机构无需对预算收入类、预算支出类会计科目进行新账年初余额登记。

基层医疗卫生机构自2019年1月1日起，应当按照新制度设置预算收入类、预算支出类科目并进行账务处理。

基层医疗卫生机构存在2018年12月31日前需要按照新制度预算会计核算基础调整预算会计科目期初余额的其他事项的，应当比照本规定调整新账的相应预算会计科目期初余额。

基层医疗卫生机构对预算会计科目的期初余额登记和调整，应当编制记账凭证，并将期初余额登记和调整的依据作为原始凭证。

四、财务报表和预算会计报表的新旧衔接

（一）编制2019年1月1日资产负债表

基层医疗卫生机构应当根据2019年1月1日新账的财务会计科目余额，按照新制度及补充规定编制2019年1月1日资产负债表（仅要求填列各项目“年初余额”）。

（二）2019年度财务报表和预算会计报表的编制

基层医疗卫生机构应当按照新制度及补充规定编制2019年财务报表和预算会计报表。在编制2019年度收入费用表、医疗及公共卫生收入费用明细表、净资产变动表、现金流量表和预算收入支出表、预算结转结余变动表时，不要求填列上年比较数。

基层医疗卫生机构应当根据2019年1月1日新账财务会计科目余额，填列2019年净资产变动表各项目的“上年年末余额”；根据2019年1月1日新账预算会计科目余额，填列2019年预算结转结余变动表的“年初预算结转结余”项目和财政拨款预算收入支出表的“年初财政拨款结转结余”项目。

五、其他事项

（一）截至2018年12月31日尚未进行基建“并账”的基层医疗卫生机构，应当首先参照《新旧事业单位会计制度有关衔接问题的处理规定》（财会〔2013〕2号），将基建账套相关数据并入2018年12月31日原账中的相关科目余额，再按照本规定将2018年12月31日原账相关会计科目余额转入新账相应科目。

（二）2019年1月1日前执行新制度及补充规定的基层医疗卫生机构，应当按照本规定做好新旧制度衔接工作。

附表1　　基层医疗卫生机构原会计科目余额明细表一

总账科目	明细分类	金额	备　注
库存现金	库存现金		
	其中：受托代理现金		
银行存款	银行存款		
	其中：受托代理银行存款		
其他应收款	预付账款		按照合同规定预先支付的款项（包括定金）
	在途物品		已经付款，尚未收到物资
	待处理财产损溢		
	其他		
库存物资	受托代理资产		
	加工存货		
	工程物资		
	其他		
在建工程	在建工程		
	工程物资		
	预付工程款等		
借入款	短期借款		
	长期借款		
应缴税费	应缴增值税		
	其他应缴税费		
应付账款	应付账款		
	长期应付款		
其他应付款	长期应付款		
	应付利息		
	受托代理负债		
	其他		
财政补助结转（余）	公共卫生活动形成结转（余）		
	科教项目形成结转（余）		
	其他		
其他限定性用途结转（余）	公共卫生活动形成结转（余）		
	科教项目形成结转（余）		
	其他		

附表 2 基层医疗卫生机构原会计科目余额明细表二

总账科目	明细分类	金额	备注
其他应收款	预付款项		如预付账款、职工预借的差旅费等
	其中：财政补助资金预付		
	非财政补助专项资金预付		
	非财政补助非专项资金预付		
	需要收回及其他		如支付的押金、应收为职工垫付的款项等
库存物资（扣除属于受托代理资产的物资）	购入库存物资		
	其中：使用财政补助资金购入		
	使用非财政补助专项资金购入		
	使用非财政补助非专项资金购入		
	非购入库存物资		如接受捐赠的物资等
应付账款	发生时不计入支出		
	发生时计入支出		
	其中：财政补助资金应付		
	非财政补助专项资金应付		
	非财政补助非专项资金应付		
专用基金	从非财政补助结余分配中提取		
	从收入中列支提取		
	其他		

附表 3 基层医疗卫生机构新旧会计制度转账、登记新账科目对照表

序号	新制度科目		原制度科目	
	编号	名称	编号	名称
一、资产类				
1	1001	库存现金	101	库存现金
2	1002	银行存款	102	银行存款
3	1011	零余额账户用款额度	103	零余额账户用款额度
4	1021	其他货币资金	104	其他货币资金
5	1201	财政应返还额度	111	财政应返还额度
6	1212	应收账款	112	应收医疗款
7	1218	其他应收款	114	其他应收款
8	1301	在途物品		
9	1214	预付账款		
10	1902	待处理财产损溢		

（续表）

<table>
<tr><th rowspan="2">序号</th><th colspan="2">新制度科目</th><th colspan="2">原制度科目</th></tr>
<tr><th>编号</th><th>名　称</th><th>编号</th><th>名　称</th></tr>
<tr><td>11</td><td>1302</td><td>库存物品</td><td rowspan="4">121</td><td rowspan="4">库存物资</td></tr>
<tr><td>12</td><td>1303</td><td>加工物品</td></tr>
<tr><td>13</td><td>1611</td><td>工程物资</td></tr>
<tr><td>14</td><td>1891</td><td>受托代理资产</td></tr>
<tr><td>15</td><td>1601</td><td>固定资产</td><td>131</td><td>固定资产</td></tr>
<tr><td>16</td><td>1613</td><td>在建工程</td><td rowspan="3">133</td><td rowspan="3">在建工程</td></tr>
<tr><td>17</td><td>1611</td><td>工程物资</td></tr>
<tr><td>18</td><td>1214</td><td>预付账款</td></tr>
<tr><td>19</td><td>1701</td><td>无形资产</td><td>141</td><td>无形资产</td></tr>
<tr><td colspan="5">二、负债类</td></tr>
<tr><td>20</td><td>2001</td><td>短期借款</td><td rowspan="2">201</td><td rowspan="2">借入款</td></tr>
<tr><td>21</td><td>2501</td><td>长期借款</td></tr>
<tr><td>22</td><td>2308</td><td>待结算医疗款</td><td>202</td><td>待结算医疗款</td></tr>
<tr><td>23</td><td>2103</td><td>应缴财政款</td><td>203</td><td>应缴款项</td></tr>
<tr><td>24</td><td>2302</td><td>应付账款</td><td rowspan="2">206</td><td rowspan="2">应付账款</td></tr>
<tr><td>25</td><td>2502</td><td>长期应付款</td></tr>
<tr><td>26</td><td>2305</td><td>预收账款</td><td>207</td><td>预收医疗款</td></tr>
<tr><td rowspan="2">27</td><td rowspan="2">2201</td><td rowspan="2">应付职工薪酬</td><td>208</td><td>应付职工薪酬</td></tr>
<tr><td>210</td><td>应付社会保障费</td></tr>
<tr><td>28</td><td>2101</td><td>应缴增值税</td><td rowspan="2">211</td><td rowspan="2">应缴税费</td></tr>
<tr><td>29</td><td>2102</td><td>其他应缴税费</td></tr>
<tr><td>30</td><td>2307</td><td>其他应付款</td><td rowspan="4">221</td><td rowspan="4">其他应付款</td></tr>
<tr><td>31</td><td>2304</td><td>应付利息</td></tr>
<tr><td>32</td><td>2502</td><td>长期应付款</td></tr>
<tr><td>33</td><td>2901</td><td>受托代理负债</td></tr>
<tr><td colspan="5">三、净资产类</td></tr>
<tr><td rowspan="5">34</td><td rowspan="5">3001</td><td rowspan="5">累计盈余</td><td>301</td><td>固定基金</td></tr>
<tr><td>302</td><td>事业基金</td></tr>
<tr><td>305</td><td>财政补助结转（余）</td></tr>
<tr><td>306</td><td>其他限定用途结转（余）</td></tr>
<tr><td>308</td><td>结余分配——待分配结余</td></tr>
<tr><td>35</td><td>3101</td><td>专用基金</td><td>303</td><td>专用基金</td></tr>
</table>

（续表）

<table>
<tr><th rowspan="2">序号</th><th colspan="2">新制度科目</th><th colspan="2">原制度科目</th></tr>
<tr><th>编号</th><th>名称</th><th>编号</th><th>名称</th></tr>
<tr><td colspan="5">四、预算结余类</td></tr>
<tr><td>36</td><td>8101</td><td>财政拨款结转</td><td rowspan="2">305</td><td rowspan="2">财政补助结转（余）</td></tr>
<tr><td>37</td><td>8102</td><td>财政拨款结余</td></tr>
<tr><td>38</td><td>8201</td><td>非财政拨款结转</td><td>306</td><td>其他限定用途结转（余）</td></tr>
<tr><td rowspan="2">39</td><td rowspan="2">8202</td><td rowspan="2">非财政拨款结余</td><td>302</td><td>事业基金</td></tr>
<tr><td>308</td><td>结余分配——待分配结余（借方）</td></tr>
<tr><td>40</td><td>8301</td><td>专用结余</td><td>303</td><td>专用基金</td></tr>
<tr><td rowspan="5">41</td><td rowspan="5">8001</td><td rowspan="5">资金结存（借方）</td><td>305</td><td>财政补助结转（余）</td></tr>
<tr><td>306</td><td>其他限定用途结转（余）</td></tr>
<tr><td>302</td><td>事业基金</td></tr>
<tr><td>303</td><td>专用基金</td></tr>
<tr><td>308</td><td>结余分配——待分配结余（借方）</td></tr>
</table>